La luz diamantina

La luz diamantina
La Metafísica del Alma y las leyes de la Vida
Enseñanzas esotéricas para la Nueva Era
Curso completo teórico-práctico

Francisco Redondo, *Mithila*

www.librosenred.com

Dirección General: Marcelo Perazolo
Diseño de cubierta: Lucila Avalle
Diagramación de interiores: Guillermo W. Alegre

Está prohibida la reproducción total o parcial de este libro, su tratamiento informático, la transmisión de cualquier forma o de cualquier medio, ya sea electrónico, mecánico, por fotocopia, registro u otros métodos, sin el permiso previo escrito de los titulares del Copyright.

Primera edición en español - Impresión bajo demanda

© LibrosEnRed, 2013
Una marca registrada de Amertown International S.A.

ISBN: 978-1-62915-008-6

Para encargar más copias de este libro o conocer otros libros de esta colección visite www.librosenred.com

ÍNDICE

Dedicatoria   9

Prefacio   13

Propósito del libro   15

"La fábula del elefante blanco"   19

Capítulo. I - Introducción al esoterismo   33

Capítulo. II - Los mundos invisibles
   "planos y dimensiones"   53

Capítulo. III - "La evolución de la vida y de la forma"   71

Capítulo. IV - "Los cuerpos sutiles del hombre"   89

Capítulo. V - "El verdadero hombre"   109

Capítulo. VI - "La reencarnación y la ley del karma"   129

Capítulo. VII - "La muerte" "El ángel liberador"   159

Capítulo. VIII - Antropogénesis
   "Historia de la humanidad"   199

Capítulo. IX - "El sendero del discipulado" — 227

Capítulo. X - Anatomía oculta "Los Chakras, Centros de Energía y otras potencias" — 265

Capítulo. XI - La ciencia de la meditación "La Construcción del Antakarana" — 299

Capítulo. XII - El poder del verbo "Los Mantras" — 345

Capítulo. XIII - "La gran fraternidad blanca" "La Jerarquía Espiritual y los Maestros de Sabiduría" — 379

Capítulo. XIV - "El misterio de la iniciaciones" "Las expansiones de conciencia en el sendero del discipulado" — 409

Capítulo. XV - "Las leyes universales" — 443

Capítulo. XVI - El sagrado camino de los yogas — 469

Capítulo. XVII - El misterio de los siete rayos — 501

Capítulo. XVIII - "Prácticas y ejercicios espirituales" — 529

Conclusión — 551

Libros recomendados por el Autor — 553

Bibliografía — 555

Prefacio

Al final del viaje, en el principio de la vida, nacer supone para el hombre un cúmulo de emociones y experiencias, un instante clave de su existencia en el que no hay desperdicio alguno, por vez primera siente, oye, ve... Es a partir de este momento, cuando comienza un relativo largo peregrinaje por esa maravillosa estela de plata que es la vida. Un mundo lleno de acontecimientos, cuya explicación se confunde tras un velo de apariencia transparente pero de espesa niebla sólo penetrable por la mirada de aquel que, con amor, voluntad y servicio, siente más allá, oye más allá y mira más allá. Pues mientras que el sonido de nuestro primer llanto ahuyenta los problemas de aquellos que nos rodean, se descubre ante nosotros un espacio en el que desconocemos por completo sus reglas, reglas a las que hacemos, la mayoría de las veces, caso omiso. Porque en realidad, desde ese momento en que nacemos, hay una parte de nosotros mismos que permanece dormida, si bien es cierto que se debe en gran parte a que no hemos enseñado a nuestro propio ser, lo que hay detrás de sentir, oír y ver.

Las leyes a las que continuamente estamos sometidos no existen únicamente a nivel físico, en donde la relación causa-efecto es más fácil de constatar, sino que existen también leyes a otros niveles de vibración. ¿Alguna vez te has preguntado por qué sucedieron así las cosas?, ¿Acaso es factible que las cosas ocurran porque sí? La casualidad <u>no existe</u>. Antes de

Newton posiblemente era casual que las manzanas cayesen de los árboles hacia abajo, porque las gentes de aquella época eran conscientes de este fenómeno. Asumían que todo lo que no era sostenido caía, pero sin llegar a comprender la verdadera razón. Algún día, tal vez no muy lejano, comprendamos por qué aparece en nuestro camino esta piedra o esta otra, y qué debemos hacer con ella para que, tras nuestra acción, esta piedra no se haga aún más grande. Y es que debemos conocer, comprender, despertar de este gran letargo, ¡basta ya de seguir experimentando lo mismo que ese primer día de nuestras vidas! Hay algo más, mucho más, pero debemos ser conscientes de este hecho antes, para poder observarlo después. Nadie se plantearía montar en avión si no creyese que volar es posible. Por todo ello aprovechemos nuestro cuerpo, nuestro vehículo, nosotros lo hemos creado y descubramos las leyes que, ocultas a nuestros ojos, dirigen nuestras vidas. Este libro es, sin duda, una joya entre los conocimientos, una guía que te ayudará a comprender el significado de las cosas. Introdúcete en él y observa con su ayuda tu entorno, y recuerda que, todo lo que hay que saber, vive con nosotros. Sólo hay que sintonizar correctamente la emisora adecuada, y cuando consigamos oírla, sintonicemos también nuestro cerebro y oigamos lo que dicta nuestra alma. Hemos nacido por una razón mucho más importante de lo que pensamos.

Antes de comenzar la lectura de este magnífico libro, quiero hacer referencia a una cita del propio autor en otro de sus escritos:"El oficio o desempeño de cada uno de nosotros aquí en la tierra, es de incuestionable valor, pero no olvidemos que se trata de un medio. El fin debemos distinguirlo a medida que, con nuestra experiencia, evolucionamos".

Julián Peco Ruiz

Propósito del libro

Este Libro fue concebido en el crisol de la necesidad espiritual y gracias al gran interés mostrado, en estos últimos tiempos, hacia el **Esoterismo** en concreto y hacia la Espiritualidad sin fronteras en general.

Libro-Curso que exponemos gustosamente a la consideración de todos los estudiantes y aspirantes de esta Nueva Era de Acuario. Trataremos de dar una visión clara y serena de lo que debería ser la correcta desenvoltura de las enseñanzas esotéricas -palabra ésta poco entendida y a veces muy mal utilizada-. Sin embargo, confiamos plenamente en la capacidad que posee el hombre actual para investigar y analizar cabalmente estos "**Principios Básicos**" que se van a desarrollar.

En estos estudios partimos serenamente de un profundo sentido de la responsabilidad y de una cuidadosa selección de *Conocimientos Sutiles* que han sido derramados, como ***agua bendita***, por numerosos Guías Espirituales y Maestros de Sabiduría que dedicaron todo su tiempo y todos sus esfuerzos a la Excelsa Obra de REDENCIÓN MUNDIAL. A tales Seres Elevados, se les conoce por doquier por diversos nombres y son los patrocinadores de numerosas escuelas y religiones del mundo.

También trataremos, dentro de nuestras posibilidades, de unir armónicamente tanto la Ciencia como la Religión. No se tratará, en estos estudios, de crear una nueva "*corriente*" o escuela esotérica, o una nueva forma de pensamiento filosófico u Ocultista, ni mucho menos, sino la de "**restablecerla**" y ponerla a la consideración del público en general y del estudiante sincero en particular, ya que para la creación de estos capítulos y en la estructuración del **libro**, se ha tenido en cuenta a numerosos Autores esotéricos; Maestros, iniciados y discípulos de todos los Tiempos, de todas las edades y de todo pensamiento.

Con el objetivo de dar una buena enseñanza, lo más amplia y a la vez lo más sintética posible, se ha creído conveniente incluir en este libro, algunos fragmentos de otros Autores, de algunas líneas o escuelas esotéricas y de la Unidad esencial que subyace en todas las religiones del mundo, lo cual lo consideramos necesario, para establecer una verdadera base metafísica y espiritual.

Algunos de los autores consultados son:
Alice A. Bailey, Helena Petrovna Blavatsky, P. Pavri, Antonio Blay, Omram Mikhaël Aivanhov, Max Heindel, Vicente Beltrán Anglada, C. W. Leadbeater, Annie Besant, H. Saraydarian, Sri. K. Parvathi Kumar, C. Jinarajadasa, Benjamín Creme, Yogui Ramacharaka... entre otros.

También hemos consultado minuciosamente las enseñanzas de algunas escuelas esotéricas como:
La Escuela Arcana, la Sociedad Teosófica, la Rosacruz, la Sociedad Masónica, la Antroposofía, la Gnóstica, Fraternidad Blanca Universal, la Vedanta y la tradición Oriental con sus diferentes ramas del Yoga.

También hemos incluido el estudio de diferentes Religiones y sus Joyas de Sabiduría:
El Antiguo y Nuevo Testamento Cristiano, el Baghavad Guita de la India, los Aforismos de Patanjali, las Enseñanzas del Buda,... y otros textos Sagrados.

El estudio y las consultas de todo ello, nos ha permitido sintetizar en este tratado, un sin fin de joyas de sabiduría, dándonos sobre todo, una visión global y armoniosa de las diferentes tendencias espirituales, reconociendo serenamente en el trasfondo de las mismas, una única Verdad:

"La Hermandad de todos los Hombres" y
"El Amor Divino que subyace detrás de todo proceso creador".

"La fábula del elefante blanco"

OM. Cuenta una antigua fábula hindú, que había tres hombres muy sabios, buscadores del "Sagrado Elefante Blanco", el cual no era simplemente un mito para ellos, sino un verdadero ejemplar viviente de la más elevada Divinidad, pues Él representaba la "Verdad más Exaltada".

Eran tres insaciables peregrinos, embarcados en la más noble exploración de los Misterios Universales. Tres ancianos venerables, inquietos como los niños, y con una mente capaz de abarcar lo inesperado, lo nuevo, lo trascendental. Los tres tenían una peculiaridad física y es que eran ciegos de nacimiento, pero para ellos eso no era ningún obstáculo que les impidiese continuar su búsqueda sagrada, ya que como es sabido, son los ojos los que nublan y ciegan muchas veces la realidad. – *Porque para los ojos físicos todo son apariencias, pero para el sabio que reconoce esto, mira con los ojos de la intuición, con los ojos de alma. Cuando así se mira las apariencias se desvanecen y la esencia queda desnuda, nada queda oculto a los ojos del Alma.*

Tras buscar por varias ciudades, exhaustos llegaron a un poblado sencillo donde un anciano lugareño, amablemente, les indicó dónde, según decían los antiguos sabios del poblado, podían encontrarlo. Estaban ya, ciertamente, muy cerca, y con decisión y firmeza, henchidos de alegría, se introdujeron en el interior de la selva. Anduvieron durante toda la mañana y como eran ciegos agudizaron al máximo sus otros sentidos. Cayó la tarde y los tres estaban exhaustos, pero seguían buscando con entusiasmo, entusiasmo digno de los verdaderos buscadores, y ¡por fin!, los tres oyeron y hasta olieron la inmanente presencia del Grande y "Sagrado Elefante Blanco". Profundamente emocionados y como si de un relámpago se tratase, los tres ancianos salieron corriendo a Su místico encuentro, ¡hasta los árboles se apartaban por compasión al verlos venir! Había llegado el momento, el mágico encuentro entre lo buscado y el buscador, entre lo profundamente invocado y la respuesta de una evocación divina, a la altura del tesón y la perseverancia mantenida durante años, incluso vidas... Uno de los ancianos se agarró fuertemente a la trompa del elefante cayendo de inmediato en profundo éxtasis. Otro con los brazos completamente abiertos se abrazó con poderosísima fuerza a una de las patas del paquidermo, y el tercero se aferró amorosamente a una de sus grandes orejas, ya que el elefante sagrado estaba plácidamente tumbado sobre unas hojas.

Cada uno de ellos experimentó, sin lugar a dudas, un sinfín de emociones, de experiencias, de sensaciones, tanto internas como externas, y cuando ya se habían colmado por la bendición del Sagrado Elefante, se marcharon, eso sí, profundamente transformados. Regresaron a la aldea y en una de las chozas los tres en la intimidad relataron y compartieron sus experiencias. Pero algo extraño empezó a ocurrir, empezaron a elevar sus voces y hasta a discutir sobre la "Verdad". El que experimentó la trompa del elefante dijo: la Verdad (que era la representación del Sagrado Elefante Blanco) es larga, rugosa y flexible; el ciego anciano que experimentó con la pata del elefante dijo: eso no es la verdad, la "Verdad" es dura, mediana, como un grueso tronco de árbol; el tercer anciano que experimentó la oreja del paquidermo, indignado por tantas blasfemias dijo: la "Verdad" es fina, amplia y se mueve con el viento. Los tres, aunque sabios y hermosas personas, no se entendían, no se comprendían y decidieron marcharse cada uno por su lado.

Cada uno por su camino, viajaron por muchos países, haciendo de su capa un sayo, y difundiendo su verdad. Crearon tres grandes religiones y fue rápida su expansión. Esto fue posible porque tocaron la "VERDAD" y la predicaron honestamente por todo el mundo desde el corazón. Los tres buscadores, habían llegado a encontrar la Divinidad, pero no percibieron su amplitud, sino que se limitaron a experimentar una parte, no el Todo, por lo tanto, aunque sinceros en su búsqueda y en su servicio, herraron en su propia limitación mental.

De esta maravillosa y simbólica historia se pueden desprender innumerables conclusiones, todas ellas posiblemente validas. Para aquel que es un iniciado, percibirá rápidamente que muchos de los problemas actuales tienen que ver con el desarrollo de esta fábula, siendo también la solución posible, mediante el despliegue natural de nuestra inteligencia y de nuestro amor, hacia todos los asuntos de nuestra vida humana, si aplicamos correctamente las siguientes conclusiones prácticas.

Saquemos algunas conclusiones:
- Al igual que los tres ancianos, muchos individuos buscan algo; la felicidad, el éxito, la plenitud, el amor, la aceptación de los demás, la amistad, etc. E incluso para unos pocos inconformistas y testarudos, la "VERDAD", el por qué de las cosas; de la vida, de la existencia, etc.
- Aunque nos moleste aceptarlo, al igual que los tres ancianos, el ser humano parte hacia esa sagrada búsqueda, con la evidente y profunda ceguera de su propia ignorancia. Los cinco sentidos y el intelecto no son suficientes herramientas para investigar y descubrir la "Verdad" la "Quinta Esencia" que está detrás de las apariencias, detrás de todo lo creado, el espíritu o corazón de la innata divinidad y propósitos subyacente...
- Cada uno de los ancianos descubrió, sin lugar a dudas, con toda su alma, parte de ese Gran Misterio, de esa

Divinidad, eso no se cuestiona en la fábula. Sin embargo, querer abarcar todo el océano de sabiduría en una mente humana es imposible. Tener una profunda experiencia con lo divino no es abarcar todo su contenido. No obstante son muchos los que tratan de monopolizar la Verdad, a Dios, a través de una Religión, de una doctrina o una Filosofía, y eso no se puede hacer. No se puede limitar lo ilimitado, no podemos coger a Dios y encerrarlo en un libro y luego decir que es la "Suprema Palabra de Dios". Así comienzan muchas guerras y conflictos, por falta de inclusividad y estrechez mental.

¿Qué es la "verdad"?

El ser humano necesita desesperadamente "seguridad", e intenta alcanzarla por todos los medios. Pero no solamente seguridad material o de subsistencia, sino también seguridad interior, de sus emociones y afectos, de su propia existencia e identidad. El problema del "qué lugar ocupo en el sistema de la vida", "qué se supone que se espera de mí" y "para qué sirvo realmente", provocan en nuestro interior mucha desazón. Y es debido a esa inseguridad permanente, la que no acabamos de solucionar nunca, la que nos empuja a realizar miles de cosas, a veces totalmente absurdas, carentes de sentido, como por ejemplo el "pasar de todo" o todo lo contrario "luchar a muerte y contra todos por un ideal". El primero se convierte en un incomprendido de la sociedad, en un "inadaptado", y el segundo en un kamikaze suicida, en un mártir odiado por muchos o héroe venerado por otros. Naturalmente estamos hablando de extremos, y los extremos nunca son buenos de por sí. Sin embargo éstos nos permiten dilucidar e intuir el camino medio, el posible equilibrio necesario para vivir con cierta seguridad o estabilidad, aunque en la mayoría de los casos no sea más que una estabilidad virtual.

Toda la clave de la existencia humana consiste en conocer "LA VERDAD". Pero, ¿dónde está esa Verdad Esencial?... La Verdad nos daría la necesaria "seguridad" para ser felices y completos. Nos proporcionaría un futuro y la comprensión de nuestro pasado. Nos permitiría, así mismo, sacar todo nuestro potencial en el presente y no nos dejaría perdernos en la ignorancia tan aguda de nuestros tiempos. La ciencia moderna nos despliega una interesante percepción del mundo que nos rodea, y nos demuestra inexorablemente una gran variedad de leyes y de fenómenos físicos y químicos. Ciertamente la Ciencia moderna avanza cada vez y con mayor convencimiento, abriéndonos la "Puerta hacia la Verdad", y esto es positivo para el hombre y por consiguiente para la sociedad en conjunto. La religión también cumple su sagrado papel de buscar la Verdad. La búsqueda de la verdad a través de la religión es más subjetiva, más personal e intransferible, donde las experiencias íntimas, místicas y espirituales son esencialmente reveladoras para el individuo que así las experimenta. Pueden ser ciertas o ilusorias, divinas o subconscientes, pero ahí están. Y para los sujetos que así lo viven, estas experiencias pasan a formar parte de su bagaje existencial.

Por consiguiente y simplificando estas dos posiciones aparentemente antagónicas, podríamos aseverar que la línea del científico es puramente mental y concreta. Basando su percepción en el mundo de los cinco sentidos y las tres dimensiones que los condicionan, y su trabajo de investigación siempre estará limitado por los instrumentos materiales que utilice, como es obvio. Sin embargo, también deberíamos decir que la postura estrictamente religiosa tampoco es completa, porque no solamente existe Dios, sino también materia, y tanto la una como la otra necesitan un correcta comprensión y una correcta desenvoltura en la vida y en la percepción del hombre. Desde el punto de vista esotérico, ESPÍRITU y MATERIA son UNO, <u>ya que el espíritu es materia o sustancia</u>

sublimizada, y la materia es espíritu o divinidad concretizada, y aunque formulado de una forma poética lo expuesto, contiene una realidad integra, ya que actualmente está demostrado que **Todo es Energía**, sea ésta más densa o más sutil, más elevada o con mayor dureza, la verdad es que todo es energía, y la energía ni muere, ni se destruye, ni desaparece, sino que siempre está en constante movimiento, en constante *transformación,* pasando eternamente de un estado a otro. En esta simple pero magnífica simbiosis podríamos unir a la ciencia y la religión, ya que las dos son partes de una misma búsqueda y hermanas gemelas de un mismo creador. Las dos deberían trabajar juntas y complementarse conjuntamente en el camino de la investigación esencial. Las dos unidas como el padre y la madre y rodeadas de entendimiento y amor, seguramente darían como resultado creador el nacimiento de un tercer factor, el hijo, la Luz, que nos guiaría con seguridad hacia el abrazo sincero de la Verdad, a la cual en este capítulo hacemos tanta referencia.

Pero cómo alcanzar la Verdad, si la verdad no es material, ni mental. Difícil dilema para el buscador. Si la verdad es que el hombre es polvo y en polvo se convertirá, todo lo anteriormente expuesto o en lo sucesivo de nada importa y carece de toda practicidad. Pero si la verdad es que el hombre es un "hijo de Dios" y por lo tanto espiritualmente inmortal y divino, sí que importa lo anteriormente expuesto y lo sucesivo, porque iremos avanzando en comprensión. Ante los Misterios de la Vida y la Metafísica, quizás, la correcta actitud a tener presente sea la razonable duda, pero a la vez, la suficiente humildad mental para esperar lo inesperado, lo nuevo, la magia. Una mente analítica, un espíritu crítico, un corazón intuitivo y un alma en constante atención y abierta a la revelación, y por supuesto, mucho sentido común y sin extremismos, sean las actitudes necesarias y positivas para recorrer el sendero hacia la "Verdad".

El acercamiento a la Verdad es siempre progresivo. Podemos alcanzar una determinada verdad, pero siempre habrá una "causa" superior a ella misma, siempre habrá una verdad mayor que espera a ser descubierta. Por lo tanto estemos alerta y abiertos a una nueva y más amplia revelación. Las pequeñas verdades son necesarias para erigir mayores verdades. Las verdades a medias, son también verdades, y éstas dependen, naturalmente, del punto de compresión alcanzado.

El interés por la ciencia es uno de los primeros impulsos que siente el hombre inteligente, por descifrar el Misterio o Causa de las cosas.

Sin embargo existen dos clases de "verdad", la *humana* y la *esencial* o "divina". Está la verdad relativa sobre lo que el ser humano ha inventado y clasificado, y la verdad tal cual es, en última esencia, en raíz de las cosas en sí mismas, más allá de cualquier cavilación intelectual o especulación racional. Las verdades humanas son siempre transitorias, lo que hoy creemos que es cuadrado mañana posiblemente sea redondo, como por ejemplo la teoría de antaño que si la tierra era plana o redonda. Y así infinidad de falsos conceptos, comprensibles claro está, para todo sociedad que está en proceso de evolución. Pero de igual manera que en el pasado, lo que hoy descubrimos, que sin duda es mejor y más verdadero que lo de ayer, también en un futuro próximo será obsoleto y caduco, y producirá risa. Por lo tanto el ser humano vive en constante cambio y en verdades relativas. Pero debemos comprender que esto no es malo sino natural, y el problema viene cuando algunos creen que ya han alcanzado el cenit, lo máximo, la última verdad, y sobre ello edifican su templo. En esos momentos sus mentes se cierran, se cristalizan, ya que no hay nada superior que descubrir, y hacen de un granito de arena una montaña. No han aprendido la lección del pasado, del tiempo y de la relatividad de todo lo material. Pero para un buen científico, ya sea de ciencia o metafísica, **la humildad para aprender**

es la clave, y la comprensión intuitiva de mayores espacios de "verdad" han de ser la tónica de sus esfuerzos sinceros, inevitable búsqueda debido a esa inquietud innata en todo ser inteligente, en pos de mayor **seguridad** para vivir libremente y con total creatividad y amor.

¿Y cuáles son las Verdades Esenciales? Imposibles de decir o de escribir, ya que no pertenecen al reino de las palabras, ni de los signos gráficos, tampoco pertenecen al mundo de la formas o de los símbolos. No pertenecen al espacio mental ni intelectual, tampoco a las suposiciones o estadísticas. Nada tienen que ver con los libros o con el sonido, con los cinco sentidos o con una doctrina. La "VERDAD" es una experiencia directa, intransferible de ningún modo comunicable, es una implosión reveladora, una percepción espontánea e instantánea sin intermediarios, una expansión del SER Interno imposible de describir. Y aun así ni siquiera podemos imaginar o intuir lo que es, todo lo que pensemos al respecto será una barrera limitadora para experimentarla. A este respecto las frases del venerable **BUDA** nos son iluminadoras:

> "No hemos de creer en lo dicho, simplemente porque fue dicho; ni en las tradiciones, porque han sido transmitidas desde la antigüedad; ni en los rumores; ni en los escritos de los sabios, porque han venido de ellos; ni en las fantasías, que se supone han sido inspiradas por un *DEVA* (ángel, es decir, una supuesta inspiración espiritual); ni en las deducciones basadas en alguna suposición casual; ni por lo que parece ser una necesidad analógica; ni por la mera autoridad de nuestros instructores o maestros; sino que hemos de CREER cuando lo escrito, la doctrina o lo dicho, está corroborado por nuestra razón y CONCIENCIA. Por eso enseñe a no creer lo que oyen decir, sino que, cuando lo crean conscientemente, ***Actúen De Acuerdo Y Plenamente***".

A la vez se debe comprender que el Conocimiento Esotérico no pertenece a ninguna escuela o grupo, o corriente religiosa o espiritual de algún tipo. La "VERDAD" es la *Joya Sagrada* que pertenece por derecho propio a toda la humanidad, y ésta se encuentra en el espíritu y dentro de cada Ser, la Verdad se encuentra por doquier, es absolutamente libre, ya que en sí misma la Verdad Libera, por lo tanto nadie debería intentar "*monopolizarla*" como hasta ahora, lamentablemente, siempre se ha querido hacer.

"**... No hay religión, filosofía o ciencia más elevada que la verdad, y ésta no es propiedad de nadie, excepto del espíritu libre e incluyente que se encuentra en el interior de todos y cada uno de los seres del universo...**"

Hace más de 2.000 años, el Maestro de Maestros al que llamados el Cristo, y conocido también esotéricamente como el Señor Maitreya, hizo varias afirmaciones y demostraciones sobre la capital importancia que tiene el encuentro con la "Verdad". El primer decreto fundamental lo encontramos en el Evangelio de San Juan "8:27-31 y 32", cuando dice: *Dijo entonces Jesús a los judíos que habían creído en él: Si vosotros permaneciereis en mi palabra, seréis verdaderamente mis discípulos; y conoceréis la verdad,* **y la verdad os hará libres**"... Démonos cuenta, pues, de la verdadera importancia que tiene el saber, o más bien, el Ser la Verdad. La segunda revelación sobre dónde encontrar la Verdad la tenemos en otro episodio cuando al Maestro Jesús, Pilatos le preguntó: **¿cuál era esa Verdad de la que él hablaba?** Su respuesta fue el silencio. No dijo nada, ¡o quizás respondió! y el silencio fue la respuesta más acertada... (Momento de reflexión).

Una vez estaban discutiendo apasionadamente dos monjes budistas en el jardín sobre la verdad, si era esto o aquello, y por aquellos lugares estaba el venerable Buda paseando gozadamente cuando fue rápidamente abordado por esos dos jóvenes monjes que preguntaron exaltados: "Maestro **¿cuál es la Verdad?**". El venerable Buda sin hacer ningún gesto y en profundo silencio siguió su camino. No respondió nada, o ¡quizá sí! y el silencio, fue nuevamente la respuesta más acertada. Cristo dijo: *"Conoced la Verdad y ella os hará libres"*. Porque la verdad es lo único que libera verdaderamente, y es un alimento que da inmortalidad, porque no solamente de pan vive el hombre sino de toda palabra salida de Dios. Pero no son los sentidos ni el intelecto los que se alimentan de la Verdad, ya que ellos se alimentan de estímulos y conocimientos, ya sean estos ciertos o erróneos, prácticos o superficiales. Observamos en la vida a individuos que saben mucho, que tienen varia carreras, y son elocuentes y locuaces del saber humano, personas que tienen un nivel de inteligencia muy alto, pero que sin embargo no son verdaderamente "libres". Tienen los mismos problemas que cualquiera y sufren por las mismas causas que los demás. Luego no es la "verdad del mundo" la que nos hace libres y a la que se refería el Maestro Jesús. Es otro alimento, y el que se nutre no es el intelecto humano, sino que es el alma el que se alimenta de Verdad, y cuanto más come más crece, y cuanto más crece más divinamente se manifiesta a través del hombre, del individuo. ¿Cuál podría ser el mejor ejemplo para ilustrar este especial alimento?... pues el amamantamiento de un bebé. Ponerle el pecho de una madre a un bebé y veremos la magia de la verdad. En esos momentos todo su cuerpo, todos sus sentidos, todo su Ser se transforma, para recibir directamente y sin titubeos la total experiencia, experimentando el alimento en su forma más pura y consciente, en profundo silencio y expectativa interior, ¡o! ¿Es que acaso creemos que el bebé está pensando en otras cosas?... Así se experimenta la verdad.

Hay quienes piensan que la Verdad se encuentran en sus *"Biblias"*, en sus Textos Sagrados, creen que en sus libros están contenidas "Las Palabras de Dios", y sólo en sus escritos no en el de los demás, naturalmente. Quieren tener la exclusividad de lo Inefable, de lo Absoluto, pero la verdad es que son víctimas de sus propios dogmatismos y difícilmente algún día podrán experimentar la Verdad. Porque, ¿acaso la Palabra de Dios no es la Voz que sale de Su boca?, ¿o pensamos que Su voz es lo mismo que un pedazo de papel y tinta?... Cierto es que existe mucha sabiduría en los textos sagrados de todas las religiones del mundo, por supuesto, pero también es cierto que todo es interpretable, y por lo tanto fácil de errar en su entendimiento. Sin embargo, la experiencia directa con esa realidad divina, cuando se vive plenamente, no es interpretable, sino Verdad, tan clara y nítida como jamás se podría imaginar, pero difícilmente reproducible para comunicárselo a otros. Por esa razón, tanto el Maestro Jesús como su hermano el Maestro Buda respondieron de la misma manera "**el silencio**". Ellos, claro que experimentaron la Verdad, como muchos otros Iniciados, Maestros, Iluminados, Místicos y Discípulos, de todas las épocas y todo lugar, pero ¿cómo expresarla de tal forma que se vivenciará para los demás? imposible con palabras, por esa razón el Silencio es el mejor Maestro para experimentar directamente el Misterio de la Vida en todos sus planos y dimensiones posibles. Porque el Silencio te eleva más allá de los ruidos y murmullos del plano físico, y te permite percibir lo sutil, lo etéreo, la Voz de tu alma, la cual vive en Verdad.

¿Cómo explicaríamos el olor de una rosa a alguien que jamás la ha olido? Ya podremos darle muchas vueltas, muchas explicaciones y ejemplos, pero de ninguna manera podremos ni acercarnos ha dicha experiencia, hasta que él mismo no lo experimente directamente. Así debemos obrar nosotros, y no creernos todo lo que leemos o escuchamos, por muy lógico o espiritualmente acertado que parezca, sino que deberíamos mantener siempre una actitud responsable, constructivamente crítica y serena ante cualquier nuevo conocimiento. No se trata de rechazarlo todo, ni tampoco de aceptarlo todo. Se trata de investigar y experimentar, de tenerlo presente como una posibilidad, de tenerlo en cuenta, por si acaso. Y solamente cuando ese conocimiento haya sido experimentado plenamente por nuestra conciencia y asimilado todo su potencial, sólo entonces podremos decir, con total seguridad, que esto es o no es verdad. Hoy en día es tan fácil la manipulación, algunas personas ya por inercia rechazan cualquier exposición metafísica, aún sin investigar ni estudiar ni un solo minuto de su vida, pero ahí están, aseverando y opinando como si fueran realmente doctos en el tema. Luego los ahí totalmente crédulos y ya de por sí son personas fácilmente sugestionables y manipulables, se creen todas las cosas pero no hacen nada, tampoco, por verificar su autenticidad. Un sabio dijo: "El que se ríe de lo que no conoce va en camino de convertirse en un idiota", nosotros también agregaríamos que "el que se cree todo lo que oye, también va en el mismo camino de la estupidez". Son las dos caras de la misma moneda, pero ninguna de las dos actitudes son las más idóneas para convertirse en "buscadores de la Verdad". Hay que buscar el punto medio, el justo equilibrio entre los dos, entre una buena dosis de coherencia y profundo sentido común. Esa es la clave maestra para avanzar con seguridad y rapidez en el sendero que conduce a la Sabiduría.

Sócrates, uno de los más grandes filósofos, llego ha decir: "*sólo sé que no sé nada*", indudablemente este maravilloso axioma revela una gran sabiduría. El sabio que reconoce su limitación ya no está tan limitado, pues ha puesto una buena base de humildad para edificar con seguridad su templo de conciencia despierta. "Sólo el que cree que sabe ha muerto en sabiduría". Hay un aforismo esotérico, o axioma espiritual, que debían y deben tener muy presente los Iniciados a los Misterios, que dice: "*Querer, Saber, Osar y Callar*". Generalmente el Sabio habla poco pero dice mucho, no pierde las energías en discusiones banales, sino que permanece en silencio. Aunque ese "silencio" muchas veces no quiere decir callar, sino permanecer en calma interior mientras se habla, pues es tan malo hablar cuando hay que callar, como callar cuando hay que hablar.

En la fábula del *"Elefante Blanco"* hay mucha sabiduría por descubrir, mucho para reflexionar e investigar. Ciertamente no hay nada más hermoso en este mundo que descubrir la "Verdad", aunque a esa Divina Verdad no se la pueda poseer, sino que es ella, la que a su debido tiempo, y a su debida madurez, es la que por fin posee al hombre. . .

Capítulo. I

Introducción al esoterismo

Para la elaboración de este capítulo hemos consultado y extraído algunos fragmentos de los siguientes Libros:

> *"Fundamentos de Teosofía"*, C. Jinarajadasa
> *"Psicología Revolucionaria"*, Víctor M. Gómez
> *"La Vida Psíquica: Elementos y Estructuras"*,
> Omraam Mikhaël Aïvanhov

Es evidente el gran interés mostrado, y el progreso extraordinario de las enseñanzas y teorías metafísicas que han ido expandiéndose, con mayor o menor éxito, en estos últimos tiempos como una nueva Luz llamado **"*Corriente New Age*"**. Pero no deberíamos juzgarlo tan rápidamente y llevarnos a engaño, ya que parte esencial de esta supuesta "Nueva Corriente" tiene unos orígenes aún más antiguos que la humanidad misma. Ninguna persona culta podría determinar con gran certeza cual ha sido el Origen exclusivo de dicha enseñanza. Y es por esto que se nos obliga de algún modo a considerar y reflexionar sobre el verdadero significado y alcance, así como del origen y trascendencia de este grandioso legado, llegando a ser "La Sabiduría más Antigua del Mundo".

El origen de esta Antigua Ciencia se pierde en la noche de los Tiempos, ya que en verdad no tenemos un recuerdo claro y fiable de nuestro verdadero origen y creación. Sin embargo, sí que podemos afirmar que a lo largo de la agitada historia de la humanidad, siempre han existido personas, hombres y mujeres que por su vida y enseñanzas han demostrado poseer un nivel de CONCIENCIA y COMPRENSIÓN por encima de lo normal, Seres que han transformado e impulsado algún sector de nuestra sociedad, en cualesquiera de sus numerosas expresiones. Ayudándonos a EVOLUCIONAR, a disipar muchos de nuestros falsos espejismos y erróneos valores, mostrándonos una nueva dimensión de esa realidad esencial, tanto humana como Divina.

Algunos de estos GRANDES SERES fueron en sus tiempos injuriados, perseguidos y llamados locos, incluso crucificados como el caso bien conocido del Maestro Jesús. Pero a pesar de la oposición que siempre ha habido para cambiar y sentar nuevas bases, los testimonios de esos **Locos Divinos** nunca se han olvidado, al contrario, muchos los han adoptado como una *"Bendita Herencia Divina"*.

Pero también debemos recordar y estar agradecidos a las enseñanzas y tratados que nos han sido transmitido, época tras época y, a pesar de las adversidades, de aquellos que hemos llamado *"nuestros hermanos mayores"*, Santos y Místicos, Gurús e Iluminados de todos los tiempos; así como a los trabajos realizados por numerosos Maestros, Iniciados y Discípulos contemporáneos.

Algunos de esos Grandes Maestros e Iluminados son:

Maitreya, Buda, Jesús, Hermes, Krishna, Pantanjali, Sócrates, Rama, Confucio, Marpa, Mitra, Paracelso, Tagore, Mahoma, Quetzalcoatl, Milarepa, Baha'U'Llah, Yogananda, Aurobindo, Krishnamurti, Sivananda,... y muchos más. Algunos de ellos conocidos públicamente, y otros muchos desconocidos por el público en general. Seres que trabajaron y trabajan hoy en día afanosamente detrás de la escena de la vida, y cuyos nombres sólo son conocidos por un número reducido de discípulos e iniciados.

Detrás de todos esos grandes Seres se manifiesta la misma y divina Presencia, la Presencia del Creador, del hacedor del Universo, del cual todos formamos parte y somos parte indisoluble.

Definición

El **esoterismo**, ordinariamente interpretado vendría a ser el estudio de aquello que está oculto, detrás de las apariencias. Detrás del mundo fenoménico existe una realidad, una realidad superior que está más allá de la mente y los sentidos. Es el Mundo de las Causas, de las verdaderas razones por las cuales todo es engendrado, desde una semilla, hasta un universo. Todo tiene una razón de ser y al mismo tiempo todo tiene un Ser que manifiesta dicha razón. También la palabra **metafísica** tiene una interpretación espiritual, ya que indica un estudio más allá de la física, una interpretación o visión dónde los instrumentos de investigación no son los puramente físicos, sino que son otras capacidades, podríamos llamarlas psíquicas o supranormales, las que son puestas en actividad, gracias al desarrollo interior alcanzado. También la palabra **ocultismo** podría ser utilizada para nuestros estudios ya que encierra en sus raíces más profundas la clave de la exploración espiritual.

El *esoterismo* es algo más que una filosofía especial, es un legado de la Sabiduría Antigua, el cual es un grandioso conjunto de enseñanzas, hechos y prácticas que forman el objeto de las Iniciaciones en los Misterios y constituyen el ALMA de todas las Religiones y Filosofías del mundo. Este

Legado sagrado de la Sabiduría Antigua ha llegado hasta la actualidad mutilado y deformado, siendo prácticamente irreconocible en nuestra actual Edad Negra o KALI-YUGA, marcada por el profundo materialismo e ignorancia de las Realidades más Fundamentales de la Existencia.

La Humanidad actual sólo posee "pobres restos", partículas desfiguradas de esa Ciencia Ancestral de la que nuestras ciencias positivas no son sino el grado inferior de la "ciencia sagrada", la única capaz por sus teorías y prácticas de conducir a la humanidad hacia su destino verdadero. Por ese motivo, **la Ciencia Sagrada ha de Reconstituirse enteramente**, sirviéndonos de los materiales y medios suministrados por la enseñanza de Aquellos a quiénes denominamos Los HERMANOS MAYORES o MAESTROS DE COMPASIÓN y SABIDURÍA. La "Ciencia Oculta" es la ciencia de las cosas escondidas, aunque este significado es mera expresión académica. El "Esoterismo" es pues el conjunto de enseñanzas, teorías, hechos, prácticas, adaptación, etc. de la Ciencia Oculta. Sin embargo, la palabra Esoterismo cayó en el descrédito debido a su empleo abusivo por charlatanes y desaprensivos. En la actualidad vemos que cualquier persona inculta y estrafalaria puede utilizar la expresión "esotérico" para realizar cualquier exhibición de circo con total impunidad. Y esa errónea presentación al mundo del "esoterismo" crea mucha confusión y rechazos comprensivos.

Según la Sra. Helena P. BLAVAPSKY, el Ocultismo "**no es otra cosa sino el estudio de la MENTE DIVINA en la Naturaleza**". Esta definición es la más clara, concisa y exacta; y toda la obra de la señora Blavatsky es su desarrollo. Según los antiguos, toda religión y filosofía partía del hombre para llegar a Dios (el Plano Divino), en un movimiento de esplendor ascendente, y al mismo tiempo, emanaba de Dios hacia el hombre en un movimiento descendente, completando el Círculo Divino en la parte menos sutil del Cosmos, es decir, el plano físico. La Ciencia-Religión era la expresión de una Unidad Perfecta en la Sabiduría Divina.

Las Cuatro Columnas De La Sabiduría:

Ciencia, Filosofía, Arte y Religión.
La **CIENCIA** aplicada esotéricamente demuestra la potencialidad subyacente en todo Ser. El ocultismo es verdaderamente una ciencia, ya que puede verificar repetidamente diversos estadios de conciencia y de percepciones extra-sensoriales, es decir, que es capaz de utilizar o poner en movimiento otros sentidos o facultades más allá de los cinco sentidos ordinarios. **El esoterismo es la propia Ciencia del Alma**, la cual nos enseña que el mundo es una manifestación del Pensamiento Divino en todos los grados de la materia que mutuamente se inter-penetran. *El esotérico trata de estudiar las cosas en sí mismas, más allá de su aspecto tridimensional*. El ocultista va más allá de las simples hipótesis y suposiciones, él establece una Revolución de la Conciencia, y una didáctica en armonía con las corrientes positivas de la "Era de Acuario". Se estudia la ciencia de la meditación como máximo exponente de contactos superiores y realización íntima, se estudian los 7 rayos o cualidades diferentes de la energía, las leyes del karma y la reencarnación, los diferentes planos o dimensiones sutiles del sistema solar y sus habitantes, los diferentes cuerpos o vehículos del hombre, la antropogénesis u origen de la humanidad, la proyección directa de nuestra conciencia a través de los diferentes planos o dimensiones sutiles del espacio, la anatomía oculta del hombre, los centros de energías –Chakras- y otras potencias. El despertar de una sensibilidad superior que en forma de "poderes espirituales" forma parte del patrimonio de toda alma evolucionada. También se estudia la Cosmogénesis u origen del universo; la Ciencia del *"Antakarana"* o canal

de contacto y conexión entre el cerebro y el Alma (el maestro Interno), así como el trabajo para la continua Expansión de la Conciencia, y el sendero de retorno al Padre o el camino del Discipulado que conduce a través de la INICIACIÓN a la plena *Realización del* **Ser**.

Desde el punto de máxima comprensión esotérica podríamos decir que:

"No es que el Creador esté en todas las partes, sino que Él Es todas las partes"

No existe separación o exclusión alguna. La separatividad es sólo un espejismo mental causado por nuestra profunda ignorancia. Por eso, esotéricamente se nos dice que:

Todo en el Universo es una parte de Su Ser, incluso nuestro cuerpo es una parte de Su cuerpo, y nuestra alma una parte de Su alma, de tal manera que cuando nos encontramos a nosotros mismosencontramos a Dios, que en definitiva es lo que realmente somos.

La **CIENCIA SAGRADA,** es por lo tanto, verificable cuando el aspirante se somete voluntariamente a ciertos procesos de aceleración de la conciencia, denominados técnicamente **El Sendero del Discipulado** y el de **Iniciación**. La práctica del Ocultismo trae inevitablemente el despliegue de las facultades espirituales: sensibilidad telepática, habilidad psicométrica, percepción espiritual y la apertura del Tercer Ojo que conlleva la capacidad de dirigir y controlar la energía de la materia, ver todas las cosas en el Eterno Ahora, estar más en contacto con las CAUSAS que con los efectos, leer los Archivos *Akáshicos* y ver clarividentemente, así como controlar los elementales constructores de grado inferior. En las Escuelas de MISTE-RIOS de la antigüedad los resultados de las investigaciones clarividentes de un INICIADO debían ser corroborados y cotejados por los resultados de otros Iniciados de la Sabiduría Arcaica.

En sus obras, Blavatsky resume la precisión de este método de investigación: "<u>La Doctrina Secreta" es la Sabiduría acumulada de las Edades... Esta ciencia no es producto de las fantasías de uno o varios individuos aislados, sino que es el archivo ininterrumpido de miles de generaciones de Iluminados, Maestros e Iniciados cuyas experiencias respectivas se comparaban con las tradiciones orales transmitidas de una raza antigua a otra</u>. Durante largas Edades, los hombres Sabios de la Quinta Raza (la actual), fueron comprobando, examinando y verificando en cada uno de los departamentos de la naturaleza las <u>antiguas</u> <u>tradiciones</u>, por medio de las visiones de los Grandes ADEPTOS, es decir, de los hombres que han perfeccionado hasta el mayor grado posible sus organizaciones <u>físicas, psíquicas, mentales y espirituales</u>. No era aceptada la visión de ningún Adepto hasta ser confrontada y comprobada por las visiones de otros Adeptos, obtenidas de modo que se presentasen como evidencia independiente y durante siglos de experiencia.

<u>En cuanto a la</u> **FILOSOFÍA**, en su máxima expresión, diremos que en sí misma es "Reflexión Evidente", un funcionalismo muy natural de la Conciencia. La Ciencia esotérica como filosofía nos enseña que el Sistema Solar es un mecanismo cuidadosamente ordenado, la manifestación de una magnificente Vida, de la que el hombre es una menuda parte. "***Lograr el Conocimiento del "Uno" es la Meta de toda Filosofía***", dijo *Giordano Bruno*. La Filosofía es el conocimiento de la Unidad mediante la razón, aparte de la multiplicidad de objetos; la ciencia es meramente la observación de objetos mediante los sentidos. Solamente aquel que conoce

la UNIDAD es un Filósofo. El hombre progresa, vida tras vida, bajo las Leyes de **REENCARNACIÓN** y **KARMA**, hasta que se da cuenta de la UNIDAD de todo lo que existe y alcanza el conocimiento del UNO. Es el arquitecto de su propio destino, cosechando en cada vida lo que hubiere sembrado en anteriores. Generalmente se piensa que es el cuerpo el que tiene un Alma, sin embargo para el estudiante de ocultismo, ese pensamiento se invierte, comprendiendo claramente que es el Alma el que posee un cuerpo o mejor dicho, varios cuerpos en diferentes planos. La filosofía como medio de iluminación nos adentra en el misterio de lo trascendental y nos hace participes directos de nuestra realidad esencial, ¡somos un ser espiritual!, esa es nuestra verdadera patria, nuestro verdadero origen y cercano futuro. Siendo el mundo de las formas, el mundo material una formidable escuela de aprendizaje para el espíritu divino, pero no su hogar verdadero sino transitorio, como lo es todo en la vida física de este mundo material.

Somos la manifestación de una chispa divina emanada del Gran Fuego Creador, descendiendo plano tras plano hasta alcanzar el último y más denso, el plano físico, el mundo terrenal, para experimentar, **evolucionar** y **redimir** la materia. En esta profunda reflexión filosófica, hacemos temblar las entrañas del temor y nos adentramos en el corazón de la esperanza más pura. La filosofía esotérica es una flecha lanzada al cosmos, *donde la diana, el arquero, el arco y la flecha es nuestro eterno SER, el Eterno UNO*.

También encontramos que el **ARTE** es la manifestación creativa del ser humano. Para crear arte hace falta inteligencia, amor, voluntad y una formidable dosis de belleza, a la vez de o un profundo deseo o anhelo de materializar. Por doquier encontramos arte, aunque habría que diferenciar entre dos tipos de arte, el Regio o superior y el arte superficial o impulsivo. La diferencia siempre la encontraremos en el trasfondo de la obra. El Arte trata de revelar, en el mundo de las formas, el poder oculto de los símbolos, ya sean estos: dibujos, jeroglíficos, música, arquitectura o esculturas. Tenemos a las grandes pirámides de Egipto y de México, a los obeliscos antiguos, lo encontramos en las pinturas de Miguel Ángel, Rafael, y Rembrandt, en los templos sagrados de los mayas y, en las composiciones magnas de Beethoven, Brahms y Mozart. El arte está en la poesía y en las danzas, en las catedrales y en lo ceremonial. El arte es una ciencia, la ciencia que revela la creatividad y belleza del Alma. Sólo este arte permanece tras los siglos, todo lo demás son sombras o guiños que no perduran, y mueren por falta de luz interior. Toda verdadera obra de arte tiene su propia Luz Interior, como una vida, como un Ser, ya que representan potencias y fuerzas que invocan en los observadores una respuesta, también espiritual, es decir, esencial al propio Ser. Puede ser que el propio artista no sea consciente de la magnitud espiritual de su obra, de su luz interior, puede ser que el artista sea incluso ateo o agnóstico, superficial y hasta un vividor, pero eso no importa realmente aunque parezca mentira, porque la verdad es que muchos grandes artistas y genios creativos no le han importado para nada el tema esotérico, religioso o espiritual. Es obvio que para otros sí y mucho, pero lo importante a tener en cuenta aquí en nuestros estudios, es el profundo contacto interno que ellos poseían con el mundo superior, hayan sido o no conscientes de ello. Otras veces eran simples receptores, precisos canales, de magníficas inspiraciones divinas que trataban de aterrizar en el plano físico.

Tenemos también como otro pilar esotérico la **RELIGIÓN**. Para el estudiante este elemento de estudio será uno de los más importantes en la reconstrucción de la SABIDURÍA ARCAICA. Según el Ocultismo, la Religión es el resultado de una revelación primitiva de Creador, que le hizo al hombre a través de intermediarios divinos. Todas las religiones hablan de AVATARES que descienden periódicamente desde círculos superiores a la humanidad, así como la existencia de otras JERARQUÍAS de Seres Espirituales que ayudan a los hombres en su proceso de evolución, denominándolos Ángeles, Arcángeles, Devas, etc. Esta revelación divina era una sola en la antigüedad, por ello si bien las diferentes religiones son aparentemente divergentes en sus formas, En el Fondo Todas Conducen Hacia la Unidad. Todas ellas son como los "pétalos de una misma flor"; cada pétalo es distinto, pero el **CENTRO** es el mismo para todos ellos. La religión nos aporta un sentido superior, una ética espiritual y humana, un código natural en armonía con los impulsos supremos de nuestra alma. El origen o la etimología de la palabra religión deriva del latín "RELIGARE", que significa ligar, unir. Así pues el camino religioso trata de volver a fusionar al hombre con Dios, éste es su verdadero sentido existencial, la razón de su creación. Solemos hablar de Doctrina Esotérica, no como de una religión en sí misma, sino como de la VERDAD que por igual subyace en todas las religiones del mundo.

Buscar lo verdadero y bueno de cada religión, esa es la clave. El esoterismo reconoce que en el interior de todas las Grandes Religiones del Mundo, palpita intensamente el CORAZÓN de lo Divino, abrazando incesantemente a toda Su creación. También es verdad, a nuestro pesar, que en la mayoría de las religiones encontramos algunos aspectos dogmáticos y sectarios, producto de la propia ceguera e imperfección humana a la hora de interpretar sus enseñanzas y mensajes. Esto es normal, y es debido en gran parte, a que voluntaria o involuntariamente necesitan los seguidores, de alguna forma "Monopolizar la Verdad y la única salvación", esta tendencia negativa se produce, generalmente, por la inseguridad que proporcionaría el no estar en la mejor o en la "verdadera" religión (si la hubiese). Tal actitud ya en sí levanta una importante barrera al Espíritu y a su Libertad. El miedo impuesto por algunas de ellas sobre la condenación eterna, el castigo divino y cosas parecidas si no seguimos a su Dios o a su doctrina, etc., han sido en gran medida la causa esencial de muchos agravios y penalidades, así como de la actual indiferencia que existe en un gran sector de la humanidad inteligente, hacia las religiones ortodoxas y convencionales. Esto ha provocado en gran parte un vacío difícil de llenar, un dique en las corrientes vivas del Creador. El esoterismo enseña al hombre el verdadero sentido de la religiosidad reconociendo en todas las religiones una misma enseñanza. Una enseñanza que trasciende lo aparente y penetra en la misma raíz de su origen. Las enseñanzas esotéricas nos muestran un panorama diferente, amplio, inclusivo e interactivo, dónde lo importante no es la fe ciega, sino el reconocimiento intuitivo, veraz de dicha fe. Dónde la fe adquiere su poder y su grandeza en el descubrimiento de la Verdad. Pues la fe es, el reconocimiento de las cosas no vistas, y la evidencia manifiesta detrás de las apariencias. Expuesto todo, armoniosa y amorosamente en el maravilloso tablero de nuestras propias vidas. Manifestándose lo Divino en todas partes, siendo Él mismo todas las partes. No existe nada fuera de Él, pues Él es la suma de todo lo que existe.

Debemos recordar y comprender que todas las religiones son creadas, organizadas y dirigidas por hombres, no por ángeles o Maestros Divinos. Aunque si bien es cierto que intentan seguir los pasos y enseñanzas de Sus Patrocinadores originales, como el **Cristo**, el **Buda**, **Krishna** o **Mahoma**. Ninguno de Ellos instituyeron las Religiones, ni actualmente las dirigen y posiblemente poco o nada tengan que ver ya con ellas. Acaso estaba Jesús detrás de los atropellos perpetrados por la inquisición, acaso pensamos que Mahoma construye los detonadores de las bombas de los fanáticos… Ciertamente la respuesta es evidente. Hay que mirar en el corazón de las religiones y no en sus representantes humanos, aunque muchos de ellos lo intenten hacer lo mejor que pueden.

El conocimiento esotérico, nos proporciona el significado y la *Clave* para poder interpretar correctamente Las Sagradas Escrituras, los libros antiguos y cualquier manuscrito gnóstico, ya que la mayoría de ellos contienen un alto índice de parábolas y simbolismos difíciles de interpretar. "De muchos colores son las vacas (dice el proverbio), pero la leche de todas es siempre blanca. Consideremos el Conocimiento como la leche y los Instructores como las vacas". Y así, debido a su común origen divino, lo esencial en todas las religiones es idéntico, si bien lo no esencial varía. Las religiones son como las vasijas en que se vierte agua; el agua tomará diferente forma según el recipiente, pero conserva su esencial propiedad de apagar la sed.

El ocultismo posee también otros elementos de estudio suministrados por los métodos *positivitos* de las culturas, entre los que destacan los escritos de los antiguos, la arqueología, las leyendas y los mitos ricos en simbolismos universales y verdades ocultas.

A veces se dan las Diez
"buenas razones para estudiar Esoterismo"

1) Resuelve el enigma del universo, armonizando los hechos de la Ciencia con las verdades fundamentales de la Religión.

2) Comprueba que vale la pena vivir la vida, pues la hace intangible demostrando la Justicia y el Amor que guían su evolución.

3) Quita todo temor a la muerte y mucha de su tristeza, reconociendo que vida y muerte, gozo y pesar, son incidentes que alternan en un ciclo de ilimitado progreso.

4) Insiste en el lado optimista de la Vida; proclamando que el hombre es el Arquetipo de su propio destino; criatura de su pasado y padre de su futuro, demostrándolo.

5) Demuestra el Poder, la Sabiduría y el Inmenso Amor de Dios, a pesar de toda la tristeza e infelicidad del mundo.

6) Trae confianza al desesperado y al perdido, enseñando que ningún esfuerzo hacia el bien se pierde y, ningún error es irreparable.

7) Proclama la Paternidad del Creador y por ende que el hombre es Su hijo y tiene como meta final, la PERFECCIÓN.

8) Declara la Universalización de la LEY de CAUSACIÓN, manteniendo que "cualquier cosa que el hombre sembrare, eso cosechara"

9) Considera al mundo como una ESCUELA a la que el hombre volverá una y otra vez hasta que aprenda todas las lecciones.

10) Afirma la FRATERNIDAD DE LOS HOMBRES y da una base de UNIÓN para todos los que desearen trabajar por realizarla.

"NOSCETE IPSUM " ¡Conócete a ti mismo!

Homo Noscete Ipsum ¡**Hombre conócete a ti mismo y conocerás al Universo y a los Dioses**!...

¡*CONÓCETE A TI MISMO*...! Como dice el ocultista *Mikhaël Aivanhov*: *Pocas personas han sabido interpretar correctamente esta Fórmula o Máxima de Tales de Mileto, inscrita en el frontispicio del Templo de Delfos. ¿Quién es este "sí mismo" que debemos conocer? ¿Acaso hay aspectos de nuestro ser que desconocemos? ¿Se trata quizás de conocer nuestro carácter, nuestras debilidades, nuestros defectos y cualidades?... Evidentemente no. Se trata de algo mucho más importante y profundo. El conocimiento de la personalidad y de sus tendencias es importante, claro está, pero si conocerse fuese únicamente eso, los Sabios nunca habrían inscrito este precepto en el frontispicio de un templo. Este conocimiento es necesario también, desde luego, pero resulta insuficiente.*

Conocerse es mucho más que eso, conocerse a sí mismo es reconocer nuestro REAL SER, aquel que realmente somos, más allá de cualquier especulación intelectual o racional, más allá de cualquier sospecha o suposición. Es conocer la raíz de nuestra existencia, el propósito fundamental y nuestra herencia cósmica. Y de eso si que sabemos bien poco, o quizás nada.

<u>Conocerse a sí mismo es reencontrar todas las POTENCIALIDADES y posibilidades que como Hijos de Dios hemos heredado de nuestro Creador.</u> Conocernos en todos los sentidos y en todas las formas, profundizar en la Raíz de nuestro Ser, en el PROPÓSITO de nuestra Existencia, escarbar en las capas más profundas e Íntimas de nosotros mismos para ver quién y qué somos realmente. Este es nuestro primer deber como hombres y el primer paso en los estudios esotéricos, y nadie lo puede hacer por nosotros. Por lo general, cualquier ser humano inteligente se siente reflexivo en algún momento dado de su vida por resolver la triple interrogación de **¿quién soy?**, **¿de dónde vengo?** y **¿a dónde voy?**, la cual constituye el principio filosófico de la vida y la serena afirmación de que el ser humano posee unas profundidades y un anhelo ígneo, enraizadas en suelos de inmortalidad, que exigen ser descubiertas y manifestadas.

¿Quién soy?, ¿de dónde vengo y hacia dónde voy?, ¿cuál es el propósito de mi Existencia?, ¿qué hago aquí? Preguntas claves en la existencia del hombre y resultado consecuente del despertar de nuestra inteligencia, siendo un impulso natural y coherente el tratar de responderlas. Cabe entonces preguntarse... ¿Por qué en estos momentos no soy consciente de mi verdadero ser?, ¿por qué o cuál es la causa que me hace vivir como otro ser que en realidad no soy? La respuesta es sencilla aunque complicada de entender. La respuesta es que no estamos DESPIERTOS sino soñando que estamos despiertos. ¿Y por qué no estamos despiertos realmente? Pues porque estamos sumergidos en un profundo *sueño hipnótico*. La psicología moderna afirma que sólo utilizamos alrededor de un 3% o un 7% de nuestra real capacidad cerebral. Y ¿qué hay del otro 97% restante?, ¿dónde está y qué hace? Pues lo cierto es que está sin control de nuestra voluntad y relegado a esa parte desconocida y profunda denominada SUBCONSCIENTE. Vemos pues que en principio es tan solo una cuestión de "adormecimiento interior". Increíble potencial latente pero no manifiesto. Todos poseemos una enorme fortuna pero que no utilizamos". Y sin embargo, el subconsciente está ahí. Funcionando, trabajando en nuestro interior, en nuestra vida diaria, pero siempre por debajo del umbral de nuestro pequeño consciente, de nuestro fraccionado y limitado consciente.

El infraconsciente, el subconsciente, el consciente, el supraconsciente, todos son aspectos diferentes de una misma realidad mental, humana y espiritual. Todos ellos actúan simultáneamente en nuestras vidas, en diferentes niveles y en diferentes formas, pero para el hombre común nada sabe de ellos, nada conoce de dicha actividad interior, y esto lo hace vulnerable a cualquier impulso interno, a cualquier deseo o tendencia incontrolada.

En algunos programas de televisión, últimamente suelen salir individuos que juegan con el subconsciente de algunos voluntarios que se dejan hipnotizar, y se les hace hacer cosas muy raras y hasta sorprendentes a veces, es como si estuvieran dormidos pero funcionando. Se les hace comer una cebolla y ellos piensan y sienten que es una manzana; se les hace saltar, reír, llorar como si fueran marionetas. Pero inténtele sugerir que hagan algo que esté en desacuerdo total con su verdadera moral o PREJUICIOS, ¡No lo harán! El subconsciente sabe perfectamente quién es y que es lo que está bien y lo que está mal para él. Los remordimientos de conciencia, las intuiciones espontáneas, los impulsos incontrolados y sin causa aparente, todo eso pertenece al mundo subconsciente y supraconsciente. Sólo investigando, profundizando y meditando regularmente podemos conocer esas regiones, esas dimensiones internas, conociendo así EL IMPULSO SUBJETIVO, la causa real que nos hace ser y actuar como lo hacemos en cualquier momento y faceta de nuestra vida diaria. Es erróneo pensar que el subconsciente sólo está activo cuando soñamos o estamos inconscientes, él está las 24 h. del día funcionando y trabajando dentro, sin descanso. La Mente y todas sus dimensiones es realmente *"Una Gran Computadora"*, siendo la mejor herramienta de que dispone el ser humano para vivir y evolucionar, eso sí, cuando está sometido a las directrices del alma.

"El verdadero problema del ser humano es que no sabe quién es, si un cuerpo de barro o un espíritu inmortal".

El señor BUDA dijo: **"La RAÍZ de todo MAL es la IGNORANCIA"**. Que todo sufrimiento viene de ella. *"Disipad la ignorancia, volved sabios a los hombres, y entonces todas las dificultades se desvanecerán"*. En profunda confusión se ve sometido el hombre, y lo que es peor, ni siquiera es consciente de ese profundo aturdimiento, y eso es debido a que el ser humano no está DESPIERTO, ya que incluso, cuando decimos que estamos despiertos, en nuestros quehaceres cotidianos, la mayoría del tiempo lo pasamos "dormidos", en fantasías e ilusiones imaginarias, en mundos irreales creyendo que somos este o aquel personaje de ficción, viviendo en el pasado e intentando cambiarlo en nuestras mentes, o proyectando continuamente el futuro, y esperando, curiosamente, siempre algo. Y esto es triste, porque de las 24 h. del día ¿cuántas horas realmente estamos despiertos?,

¿cuánto tiempo estamos conscientes, atentos a lo que está ocurriendo en el AQUÍ y AHORA?, experimentando feliz y plenamente "el eterno instante". Yo diría que, en el mejor de los casos y sin exagerar, unos 5 segundos más o menos. Cómo queremos, por lo tanto, ni tan siquiera pensar que nos conocemos a nosotros mismos. Ni sabemos quienes somos, ni comprendemos qué hacemos aquí en este mundo, ni si existe vida después de él, y en la mayoría de los casos, ni tan siquiera se intenta investigar dicha ignorancia fundamental. Cada cual crea su propia teoría, y vive en su propio mundo particular, en su propio *SUEÑO* de la vida. El "Despertar" ciertamente es necesario, pero para ello hace falta oxígeno para el alma, y ese día sólo llegará cuando sinceramente se empiece a trabajar sobre sí mismos, cuando empecemos a quitarnos los velos de la ilusión y de los espejismos que hemos forjado durante muchas vidas, sólo entonces empezaremos a despertar de verdad y a ser felices....

El conocimiento esotérico y su correspondiente trabajo interno, nos enseña a convertir el subconsciente en consciente y a utilizar, como resultado, todo nuestro verdadero potencial interior; nos enseña y nos da las claves para Iluminar esas zonas oscuras de nuestro ser, convirtiéndolas en una Casa Iluminada, y en armonía con el Universo. Ese es el camino esotérico y los Grandes Maestros e Iniciados del mundo nos lo han mostrado. Ese es el *"Camino estrecho y angosto"* del que nos hablaba el Cristo en los evangelios, y todos algún día deberemos pasar por él.

Un día un discípulo de Confucio preguntó al Maestro "... ***Maestro quién es Dios***", y Confucio respondió "***¿y tú, quién eres tu?***", y después agregó "si ni siquiera sabes quién eres realmente tú, cómo pretendes conocer a tu Creador". Sabias y contundentes palabras del Maestro. Pero esta misma máxima la encontramos en otras muchas referencias espirituales escritas y orales. En el Génesis del Antiguo Testamento se manifiesta muy claro esta misma premisa, cuando se dice: *"Dios creó al hombre a Su imagen y Semejanza"*, así pues aplicando la Ley Hermética de la analogía podemos decir que conociendo al hijo conoceremos al Padre. Pero, ¿quién es el hijo creado a imagen y semejanza de Dios? Es la personalidad con sus defectos y aptitudes, es el cuerpo físico y su género, son los deseos y las emociones. Porque hablamos del ser humano como si realmente lo conociéramos. ¿Qué es aquello esencialmente Divino dentro del hombre?... EL ESPÍRITU, eso es lo que es divino e inmortal dentro del hombre, el Espíritu es el aspecto superior del Ser, es la chispa divina emanada del Gran Fuego Creador. El Espíritu es lo que somos verdaderamente y en última instancia, y él es el que está hecho a imagen y semejanza de Dios, permaneciendo siempre libre, puro y luminoso, más allá del tiempo, del espacio y de la muerte. ¡Nos atrevemos a descubrirlo! Descubrir y manifestar esta verdad, hacer objetivo lo que está latente, ese es el propósito de la vida espiritual.

El símbolo de la **CRUZ** tiene un carácter universal, y dentro de sus amplios misterios encontramos los dos caminos de la "Cruz", dos aspectos fundaméntales en la vida del hombre, El Camino Horizontal y el Camino Vertical:

El Camino Horizontal

Es aquél que sigue, aún sin saberlo, la mayoría de la humanidad. Es el Camino Mecánico que nos hace nacer, crecer, reproducirnos, envejecer y morir. Y durante todo ese tiempo vamos de aquí para allá sin dirección, sin timón ni rumbo fijo. La verdad es que la vida horizontal nos hace vivir como *"leños movidos por las furiosas olas del océano de la vida"*. Es el camino de la ignorancia, aunque nadie lo acepte, ya que la mayoría de las personas piensan que lo saben todo. Lo irónico de todo ello es *que ignoran que ignoran* y eso es lo grave, no saben que no saben, y luego pasan su existencia sufriendo una y otra vez los mismos sucesos. Es el camino que no llega a ningún sitio, es como en una larga película, nos identificamos tanto con los personajes que nos olvidamos que somos los espectadores y tenemos otra vida aparte. En definitiva es el camino del SUEÑO DE LA VIDA, que todos en algún grado hemos seguido hasta ahora.

El Camino Vertical

Es el SENDERO de retorno a Casa, al Padre al Origen, a la Esencia Una. Es el camino de la **REVOLUCIÓN** de la Conciencia, que sólo se puede seguir conscientemente, con esfuerzos y desapegos voluntarios. Es el camino de la Muerte de nuestros falsos YOES y del **Segundo Nacimiento** de las Sagradas Escrituras. Es el camino que nos conduce:

"de la oscuridad a la luz, de la ignorancia a la verdad, de la muerte a la inmortalidad".

Se podría decir que existe un complemento superior al segundo Camino, aunque más que camino es una síntesis de los dos anteriores. Como sabemos la cruz está representada con dos líneas que se cruzan en el centro. Justo en ese punto de unión, donde los Rosacruces ponen una rosa, está representado el "Quinto Elemento", donde "la muerte de la muerte" y "la vida nueva" está representada. Esta experiencia central todo Iniciado ha de experimentar en su propio ser. La "SÍNTESIS" es aquí la palabra clave. El iniciado ha de vivir en los dos mundos, en el mundo de los hombres y de las formas, es decir, en el camino horizontal, y al mismo tiempo ha de vivir plenamente consciente del reino espiritual, el camino vertical –el quinto reino-. Porque los dos caminos son necesarios para alcanzar la Maestría, la realización del Ser. Algunos suponen que han de dejar la vida material, piensan que deben retirarse del mundo, de la familia, de los amigos y los negocios. Y que si así lo hacen encontraran más fácilmente al Cristo, la realización espiritual. Pues se equivocan, la lección a aprender es la "**adaptación**" y la del "**servicio**". El trabajo verdaderamente espiritual está en lo que llamamos equivocadamente "la vida mundana". Es dentro de la sociedad, y en todos los compromisos sociales que tengamos, como buenos ciudadano, buenos padres, o hijos, o maridos, etc. donde hemos de alcanzar la Maestría. Hemos de experimentar al SER en cualquier sitio, y en todas las áreas de la vida, ya que no existen lugares sagrados y no sagrados donde el Ser no pueda triunfar.

Según nos dice el Maestro Tibetano: "***El sentido de la responsabilidad arde en llama centelleante en todo aquel que ha buscado y hallado alineamiento***". El desapego material es necesario dentro de la vida espiritual, pero no es tanto el abandonar las cosas, sino el utilizarlas adecuadamente a los intereses del alma, el responsabilizarse de ellas para que sean vehículos de amor y abundancia, y no apegos que esclavizan al hombre. Esta lección es la más difícil de aprender y requiere del aspirante una afinada inteligencia y un discernimiento y juicio difícil de encontrar.

Capítulo. II

Los mundos invisibles
"planos y dimensiones"

Para la elaboración de este capítulo hemos consultado y extraído algunos fragmentos de los siguientes Libros:

> *"Fundamentos de Teosofía"*, C. Jinarajadasa
> *"La Vida Psíquica: Elementos y Estructuras"*,
> Omraam Mikhaël Aïvanhov
> *"El Plano Astral"*, C. W". Leadbeater

Nuestra Limitada Percepción de la REALIDAD

El hombre percibe el mundo que le rodea gracias a sus sentidos físicos. Pero si prestamos un poco de atención observaremos que no todo lo que nos rodea lo registra o percibe nuestros sentidos. Echemos rápidamente una ojeada, al espacio vacío que hay entre el libro y nosotros, ¿qué vemos?, seguramente muchos dirán ¡nada!, sin embargo sabemos que científicamente esto no es cierto en modo alguno. Entre ese espacio, aparentemente vacío, existe una multitud de formas, más o menos sutiles. Están las motas de polvo y algunos ácaros, está el aire que aunque invisible al ojo, permanentemente presente en la atmósfera. Pero aún hay más, están miles y miles de ondas de radio y televisión, además de millones de conversaciones de teléfonos móviles. Vaya, el espacio vacío parece muy congestionado de tráfico de ondas. Pero si además queremos profundizar un poco más, seremos conscientes que los átomos que forman la partículas del oxígeno, por ejemplo, vibran o mejor dicho, los electrones giran incesantemente alrededor de su núcleo, formado por protones y neutrones, y este movimiento produce una finísima fricción que a su vez produce diversos ultrasonidos, que nuestros oídos son incapaces de percibir. Si siguiéramos investigando, y profundizando en diferentes dimensiones, muy pronto entraríamos dentro del campo de lo extrasensorial, dónde los pensamientos, las emociones y las fuerzas y vidas invisibles ocuparían su lugar en el tiempo y en el espacio que nos rodea. Miremos atentamente a nuestro alrededor, nada es realmente lo que parece ser, y hay mucho más oculto que no percibimos, que lo que a priori o a simple vista parecería haber.

Conocemos el mundo por medio de nuestros CINCO SENTIDOS, y si uno de ellos es defectuoso nuestro conocimiento del mundo que nos rodea también varía.

Estos 5 sentidos todos los conocemos y son:

LA VISTA:	Este sentido nos permite percibir, ver una determinada gama de vibraciones cromáticas.
EL OÍDO:	Nos permite oír una limitada frecuencia a una cantidad de decibelios.
EL TACTO:	Relacionado con la sensibilidad de la piel.
EL GUSTO:	Nos pone en relación con una delimitada escala de sabores.
EL OLFATO:	Este sentido está mucho más desarrollado en los animales que en el hombre. Es un sentido poco utilizado en detrimento de los demás.

"Nuestros sentidos Físicos, son como ventanas abiertas al mundo exterior, que permite al Morador Interno, vislumbrar una pequeña porción de la "**Realidad**". Más allá de esta fracción, encontramos otras "**Realidades**" más profundas y verdaderas ya sean químicas, atómicas o espirituales, de las cuales nuestros CINCO SENTIDOS, por sí mismos, nada saben..."

C. Jinarajadasa, en su libro *"Fundamentos de Teosofía"* hace una buena y clara exposición de lo que a los sentidos y a su percepción estamos considerando. Diciendo así:
 -*Consideremos, por ejemplo, nuestro conocimiento del mundo por la facultad de la vista. ¿Qué entendemos por ver un objeto? Ello significa que nuestros ojos responden a las vibraciones de luz emitidas por el frente del objeto y que nuestra conciencia las traduce en ideas de forma y color. Por supuesto que nosotros sólo vemos la parte que nos da de frente, nunca el todo, que abarca las partes anterior y posterior. Esta facultad de ver se debe pues, a las Ondas de Luz a que responden nuestros ojos. Pero ¿qué es, después de todo, la Luz? Al contestar a esta pregunta veremos enseguida cuán pequeña es la parte VISIBLE del Mundo y cuán grande la INVISIBLE-.*

La luz es una vibración en el éter (Campo de Higgs, campo cuántico), y según su amplitud y frecuencia es el color que produce. La Luz que nosotros conocemos procede del sol, que despide grandes haces de vibraciones de diversos tipos a que llamamos **luz blanca**. Pero si hacemos pasar un rayo de luz blanca por un prisma de vidrio, las partículas de éste dividen cada haz en sus vibraciones constitutivas. Estas vibraciones percibidas por la retina del ojo producen en nuestra conciencia la sensación del color. Los colores que nuestros ojos pueden percibir son siete: *Rojo*, *Anaranjado*, *Amarillo*, *Verde*, *Azul*, *Añil* y *Violeta*. Que con sus matices y combinaciones constituyen los variados colores del mundo en que vivimos. Pero los colores que nosotros vemos no son todos los que existen. Evidentemente el ser humano normal no ve ni el infrarrojo ni el ultravioleta, por ejemplo. Estos dos colores siempre han estado aquí, seamos o no consciente de ellos. Por lo tanto podríamos preguntarnos ¿Cuántos colores existen más que no alcanzo a percibir? ¿Qué maravillas me estoy perdiendo?

Esta simple observación ya nos muestra que nuestra percepción de la realidad es limitada e inexacta. También nuestro sentido del oído es limitado: hay sonidos demasiado agudos y demasiado graves para que nosotros los podamos oír. El sonido se produce por ondas aéreas, de las que la nota más baja de un órgano ordinario produce 32 por segundo y la DO más alta 4,224. Nuestro oído responde a los sonidos cuyo número de ondas oscile entre estos dos extremos, pero los hay de menor y mayor frecuencia, aunque no podamos oírlos por más que se produzcan en nuestro alrededor.

Si observáramos una Tabla de ondas nos daría una idea general de los efectos que producen en la naturaleza las VIBRACIONES del aire y del éter. Supongamos que un péndulo vibra a un ritmo de dos oscilaciones por segundo, con lo que se consigue la primera octava; cada vez que el ritmo se duplica en aceleración - cuatro, ocho, dieciséis, etc.,- tenemos una octava más. Cuando se llega a la quinta octava con un ritmo de frecuencia de 32 vibraciones por segundo y una longitud de onda de 10,63 m, se oye un sonido muy bajo. Cuando se alcanza la décima quinta octava con una frecuencia de 32,786 vibraciones por segundo y una longitud de onda de 10 m, el sonido se extinguirá para nosotros, empezando el ultra sonido - que ciertos animales pueden percibir -. Después se transforman las mismas vibraciones en ondas de radio y onda corta, transformándose en calor al llegar a 40 octavas y posteriormente en infrarrojos, hasta que llegamos a la octava cuadragesimonovena. Aquí son nuestros ojos los que responden y comenzamos a **"ver"**. Allí las ondas van decreciendo en longitud, de 78 millonésimas de centímetro (0,000038 cm.), es decir desde los rayos rojos y pasando por los anaranjados, amarillos, verdes, azules e índigo, hasta llegar a los rayos violeta, que marcan el limite de la visión humana. Este fenómeno vibratorio es extraordinario para la ciencia y muy revelador para nosotros, demostrándonos cuan grande es lo limitado de nuestros sentidos físicos, y por lo tanto cuan limitada es nuestra "realidad aparente".

Poco a poco vamos comprendiendo que vivimos en un mundo de **ILUSIÓN**, que tiene poca semejanza con lo real. Ciertamente nos parece ver muchas estrellas en el cielo, pero acaso no sabemos ya que muchas de ellas hace miles de años que desaparecieron. Sin embargo, su luz todavía está viajando por el espacio. Por otra parte nos parece que nuestro cuerpo es sólido, pero la ciencia nos dice que toda la materia realmente sólida que contiene cabría en un dedal.

Tal es exactamente el principio fundamental de la ***CLARIVIDENCIA***. Nos rodean muchos tipos de vibraciones a la que el ser humano en general no puede responder. Está ciego, inconsciente, respecto a una parte del universo, dispuesto a revelársele si él fuera capaz de responder a sus vibraciones. Pero el Clarividente responde y por lo tanto VE más del mundo real que el que no lo es. Por supuesto que no todos los clarividentes son iguales en responder al mundo invisible: unos ven poco y otros mucho; unos adquieren un concepto claro de lo que ven y otros confuso e incoherente. Pero el principio de la clarividencia es exactamente el mismo de la visión ordinaria. Aún no conocemos qué desarrollo especial de los nervios y de los centros cerebrales es necesario para responder a las vibraciones del mundo invisible, pero la ciencia del mañana nos la descubrirá, descubriéndonos científicamente la "**Fisiología Oculta del Cerebro**" y pondrá el mecanismo de la clarividencia más a nuestro alcance que lo está hoy.

El Teósofo **C. Jinarajadasa** agrega, respecto a su propia experiencia:

> "Al hablaros de este mundo más extenso e invisible que nos rodea, no lo hago de segunda mano, sino también por propia observación y conocimiento. No sé lo que hay de especial en los centros de mí cerebro; pero es un hecho constante de mi conciencia que en todo mi alrededor, a través, dentro y fuera de todo, existe un mundo invisible, muy difícil de describir. Su visión apenas requiere esfuerzo de voluntad; no necesito mayor concentración que la de la vista física para ver un objeto. Es indiferente que los ojos estén abiertos o cerrados puesto que no se ve con ellos. La vista física y la interna son independientes entre sí y, sin embargo, ambas actúan simultáneamente. Mi ojo ve el papel en que escribo esto y al mismo tiempo mi algo (no sé cómo llamarlo) ve el mundo invisible que hay encima, debajo, alrededor y a través del papel, de la mesa y de la habitación. Este mundo es luminoso, y parece que todo punto de este espacio es un manantial de luz propia, diferente de la del mundo físico. Todo su espacio está en pleno movimiento; pero que sugiere de un modo confuso e indescriptible la idea de la **Cuarta Dimensión**".

La Ciencia esotérica nos enseña que existen SIETE PLANOS en relación especial con el hombre y el sistema Solar, y todo individuo y toda entidad tiene en ellos alguna fase de su vida. Hay diferentes maneras de expresar con palabras los diferentes estados de la materia y de la energía. Dependiendo de la escuela esotérica, religión o creencia, estos diferentes niveles pueden ser descritos como: Planos, Dimensiones, Estratos, Reinos, Moradas, Niveles, Mundos, Regiones, etc. Nosotros preferimos utilizar la definición de **Planos** o **Mundos**, y es importante comprender que cuando nos referimos a dichos "Planos" o los vemos reflejados en diagramas, así como en cuadros o dibujos, de ningún modo deben ser tomados como mapas o realidades superpuestas, ya que la necesidad de representar los planos como "ESTRATOS", cuando en realidad se **interpenetran**, y de describir la posición física de las cosas que existen sólo en materia etérica o mental, imposibilita hacer una ilustración gráfica con precisión. Como resumen que sugieren realidades, los diagramas son de gran valor para quienes los emplean correctamente.

Veamos a continuación los diferentes Planos:

LOS 7 PLANOS
1) **El Plano Físico.**
2) **El Plano Astral, Emocional o de Deseos**
3) **El Plano Mental.**
4) **El Plano Búdhico o Intuicional.**
5) **El Plano Átmico o Nirvánico.**
6) **El Plano Monádico.**
7) **El Plano Divino o Ádico.**

Hemos empezado a enumerar los PLANOS o DIMENSIONES desde el más denso al más elevado, sin embargo también podemos hacerlo al revés, siendo el plano Divino el primero y el Físico el séptimo, el orden no importa, pero tengamos en cuenta que cuando digamos por ejemplo el quinto plano, sepamos en qué orden hemos empezado, si de arriba o de abajo. Como hemos dicho, las diferentes dimensiones del Universo se "ínter-penetran siempre", de tal manera que en este mismo instante, aquí y ahora, todos los planos participan conjuntamente, aunque sí es cierto que un plano superior se expande por encima de uno inferior en diámetro. El mejor ejemplo para comprender esta idea de integración, es el de la esponja llena de agua, dónde en un mismo espacio hay tres elementos diferentes, sólido, líquido y gaseoso (aire), compartiendo todos ellos armoniosamente la esponja.

Cada Plano es una región muy concreta de existencia, aunque estrechamente relacionada con la anterior y la posterior inmediata. Esto es posible debido a que cada Plano está subdividido a su vez en "*siete sub-planos*" o siete diferenciaciones menores. Así podemos comprender que por ejemplo el Plano Físico contiene dentro de su manifestación diversos estados de la materia que llamamos: sólido, líquido, gaseoso, y cuatro más que a continuación expondremos. También cada Mundo difiere por completo del otro, y tienen sus propias leyes, sus propios habitantes y limitaciones. Veamos a continuación cada uno por separado, aunque sólo sea elementalmente.

EL PLANO FÍSICO

- El Plano Físico es el más denso y el más evidente para el ser humano.

- El hombre hace contacto con él a través de sus SENTIDOS FÍSICOS, teniendo la mente como agente sintetizador de todos ellos. Este contacto se alcanzo gracias al enorme esfuerzo realizado por la evolución, que logró capacitar al hombre para responder mejor a los impactos del mundo exterior (físico). El estudio sobre sus innumerables fenómenos, así como de sus variados tipos de vida, no pueden ser desarrolladas aquí, ya que ya han sido suficientemente tratados y desarrollados por nuestros científicos y hombres de ciencias.

- Como ya dijo anteriormente, todos los Planos tienen siete tipos de densidades diferentes llamados normalmente **SUBPLANOS**. Así pues, El Planos Físico está compuesto por diversas DENSIDADES, *siete en total*, siendo las tres inferiores conocidas por todos, veamos: la sólida, la líquida y la gaseosa, (el cuarto estado de la materia física es hoy en día un hallazgo de la ciencia, la cual la está estudiando muy incipientemente, se la conoce esotéricamente como energía **etérica**).

Los Siete SUBPLANOS del Plano Físico son:

- El **Sólido** - El **Líquido**- El **Gaseoso**.
- El **Etérico** - El **Superetérico** - El **Subatómico** - El **Atómico**.

- Antes de nada, debemos recordar que cuanto más elevado es un subplano más rápido es el nivel vibratorio de la materia que le corresponde. La ciencia moderna conoce únicamente cuatro: el Sólido, el Líquido, el Gaseoso y el Plasmático. Más allá de éstos existen otros tres, si bien cabe presuponer la posibilidad de que el "PLASMA" conocido por la ciencia abarque también estos últimos estados y haga de hecho referencia a la totalidad de la Región que ocultamente se ha venido denominando ETÉRICA. Al cuerpo etérico también se le suele llamar: cuerpo vital o cuerpo de salud, y en la literatura hindú se la conoce como "Lingam Sharira", así como al cuerpo físico denso: "Stula Sharira".

Características de la **MATERIA ETÉRICA**:
Al nivel etérico, y para los que poseen desarrollada la clarividencia de esta clase, pueden percibir una gama cromática mucho mayor que la que normalmente se registra en los tres subplanos inferiores. Desde esa perspectiva, los gases son visibles, así como los éteres, gérmenes, infecciones, bacterias, virus, etcétera. Cada zona geográfica específica posee su propia naturaleza y atmósfera etérica, constituida por los diversos éteres y las criaturas que los habitan: Espíritus de la Naturaleza y DEVAS. Estas atmósferas peculiares, positivas o negativas según los casos, tienen una repercusión específica sobre los cuerpos etéricos y la fisiología a ese nivel de las personas que residen o atraviesan esa zona.

Existen Mareas De Materia Etérica, así como existen en el agua del mar, y sus momentos de cambio coinciden con el mediodía y la medianoche. Igualmente existe una compleja

RED de corrientes **MAGNÉTICAS** que circulan, con diversos trazados, en el espacio exterior, y en el caso de nuestro planeta de un polo a otro, y que poseen un enorme poder de arrastre e impulsión, susceptible de ser utilizado cuando se poseen los conocimientos y medios adecuados, como es el caso de los OVNIS, que utilizan estas corrientes para su desplazamientos a increíble velocidad. También la antigua y milenaria ciencia de la acupuntura, (que por fin ha sido aceptada oficialmente por la medicina), encontramos que trabajan a nivel etérico, por donde las energías fluyen por miles de meridianos etéricos dentro del cuerpo humano, invisibles al ojo, pero realmente precisos en su organización.

EL PLANO ASTRAL

Entramos aquí a considerar el *Sexto Gran Plano del Sistema Solar*. En este nivel el mundo astral aparece muy diferente al mundo físico, la materia es mucho más sutil que la etérica, y dotada de una especial vitalidad y movilidad. Se trata pues de una materia en movimiento incesante, que adopta todas las formas, imaginables, con vertiginosa rapidez, pasando continuamente de una a otra, y refulgiendo con infinidad de matices cromáticos, incluidos muchos colores no conocidos. La luz solar en el plano astral produce un efecto muy diferente que en el físico. Existe aquí una **Luminosidad Difusa** que no procede de ninguna dirección determinada, siendo la propia materia astral luminosa de por sí, no existiendo en ese nivel la absoluta oscuridad, ni las sombras, y no viéndose afectada por las condiciones atmosféricas del plano físico. La visión en este Plano es asimismo muy diferente de la física, ya que cada objeto se percibe por todos sus lados a la vez, incluyendo su interior, al igual que su exterior. Idénticamente puede contemplarse las partículas que componen la atmósfera, las *Auras De Los Seres*, y los cuatro Subniveles de la Materia Etérica, además de los colores ultravioletas, infrarrojos y todos cuantos actúan como complementarios de los colores ordinarios a los que nuestra visión común no percibe, por esa razón se la denomina "astral" haciendo referencia a "estrellado", "luminoso".

- La materia del PLANO ASTRAL actúa como transmisora de los impulsos emocionales, como el **SENTIMIENTO**, la percepción del placer y el dolor, del agrado y el desagrado, así, como de los **DESEOS**, las aspiraciones, el **AMOR**, el odio, y todo tipo de emoción. Esa es la razón por la cual al Plano Astral también se la conoce como el ***Plano Emocional o de Deseos***. Así, también, todo objeto físico posee materia Astral del grado correspondiente, que actúa como su contraparte a ese nivel, si bien no existe una correlación directa entre las partículas del objeto físico y las de su contraparte astral, que se hallan en continuo movimiento. En los seres vivos esta contraparte se destruye por disgregación tras la muerte física. En el caso de los objetos inanimados, la contraparte se destruye cuando se destruye el objeto físico. El nivel astral es fluido y hace posible que un objeto puramente astral pueda ser movido por un ser astral, pero no la contraparte astral de un objeto físico ya que ésta se halla unida indisolublemente a él. Para una persona que es capaz de salir conscientemente con el Cuerpo Astral, llamado también, proyección astral, puede percibir esta realidad con mucha más nitidez y ser consciente, también, de la falta de gravedad y de otras leyes, puramente físicas.

- El Plano Astral está subdividido a su vez en SIETE niveles diferentes, con muchas diferencias entre los inferiores y los superiores. En los subplanos inferiores encontramos una gran y nublosa existencialidad, es el mundo de las pesadillas, del odio, de los deseos más escalofriantes de la humanidad. Es el estado relacionado con lo que los cristianos consideran el infierno, un nivel dónde sus habitantes están sujetos a muchas penalidades auto-generadas. Es importante comprender que cada Plano o Subplano están dentro de cada ser humano, y que no hace falta "morir" o dejar el cuerpo físico para experimentar dichos niveles, de hecho son mucha los individuos que por ley de afinidad y correspondencia viven en sus propias vidas subjetivas. ***El Cielo y el Infierno están dentro del hombre***, es su propio bagaje interior, y de él depende subir o bajar de grado espiritual. Los súplanos intermedios, son regiones dónde suelen ir los recién "fallecidos", un plano cordial, dónde los deseos y anhelos humanos suelen materializarse en materia astral, estando sus habitantes viviendo en su propio mundo de ilusión particular. En los niveles Superiores encontramos una profunda Bondad, una luminosidad y ambientes sumamente refinados. El **amor** es la clave para ir ascendiendo de subplanos y de planos, cuando más se asciende mejor es la claridad y percepción espiritual, y el alma se encuentra más libre, con menos velos ocultadores de la "verdad". Cuando tratemos el tema de la "MUERTE" en otro capítulo, profundizaremos un poco más sobre dicho plano, ya que el ser humano, y en este ciclo de manifestación en concreto, esta muy afectado por él, siendo todavía y por desgracia un ser muy desequilibrado emocionalmente.

   - Los **Habitantes** del Mundo Astral. Tengamos presente que habitantes o seres de muy diferentes clases existen en todos los planos de la creación, y así como en el plano físico existen innumerables seres vivos, así también en el plano astral y en los demás, existen infinidades de vidas, que existen, evolucionan y se desenvuelven normalmente en su propio habitad. Los Habitantes astrales se pueden dividir, a groso modo, en dos tipos: Los humanos, y los que no lo son. Y dentro de esta división encontraríamos a los que habitan, propiamente dicho, este plano y los visitantes que esporádicamente lo visitan o realizan alguna labor. En este plano encontramos a los que recientemente han fallecido, también encontramos a los que durante el sueño dejan el cuerpo físico y vagan por el plano astral dormidos, sin conciencia despierta. También están los Discípulos y Adeptos que a voluntad entran en dicho mundo y de una forma totalmente consciente realizan algún trabajo espiritual o de aprendizaje. Cualquier individuo puede salir en cuerpo astral, y puede o no estar espiritualmente desarrollado, porque la desenvoltura psíquica no va necesariamente unida al progreso espiritual. Por lo tanto, podrá el psíquico ser perfectamente consciente al actuar fuera del cuerpo físico, pero por falta de adiestramiento se expone a tremendos **ENGAÑOS** respecto a lo que percibe.

Sin embargo para los ADEPTOS o los discípulos espiritualmente desarrollados, rara vez suelen tener como meta actuar en los mundos astrales, ya que su atención va más bien dirigida hacia el Plano MENTAL, donde hay mayor claridad y exactitud de lo que se percibe, ya que el plano astral sigue siendo un plano inferior de muchos engaños y espejismos. En cuanto al individuo vulgar, se le ve flotando vagamente en su cuerpo astral durante el sueño físico en más o menos inconsciente condición. Durante el sueño profundo, el EGO (Alma) junto con el cuerpo astral se retira del físico y permanece en su contigüidad, pero si el individuo está muy poco desarrollado psíquicamente, queda tan inactivo como el cuerpo físico. Sin embargo, en algunos casos, el cuerpo astral flota como en sueños a impulsos de las corrientes astrales y eventualmente reconoce a otros Egos en la misma condición y tiene experiencias agradables o desagradables, cuyo recuerdo irremediablemente confuso y a menudo trasmutado en grotesca caricatura de lo realmente ocurrido, es causa de que al despertar el individuo crea que tuvo un sueño muy extraño.

- La clasificación de los habitantes no humanos, es aun mayor que la física, entra las que destacan ciertos "Elementales" o Espíritus de la Naturaleza, ciertas Jerarquías Dévicas o Angélicas, y seres procedentes de otros mundos, así como una gran variedad de entidades de muy diversa índole evolutiva y formas creadas artificialmente.

EL PLANO MENTAL

- El Plano Mental es aún mucho más sutil que el astral, siendo más elevado y sujeto a menos leyes limitadoras. Si bien también está subdividido en sietes subplanos, existe una gran brecha entre los cuatro inferiores y los tres superiores, dividiéndose por consiguiente en Dos Grandes Áreas o Regiones bien diferenciadas. El Mental Superior o Mental Abstracto y el Mental Inferior o Mental Concreto.

- Si el Plano Astral incorporaba una Cuarta Dimensión que de alguna forma, parecía anular el problema de la distancia o ESPACIO, ya que en ese nivel uno puede viajar a la velocidad del pensamiento, en este nivel MENTAL encontramos una Quinta Dimensión, que parece anular el Tiempo, ya que en este plano en el que se producen los PENSAMIENTOS, todos los procesos relacionados con un sujeto determinado que en el nivel físico se manifiestan en un orden secuencial, aquí se reproducen todos al tiempo, y en un mismo lugar.

- La región del Plano Mental Abstracto, observado desde el punto de vista cristiano sería las Moradas del Cielo, o "Devachán" ocultista. <u>Siendo la residencia verdadera de nuestra ALMA</u>, de nuestro "YO SUPERIOR". En los tres subplanos superiores se encuentra lo que esotéricamente se denomina "**Cuerpo Causal**", el cual es, hablando simbólicamente "El Templo de Salomón Interno", lugar donde permanece todos los tesoros del hombre, todas sus experiencias recogidas vida tras vida, nada se pierde en la Evolución, y menos aún una experiencia asimilada.

- Es el plano que corresponde a nuestra mente, al pensamiento, a las ideas, a la memoria, a la visualización, la imaginación, la asociación, el lenguaje, etc. Los cuatro niveles inferiores o subplanos concretos estén relacionados con la vida ordinaria y sus sentidos físicos. La Mente Concreta, mide, pesa, estudia, analiza, es mediática y formal. Pero debemos de hacer una importante aclaración, la mente y el cerebro no son la misma cosa. El cerebro es el soporte físico necesario, el recipiente material para soportar y manifestar la Mente en este plano físico. La Mente no es física, por esa razón se puede pensar, y aun con mayor claridad, fuera del cuerpo físico sin necesidad del cerebro físico. La Mente utiliza el instrumento celular para expresarse en el mundo físico, y así el hombre puede permanecer consciente, pensar, trabajar, experimentar y evolucionar en el Plano Físico. De ahí la importancia de la salud mental, de tener un buen instrumento cerebral para recibir adecuadamente las impresiones del Alma, que utiliza el instrumento mental como mediador en este mundo.

- Los Iniciados superiores suelen utilizar este plano para trabajar espiritualmente, y así como una puede realizar una proyección astral, también los discípulos avanzados pueden proyectarse fuera del cuerpo físico y astral, y permanecer en sus cuerpos mentales, funcionando perfectamente y con más precisión si cabe, que con los anteriores. En este mundo como en los demás existen muchas vidas y entidades de diferentes rangos. También en los subplanos inferiores del plano mental encontramos a ciertas entidades *"Elementarias"*, a ciertas Jerarquías Angélicas de mayor grado, a seres con cierto grado de evolución. Y en los subplanos superiores a Seres como los Maestros de Sabiduría, a Devas excelsos y a los Ángeles Solares.

- Únicamente nuestra escasa desenvoltura, la limitación a que nos sujeta la vestidura de carne, nos impide darnos cuenta de que el esplendor, la Gloria del Cielo está **AQUÍ** y **AHORA** en nuestro alrededor, y que las influencias dimanantes del mundo Celeste actuarían en nosotros si fuéramos capaces de comprenderlas y recibirlas. Por imposible que esto le parezca al profano, es la más evidente y sencilla realidad para el Ocultista, y a quienes no han comprendido todavía esta fundamental verdad le repetiremos el consejo que da al respecto el ***Señor Gautama el*** **BUDA:** "No os quejéis ni lloréis ni supliquéis, sino abrid los ojos y ver, porque la luz os envuelve y sólo falta que arranquéis la venda de los ojos y miréis. Es algo admirable, hermoso, superior a todo cuanto soñó el hombre, a todo cuanto por lo que lloró y suplicó, y es, además, sempiterno..."

EL PLANO BÚDICO O "INTUICIONAL"

- Numerológicamente el Plano Búdico es el CUARTO Gran Plano de Nuestro Sistema Solar, siendo el número 4 el **Centro** de los 7. Por lo que tenemos 3 inferiores (Físico, Astral y Mental), y 3 superiores (Átmico, Monádico y Divino) siendo el Plano Búdico el punto medio. <u>Podría decirse también que simboliza el MÍSTICO CORAZÓN CÓSMICO</u>, y que a su vez tiene una oculta e íntima relación con el corazón humano, siendo este órgano analógicamente el centro del hombre.

- Este Plano, al ser el PRIMERO verdaderamente Superior no se puede hacer contacto con él si no es a través de un riguroso trabajo de aceleración evolutiva, siendo los Iniciados de orden superior los que sí pueden acceder conscientemente a dicho mundo y trabajar en él. Esta es una de las razones por las cuales poco o nada se puede decir sobre él, salvo que su estructura es completamente diferente y mucho más sutil de lo que nos podamos imaginar. El Plano Búdico también es conocido como el Plano **"INTUICIONAL"**, pues en él, se capta las Realidades Vírgenes de una forma natural, instantánea, intuitivamente, sin necesidad de utilizar el mecanismo mental para entenderlas o comprenderlas. Por esa razón la INTUICIÓN es un mecanismo muy espiritual y a la vez muy natural que utiliza el Iniciado avanzado para discernir inequívocamente sobre cualquier asunto. Esta intuición, a la que hacemos referencia, no es lo mismo que las corazonadas o las adivinaciones instintivas. La Intuición es el instrumento del Alma, por el cual se puede reconocer "la verdad más elevada", directamente, desnuda, sin capas ni velos, es una cualidad o poder de orden Divino.

- En el Plano Búdico la "UNICIDAD", la "UNIDAD" es reconocida perfectamente y corroborada por la conciencia del Iniciado. Es el Plano del AMOR PURO, llamado curiosamente, en los escritos esotéricos "RAZÓN PURA", teniendo una relación íntima con el cuerpo o plano astral, el cual deberá a su debido tiempo, tras una larga depuración y transmutación, manifestar y reflejar como un buen espejo las cualidades más elevadas del plano búdico. El ser humano debe ser un buen canal de manifestación de dichas energías, cuando esto ocurra de una forma masiva, tendremos la demostración más solemne de la expresión "FRATERNIDAD" en el plano físico.

LOS PLANOS ÁTMICO, MONÁDICO y DIVINO

- A medida que se asciende en Dimensiones, más difícil resulta su interpretación y estudio para nuestra limitada mente tridimensional. En estos Planos Superiores actúan muchas menos leyes condicionantes del espíritu humano, <u>por lo que hay una mayor LIBERTAD en cuanto a expresión de la Divinidad se refiere</u>, a la vez que fluye en ellas un Gran Caudal de Espiritualidad Divina, indescriptible para nuestros cerebros. De momento poco o nada se puede decir, sólo que en ellos moran los Espíritus Puros, y Seres que trascienden nuestra peculiar condición humana, siendo las "Moradas" más hermosas de nuestro padre celestial.

- Dando nociones esporádicas sobre dichos Planos, podemos decir que en el Plano Átmico por ejemplo, se manifiesta con mucha fuerza la Voluntad del Ser, el aspecto Poder Espiritual, así como en el Plano Monádico es la morada o la región de nuestro VERDADERO SER, nuestro "YO DIVINO", el "ESPÍRITU" del hombre, <u>es el nivel que debemos alcanzar como meta en este planeta</u>. Cuando se alcanza y nos fusionamos con la "Mónada" el Espíritu Divino, entonces devenimos como hombres perfectos o MAESTROS de Sabidurías. El

Plano llamado Divino o Ádico, por ser el primero y más elevado, parecer ser que uno entra en cierta relación mística e incluyente con la Voluntad Divina, con la Conciencia de Dios, siendo consciente en gran medida del "PLAN DIVINO" que nuestro Creador tiene para con su Creación Entera.

<u>Estos SIETE PLANOS colectivamente constituyen **EL PLANO FÍSICO CÓSMICO**</u> por lo que cada uno de nuestros siete planos son los correspondientes siete SUBPLANOS del Plano Físico Cósmico. Este dato nos muestra la Magnitud de la Creación, por lo que podemos constatar que lo que nosotros llamamos Plano Divino, no es más que el SUBPLANO Atómico Del Plano Físico Cósmico, y así sucesivamente.

Capítulo. III

"La evolución de la vida y de la forma"

Para la elaboración de este capítulo hemos consultado y extraído algunos fragmentos de los siguientes Libros:

> "Tratado sobre los 7 Rayos. Tomo I. Psicología Esotérica",
> Alice A.Bailey (Maestro D. K.)
> "Fundamentos de Teosofía", C. Jinarajadasa
> "La Vida Psíquica: Elementos y Estructuras", Omraam
> Mikhaël Aïvanhov

En nuestro actual estado de evolución, nada podemos saber de lo ABSOLUTO, de lo INFINITO, de lo OMNIABARCANTE. Nada podemos decir que no sea limitado y por lo tanto inexacto. Partiendo de nuestra limitada comprensión del Origen y Proceso de la CREACIÓN, podemos no obstante, sentar unas bases más o menos lógicas y reflexionar sobre algunos puntos que sí pueden ser estudiados Esotérica y Científicamente. Para empezar, podríamos decir de una forma general, que según el agnóstico (no creyente) el principio y el proceso de la creación es una cuestión puramente "casual y material", sin causa ni propósito aparente, en el cual no interviene ninguna Inteligencia CREADORA. Es decir, que ellos piensan que detrás de todo el proceso creador no hay un "PLAN", y que todo cuanto ocurre sucede por azar, por mera casualidad.

Aunque la postura del agnóstico es respetable y hasta cierto punto comprensible, no deja de ser por ello una reflexión superflua y carente de una lógica superior, ya que El Universo Manifestado, o al menos aquella parte que conocemos, y en concreto nuestro Planeta Tierra, reflejan sin lugar a dudas una Intensa Inteligencia. Inteligencia que se manifiesta como "Leyes Coherentes" que rigen de una forma ordenada todo proceso creador, constructor y destructor de la vida, desde el movimiento de los planetas, como las leyes de rotación y traslación, hasta la perfecta simetría matemática en las composiciones nucleares. Leyes que rigen la gravitación y cohesión de la materia, el impulso evolutivo hacia más complejas formas de manifestación, etc. Leyes que en definitiva <u>REGULAN</u> y <u>MODIFICAN INTELIGENTEMENTE todo el proceso de la manifestación</u>. Hay que prestar pues una especial atención cuando hablamos de las "LEYES" y lo que éstas expresan ya que han sido programadas para algún fin en concreto. Las leyes no nacen sin propósito o intención definida sino que expresan una clara dirección, un propósito definido y programado, y que de ninguna forma puede ser casual. Luego estamos hablando de una INTELIGENCIA, de un "Ser" o "Seres" que saben programar y crear condiciones inteligentes para algún fin específico. Ese fin específico es Su Plan de evolución. Por lo tanto es más lógico y científico creer que existe un CREADOR o CREADORES que pensar que toda la EVOLUCIÓN que evidenciamos es el resultado de la casualidad y el azar de ningún devenir...

> "Sin lugar a dudas es más fácil creer que una piedra se convertirá con el paso del tiempo en un ordenador, que pensar que todo el complejo sistema del cerebro humano haya salido de una fortuita explosión cósmica y del azar"

Para un estudio integral sobre la manifestación de las cosas y de los seres, es esencial comprender que existen DOS ASPECTOS fundamentales dentro de la creación: el **ASPECTO VIDA** y el **ASPECTO FORMA**, siendo los dos complementarios y necesarios para la manifestación de cualquier Ser. El aspecto Vida es subjetivo, invisible, es aquello que alienta, que mora dentro de las cosas, dentro de las formas, es el alma, el espíritu que sustenta la vida, siendo la Vida en sí Misma. Y el aspecto Forma es el envoltorio de la vida, es el cuerpo o recipiente material para su manifestación en tiempo-espacio en algún plano de la existencia.

La ciencia moderna hasta ahora sólo puede estudiar el aspecto forma de las cosas, su aspecto material, sus células, moléculas, rugosidad, densidad, humedad, dureza, etc. Trata con el cascarón, con la superficie, con el aspecto objetivo de la existencia, ya sea en el estudio de una roca, de un vegetal, un ser humano o un sistema solar. Sin embargo todavía no puede ahondar en el Misterio de la Vida. ¿Qué es la vida?, ¿dónde está?, ¿cómo aparece en el juego de la manifestación? Tengamos presente que la Vida no puede ser observada con los sentidos físicos, ni con ningún instrumento científico, al menos de momento. Solamente la percibimos cuando actúa a través de un cuerpo, de una forma determinada. Observemos por ejemplo al hombre, científicamente es un conjunto de masa corpórea: huesos, arterias, músculos, líquidos, vísceras, piel, etc. Un conjunto de elementos químicos funcionando armoniosamente. Pero, ¿cuál es la fuerza motora para dicha manifestación ordenada? ¿Cuál es el impulso subjetivo, profundo, esencial y vivificador, para hacer que todo el sistema de masa corpórea, viva, sea consciente, tenga esperanzas, ternura, amor, y tenga un instinto de adaptación, evolución y conservación? La respuesta es materialmente difícil, pero aquí, el azar, la casualidad, las coincidencias, tienen poca cabida para tan complejo e inteligente entramado. Pongamos un ejemplo, situemos a dos personas en el suelo, una que esté durmiendo y la otra que acabe de fallecer, si los miramos a cierta distancia no sabríamos distinguir quién está vivo, o quien está muerto, ¡verdad!, ¿porqué?, pues porque la VIDA no se ve, sin embargo está presente en todas las criaturas del universo, incluso después de haber "muerto", el proceso de desintegración y putrefacción indica que la "vida" sigue presente, la vida de muchos elementos menores o microscópicos están tremendamente activos. Así pues, la Vida se puede definir como el Soplo Sagrado, aquello Divino que habita en todos los seres, y en todas las cosas y que no pertenece al reino material, sino al espiritual.

Esos dos grandes aspectos pueden ser visualizados como los dos "Polos Magnéticos", positivo y negativos de la creación. En nuestro actual universo la "DUALIDAD" es una constante en todo lo manifestado. Es el Logos, Dios, expresándose como PADRE y MADRE al mismo tiempo dentro de Su Universo.

Veamos las siguientes correspondencias esotéricas.

Aspecto VIDA	Aspecto FORMA
Espíritu	*Cuerpo*
Padre	*Madre*
Positivo	*Negativo*
Interno	*Externo*

Tengamos presente que Dios, no es el positivo ni el negativo, tampoco es un hombre o una mujer. El Creador, el Hacedor, es el conjunto de todos los aspectos posibles, más allá de una forma determinada, es Espíritu, por lo tanto no se manifiesta como Dualidad, sino como Unidad Inquebrantable e Inmutable. Pero para comprender mejor este proceso de creación dual, Dios, como Espíritu Puro, y dentro de Su Gran Plan Divino, se desdobla a Sí mismo, alejando parte de su propio Ser a otras dimensiones alejadas de la fuente, y produciendo, en este colosal despliegue y mediante la Ley de Entropía, un enfriamiento, una condensación de energías, que producen o instauran diversos grados de materia, que a su vez, conducen a la formación de múltiples Planos o dimensiones, sistemas, planetas, reinos naturales y elementos atómicos, moleculares y químicos de todo tipo. De esta forma simple en apariencia podemos intuir el proceso que sigue la Involución de la Energía sutil en Materia densa. Dios es un Gran Fuego Creador, y a medida que Su "fluido" su "lava divina" se va alejando de su núcleo, se va enfriando, endureciendo, y creando en tiempo y espacio "numerosas islas" universos y mundos por doquier.

Y a pesar de todo, Él lo sigue siendo "TODO", el fuego y la lava, la energía y la materia, el cuerpo y el espíritu, pero en diferentes estados de condensación. Por esa razón, en los estudios esotéricos encontramos la positiva afirmación que nos dice que "***Dios no solamente está en todas las partes, sino que Él es todas las partes***", no habiendo nada fuera de Él, ya que en Su aura vivimos, nos movemos y tenemos nuestro ser... La roca, el árbol, un planeta, un átomo, el elefante, la brisa, el ser humano, el pensamiento, ¡todo es Dios!, en un nivel o estado más o menos denso, o más o menos sutil de manifestación. **Cuanto mayor es la complejidad o evolución de la Forma, mayor es la expresión de la Divinidad dentro de la misma**. La divinidad que puede manifestar una piedra, es diferente en cuantía a la divinidad que puede manifestar una rosa. Así también la divinidad, la inteligencia o el amor que puede expresar un tigre es inferior a la que puede manifestar un hombre, y más allá de lo que un ser humano pueda manifestar encontramos otros diferentes Reinos Espirituales dónde existen un mayor despliegue de facultades y virtudes superiores.

Tanto el aspecto vida, como el aspecto forma se necesitan para evolucionar. El espíritu necesita un cuerpo denso para experimentar en diferentes niveles de la creación. La Madre Tierra provee de un vehículo de manifestación para el espíritu o aspecto Padre y en su sagrada unión nace el tercer aspecto, el Hijo evolutivo. Los sentidos ordinarios sólo pueden percibir el escenario de la vida objetiva, sin embargo aquello que está detrás del escenario, que sabemos que es aún más importante, no lo percibe, pero sin embargo existe, y su existencia es mucho más real y auténtica que ese escenario. Pero ¿qué sentido tiene toda esta actividad creadora?, ¿hacia dónde se dirige? Toda esta Fuerza Subjetiva que impele a la evolución continua, queda resumida, en lo que expone tan bellamente H.P.Blavasky, cuando dice, en su monumental Obra "La Doctrina Secreta":

> "Todo el orden de la naturaleza revela una marcha progresiva hacia una vida superior. Hay un designio en la acción de las fuerzas aparentemente más ciegas. Todo el proceso de la evolución, con sus adaptaciones interminables, es una prueba de esto. Las Leyes inmutables que escardan a las especies más débiles y endebles, para dar cabida a las fuertes y que asegure la "supervivencia de los más aptos", aunque tan crueles en su acción inmediata, todas trabajan rumbo al gran fin. El hecho mismo de que efectivamente ocurran adaptaciones, de que los más aptos sobrevivan efectivamente en la lucha por la existencia, demuestra que lo que se llama "naturaleza inconsciente" es en realidad un agregado de fuerzas, manipulado por Seres Semi-Inteligentes, guiados por Altos Espíritus Planetarios, cuyo agregado colectivo forma el Verbum Manifestado Del

Logos Inmanifestado, y constituye a un mismo tiempo la MENTE DEL UNIVERSO y su LEY INMUTABLE."

Profundizando un poco más en la Excelsa Obra de la evolución, encontramos que mediante la combinación de esos dos Aspectos fundamentales: Vida-Forma, surge un Tercer Factor o aspecto, **LA CONCIENCIA**, EL ALMA o LA CUALIDAD de las cosas. Tras la sagrada unión entre Padre-espíritu y la Madre-materia, nace o es fecundado en el seno de la existencia el HIJO, que viene a ser el agente evolutivo, el punto medio y mágico del Amor Divino, e intermediario cósmico entre el Cielo y la Tierra, entre la Vida y la Forma. En esta mística unión se cierra el círculo, y el misterio de la Santísima Trinidad: Padre, Hijo y Espíritu Santo (Madre), forman una sola "persona". Esta esotérica Trinidad reside en el trasfondo de todo lo creado, y es la clave Kabalística de muchos procesos mágicos y espirituales. Es la Ley del Santo Tres. De hecho la creación entera podría ser estudiada mediante el Uno, que luego se transforma en Tres, y éste a su vez se ramifica en Siete.

Veamos las siguientes TRILOGÍAS reveladoras:

1º Aspecto	2º Aspecto	3º Aspecto	
Padre	*Hijo*	*Esp. Santo. Madre.*	(Trinidad Cristiana)
Shiva	*Visnhu*	*Brahama.*	(Trinidad Hindú)
Osiris	*Horus*	*Isis.*	(Trinidad Egipcia)

1º Aspecto	2º Aspecto	3º Aspecto	
Vida	Cualidad	Apariencia. Forma	
Voluntad	Amor	Inteligencia. Luz	
Espíritu	Ego	Cuerpo	
Protón	Neutrón	Electrón	(Trinidad atómica)
Energía	Fuerza	Materia	

Estudiemos ahora como se produce la "evolución" en sus dos vertientes, interna y externa, visible e invisible. Aunque nos detendremos más sobre el aspecto "invisible" esotérico del tema, ya que el aspecto objetivo, material de la misma, ha sido y es actualmente estudiada por la ciencia con resultados sorprendentes, que en cualquier momento, y en cualquier enciclopedia correspondiente podemos investigar. Podríamos comenzar diciendo, que en algún momento determinado en la vida de Ese Gran Ser al que llamamos Logos, o Dios, decidió emprender la ardua tarea de la Creación, y no sabemos, evidentemente, cual fue Su Razón Original, pero sí que podríamos decir, que fue la "Fuerza Primaria" el "Poder o Impulso Necesario" que origino esa gran explosión cósmica, que los científicos y astrofísicos llamaron *Bing-Bang*. Quizás esta teoría pueda algún día ser demostrada por los científicos, pero aunque así lo hiciesen, y mostrasen cual fue su desarrollo posterior, jamás podrían saber el por qué, la CAUSA ORIGINADORA de dicha explosión, eso está simplemente fuera del alcance especulativo o intelectual.

Observemos nuestro Planeta, dentro de él habitan diferentes Reinos. Reinos que se integran armoniosamente, y cada cual ocupa su espacio y su desarrollo natural en el esquema de la vida y de la evolución. Tenemos al reino mineral, al vegetal, al animal y al humano. Esotéricamente existen otros reinos, por debajo del mineral, llamados Reinos Elementales, tres en total 1º, 2º y 3º Reino Elemental. Pero también encontramos otros por encima del Reino Humano, aunque el ser humano avanzado, puede participar de ellos. Los Reinos Dévicos o Angélicos también tienen su lugar esencial dentro de nuestro planeta, ya que participan de una forma muy directa dentro de él.

Para la siguiente introducción a los reinos de la naturaleza han sido incluidos fragmentos Teosóficos tanto del Sr. C. W. Leadbeater, como del Sr. C. Jinarajadasa.

El Reino Mineral.

Cada Reino es el cuerpo de manifestación de una serie de vidas menores que habitan dichas formas físicas, de hecho sólo existe vida en todo lo creado. Observamos que dentro del fabuloso reino mineral se encuentran innumerables formas, piedras, cristales, metales etc. Y dentro de cada grupo mineral, en los niveles internos, en los planos sutiles, encontramos una vida elemental, un pequeño ser, que experimenta, vive y evoluciona. La "vida" siempre proviene del Plano Monádico, el segundo de los siete, y desde ese altísimo nivel, desciende una pequeña avanzadilla de Su propia Vida y Conciencia hasta los planos inferiores, introduciéndose en un envoltorio físico, ya sea mineral, vegetal o animal. El Espíritu desciende desde lo alto y se infunde en la materia para dotarla de Vida. Cada grupo de mineral determinado, por ejemplo el de los diamantes, contiene en los planos superiores un "ALMA GRUPAL", que es el encargado de recoger todas las experiencias, todos los incidentes, ya sean por ejemplo: el calor, la erosión, la humedad la presión, etc. Y las asimila, las experimenta y de esa manera enriquecedora, todos los diamantes en conjunto, en "grupo", evolucionan juntos hacia un "Arquetipo" especial. Como se verá, no estamos hablando de almas o seres individuales, ya que los minerales no tienen una estructura o una anatomía concreta para que un solo ser pueda habitarlas, sino que hablamos de "ALMAS GRUPO", teniendo como cuerpos de expresión determinados conjuntos. Así, también, por ejemplo, la amatista, el hierro, el oro, el citrino, etc. tienen sus respectivos "Alma Grupo". Y de esta manera pueden ir evolucionando, perfeccionándose, conjuntamente, hacia realizaciones más complejas y más hermosas.

Los terremotos levantan la corteza terrestre, los volcanes vomitan lava y el mar azota las peñas y desmenuzan las rocas hasta pulverizarlas en finísima arena. Este violento trato tiene por objetivo provocar una respuesta de la vida durmiente en las densas formas del reino mineral. En la Edad Media dijo un Sabio Instructor Sufí: "Dios Duerme en el Mineral". En efecto, la vida en este Reino no está todavía dispuesta a volverse hacia el exterior ni a mirar a través de su envoltura, por lo que violentos contactos tienden a DESPERTAR al durmiente Espíritu. Desde innumerables edades de análogas y repetitivas impresiones, las partículas de materia viviente van dando irrebatible prueba de responder desde dentro, al estímulo del exterior.

Dios geometriza, y cualquier investigador se queda asombrado al ver la maravillosa y perfectas estructuras moleculares de los cristales. Hoy en día oímos hablar mucho sobre las propiedades curativas o benéficas de las piedras, la "Geomancia", y así es, cada roca contiene en su interior un poder, una fuerza, una vida espiritual, dormida pero latente que afecta al ambiente.

La evolución de la materia comienza desde los elementos más simples a los más complejos, y el encargado de guiar y dirigir dicha tarea es la "inteligencia interna" del "ALMA GRUPO". Con esta afirmación podemos comprender, que antes que existiera el diamante, otros minerales menos nobles iban evolucionando hasta alcanzar ese estado de depurada perfección geométrica. Después de millones y millones de años de experiencias tras experiencias, las "Almas Grupo" van construyendo mejores y más nobles cuerpos de manifestación. <u>Eso es la EVOLUCIÓN, una fuerza subjetiva que afecta formidablemente a su cuerpo o envoltorio de manifestación objetiva o física.</u>

Reino Vegetal

Cuando el grupo mineral más avanzado, como por ejemplo el "alma grupo" de los diamantes, llega a su apogeo evolutivo dentro de su propio reino, siente la necesidad imperiosa de seguir su evolución hacia formas más complejas de vida y de conciencia. Entonces "da un salto" e ingresa en las más simples variedades del Reino Vegetal, como por ejemplo el moho. El fenómeno llamado "radioactividad" es una de las puertas por donde suelen hacer esa transferencia o trasmigración anímica de un reino a otro, del reino mineral al vegetal.

Una vez que la vida interna o el ser que ha experimentado a través del mineral-diamante pasa al reino vegetal, empieza un nuevo y más amplio peregrinaje, en el camino infinito de la evolución. En dicho reino ingresa, como es natural, en las especies más simples del vegetal, para luego ir ascendiendo en complejidad y experiencia. Hay una gran diferencia entre la brizna de hierba, y el fabuloso y robusto roble de la selva. De un hongo, a la Belleza inaudita de una rosa. Dentro del reino vegetal existe ya una gran evolución palpable. Y muestra de ello lo tenemos en la "misteriosa sensibilidad natural" de las plantas. Las plantas no tienen un sistema nervioso como el del animal, sin embargo son muy sensibles a la luz solar, a la humedad, al calor y al frío, y últimamente se está estudiando la respuesta del vegetal a la música, a la vibración del sonido y a los efluvios de afecto de sus cuidadores.

¿Cómo todavía se pretende discutir sobre si las plantas tienen o no alma? Acaso no comen, no crecen, no se reproducen, no viven y mueren. Si no tuvieran alma, nada de eso podrían hacer. <u>Donde hay vida, donde hay evolución y movimiento sensible hay alma</u>, ya que el alma es la vida, el impulso subjetivo que anima a cualquier forma. Es obvio que no tienen un alma individual como la humana, pero sí una invisible naturaleza espiritual que las mantiene.

Desde el punto de vista esotérico, el reino vegetal es el reino que ha alcanzado su mayor evolución o perfección, ya que los demás reinos todavía no han alcanzado su plenitud evolutiva dentro de ese Gran Plan Planetario. Es fácil concebir esto cuando observamos serenamente la belleza, el aroma, la sedosidad y el color de una Rosa. Su forma geométrica perfecta, sus pétalos armónicamente dispuestos y su devoción al sol. A través de las plantas se puede curar prácticamente todo, y a través e ellas se puede expresar muchos sentimientos humanos y de relación. Cuando queremos decir "te quiero" regalamos una rosas rojas, cuando simbolizamos "pureza" regalamos flores blancas. También el aroma o el perfume de las plantas son capaces de elevarnos en pensamiento, en devoción. El perfume por ejemplo del sándalo, es capaz de purificar un espacio a nivel astral, y a la vez es capaz de ayudarnos en la relajación y en la meditación. Muchas propiedades y en diferentes niveles tienen su acción el reino vegetal. Ciertamente existe un gran poder oculto dentro de este majestuoso reino.

Al igual que ocurría con el reino mineral, también en el reino vegetal está constituido por las "Almas Grupo" de cada especie. Cada una de esas especies va tomando y recogiendo experiencias que van volcando en su alma-grupo particular, para que toda su especie salga beneficiada, y evolucionen a la par. Cuando la vida interna ha adquirido mucha evolución pasa a otra especie vegetal más apta a su nuevo grado, y así hasta alcanzar las formas vegetales más evolucionadas.

Cuando decimos que las plantas tienen vida interna, pensemos que no es exactamente una vida individual, sino colectiva, y aunque en apariencia son individuales, en los planos internos o astrales, es la manifestación parcial de una gran entidad, a la que llamamos "ALMA GRUPO". Si tuviéramos visión etérica o astral veríamos que dentro o alrededor de cada mineral o de cada planta existe lo que se llama en ocultismo esencias elementales. Los gnomos y los elfos del bosque, las ondinas y nereidas del agua, los silfos y las sílfides del aire, y las salamandras del fuego son los encargados invisibles de animar y cuidar cada roca, cada planta y animal. De hecho aunque parezcan un poco caricaturescas y hasta infantiles estas afirmaciones, la realidad supera por mucho la ficción. Estos ELEMENTALES DE LA NATURALEZA son realmente los custodios a nivel inferior de todos los elementos físicos de nuestro planeta, la vida elemental de todas las formas y de todos los cuerpos que son engendrados por la Madre Naturaleza, son formados y modelados por ellos. Los "elementales" son los trabajadores que crean y cuidan la naturaleza, pero no son los dueños de ella, ni hacen lo que quieren, sino que están supeditados a Jerarquías Espirituales más elevadas, como son los Ángeles, los Arcángeles, Las Potestades, los Querubines, Serafines, etc. que en grado mayor son los responsables de la Creación del Universo Manifestado.

El Reino Animal

Dios, el Logos revela sus cualidades y su potencial en mayor o menor grado de "limitación" según en la forma o reino en que se manifieste. Esta limitación es cada vez menor en la medida en que se manifiesta a través de reinos más elevados. Mediante los cuerpos animales puede expresarse con mayor libertad, aunque como es lógico, su divina presencia está todavía muy lejos de alanzar Su Plenitud. Es necesario tener una idea clara de lo que representa el ALMA-GRUPO ANIMAL para comprender con claridad la evolución de los animales. Por ejemplo, un delfín a pesar de su alta evolución animal, y su contrastada inteligencia, no posee un "EGO" definido. Cuando, por ejemplo, el alma de un ser humano abandona el cuerpo físico, él sigue existiendo como entidad separada, es decir, como individuo fuera del cuerpo, en el plano astral. Sin embargo cuando la esencia espiritual de un delfín abandona su cuerpo, esa "esencia invisible" o "Mónada" vuelve a fusionarse al Alma –Grupo de los delfines. Supongamos que una de estas almas grupales anima por ejemplo a cien elefantes, cada uno de ellos será animado por una centésima parte del Alma-Grupo mientras viva en un cuerpo físico. En apariencia es tan individuo un león como un hombre, sin embargo en la realidad espiritual no lo es. Cada león donde quiera que esté adquiere muchas experiencias que ayudarán a todo el grupo como un solo Ser. Así se explican los instintos heredados, tal es la razón de que el pato recién salido del huevo se zambulla inmediatamente en el agua sin que nadie le haya enseñado a nadar. De que el polluelo tiemble ante la sombra de un halcón e intente esconderse; de que el ave incubada artificialmente, sin haber visto jamás un nido, lo fabrique hábilmente según la costumbre de su especie, etc.

Especialmente los animales llamados "domésticos", o aquellos que están estrechamente relacionados con los hombres tienen una mayor evolución. <u>El afecto emocional es un trampolín evolutivo para ellos</u>. Los animales vienen al contacto del hombre para despojarse de sus instintos salvajes y desarrollar sus cualidades superiores. Muchos son los que tratan amorosamente a sus mascotas, y a su vez reciben de ellos una increíble fidelidad, signo inequívoco de madurez mental y estabilidad emocional aunque estemos hablando de animales. El animal no tiene intelecto pero sí instinto, que es el agente superior de la supervivencia y adaptación al medio. El hombre puede ayudar mucho a este reino, y de hecho es muy responsable de su futuro y evolución. Los animales son nuestros hermanos menores, y es necesario crear lazos y puentes de afecto entre los dos. Muchos tratan equivocadamente de potenciar las cualidades de fuerza, velocidad y ferocidad en los animales, para su disfrute y diversión, como por ejemplo en las carreras de caballos, en los combates de perros, o en el adiestramiento de canes para defender una propiedad. Todas estas actitudes van en contra de la evolución, de la humanización y tienen como resultado una trasgresión de la Ley espiritual.

El cuarto o Reino Humano

Es nuestro actual reino, el reino humano, está compuesto de hombres y mujeres de todas las razas, y es el resultado de una larga y difícil evolución, desde las primeras esencias elementales, pasando por el Mineral, Vegetal y Animal. La Sabia Naturaleza y el Propósito Divino han tenido que trabajar duro y tenazmente durante millones de años, para llegar a construir un cuerpo, con un MECANISMO tan complejo y maravilloso como el nuestro, para poder albergar dentro de él a Un Hijo de Dios, El Espíritu del Hombre, el reflejo de Dios hecho carne.

La Creación es toda una obra de Ingeniería Maestra y el resultado de una augusta y extraordinaria INTELIGENCIA. ¿Cómo todavía se puede dudar de un CREADOR?... En este cuarto reino, ya no dependemos para evolucionar de un alma-grupo, sino que cada individuo evoluciona por separado, individualmente, y es dueño de su evolución y de su propio destino. El ser humano posee la INDIVIDUALIDAD, evoluciona individualmente, independientemente de los demás, aunque está UNIDO internamente con todos sus hermanos. No puede transferir sus experiencias y su Sabiduría a otros, pero si puede ayudarles a encontrarla. Cuando desencarna (muere), sigue existiendo como individuo, llevando con él todo el cúmulo de experiencias aprendidas, siendo ese su bagaje para su próxima encarnación. Cada hombre tiene un espíritu, o más bien dicho, cada hombre es el Espíritu. Cada hombre y cada mujer es un hijo de Dios. Y todo el problema humano radica en esta base. El cuerpo del hombre pertenece a la naturaleza, es de origen animal y por lo tanto contiene una inteligencia natural llamada instinto, que comparte con el reino animal. Sin embargo, el "HOMBRE" contiene dentro de sí, otro aspecto, que no es natural, que no pertenece a la Madre Naturaleza y es de origen Espiritual o Divino. Es el ESPÍRITU DIVINO que le confiere, como ya hemos dicho la individualidad, y el Fuego DEL INTELECTO. En los próximos capítulos abordaremos este tema, ya que es el más esencial de todos y el más revelador.

<u>Existen 7 Puertas de Entrada al Reino Humano</u>. Siendo dos las evoluciones o líneas caninas y felinas. Actualmente estas puertas de entrada al reino humano están cerradas para el reino animal, debido esencialmente a la evolución alcanzada ya por el ser humano. Cuando el conjunto de la humanidad penetre en el Quinto Reino o Espiritual, podrán nuevamente abrirse las puertas para el ingreso del animal a la evolución humano. Pero hasta entonces se hayan selladas, por el Karma engendrado por la propia familia humana.

<u>La Divinidad que puede manifestar el género humano es formidable</u>. Dentro del ser humano encontramos un abanico de niveles evolutivos muy amplios, desde el vil criminal, egoísta y astuto, hasta el misionero que da la vida por los demás. Desde el salvaje que es dominado por sus instintos más bajos,

hasta el Maestro de Sabiduría, como el Buda o el Cristo que manifiestan las cualidades más elevadas y divinas del Espíritu, siendo hombres perfectos habida cuenta de haber emergido a la manifestación la Divinidad Inmanente en Trascendente.

El Quinto Reino. El espiritual. El Reino de las Almas Evolucionadas

El ser humano no es el último escalafón de la evolución como suponen algunos, por encima de él, en un peldaño superior se encuentra el QUINTO REINO, el reino de las Almas evolucionadas, esto incluye por ejemplo a los discípulos, Iniciados, Adeptos y Maestros de Sabiduría, la cual representa nuestra próxima meta en la escala de la evolución. Todavía no es muy numerosa y entre otros la componen actualmente las Almas más evolucionadas de la humanidad, algunos con cuerpo físico y otros trabajando en niveles superiores estando desencarnados. También la componen Seres altamente Espirituales: Entidades Planetarias y Extraplanetarias. A este Conjunto de Seres Iluminados se les conoce esotéricamente como La Jerarquía Espiritual del Planeta, o la GRAN FRATERNIDAD BLANCA. Y aunque este Reino es de momento subjetivo, trabajando intensamente detrás del escenario de la vida material y en pos del bien planetario, poco a poco se está exteriorizando, y esto irá sucediendo en la medida en que la humanidad vaya transformándose y DESPERTANDO a su verdadera "Realidad Espiritual".

> **"La Exteriorización de La Jerarquía Espiritual Es Uno De Los Grandes Acontecimientos Que Se Verá Cumplida Para nuestra Actual y Reciente "Era De Acuario".**

Capítulo. IV

"Los cuerpos sutiles del hombre"

Para la elaboración de este capítulo hemos consultado y extraído algunos fragmentos de los siguientes Libros:

> *"Teosofía Explicada"*, P. Pavri
> *"El Hombre Visible e Invisible"*, C. W. Leadbeater
> *"El Hombre y Sus Cuerpos"*, Annie Besant
> *"La Vida Psíquica: Elementos y Estructuras"*,
> Omraam Mikhaël Aïvanhov

En esta primera parte de nuestros estudios del Hombre y sus CUERPOS, vamos a tratar de aclarar y definir en la medida de nuestras posibilidades cuales son los Instrumentos, Vehículos o Cuerpos por los cuales el hombre como ALMA y CONCIENCIA puede actuar y manifestarse en cualquiera de los diferentes Planos, Mundos o Dimensiones del Cosmos. Esto nos proporcionara una amplia visión para comprender mejor cual es el "Verdadero Equipo" que dispone el hombre para exteriorizarse y evolucionar en la vida de su manifestación.

Conocerse a sí mismo es necesario, si queremos alcanzar algún grado de Sabiduría. Conocerse es llegar a ser consciente de los diferentes CUERPOS que componen nuestra verdadera naturaleza, tanto humana como divina. Conocer la composición como la estructura, no tan solo de nuestro mecanismo físico, sino también del psíquico, mental y espiritual; desde los "cuerpos" más densos hasta los más sutiles; de los PRINCIPIOS que animan dichos cuerpos, de las necesidades que nos hacen sentir y de los estados de conciencia que les corresponden.

Todos nos hemos observado un poco en algún momento, y tratamos de conocer cuales son algunas de nuestras tendencias, buenas o malas, mentales o emocionales, y decimos: ¡Ya me conozco! Pero todavía no nos conocemos, ni siquiera nos hemos aproximado a nuestro mundo interior. En realidad, hoy en día, no existe ninguna representación del ser humano completa que abarque íntegramente su gran complejidad; por ello no hay que extrañarse de que las Religiones y los diferentes sistemas filosóficos no hayan tenido la misma concepción de su estructura y composición integral. En su libro "*La Vida Psíquica: elementos y estructuras*", el *Señor Omraam Mikhaël Aivanhov*, expone muy acertadamente:

> "Los Hindúes, por ejemplo, dividen al hombre en 7, y los Teósofos también han adoptado esta división. Los Astrólogos lo dividen en 12, en correspondencia con los doce signos del Zodiaco, y los Alquimistas en 4, de acuerdo con los cuatro elementos. Los Cabalistas han escogido el 4 y el 10: los cuatro mundos y los 10 Sefirots. En la Religión de los Antiguos Persas, el mazdeísmo, y después en el maniqueísmo, el hombre se divide en 2, de acuerdo con los dos principios del BIEN y del MAL, de la Luz y las Tinieblas, Ormuzd y Ahrimán. En cuanto a los cristianos, a menudo lo dividen en 3: Cuerpo, Alma y Espíritu. Aún añadiremos que ciertos esotéricos han escogido la división del 9, porque repiten el tres en los tres mundos, Físico, Espiritual y Divino.

Pero, ¿dónde está la verdad? La verdad se encuentra en todas ellas. Todas las perspectivas son buenas, y todas son necesarias. Todo depende desde el punto de vista con que se las observe o estudien. Tengamos presente que estas divisiones se refieren a los diferentes aspectos de una misma realidad superior, y que ninguna de ellas por sí misma podrá abarcar completamente todo el conjunto. No tienen por que ser contradictorias si se estudian en profundidad, aportando todas en conjunto una verdadera fuente de Sabiduría.

Cuando escuchamos estas afirmaciones, aparentemente tan extrañas, que el hombre posee o poseemos varios cuerpos, surge en la mente de cualquier persona normal una sonrisa de escepticismo natural. Pero debemos comprender, que el ser humano no nace sino que "desciende desde lo alto" y se introduce en un cuerpecito de bebé y le da la vida. Antes de nacer, nuestro Ser ya está en otros planos, en otras dimensiones, por lo tanto allí también necesita "cuerpos sutiles" para moverse o manifestarse como en el mundo físico. Por lo tanto, cuando nacemos ya poseemos varios cuerpos o vehículos de energías diferentes, aunque la mayoría no sea consciente de ello.

¿Para que sirven dichos cuerpos? Primeramente hay que aclarar que nuestro verdadero "YO" no es ninguno de estos cuerpos. No hay que confundir al traje que nos ponemos, con el Ser que se viste. Nuestro Ser Superior, que en los estudios esotéricos recibe el nombre de "Mónada" o "Espíritu", por residir en el Plano Monádico, es una Entidad de tal luminosidad y belleza que difícilmente, debido a Su altísimo estado de vibración, puede descender a los planos más densos de la creación y experimentar allí, o manifestarse plenamente con todo su poder y gloria. Ese es uno de los propósitos o misterios de la Vida del hombre. Manifestar toda Su Gracia como hijo de Dios en el plano físico y a través de un cuerpo denso. Por tal razón el espíritu necesita las diferentes vestiduras, para ir descendiendo de un plano

a otro, de un nivel a otro, y cuando los diferentes cuerpos están perfectamente purificados y alineados divinamente, se alcanza el supremo estado de manifestación, entonces "REDIMIMOS LA MATERIA" creando un canal perfecto de unión entre lo superior y lo inferior, entre el Cielo y la Tierra, tal es la Gran Obra de nuestro Padre, y para ello hemos descendido a este mundo.

Para conseguir este descenso a sido necesario una ardua tarea de inclusión, en el cual el Espíritu se va rodeando, plano tras plano de vestiduras más densas, hasta alcanzar el último vehículo de manifestación que llamamos Cuerpo Físico. Anteriormente se ha tenido que recubrir necesariamente de un Cuerpo Mental, y de un Cuerpo Astral. El conjunto de estos TRES CUERPOS, Mental, Astral y Físico, que corresponden a los niveles de pensamiento, emoción y actuación respectivamente, es lo que esotéricamente se denomina *Personalidad*. Así pues el hombre piensa, porque tiene un cuerpo mental, siente porque tiene un cuerpo astral y actúa porque tiene un cuerpo físico. Y mediante estos tres aspectos del Ser, el hombre evoluciona a través de experimentar en dichos planos, correspondiéndole a cada uno, diferentes estadios de conciencia y percepción.

Estudiemos ahora cada cuerpo o vehículo inferior del hombre por separado, lo que llamamos "***PERSONALIDAD***" o "*Cuaternario inferior*" después estudiaremos los Cuerpos Superiores. **Estos son:**

> **EL CUERPO FÍSICO,** o Denso.
> **EL CUERPO ETÉRICO**, Pránico *o Vital.*
> **EL CUERPO ASTRAL**, *Emocional o de Deseos.*
> **EL CUERPO MENTAL**.

El cuerpo físico

No es necesario ocuparnos mucho sobre a este cuerpo, ya que la naturaleza corpórea o el "aspecto forma" ha sido y es objeto de muchas investigaciones y tema principal de nuestros científicos. Muchas de las conclusiones a las que han llegado son fundamentalmente correctas. Los postulados dados a continuación pueden servir como síntesis de las mismas:

- **El Cuerpo Físico tiene 5 sentidos**, y mediante ellos el ser interno percibe la vida física. Todas las relaciones del hombre con el mundo están ligadas a los cinco sentidos. Por esa razón se afana en aprovechar al máximo sus posibilidades y, sobre todo multiplicar las sensaciones sensorias, algunas son más o menos necesarias, más o menos intensas. Pero a medida que el hombre va evolucionando espiritualmente, van apareciendo para su conciencia otros sentidos, sensibilizándose en otros aspectos más elevados, y más placenteros.

- El hombre en su naturaleza corpórea, es una totalidad, una UNIDAD. Dicha totalidad está subdividida en muchas partes y organismos. Estas innumerables subdivisiones, sin embargo, actúan en forma unida, siendo el cuerpo un todo correlacionado.

Dentro del cuerpo también tenemos LOS CINCO ELEMENTOS, que son:

1- LA **MATERIA** o elemento **TIERRA** (la piel, las uñas, los huesos, el cabello).
2- EL **AGUA** (en forma de sangre y secreciones).
3- EL **FUEGO** (el calor o temperatura corpórea).
4- EL **AIRE** (nuestra actividad respiratoria).
5- EL **ÉTER** o *AKASHA* (un aspecto del ESPACIO dentro de nosotros).

Diversos Nombres: Al Cuerpo Físico, también se le conoce como: *cuerpo denso, cuerpo sólido, la forma, el cuerpo de la apariencia, el Sthúla Sharira, el carruaje, la casa, el castillo.*

- Cuando hablamos del cuerpo físico, tenemos también que hablar necesariamente de su doble etérico, o cuerpo etérico, puesto que ambos funcionan en el Plano Físico, están constituido de materia física y tras la muerte son abandonados por el hombre, y se desintegran conjuntamente en el mundo físico cuando aquél pasa al astral. Las dos pertenecen al plano físico por la materia de que están formadas, y no pueden pasar del mismo; la conciencia que obra dentro de ellas, se halla circunscrita a los límites físicos, y está sujeta a las LEYES ordinarias del ESPACIO y del TIEMPO. Aún cuando parcialmente separables, se separan rara vez durante la vida terrestre, no siendo tal separación nada buena, sino señal de enfermedad o de constitución desequilibrada.

El cuerpo etérico

En Oriente el cuerpo Etérico se le conoce con el nombre de **LINGA SHARIRA**, sin embargo es conveniente utilizar nombres Occidentales para poder definir mejor si cabe, los diferentes cuerpos sutiles del hombre. Los nombres más utilizados para este cuerpo son: Cuerpo etérico, cuerpo sutil, doble etéreo, cuerpo vital o de salud.

- El nombre de **DOBLE ETÉREO** expresa exactamente la naturaleza y constitución de la parte más sutil del cuerpo físico (como veremos a continuación, el cuerpo etérico está íntimamente relacionado con el cuerpo físico denso, siendo el cuerpo etérico su parte más sutil, pero dentro del Plano físico). Es "Etéreo" porque se compone de materia etérea, y "Doble" por ser el duplicado exacto del cuerpo grosero, su sombra energética, por decirlo así.

- La ciencia física moderna afirma que todo cambio corporal, ya sea en los músculos, en las células o en los nervios, está acompañado por una acción ELÉCTRICA. Y esto es probablemente la verdad hasta en los cambios químicos que consecuentemente tiene lugar dentro de cualquier organismo. De esto se tiene amplio testimonio obtenido por cuidadosas observaciones con los galvanómetros más delicados. *Donde Quiera Que Ocurra La Acción Eléctrica, El Éter Tiene Que Estar Presente*, de modo, que la presencia de la corriente implica la del éter, que compenetra a todo y a todo envuelve; ninguna partícula de materia física se halla en contacto con otra, sino que cada una flota en una atmósfera de éter. Aquí encontramos que lo que los hombres científicos aseguran, como hipótesis necesaria, los Iniciados y Ocultistas afirmaban como una observación directa que puede probarse, pues el éter es de hecho tan visible como una silla o una mesa, sólo que se necesita para percibirlo una vista diferente de la física.

- El cuerpo denso se construye en la MATRIZ de este cuerpo vital durante la vida ANTENATAL. Este doble etéreo es perfectamente visible a la vista ejercitada, siendo su color de un violáceo gris, grosero o delicado en su textura, según el cuerpo denso sea grosero o fino, energéticamente hablando. Por medio del cuerpo etérico circula la vitalidad a lo largo de los nervios del cuerpo, estos nervios físicos densos tienen su contraparte etérica llamada **CONDUCTOS NADIS**, y por ellos circula lo que los Orientales llaman **PRANA**, que vendría a ser como una energía positiva y activa, vitalizando por su acción toda su contraparte más densa, o sea el sistema nervioso del cuerpo humano. Por esta razón generalmente en nuestra literatura se menciona al cuerpo etérico como el "VEHÍCULO DE PRANA". También en el cuerpo etérico encontramos numerosos Centros o **CHAKRAS**, que son como núcleos de fuerza, que una vez actualizados mediante métodos Ocultistas, y desarrollados espiritualmente, nos dan las cualidades o PODERES SUPERIORES para que en estas condiciones podamos obrar como verdaderos Hijos de Dios, con toda sus Potencias Actualizadas. La contraparte física de estos *Centros* o **CHAKRAS** son las glándulas físicas del sistema endocrino.

- Para el CLARIVIDENTE que pueden ver el cuerpo etérico, les resulta sencillo diagnosticar las posibles perturbaciones de salud que pueda tener. La mayoría de los casos las enfermedades van descendiendo de cuerpo en cuerpo hasta que al final se manifiesta el físico denso. Por esta razón <u>el Gran Médico y Ocultista Papacelso decía, que las enfermedades habían de ser curadas en los Tres Cuerpos</u>.

Consejo para el aspirante

"El cuerpo y el cerebro es un instrumento que debe ser refinado, mejorado, educado, modelado de tal modo y hechos de tales constituyentes, que sea en el plano físico el vehículo más adecuado para los fines superiores del espíritu, el verdadero hombre"

EL CUERPO ASTRAL

Hemos estudiado ya, aunque sólo a grandes trazos, algunos aspectos científicos y esotéricos del cuerpo físico, en su doble vertiente: *Visible-Invisible*, y comprendemos ya cómo el hombre, en su conciencia en estado de "<u>vigilia</u>", viviendo en el mundo físico, sólo puede demostrar aquella parte de sus CONOCIMIENTOS y PODERES que le es posible expresar por medio de un cuerpo físico y sus limitaciones. <u>Conforme sea la perfección o imperfección de su DESARROLLO, así será la perfección o imperfección de su expresión en el plano físico</u>. Del mismo modo, cuando el hombre funciona sin su cuerpo físico en otra región del Universo, por ejemplo en el Plano Astral, sólo puede expresar en él la parte de sus CONO-

CIMIENTOS y FACULTADES desarrolladas, aquella parte de sí mismo que pueda responder a la sensibilidad superior, en una palabra, depende de la evolución adquirida del CUERPO ASTRAL, así será su rentabilidad para el Morador Interno, para el Hombre Espiritual.

- El Plano ASTRAL es una Región determinada que rodea y compenetra al mundo físico, pero que es imperceptible a la observación ordinaria, por estar constituido por una clase más sutil de materia. Todos Los Átomos Físicos tienen su envoltura astral, lo que pudiera llamarse la matriz de la física. Si imaginamos el mundo físico desapareciendo de la existencia sin que tenga lugar ningún otro cambio, tendríamos todavía una copia perfecta del mismo en la materia astral; y si pensamos además que todos estamos dotados de facultades astrales activas, el hombre permanecería en un principio inconsciente de la diferencia entre la vida y lo que normalmente consideramos la muerte, porque pasaríamos de un cuerpo a otro más sutil sin perdida de conciencia.

- Así como en el cuerpo etérico circulaba el *Principio* **PRANA** (energía vital), en el cuerpo astral actúa el *Principio* **KAMA** (deseo), este principio es llamado a veces como el Alma Animal del hombre, y comprende el conjunto de apetitos, pasiones, emociones y deseos más o menos inferiores, o más o menos elevados que puede expresar o sentir el hombre durante su vida. **La capacidad de poder sentir emociones la tenemos gracias a poseer un cuerpo astral**. La psicología occidental clasifica a este aspecto como: Instintos, Sensaciones, Sentimientos y Emociones, y son considerados como una subdivisión del pensamiento. Los SENTIMIENTOS, pueden ser definidos como nuestra naturaleza pasional y emocional. Todas las necesidades animales están contenidas en el DESEO, así como las PASIONES, tales como el AMOR (en su sentido inferior), el ODIO, la ENVIDIA, los CELOS, etc. Este principio *"**KAMASICO**"* es el más poderoso de nuestras vidas, de nuestra naturaleza inferior, es el que nos une vigorosamente a la vida terrestre y a sus "apegos" y "apetitos" encarcelándonos en el espejismo.

Todos reconocemos que el hombre SIENTE, y que para la mayoría el sentimiento o las emociones forman parte de nuestro vida diaria. Unos sentirán más, y otros con menor intensidad, pero sin duda para todos, las EMOCIONES juegan un papel decisivo en cualquiera de nuestras actividades y relaciones cotidianas. Por lo tanto sería útil, para el estudio integral del hombre, el conocer con profundidad todo lo relativo al origen, funcionamiento y propósito de la naturaleza emocional. El hombre siente, luego las emociones existen, pero ¿dónde se manifiestan? Todos estamos acostumbrados a tener una gran cantidad de emociones diferentes, no sólo en cantidad sino también en calidad. Por ejemplo: la ira, la gula, el impulso sexual, la envidia, las emociones de cólera, las terribles sensaciones de angustia e inseguridad emocionales, el odio, etc. Pero también en el hombre se dan las emociones más ELEVADAS, y los SENTIMIENTOS más nobles que se puedan imaginar, como: la alegría, la sinceridad, la bondad, el amor desinteresado o impersonal, la espiritualidad, la devoción, la mística, la compasión, etc.

Las emociones no se pueden ver. Sin embargo para el Vidente entrenado si son visibles, y las ve como remolinos de energías que **VIBRAN** y se mueven por el cuerpo astral del hombre, cada emoción desprenden una tonalidad cromática, unos colores más suaves y otros más turbios, dependiendo del tipo y la calidad de las emociones que esté expresando en ese momento. Luego las emociones son una realidad indiscutible, y como manifestaciones que son, necesitan necesariamente un lugar o ESPACIO donde manifestarse. Ese espacio es el cuerpo astral del hombre.

- Durante la vida del hombre, su cuerpo astral no tiene la misma forma que sus cuerpos denso y vital. Después de la muerte es cuando asume esa forma, la que mantuvo en vida, mientras que durante la vida tiene la apariencia de un **OVOIDE LUMINOSO** que en las horas de vigilia rodea completamente el cuerpo físico, como la clara del huevo envuelve a la yema. Se extiende de medio a metro y medio más allá del cuerpo denso. En este cuerpo ASTRAL existe cierto número de CENTROS SENSORIALES. Pero en la gran mayoría de los hombres sólo están latentes y no desarrollados, y el desarrollo de estos centros astrales le proporcionaría una visión más amplia del mundo que le rodea, tanto en los planos físicos como astrales o invisibles. El cuerpo astral está formado de los siete estados de la materia astral, y puede contener o estar construido de materiales más groseros o más sutiles sacados de cada uno de aquellos estados o subplanos. Cuanto más evolucionado se está, mayor es el grado de perfección de dicho cuerpo. El cuerpo astral de un iniciado es un instrumento preciso de servicio y manifestación superior. Por esa razón en algunas escuelas esotéricas se menciona el hecho de la necesidad de crear el cuerpo astral. Aunque el cuerpo astral del hombre está creado, no necesariamente está desarrollado, de ahí la importancia de su integración mediante el desarrollo evolutivo.

- Es fácil describir a un hombre en un cuerpo astral bien formado; podemos imaginarlo abandonando el cuerpo físico y apareciendo en uno más sutil, una copia Luminosa de aquél, visible en su propia semejanza para el clarividente, bien que invisible a la vista ordinaria. He dicho "<u>Un Cuerpo Astral Bien Formado</u>", porque una persona no desarrollada presenta en su cuerpo astral una apariencia incipiente. Sus contornos son indefinidos, sus materiales constitutivos son toscos y mal coordinados, y si se le saca del cuerpo físico, sería solamente una mera nube flotante e informe, que desde luego se comprende que es impropia para obrar como vehículo independiente; es indudablemente más bien un fragmento de materia astral que un cuerpo astral organizado, una masa de protoplasma astral, de tipo ameboideo. ***Un cuerpo astral bien formado, significa que el hombre ha alcanzado un nivel verdaderamente elevado de cultura intelectual o desarrollo espiritual***, de modo que la apariencia del cuerpo astral implica el progreso realizado por su dueño, por lo definido de los contornos, por la LUMINOSIDAD de sus componentes y por lo perfecto de su ORGANIZACIÓN; puede juzgarse del estado de evolución alcanzado por el Alma que lo usa.

"El Cuerpo Astral Es Particularmente Sensible A Las Impresiones Del Pensamiento".

Esto es cierto, pues la materia astral responde más rápidamente que la física a todos los impulsos del mundo mental. Conociendo este dato podemos deducir, que una correcta forma de PENSAR puede desarrollar un cuerpo astral lo suficientemente LIMPIO como para que en él puede actuar el EGO o la CONCIENCIA más plenamente.

El viaje astral

La capacidad de salir y actuar conscientemente fuera del cuerpo físico con el vehículo astral, debe ser consecuencia del desarrollo espiritual que el hombre va alcanzando paulatinamente a medida que va evolucionando, y no como resultado violento de un interés egoísta. Todos podemos actuar conscientemente en el mundo astral, independientemente del grado evolutivo alcanzado, pero si verdaderamente tenemos un interés por EVOLUCIONAR y SERVIR a la humanidad, es necesario purificar al máximo, tanto nuestros pensamientos como nuestras emociones con el fin de construir un cuerpo astral lo suficientemente refinado e integral como para funcionar en él como lo hacemos ordinariamente con nuestro cuerpo físico. El cuerpo astral actuando fuera del cuerpo físico tiene muchas menos limitaciones, existiendo una mayor capacidad, tanto de CONCIENCIA como de TRABAJO a realizar. Muchos discípulos ya trabajan con él conscientemente, y otros muchos de una forma inconsciente, hasta que coordinen la memoria del cuerpo físico, con la de la astral.

"La mejor clave para despertar conciencia en el plano astral, o en cualquier otro plano del universo, es estar despierto de instante en instante, aquí y ahora"

El cuerpo mental

Los pensamientos, la capacidad de imaginar, la memoria, la posibilidad de visualizar, el razonamiento, la analítica, la reflexión abstracta, incluidos el poder de hablar y coordinar, todo ello y muchas cosas más que todavía no hemos alcanzado a comprender ni desarrollado, son el resultado y la posibilidad que nos confiere el tener un CUERPO MENTAL a nuestra disposición.

Algunos estudiosos del tema, confunden muy a menudo algunos aspectos sutiles e internos sobre este maravilloso instrumento que llamamos la "MENTE"; como pueden ser: la diferencia existente entre el CEREBRO y la MENTE, o entre la MENTE y el PENSADOR, o entre el PENSADOR y el PENSAMIENTO. Por lo que en la medida en que podamos, vamos a tratar de arrojar un poco de luz sobre cada uno de esos aspectos por separado: <u>EL CEREBRO</u>: **Es el vehículo físico de la mente.** Él es el recipiente o tabernáculo donde las impresiones procedentes de la mente pueden posarse e interpretarse físicamente. El cerebro es el "cáliz", y la mente es el "vino". El cáliz contiene el vino para que éste pueda ser bebido, pero el vino no es el cáliz, sino un elemento más sutil que la copa. El cerebro es el espacio físico, donde la mente, que no es física, puede trabajar. Por lo tanto es obvio, que cuanto mejor esté el cerebro, físicamente hablando, mejor será la comunicación entre ambos, y más allá del cerebro la mente sigue actuando aún más plenamente. El PENSAMIENTO nace de la mente, pero es una forma modelada por el PENSADOR. El mar seria la mente, y la hola el pensamiento, y el aire que forma la hola el pensador. El pensador es el alma, el alfarero. El barro sería la mente y la vasija el pensamiento. El cerebro sería el soporte donde el barro gira, la parte sólida.

- El cuerpo mental tiene una peculiaridad con respecto al cuerpo astral, y es que el cuerpo mental al mostrar su parte externa en el AURA HUMANA; crece y crece, aumenta su tamaño y su actividad, vida tras vida, encarnación tras encarnación, con el crecimiento y desarrollo del hombre mismo. Como cualquiera de los otros cuerpos, el cuerpo mental es un VEHÍCULO para ser utilizado por el hombre, y su organización, su eficacia, así como la evolución del mismo, dependen en sumo grado de la ejercitación consciente y del esfuerzo constructivo para su crecimiento, en cantidad y calidad de LUZ. Pues es la "Luz" y la "Síntesis de los sentidos" la característica más sobresaliente del cuerpo mental, dando como resultado, la perfecta y amorosa INTELIGENCIA SUPERIOR.

- Mirando luego a un hombre más avanzado, que aunque no tenga inquietud espiritual haya desarrollado sus facultades mentales, un hombre que haya educado y desenvuelto su inteligencia, veremos que su cuerpo mental ha empezado a adquirir un desarrollo muy definido; construido de un material delicado y de hermosos colores, que vibra continuamente con una actividad enorme, lleno de vida, lleno de vigor; la expresión de la MENTE en el Mundo Mental. En cuanto a sus funciones, es el vehículo inmediato, en el cual el YO se manifiesta como Inteligencia. Cuando está obrando con el astral y el físico su forma es *OVAL* semejante a un huevo en sus contornos, y compenetra los cuerpos astral y físico, y los rodea con una atmósfera radiante a medida que se desarrolla, haciéndose, como he dicho, más y más grande conforme aumenta el desarrollo intelectual y aún más el desarrollo espiritual.

- En el plano o mundo MENTAL al igual que en los demás planos, está subdividido en siete subplanos, teniendo la particularidad éste, de estar dividido claramente en DOS GRUPOS muy definidos: uno de **TRES** y otro de **CUATRO** subplanos. Los tres subplanos superiores se llaman ARUPA o sin forma, debido a su extremada sutileza, mientras que los cuatro inferiores se llaman RUPA o con forma. El hombre por lo tanto, tiene dos vehículos o cuerpos de conciencia para funcionar en este Plano. Dentro de los tres subplanos superiores del plano mental se encuentra, lo que esotéricamente se denomina "La Morada Del Alma Divina", morada o estancia especial conocido como **Cuerpo Causal**.

La personalidad

La personalidad la forma el conjunto de acciones que realizamos en los tres mundos: físico, astral y mental. El hombre no es la personalidad, pero cuando se manifiesta a través de sus cuerpos inferiores, ésta -la personalidad- se manifiesta. Así como el hombre piensa, siente y hace físicamente, así es la personalidad del hombre. Luego cuando hablamos de la personalidad del hombre nos estamos refiriendo a la actividad de sus cuerpos inferiores. Cuando en los estudios esotéricos se hace referencia al "EQUIPO" del hombre, se refiere a la cualidad y al desarrollo por parte del Alma de los cuerpos inferiores, de tal suerte, que así será el potencial que dispone el hombre para desarrollarse y evolucionar en la vida terrestre. Como es fácil observar, no todos disponen de un mismo "equipo" para hacer frente a las mismas circunstancias que la vida nos plantea. Cuanto mejor estemos equipados, así mejor será la respuesta que demos. La personalidad por sí misma es incapaz de avanzar en la vida ocultista, es incapaz de valerse en los mundos superiores o es incapaz de percibir la Verdad Original, sin embargo es intrínsicamente necesaria para la evolución del hombre, ya que sin ella nuestro espíritu no podría influir y manifestar su gloria en los mundos o planos inferiores de la creación, objeto indispensable del Plan Divino.

Nuestra personalidad está influenciada y limitada por muchas fuerzas y aspectos, tanto internos como externos. Desde la herencia genética, los sucesos o experiencias infantiles, pasando por el nivel evolutivo del alma, las influencias astrológicas de la carta natal, hasta el tipo de "RAYO" o cualidad energética que influye a cada cuerpo (el tema de los Rayos será tratado en un capítulo posterior), y muchas más influencias. El tema es difícil, la personalidad tiene muchos pormenores, pero lo importante es comprender que es nuestro potencial disponible en esta encarnación que debemos educar y sutilizar a tal grado que pueda expresar lo mejor posible el aspecto Alma de nuestra vida.

El cuerpo espiritual

Aún existen más Cuerpos de Manifestación Superiores, más elevados y refinados. Pero también es cierto que ha medida que ascendemos en grado más difícil resulta explicar, aún nombrar alguna cualidad sobre ello, ya que sólo es posible vivenciarlo para el investigador Iniciado. En cada uno de los siete planos el hombre posee a su vez un cuerpo de manifestación.

El misterio Cristiano de la <u>Santísima Trinidad</u>, realmente no es un misterio incomprensible, cuando se estudia serenamente y bajo el conocimiento esotérico más profundo. El misterio de la Santísima Trinidad dice: "Que el Padre, el Hijo y el Espíritu Santo son una misma Persona", un sólo Dios expresándose de tres maneras distintas. Ahora bien, utilizando la clave hermética de la ANALOGÍA descubrimos que "el hombre" en su forma de actuar y manifestarse también es Trina. El hombre también se manifiesta como una Trinidad, actúa, siente y piensa, Pero sigue siendo UNO. El hombre al igual que su creador se manifiesta de una forma triple, pero sin dejar por ello de ser un solo Ser. Siempre que queramos estudiar algún aspecto del Creador, debemos recordar que lo podemos descifrar, con el estudio del hombre mismo. Ya que como dicen en las sagradas Escrituras, el hombre es un ser que está hecho a imagen y semejanza de Dios. Conociendo al Hijo, también podremos conocer al Padre. Sólo hay que profundizar en la verdadera naturaleza del hijo, en la verdadera <u>esencia de nosotros mismos</u>, para alcanzar la verdad más elevada, tanto del Universo como del Hacedor.

El aura humana

<u>El Aura Humana Es El Hombre Mismo</u>, manifiesto a la vez en todos los PLANOS de conciencia, en los cuales puede obrar con arreglo a su desarrollo; es el agregado de sus CUERPOS, de sus vehículos de conciencia, en una palabra, es la forma en que aparece el hombre en su totalidad. Todo lo que existe, tanto en los planos inferiores como en los superiores, desde el más insignificante átomo hasta el más excelso Arcángel, todo absolutamente todo irradia una Luz, producen emanaciones y esta atmósfera fluida, sutil que envuelve todas las cosas, es, justamente, lo que llamamos el **AURA**. Evidentemente no es visible para todos, pero sí para aquellos que han agudizado sus sentidos internos como los clarividentes. El Aura es esta especie de "Halo" que envuelve a cada ser humano: en algunos es ancha, amplia, luminosa, potente... posee vibraciones intensas y colores espléndidos; en otros, lo contrario, es pequeña, apagada, disforme y fea.

Se puede comparar el AURA con la piel. El **AURA** puede considerarse como la ***Piel Del Alma***. Al igual que el aura del hombre lo rodea y envuelve, así también el Aura del Planeta, que es también un Gran Ser, rodea y envuelve a todas Sus criaturas que en él habitan. Podría decirse que es "La Atmósfera Energética del Mundo".

Como dice el Sr. Omram Mikhaël Aivanhov:

> *"A través de nuestra aura se produce un intercambio ininterrumpido entre nosotros y las fuerzas de la naturaleza y del cosmos."*

Todas las influencias cósmicas, planetarias y zodiacales que se difunden constantemente por el espacio, llegan hasta nosotros, y a través de la calidad de nuestra Aura, de su sensibilidad, de su grado de pureza y de los colores que posee, recibimos el impacto de esas fuerzas, o, por el contrario no las recibimos. El cuerpo ETÉRICO, el cuerpo ASTRAL y el MENTAL, debido a su actividad o a su inercia, sus cualidades o sus defectos, añaden otras emanaciones, otros colores a esta primera aura, revelando, de este modo, la naturaleza de sus sentimientos y de sus pensamientos.

El aura es como un libro abierto, pero un libro de tal sutilidad que resulta difícil formarse una idea. Del mismo modo que no existen dos criaturas con las mismas huellas digitales, tampoco existen dos criaturas que posean la misma aura, ya que el AURA representa la totalidad del ser humano.

Si el hombre es puro, su aura se vuelve limpia y transparente.
Si es inteligente, su aura es más y más luminosa.
Si tiene una gran voluntad, se vuelve muy potente.
Si está inmerso en cuestiones espirituales se expande, volviéndose inmensa.

Trabajar sobre las Virtudes es una buena forma de desarrollar el Aura; el amor, la compasión, la alegría, la generosidad, el desapego, la paciencia, la honradez, etc. ya que tener un aura pura, no solamente nos cambia a nosotros mismos sino que además, transforma positivamente todo nuestro entorno, todas las circunstancias cotidianas, toda nuestra vida, y por ende, el aura planetario…

Capítulo. V

"El verdadero hombre"

Cuerpo – Alma – Espíritu.

Para la elaboración de este capítulo hemos consultado y extraído algunos fragmentos de los siguientes Libros:

"*Tratado sobre Magia Blanca*", Alice A. Bailey (Maestro D. K.)
"*La Jerarquía, Los Ángeles Solares y la Humanidad*",
Vicente Beltran Anglada
"*La Vida Psíquica: Elementos y Estructuras*",
Omraam Mikhaël Aïvanhov
"*Teosofía Explicada*", P. Pavri

En el anterior capítulo, tratamos de estudiar y profundizar sobre algunos aspectos del hombre. Esos aspectos de la PERSONALIDAD, no pertenecían o se referían al hombre mismo en su propio plano de manifestación, sino a aquellos cuerpos o vehículos por los cuales él se expresaba. Pasemos, pues ahora, a ocuparnos del Hombre Mismo, no de sus vehículos de conciencia, sino de la acción de la CONCIENCIA en ellos; no de los cuerpos, sino de la entidad que funciona en ellos; pues por "**HOMBRE**" se quiere significar al individuo continuo que pasa de una vida a otra, que se manifiesta a través de los cuerpos y los vuelve a dejar una y otra vez; que se desarrolla lentamente en el curso de las edades, que crece por la acumulación y asimilación de la experiencia, y que existe en su plano Superior.

Según nos dice *San Pablo* el hombre se divide en 3 partes: CUERPO, ALMA y ESPÍRITU. También los ocultistas adoptan esta división para su estudio. Aunque como dijimos en el capítulo anterior, existen muchas formas distintas de dividir al hombre para su estudio. Más aquí nos inclinaremos por el estudio del 3, ya que esencialmente es el mejor modo de estudio, como ya veremos. En realidad muy poca gente sabe la diferencia que existe entre el **alma** y el **espíritu**, ni conoce la naturaleza y el papel que estos dos PRINCIPIOS representan, ni los mundos en los cuales trabajan. Por esta razón y debido, naturalmente a su vital importancia, vamos a investigarlos.

Las palabras siempre son limitaciones de la verdadera experiencia. Al tratar conceptos tan sutiles y espirituales, como las palabras: Alma, Espíritu, Ser, Ego, Yo Superior e Inferior, etc., el investigador de lo esotérico siempre encontrará "barreras verbales" que le obstaculizarán a ver las grandes verdades que se hayan detrás del lenguaje oral o escrito. La escritura así como las palabras hay que utilizarlas como simples medios artificiales, como indicadores direccionales hacia una determinada dimensión mucho más amplia y veraz. Vamos ahora a tratar de analizar y profundizar, en la medida de nuestras posibilidades, los aspectos **ALMA** y **ESPÍRITU** del hombre.

El alma, el ego

El Alma aparece siempre como un ***Intermediario***, como un enlace entre mundo físico y el mundo del espíritu; el Alma es el vehículo que transporta los elementos del CIELO a la TIERRA y de la TIERRA al CIELO. Todo pasa por el alma.

Se podría decir que nuestra alma es un reflejo del espíritu en un plano inferior, el mental superior. Es como un reflector espiritual, que refleja en un plano intermedio el ESPLENDOR del espíritu, del hombre perfecto y solar, como un precioso espejo, ya que en él se puede vislumbrar la imagen más divina de nuestro verdadero SER, el espíritu. Cuando decimos "que debemos hacer contacto con el ALMA", con nuestro "YO SUPERIOR", evidentemente nos estamos refiriendo a elevar nuestras conciencias a un punto más elevado, a un punto que está más allá de la simple conciencia física-instintiva, y más allá de nuestras emociones y deseos, más allá aun de los pensamientos e ideas personales. Hacer "**CONTACTO**" con el Alma o Ego, es ir precisamente más allá de nuestra personalidad, más allá de nuestros cuerpos inferiores que la forman. Por lo tanto nos estamos refiriendo, que debemos POLARIZARNOS EN EL PLANO DEL ALMA, en los Planos mental-superior y Búdico. Donde la Verdad Esencial, la Luz más pura y el Amor más intenso se manifiestan en un estado virginal. Nuestra Alma Divina es nuestro YO superior. Una parte de nosotros mismos, una fracción de nuestro verdadero SER, o más bien un reflejo del mismo. Es pues nuestra meta más inmediata hacer contacto con nuestra alma. En ese estado espiritual las perturbaciones y oscilaciones de los tres mundos inferiores no nos afectan, no nos confunden ni nos aferran a la materia. Y por lo tanto el discípulo queda *LIBRE* de la ilusión, y libre para manifestar todo el potencial divino que le es inherente como hijo de Dios.

El ejemplo más vivo que tenemos, que refleje en todas sus dimensiones esta fantástica integración entre el hombre y su alma divina, lo tenemos manifiesta en la vida y obra del Cristo cuando actuó a través del Maestro Jesús. Él supo mejor que nadie, demostrar qué ocurre cuando el Alma con todo su poder y gloria, se manifiesta en un hombre plenamente realizado. ***Cristo era la expresión humana y a la vez Divina de la***

propia ALMA. Él vino a simbolizar, a través de su propia vida, lo que cada hombre debe hacer internamente; el nacimiento, el bautismo, la transfiguración, la crucifixión y la resurrección, son estados por el cual debe pasar todos los Iniciados. Él vino para mostrar el camino. Él era simbólicamente el Alma Del Mundo. Por esa razón dijo en los evangelios: "Yo Soy El Camino Que Lleva Al Padre" "Sólo A Través De Mí Se Llega Al Padre". Efectivamente él lo dijo; sólo a través del **ALMA** se puede llegar al **ESPÍRITU**, al Padre. Esa es nuestra primera empresa. También ha habido otros Maestros Espirituales que a lo largo de la historia (conocida y oculta), han dado el mismo ejemplo y el mismo mensaje, en formas diferentes, pero esencialmente la misma verdad, dependiendo de la cultura y del tiempo en que nos situemos.

El alma divina, el Ángel Solar

El Alma debido a su posición central e intermedia entre lo superior y lo inferior contiene dentro de sí misma dos aspectos bien diferenciados, si podemos decirlo así, se puede decir que es **dual**. Veamos: un aspecto está enfocada hacia arriba hacia el espíritu, y la otra está orientada hacia abajo, hacia la personalidad. Simbólicamente, la podemos expresar como dos TRIÁNGULOS separados, pero a la vez unidos por el extremo inferior. Uno se manifiesta en el plano Mental Superior o abstracto, y el otro se expresa en el plano Mental inferior o Concreto. Por lo tanto uno pertenece a la vida Divina y la otra a la Humana. Por esa razón a una se la denomina <u>ALMA DIVINA</u> y a la otra <u>ALMA HUMANA</u>. Una misma alma expresándose en dos niveles diferentes. El Alma Divina, no tiene apegos a la forma, vive libre e iluminada por su propia divinidad, es un cuerpo de luz, un reflejo del Segundo Principio Divino; el AMOR. Realmente el Alma Divina pertenece sin lugar a dudas al <u>QUINTO</u>

REINO, al reino Divino. Es nuestra Conciencia en un plano espiritual, y cuando hacemos contacto con ella, cuando nos identificamos con ella plenamente, el hombre ha alcanzado la Tercera Iniciación, la **TRANSFIGURACIÓN** conocida por el cristianismo, y es entonces cuando nos hayamos libres de las ataduras de los tres mundos. En ese momento expresamos perfectamente el Principio CRÍSTICO, el principio del Amor Divino.

El Alma Divina es también llamada el ALMA TOTAL, y es la contraparte del Alma Individual o humana. Ella, de alguna forma, participa con el resto de las Almas Humanas, en los planos elevados, de la mística *"Comunión De Los Santos"* de la que hablan las tradiciones cristianas. Nuestra Alma Divina es asistida y dirigida -en su experiencia evolutiva- por esas Elevadas Entidades que reciben esotéricamente el nombre de "**ÁNGELES SOLARES**". Los Ángeles Solares, son realmente los ARQUETIPOS para el Alma Total, el modelo y el molde al cual deben ajustarse en su desarrollo. Son asimismo denominados Hijos De La Mente, y se les considera bajo esta óptica como frutos del pensamiento de la Mente Universal (Mahat). Ellos imprimen las tónicas vibratorias para la expresión de las cualidades de Razón, Amor Y Voluntad Puras que habrán en su día de corresponder a la armonía del Alma Total plenamente desarrollada. Son Señores de SACRIFICIO y Arquetipos de Perfección Humana. Reciben también el nombre de *"Dyanes de fuego"* en la Doctrina Secreta. Ellos vinieron del Corazón del Sol (de ahí su nombre de Ángeles Solares), para ayudar en la evolución del hombre, esto tuvo lugar en la Raza Lemúrica ayudándonos a la individualización. Los Ángeles Solares pertenecen al Quinto Reino de la Naturaleza o Superhumano, y están unidos a cada hombre hasta que éste llegue a la Cuarta Iniciación. Son, por lo tanto, Ángeles que en perfecta unión con el alma del hombre, les ayuda hasta que el Espíritu puede hacerse cargo plenamente de su reflejo u hombre terrenal...

"El Espíritu Trabaja Sobre La Materia
Por Intermedio Del Alma"

<u>El alma es un instrumento para el ESPÍRITU</u>, un instrumento del que éste se sirve para llegar al plano físico, el más denso de todos, porque el espíritu, por sí sólo, no puede llegar a él, por ser él una energía muy elevada en vibración. ***<u>Únicamente el alma tiene la posibilidad de alcanzar la materia y, a través de ella, el espíritu trabaja sobre la materia</u>***, modelándola, formándola y ordenándola.

<u>Dice el Ocultista Omram Mikhaël Aivanhov al respecto:</u>
> *"Todos los problemas alquímicos, teúrgicos, mágicos, cabalísticos o astrológicos, podemos encontrarlos resueltos en los fenómenos del plano físico, ¡hay que aprender a leerlos! Existe realmente una ciencia concerniente a la actividad del alma, en la que nos dice que ella es la mediadora entre el cielo y la tierra. Y todo ello adquiere mayor significado si nos acordamos de lo que* **CRISTO** *dijo: (<u>YO SOY EL ALFA Y EL OMEGA</u>), es decir en hebreo, Aleph y Tav. Yo soy Aleph, quiere decir: (Yo Soy Aquel Que Hace Pasar Los Elementos De La Tierra Al Cielo Y Del Cielo A La Tierra...). Sí, Cristo, nuestro Cristo íntimo que es nuestra alma divina, es aquél que hace descender las bendiciones del Cielo y que hace ascender a las almas. Para llegar al Cielo, a nuestro Padre Celestial, todos tenemos que pasar por ella".*

Evidentemente todo lo que se está diciendo puede parecernos muy teórico. Para saber, verdaderamente, lo que es el ALMA, **¡hay que ir a verla!** Sí, por mucho que se diga, no se puede explicar muy bien lo que es el alma, hay que ir a verla... Y ello es posible, porque es material, de una materia tan ligera, tan tenue, tan sutil, que pasa por ser algo invisible, aunque en realidad podemos verla. El alma es un cuerpo de energía, un cuerpo luminoso, pero un cuerpo en definitiva. Y este cuerpo también se disgregará un día, y entonces el hombre vivirá únicamente como espíritu, porque la verdadera esencia del hombre, su verdadero Ser es el Espíritu y el alma, un ángel, un intercesor divino.

El alma humana

Es como su nombre indica, de naturaleza humana, inferior. El hombre común en sus momentos más lucidos, actúa como alma humana. Como una conciencia coherente, inteligente. Cuando el hombre no está influido por sus deseos, o su egoísmo particular, cuando no expresa su naturaleza animal, y por lo tanto permanece lúcido y polarizado en su nivel intelectual, es entonces cuando se manifiesta o expresa como alma humana. También llamada "EL ALMA INDIVIDUAL", es el aspecto inferior del Alma, lo que se ha denominado el "PENSADOR". Una vez introducido en la materia es cegado por los sucesivos velos constituidos por todos los niveles de la misma. El más tupido de estos obstáculos se halla representado por el cerebro físico que actúa como "Válvula Reductora" de la conciencia. El cerebro limita la cantidad de información de la que la mente puede hacer uso, en tanto ésta (la mente) se halla confinada dentro del cuerpo físico. Esta es la razón por la cual se hace tanto hincapié en la purificación y la sublimación de la materia física, con el fin de que las impresiones y mensajes producidos por nuestra alma divina, puedan ser recibidas perfectamente por el cerebro entrenado y desarrollado para tal efecto. El ser humano debe ser capaz de responder a las vibraciones provenientes de planos superiores, con el fin de que despierte a su verdadera naturaleza espiritual.

En los ejercicios espirituales de "ALINEAMIENTO", utilizamos una técnica, para alinear los tres cuerpos. Cuando los tres cuerpos: físico, astral y mental están alineados, y no molestan con sus vibraciones inferiores. En ese estado de quietud interior, es cuando el hombre puede actuar como alma humana, coherente, libre y controlador de los tres cuerpos. En ese punto de identificación superior con nuestra conciencia elevada, es cuando podemos trabajar para hacer contacto con nuestro aspecto superior o ALMA DIVINA. Y esto se consigue con la meditación y el servicio. Cuando hablamos de espiritualidad, no nos estamos refiriendo a la vida mística, o santurrona a la que estamos acostumbrados a creer. No se trata de aislarse del mundo y de las responsabilidades mundanas, como comúnmente se cree. Sino de establecer en el mundo cotidiano, en el mundo de todos los días y en cualquiera de sus diversos aspectos, UN PUENTE por el cual podamos expresar todo nuestro <u>manantial de espiritualidad</u>, consagrando inteligentemente cada obra, cada acto, cada palabra, para el bien común. Manifestando así; el Espíritu en la materia; el reino de Dios en la Tierra... eso es vivir espiritualmente y con plenitud. Este aspecto del Alma (alma humana) desarrolla habitualmente su actividad por medio de la <u>MENTE CONCRETA</u>, habiendo sido proyectado desde el Alma hasta el interior de la materia en el momento de la primera encarnación como auténtico ser humano. Durante el largo ciclo de encarnaciones este aspecto se va haciendo progresivamente más <u>sensible</u> a la carencia de su verdadero Ser. La irresistible atracción de la AFINIDAD de su propia identidad le impele a perseguir esa reunión como meta fundamental de su existencia, y ello promueve a la elevación espiritual, a la "***BÚSQUEDA***".

El espíritu La Mónada, el Ser

Ante todo hay que saber que el ESPÍRITU es nuestro **REAL SER**. Nuestro verdadero **YO** por encima de todos nuestros aparentes yoes. Es nuestro verdadero Principio, nuestra verdadera fuente. En origen y en esencia somos el Espíritu puro, que es a su vez es una chispa de energía divina emanada del Gran Fuego del Creador. Es el espíritu, es decir nuestro real Ser, el que está hecho a Imagen y semejanza de Dios. Por lo tanto en espíritu somos sus verdaderos HIJOS. Esta es la razón por la cual muchos no entienden como siendo el hombre tan imperfecto puede semejarse a Dios que sí es perfecto. La clave para entenderlo radica en que el hombre cuando se identifica plenamente con su **Ser**, con su **Espíritu**, entonces, sí que es semejante a Su Creador, como su PADRE CELESTIAL. Pero hasta entonces sólo podrá expresar una pequeña parte de su potencial, sólo un reflejo tenue e inmaduro de su divinidad inmanente, sólo podrá exteriorizar su YO inferior, el alma humana.

Al espíritu se la denomina de varios maneras, dependiendo de las diferentes escuelas. Algunos de estos nombres son: *Espíritu, Mónada, Ser, Esencia, Padre, Yo Divino* (que no hay que confundirlo, con nuestro Yo Superior, que es nuestra Alma Divina).

La tradición esotérica nos enseña, así como numerosas filosofías (sobre todo orientales), **Que Cada Hombre Es Un Dios**, porque somos parte de Él y Él parte de nosotros. No hay nada de profano en ello, nada de soberbio o rebeldía por nuestra parte, sino que es la Verdadera Herencia que cada hombre posee por naturaleza esencial. El hombre todavía no ha comprendido esto, y hasta que no lo entienda será desgraciado interiormente. El famoso escritor y dramaturgo William Shakespeare (que fue un iniciado y avanzado en su tiempo) supo hacer una reflexión muy significativa al respecto, cuando dijo: "*Ser o No Ser, He ahí La Cuestión*". En verdad él había dado en el blanco, pues, el hombre puede o no ser, depende de su evolución alcanzada. Cuanto más se ES, mayor es el nivel espiritual alcanzado. Mientras que, cuanto menos estemos identificados con nuestro Ser, nuestro ESPÍRITU, menor será nuestro grado de desarrollo, y menos capacidad expansiva tendremos. Es por todo ello, una reflexión muy significativa y veraz.

La MÓNADA (espíritu), permanece siempre, al principio de la creación, en su propio plano, el plano monádico. Y su primer esfuerzo consiste en <u>descender, materializarse</u>, poco a poco, para poder paulatinamente recoger las experiencias necesarias para su propia evolución. Vemos pues, como a medida que desciende de plano, se va revistiendo de materia y materia cada vez más densa, con el doble propósito de ***Divinizar La Materia y Materializar El Espíritu, En Todos Los Planos De La Creación***. Alguien por supuesto podría decir: "si el espíritu es tan perfecto y puro ¿qué necesidad tiene de evolucionar o encarnarse en la tierra?, bien, debemos entender que el espíritu es Puro, divino, pero no perfecto o absolutamente sabio. De ahí la voluntaria necesidad de experimentar y crecer hacia niveles más elevados de Divinidad. La Mónada es <u>omnisciente</u> en su propio plano, pero inconsciente en todos los demás, y para remediar esta condición deben velarse en sucesivas capas (como dijimos anteriormente) de materia, cada vez más densa con objeto de llegar a ser omnisciente en todos los Planos, y capaz de responder a cualquier tipo de vibraciones. El ESPÍRITU es descrito como "*Hijos que moran desde el principio de una Edad Creadora en el seno del Padre*" y que "*no han alcanzado todavía perfección por el sufrimiento*". Cada una de ellas es <u>igual al Padre</u> en cuanto a su naturaleza Divina, como se dice en el Credo de Atanasio. Cada una de ellas ha de penetrar en la materia para "Hacer todas las cosas sujetas a ella" (Primera Epístola de *San Pablo* a los Corintios, XV,

28). Ha de ser "*sembrada de debilidad*" para que pueda ser "*resucitada en poder*" (Ibid., XV, 43).

Realmente no es en sí el espíritu el que desciende (ya que éste no podría hacerlo por su elevada vibración) sino una especie de avanzadilla de su propia conciencia, denominada esotéricamente (**Sutratma**) o "*Hilo De Vida*", y en él se insertan los Átomos Permanentes como las perlas en un collar. Estos átomos tienen la particularidad de existir uno en cada plano, y de ser permanentes, recogiendo, almacenando y asimilando todas las experiencias relativas a ese plano concreto. Con lo cual nada se pierde, ninguna experiencia se olvida tras la muerte, sino que es almacenada allí, permitiendo la evolución de una forma continuada, sin pérdidas ni olvidos. De esta manera, poco a poco pero con seguridad, puede ir descendiendo de plano, hasta el último, o plano físico denso. Desde ese punto empieza la ascensión, la evolución, ya que lo anterior, el descenso a la materia, era la involución del espíritu a la forma. Vemos pues, cómo las mónadas van dando vida a todos los Reinos de la Naturaleza: el mineral, vegetal, animal y humano. Naturalmente a medida que cada reino va evolucionando se acerca cada vez más al PROTOTIPO DIVINO, al diseño originario del Creador. Y es en el ser humano, en el hombre donde se produce la más grande *METAMORFOSIS* de nuestro sistema solar, la "**Individualización**". ¿Y en qué consiste la individualización para que sea tan importante? Es el resultado de la entrada directa del Espíritu en un cuerpo físico, de esta manera se engendra el hombre verdadero. He ahí su trascendental importancia. La individualización del animal y la formación de un Cuerpo CAUSAL como vehículo del ALMA le permite el paso del tercero al Cuarto Reino de la Naturaleza, el Humano.

El ocultista Omram Mikhaël Aivanhov, sabiamente agrega al respecto: "*Pero lo que también no hay que olvidar es que, aún cuando los presentemos como realidades diferentes, el espíritu, el* *alma y el cuerpo, estos son de la **misma esencia**. Lo que difiere es la consistencia, el grado de materialización: <u>el cuerpo es espíritu condensado; el espíritu es cuerpo "sutilizado", y el alma es el intermediario entre ambos</u>. Por esta razón los ALQUIMISTAS enseñan que sólo existe una materia <u>única</u> y que, a partir de esta materia, por grados de condensación diferentes, se produjeron los metales, los cristales, las flores, la carne de los animales, de los humanos, el aire, el fuego, etc. ¡Cómo dieron en el clavo! Entonces, ¿qué es el cuerpo físico? Es el espíritu condensado. ¿Y qué es el espíritu? Es materia diluida, sutilizada hasta adquirir el estado más inmaterial. Por eso los alquimistas dicen también que con **"SOLVE"** y **"COAGULA"** todas las operaciones son posibles. ¿Y cómo? Gracias al calor. El calor, en un grado más o menos elevado, actúa sobre la materia para darle diferentes formas, diferentes consistencias. El FUEGO es, pues, el <u>agente MÁGICO</u> que da a cada cosa su forma y su naturaleza; el oro posee cierta cantidad de calor, la plata otra, el plomo aún otra distinta, etc. Si el adepto encuentra este fuego, este agente mágico, dentro de sí mismo, puede TRANSMUTAR el plomo en plata o el hierro en oro, o inversamente. Sólo que, naturalmente, este fuego de los alquimistas no era el fuego de los palanqueros y de los herreros, sino <u>el fuego sutil, el fuego oculto, el fuego filosófico</u>".*

Veamos lo que nos dijo al respecto Hermes Trismegisto en la **"Tabla de Esmeralda":**

> "Y puesto que todas las cosas son uno y provienen del uno, por mediación del uno, así todas las cosas han nacido de esta única cosa por adaptación"

Vamos ahora a estudiar serenamente algunos Conceptos que nos harán comprender mejor la naturaleza psíquica del individuo. La mayoría de estos conceptos son utilizados sin verdadero conocimiento de causa, tanto en nuestras conversaciones cotidianas, como en algunos escritos seudo-filosóficos o seudo-religiosos.

Los conceptos que vamos a estudiar son:
LA CONCIENCIA.
EL SUBCONSCIENTE.
LA SUPRACONCIENCIA.

La conciencia

Lo que llamamos generalmente CONCIENCIA puede ser definido como un lugar neutro donde se expresan al mismo tiempo, pero en orden, diferentes voces o influencias. Es algo así cono la Organización de las naciones Unidas en Ginebra, donde tienen cabida diferentes intereses y cuestiones importantes, intentándose resolver dichas cuestiones de la forma más conveniente e inteligente (aunque no siempre se logre).

La Conciencia, observada desde el plano físico, siempre será un reflejo de algo superior que trata de descender y manifestarse más ampliamente. Tenemos conciencia porque tenemos alma. La conciencia es un comodín en los diferentes planos y en los diferentes cuerpos en que actúa. Es la suma en espacio tiempo del nivel alcanzado en la actual vida. Lo que llamamos frecuentemente la "voz de la conciencia" no es más que la esencia divina de nuestra verdadera naturaleza que trata incesantemente de establecer un control y ritmo superior en la personalidad. También podemos compararla a una PIZARRA o a una PANTALLA en la que se manifiesta todo lo que sucede en este mundo que es el ser humano. Según sea el grado de evolución del individuo así serán también sus limitaciones o tendencias. A veces sucede que nuestra conciencia no solamente es influenciada por nosotros mismos, sino que es otra persona la que logra proyectar su voluntad y sus deseos en nuestra pantalla y nos empuja a realizar sus deseos sin que ni siquiera nos demos cuenta de ello. Creemos que somos nosotros mismos, pero en realidad es otro quien, de alguna manera, nos manipula. El Iniciado, es el hombre que está instruido para llegar a hacerse dueño de su propia consciencia, y no se deja influir, ni por las fuerzas externas ni internas que provienen de su subconsciente (aunque sea consciente de esas fuerzas y sugerencias). Un Iniciado ha comprendido que los intereses de los diferentes cuerpos y órganos que hay en él, deben converger en el interés de todo el Ser y, en consecuencia, impone la armonía a todos estos representantes, con lo cual su conciencia se transforma en **supraconciencia**.

Si el hombre está poco desarrollado como individuo puede suceder que sea el subconsciente el que ocupe muchas veces el puesto del consciente, y sean sus instintos heredados, sus tendencias animales instintivas e inferiores, las que traten continuamente en manifestarse en la pantalla de la conciencia. Por eso, cuando el Discípulo comienza a adentrarse en el Camino de la Iniciación, debe esperar encontrarse con sorpresas, muchas veces desalentadoras, pero terriblemente necesarias de conocer para seguir avanzando. Quiere meditar, ser bueno, puro, pero encuentra en su camino espiritual mucha oposición, otros intereses y deseos incontrolados que gritan dentro de él: ¡Ah, no, no!, ¡eso no!, ¡quiero otra cosa...! Y entonces el pobre, a menudo capitula. Pero si a pesar de todo, continúa luchando contra estos deseos inferiores, entonces consigue liberarse, independizarse y empezar paulatinamente a vivir en la **supraconciencia**.

Podemos decir, y sería correcto, que el espíritu tiene su conciencia, naturalmente tiene una conciencia mucho más elevada que la que pudiera tener, por ejemplo, el alma. Y el alma divina tiene una conciencia más amplia que la del alma humana. De esta manera podríamos ir ascendiendo o descendiendo en los niveles de conciencia de cada plano, de cada estado o cuerpo de manifestación determinado. *El trabajo del Discípulo consiste precisamente en esto, en ir aumentando y ampliando cada vez más su nivel de conciencia.* Porque como hemos dicho: la conciencia está delimitada por la evolución alcanzada del individuo.

EL SUBCONSCIENTE

El subconsciente ha sido y sigue siendo tema de investigación y discusión de nuestros científicos, psicólogos y psiquiatras modernos. La ciencia Iniciática conoce perfectamente las profundidades de la mente y alerta, a cualquiera que quisiera sumergirse en esas regiones desconocidas, del gran peligro que puede acontecer si no se hace correctamente. En las profundidades de ese océano del subconsciente se encuentran verdaderos "monstruos" animales prehistóricos he infinidades de seres que nos asustarían verdaderamente.

La opinión esotérica sobre la hipnosis, es en principio negativa, no tanto por la técnica en sí, sino porque para hurgar en el subconsciente y remover el fondo para ayudar al paciente a superar algún problema mental o emocional, hace falta un verdadero profesional, un verdadero Iniciado, lo cual es muy difícil de encontrar. Además hay otras formas más positivas de trabajar sobre el subconsciente, sin necesidad de que nuestra mente esté sujeta a voluntades de otros sujetos.

Sin embargo es un lugar donde el discípulo ha de visitar muchas veces para limpiarlo e iluminarlo. ¡Imaginad! es el espacio donde se encuentran todos nuestros miedos, complejos, traumas, fobias, tendencias violentas, impulsos negativos, etc. La verdad es que no es un buen lugar de vacaciones... ¡Ahora bien¡ el subconsciente tiene un formidable potencial, un potencial que necesitamos para evolucionar, de hecho el subconsciente forma, más o menos, el 95% de nuestra mente, por lo tanto, nuestro potencial mental está muy mal administrado. <u>Las verdaderas transformaciones nunca se</u>

han producido por el pensamiento, en la conciencia, sino con las fuerzas del subconsciente. Por eso, para obtener la realización de nuestras aspiraciones espirituales, debemos aprender a descender a nuestro subconsciente, depositando en él la imagen de nuestras aspiraciones y la de nuestro Maestro Interno. De hecho para alcanzar la supraconciencia necesitamos el trampolín del subconsciente. Poco a poco iremos comprendiendo porqué y cuales son las formidables consecuencias de trabajar adecuadamente con el subconsciente, mediante la técnica de la "recapitulación ocultista" y la "visualización espiritual".

En el Subconsciente está todo el **"Recuerdo De Los Tiempos"**, desde nuestra primera experiencia en la tierra, hasta el recuerdo de toda nuestra evolución desde el inicio de los tiempos. Todo, absolutamente todo, está grabado en el subconsciente, ya que de otra manera la evolución sería imposible al no tener una continuidad y relación de experiencia vividas para seguir evolucionando. Desde nuestros errores hasta nuestros perfeccionamientos. Sólo así, reteniendo en el subconsciente todas las experiencias vividas podemos ir avanzando. Para el subconsciente, así como para el Alma, no existen experiencias buenas ni malas; todas son experiencias enriquecedoras para nuestra evolución. Lo que ocurre respecto al peligro existente en el subconsciente, es que al introducirnos en él sin un verdadero autocontrol de nuestra naturaleza inferior, puede suceder muy fácilmente que despertemos malestares, sufrimientos, complejos, angustias, etc. ya pasadas y olvidadas para nuestro pequeño e infantil consciente. Y este acto de "remover" puede repercutir gravemente en el equilibrio de nuestra personalidad, todavía inmadura y no subyugada por nuestra alma.

El discípulo sincero se le insta y se le entrena necesariamente para que explore estas regiones subconscientes. Pero él no va con un palo a remover el lodo, sino que profundiza en el subconsciente correctamente "equipado" y "unido al mundo superior" llevando consigo una *"Antorcha Encendida"*, con el fin de ILUMINAR el subconsciente. El subconsciente debe ser iluminado totalmente, ya que esa parte esencial y poderosa de nosotros mismos permanece prácticamente a oscuras durante todas nuestras existencias. La oscuridad en nosotros debe ser Iluminada; no debe existir en nuestra naturaleza psíquica ninguna parte por subyugar. Ningún Maestro tiene en su foro interno una sola sombra de oscuridad, ni región interna sin explorar. Hace falta un verdadero y arduo trabajo interno ejercitándose en atraer la Luz; esa Luz proviene de nuestro Ser Superior, de nuestra verdadera Alma. No es por casualidad que al príncipe Guatama le llamarán el **BUDA**, que significa "EL ILUMINADO". Las enseñanzas del Buda contienen un grandioso legado práctico para la humanidad en ese terreno, así como también las enseñanzas del Cristo cuando él mismo se proclamó como la Luz del Mundo. Recordemos que el Cristo histórico es el símbolo externo del Cristo Íntimo el cual representa nuestra alma divina como cualidad de Luz Pura.

El conocimiento esotérico enseña precisamente cómo hacer despertar al hombre del Sueño de la Ignorancia. Y cómo convertir el INCONSCIENTE en CONSCIENTE, es decir, cómo poseer por derecho intrínseco todo nuestro real potencial. <u>En eso consiste el camino Espiritual, en ir despertando a nuestra verdadera naturaleza divina.</u>

La supraconsciencia

La Supraconciencia es el estado natural del alma y del espíritu, poco o nada se puede decir de ella, ya que la única forma de conocerla es experimentándola personalmente. En ese estado superior de conciencia, la "unicidad universal" es percibida sintéticamente. Todo permanece unido. Todo permanece armónico y todo cobra sentido. En ese elevado estado, no son los sentidos los que proporcionan la información de las cosas, sino que todas las cosas son percibidas desde el centro, desde el corazón mismo, sin obstáculos ni filtros, más allá del tiempo y del espacio. La supraconsciencia es AMOR-SABIDURÍA manifiesto, todo aquel que la vive íntimamente es un potente canal de amor universal.

La supraconsciencia es el estado en el cual el Plan Divino es conocido y comprendido.

La **INTUICIÓN** forma parte de la Supraconciencia. La Intuición es el instrumento del Alma. La verdadera Intuición -que todos los Iniciados poseen- es el reconocimiento instantáneo de la verdadera naturaleza de las cosas. La Intuición está justamente por encima del INTELECTO y su función es de naturaleza divina. Los animales poseen INSTINTO, los hombres poseen INTELECTO, y los Iniciados INTUICIÓN.

Podemos hacer una tabla de correspondencias con estos tres aspectos, veamos:

REINO	ESTADO	NIVEL
Animal	Instintivov	Subconsciente
Humano	Intelectualv	Consciente
Espiritual	Intuitivo	Supraconsciente

Muchos filósofos, psicólogos y psicoanalistas han estudiado el problema de los diferentes niveles de la consciencia. Lo que han dicho es muy interesante, pero, a menudo, muy difícil de relacionar con la experiencia de la vida cotidiana. Vamos a poner un ejemplo para comprenderlo:

"Imaginemos un accidente de coche. En primera instancia nos encontramos en un estado de desmayo, de inconsciencia. No sabemos quiénes somos ni dónde estamos, absolutamente ajenos a la realidad. Este sería el estado del subconsciente. Poco a poco vamos despertando y aunque todavía no nos situamos concretamente, vamos recordando flashes de quién somos, pero carecemos de la información de la Causa, ¿qué ha ocurrido? Este es el primer nivel de la conciencia, es el estado del recuerdo de sí. Progresivamente va aumentando la conciencia y por fin ya sabemos quién somos realmente, de dónde veníamos y hacia dónde íbamos. Es decir, despertamos completamente a la realidad. Este es el estado de supraconsciencia."

Capítulo. VI

"La reencarnación y la ley del karma"

Para la elaboración de este capítulo hemos consultado y extraído algunos fragmentos de los siguientes Libros:

"La Vida después de la Muerte", Yogi Ramacharaka
"Fundamentos de Teosofía", C. Jinarajadasa
"El Hombre a la Conquista de su Destino", Omraam Mikhaël Aivanhov
"Teosofía Explicada", P. Pavri

Se ha creído oportuno y casi necesario unir en este capítulo estos Dos Aspectos esenciales en los estudios Espirituales. Y han sido unidos, porque tanto la Reencarnación como la Ley del Karma (*Ley de causa y efecto*) deben ser vistas desde un mismo prisma, no deben ser estudiadas parcial o individualmente, sino unidas operando juntas y armoniosamente, como dos Leyes Capitales, formando dos Pilares Básicos del estudio esotérico y clave del ÉXITO para cualquier comprensión espiritual. Primeramente, hablaremos sobre la LEY de la **REENCARNACIÓN**, y después estudiaremos la Ley de **CAUSA** y **EFECTO** (*Karma*) y la asociaremos con la reencarnación, formando así un cuadro completo, y un entendimiento preciso, sobre dos cuestiones que han dado, últimamente, tanto de que hablar.

Entendemos por Evolución: El ascenso de las FORMAS a mayores y más sensibles complejidades de estructura.

Entendemos por Reencarnación: El ascenso de la VIDA del hombre a través de sus sucesivos cuerpos que va tomando, vida tras vida, logrando de esta manera cuerpos con más plenas y nobles capacidades de Pensar, Sentir y Actuar hasta alcanzar una completa exteriorización del Ser.

> *"Aunque generalmente se piensa que la Reencarnación es sólo aplicable a las almas de los hombres, en realidad es un proceso que afecta a toda vida y en todo organismo aunque de forma diferentes."*

La reencarnación es la verdad que ha hecho vibrar las mentes de millones de personas de todo el mundo, y ha moldeado los pensamientos de una gran mayoría durante siglos innumerables. Desapareció para el pensamiento europeo en épocas de oscurantismo e inquisiciones, cesando así de influir en nuestro desarrollo mental y moral, con gran detrimento suyo, dicho sea de paso. Durante los últimos siglos esta verdad, de cuando en cuando, ha brillado como un relámpago en las mentes de algunos de los más grandes hombres de nuestra civilización, como una explicación posible de algunos de los problemas más importantes de la vida humana; y durante estos últimos años fue enunciada terminantemente como parte esencial de la enseñanza esotérica.

Actualmente la reencarnación forma parte esencial y dogma de algunas de las religiones más importantes de Oriente. En la India así como en Egipto, la reencarnación era base de la ética. Entre los Antiguos Judíos, los fariseos en general creían en ella, y se desprende de varias frases del Nuevo Testamento, que era creencia popular, como cuando Juan Bautista es considerado por Jesús como la reencarnación de Elías.

Es interesante observar que la idea de la Reencarnación por sí sola no se mira ya como algo absurdo en Occidente, o al menos por las gentes ilustradas. Gradualmente está tomando el carácter de una hipótesis posible, para ser considerada por su propio mérito, como medio de explicar fenómenos de otro modo enigmáticos e incoherentes en apariencia.

El Significado de la "REENCARNACIÓN"

Comenzaremos por dar una explicación clara y sencilla de lo que significa la reencarnación. Por lo que concierne a la etimología de la palabra la reencarnación indica volver a tomar carne, a RE-ENCARNAR, tomar uno nuevo o sucesivos cuerpos. Se refiere también y en el mismo sentido a EN-VOLVERSE repetidamente de envolturas físicas o carnales. Esto implica, desde luego, la existencia de algo relativamente permanente que entra y habita esas envolturas, que son como todos sabemos, transitorias. Pero la palabra no nos dice nada acerca de la naturaleza de "eso" permanente, que vida tras vida permanece inmortal, no estando sujeto a los cambios del cuerpo físico ni a su final descomposición cuando se produce la muerte física. Otra palabra usada a menudo, como sinónimo de Reencarnación, sugiere el otro aspecto del problema: la palabra *METEMPSICOSIS*. Este término no incluye la idea de la habitación (el cuerpo físico), sino del Tránsito de lo psíquico, de lo relativamente permanente. Si unimos las dos como descripción completa de la idea, tendremos la entrada de lo psíquico o *"ALMA"* en *"CUERPOS"* sucesivos de carne. Y aunque la palabra "alma" se presta a serias objeciones por la vaguedad de su significado y por las determinaciones teológicas, puede, por el momento, aceptarse, por representar para la mayoría de las gentes una forma de existencia que sobrevive al cuerpo físico al que estaba unida durante su vida en la tierra.

Todo lo antedicho sugiere la idea fundamental de la existencia de un Ego o alma que no le afecta la muerte del cuerpo donde habita. El hombre real es el alma, y no el cuerpo que es su morada donde se manifiesta en el plano físico. Pero al igual que el conductor de un coche no debe identificarse con su vehículo, así mismo el hombre interno, que es nuestro verdadero YO, no debe dejarse llevar por la ilusoria creencia que es su cuerpo de carne y hueso. El hombre antes de nacer ya existía, y cuando "muera" seguirá existiendo, y cuando vuelva a nacer seguirá siendo él mismo (aunque no recuerde quién fue). <u>La reencarnación es pues, una secuencia más de la intemporal existencia del espíritu, ocupando en cada reencarnación un cuerpo adecuado a sus necesidades de evolución</u>. Cada noche se produce una maravillosa analogía de lo que estamos hablando; cuando nos retiramos para dormir morimos simbólicamente, para nacer de nuevo en otro plano de manifestación. Así mismo cuando despertamos al día siguiente, como es lógico, tenemos que morir nuevamente en los planos superiores para poder nacer de nuevo en la vida física de nuestro cuerpo y de sus sentidos que en él poseemos. Luego, constantemente en toda la naturaleza, morimos y nacemos cada día. Sin embargo, cada día nuestro **YO** sigue siendo el mismo, tras el despertar a la conciencia física, seguimos existiendo no solamente como la misma persona, en cuanto al carácter se refiere, sino también con el mismo cuerpo y la misma apariencia, aunque eso sí, un poco más viejos.

La doctrina de la Reencarnación nos sugiere la posibilidad maravillosa de poder tomar tantos cuerpos durante las edades necesarias, para poder ir perfeccionándonos, vida tras vida, hasta alcanzar la Maestría, y su consecuente LIBERACIÓN. Una vez se alcanza la Liberación, tras haber aprendido todas las lecciones de esta maravillosa escuela terrestre, el hombre ya no necesita volver a reencarnar, y si lo hace será voluntariamente, aunque eso sí, en condiciones muy diferentes.

Tanto en el ***Brahmanismo*** como en el ***Budismo*** popular (no esotérico) se dice que el principio viviente que se reencarna, pasa de las formas humanas a las animales y viceversa, y que seguramente puede pasar el alma del ser humanos a los vegetales o minerales de una forma aleatoria, sin orden evolutivo. La creencia en esta forma, es y ha sido muy generalmente aceptada, no sólo en Oriente, sino también entre los partidarios de Pitágoras y Platón y entre los Neoplatónicos. Este punto de vista es un disfraz de la verdadera enseñanza Budista y esotérica que bajo ningún punto admite, como más adelante comprobaremos, que <u>el Alma del HOMBRE pueda retroceder dentro de la escala de la evolución.</u> Es como si de repente un universitario pasara el día siguiente a párvulos, esto no tiene ni sentido ni coherencia dentro de un Universo inteligente. Tal y como afirma la enseñanza esotérica, la evolución de la Vida sigue un curso **ascendente**, desde el mineral al vegetal, desde el vegetal al animal y desde éste a la INDIVIDUALIZACIÓN, el HOMBRE.

> "La verdadera ley de la reencarnación dice que, el hombre, al igual que los demás reinos de la naturaleza, no puede retroceder y volver a ser antiguos estatus ya alcanzado o trascendido, en el peor de los casos tan solo se puede estancar"

¿Qué es lo que NO se reencarna?

Ya en anteriores capítulos hemos hablado sobre las diversas envolturas que recubren al hombre en su manifestación en los tres planos de su existencia. Esas *"envolturas"* capacitan al Hombre Interno, al verdadero "YO" inmortal, a vivir, experimentar y evolucionar en todos los campos y desarrollando todas las posibilidades y enseñanzas de esta Escuela Planetaria. Recordemos que esos cuerpos son: (el físico- etérico, el astral o emocional y el mental inferior o concreto). Tenemos pues que, el hombre en la vida humana se manifiesta como un CUATERNARIO, estando de alguna forma limitado en ese CUADRADO que forman sus cuerpos inferiores. <u>Y es precisamente este cuaternario, lo que</u>

NO REENCARNA. Sin embargo lo que SÍ reencarna es el QUINTO ELEMENTO, precisamente ese elemento que no corresponde a los cuatros inferiores, ese quinto elemento es el HOMBRE INTERNO, el Alma, el Pensador, el aspecto Divino que existe desde el *principio* y hasta el *fin* de los tiempos, siendo el Ser del verdadero hombre. Vistos estos conceptos bajo el prisma de la razón, encontramos lógico y natural que los principios inferiores que ha utilizado el hombre interno para su manifestación no puedan ser reencarnados, ya que su naturaleza es finita y material, pertenecen a la madre naturaleza, *"polvo es y en polvo se convertirá"*. Todo lo que es inferior y material, es en consecuencia TRANSITORIO, pasa con el tiempo, y no tiene en sí mismo una permanencia inmortal o esencial, como la que pudiera tener el Alma, la *conciencia espiritual del hombre*.

- EL CUERPO FÍSICO-ETÉRICO se desintegrará tras la muerte. Y éste no podrá ser reencarnado. Y al volver el hombre nuevamente a la tierra se recubrirá con un nuevo cuerpo etérico que vitalice a su también nuevo cuerpo físico.

- EL CUERPO ASTRAL, EMOCIONAL o DE DESEOS también dejará de existir como tal, ya que en sí misma no tiene vida propia, sino que es un cuerpo vitalizado por el alma que la mantuvo integrada por la fuerza de la Vida Superior. El cuerpo astral es un vehículo tremendamente fuerte y poderoso, porque suele ser excesivamente vitalizado por nuestra naturaleza inferior. Todos los deseos, ilusiones materiales, todos los apegos y apetitos carnales, así como toda EMOCIÓN o SENTIMIENTO que creó el hombre en su vida en la tierra no podrán ser reencarnados. El cuerpo astral no es un ser, y su destino será el mismo que el del cuerpo físico.

- EL CUERPO MENTAL INFERIOR, también pertenece, de alguna forma, a la Vida de la Naturaleza inferior, luego tampoco es divina y en consecuencia eterna. Este aspecto del hombre humano es una mezcla dedos *principios*: el KAMA (deseo) y el MANAS (mente). Es el cuerpo *Kama-Manásico* que utiliza el hombre inferior en la vida mundana. Este aspecto tampoco reencarna. Pero sí lo hará el CUERPO CAUSAL que se encuentra en el Plano Mental Superior, siendo la morada del Alma, su indiscutible PRINCIPIO y la verdadera *Conciencia Permanente*.

¿Por qué no recordamos nuestras vidas pasadas? La verdad es que nuestro verdadero "YO" sí que se acuerda de todas las vidas pasadas., desde el principio de la evolución. Pero acaso hemos encontrado a nuestro verdadero "YO INTERNO", la respuesta generalmente suele ser no. He ahí la sencilla respuesta a tan difícil pregunta. Todavía por lo general nos identificamos con nuestro Aspecto-Animal, o podríamos decir también con nuestra naturaleza material. Esto sólo nos posibilita y limita utilizar tan solo una pequeña porción de nuestra MEMORIA, que está dentro del 5% del consciente, y del restante potencial somos incapaces de sustraer nada. <u>El hombre que está POLARIZADO en su aspecto inferior, sólo puede recordar cosas relacionadas a su limitado desarrollo</u>. Es una cuestión de memoria. ¿Acaso nos acordamos de lo que comimos el miércoles pasado?, ¿acaso nos acordamos de lo que soñamos anoche a las 4:32 de la madrugada? Nuestra memoria nos es infiel, no nos pertenece y por lo tanto no sabemos sacar de ella los recuerdos que queremos, y mucho menos lo que hicimos hace milenios…

El SUBCONSCIENTE, es todavía un lugar vedado para el hombre común. El Subconsciente es un lugar *OSCURO*, no porque sea oscuro de por sí, sino porque el hombre inferior no ha sabido todavía ILUMINARLO. Allí se encuentran todos los pasajes de todas nuestras vidas pasadas. Tan solo hay que penetrar allí con una antorcha para evidenciarlo. Esa antorcha encendida, es el resultado de un trabajo decididamente espiritual. Existen, por lo tanto, dos tipos de memoria, la cerebral de cada encarnación, que nada sabe de las aventuras del Alma en anteriores vidas, y la memoria Superior que es en sí misma una parte sutil de la Mente Superior, de nuestra verdadera naturaleza divina e inmortal. En ella nada se pierde, nada se borra u olvida, sino que está en perfecta disponibilidad para aquel que es su dueño. Su dueño es nuestra alma, y cuando aprendamos a vivir como tal, su memoria será la nuestra, y podremos entonces saber, como lo saben todos los Maestros e Iniciados, nuestro remoto pasado, y en su consecuencia Todas Nuestras Vidas Pasadas.

El Procedimiento de Reencarnar

Primeramente debemos saber qué es lo que reencarna, y para esto, qué es el ALMA, (en un capítulo anterior, ya se explico más o menos). Pero hagamos un poco de memoria sobre la entidad del alma.

"El alma del hombre es una ENTIDAD y CONCIENCIA PERMANENTE, que vive en una forma o cuerpo de materia sutil llamada *"cuerpo Causal"* en el plano mental superior. Es una forma sin caracteres sexuales ni de hombre ni de mujer y sí, más bien, de ángel de la tradición, y rodeado de un ovoide de materia resplandeciente, luminosa, pero delicada como los desvanecidos colores de una puesta de sol. Esta forma, llamada *"AUGOEIDES"*, forman la *Habitación Permanente Del Alma*. Para ella no hay nacimiento, niñez, vejez ni muerte; es inmortal, y va creciendo en poder de amar, pensar y obrar en el rodar de los siglos. Vive exclusivamente para adiestrarse en algún aspecto de la vida por las experiencias que ha de adquirir para llegar a cifrar su felicidad suprema en cooperar a la Realización Del Plan De Dios En La Tierra".

Como veremos a continuación, el hecho de reencarnar no es solamente revestirse de un nuevo cuerpo físico, sino que también incluye la creación y revestimiento para el alma de un cuerpo astral y mental. Ahora trataremos de enumerar paso por paso cuales son las diferentes fases de ese revestimiento:

1º.-	El hombre interno, el Alma, tras haber descansado y asimilado todas las experiencias de su anterior encarnación, decide voluntariamente, volver a encarnar, con el fin de seguir su trabajo doble de perfeccionamiento.
2º.-	Una vez ya preparado para su nueva encarnación EMITE SU PROPIA Y VERDADERA NOTA dentro de la sustancia de los tres mundos. Por lo cual éstos responden al llamado de la poderosa vibración que produce su VOZ.
3º.-	El alma entonces REVITALIZA LOS ÁTOMOS PERMANENTES, que forman un triángulo de fuerza en el cuerpo causal. Estos Átomos Permanentes, serán los encargados de CREAR y ATRAER las materias necesarias para la construcción de los diversos cuerpos en los tres mundos. Esto es posible gracias a la memoria que ellos poseen, que les capacita para REPRODUCIR esos cuerpos prácticamente iguales, en cuanto a la evolución alcanzada por los diversos cuerpos en la vida pasada, los tres cuerpos que el Alma ha de habitar, el físico-etéreo, astral y mental inferior. Existe un ejemplo en la naturaleza que muestra cómo de un germen puede CONSTRUIR todo un Cuerpo. Los Átomos Permanentes son como semillas que una vez sembrados en la tierra crecen y fructifican según la INFORMACIÓN contenida en su interior. Así una semilla de roble dará un roble, la de una rosa una rosa y la de un espino un espino. Igualmente cada Átomo Permanente creará en proporción y calidad de su INFORMACIÓN contenida, (esta información más o menos elevada depende de la madurez y experiencias alcanzadas en sus vidas anteriores) de tal manera que cada cual obtiene lo que se merece.
4º.-	La creación de los diferentes cuerpos para el alma se realiza de ARRIBA a ABAJO, o de lo más SUTIL a lo más DENSO. Partiendo en primer lugar del Plano Mental. El Alma en esta fase ATRAE materia del plano mental inferior por medio de su Átomo Mental Permanente o también llamada Unidad Mental, y forma con ella el CUERPO MENTAL con que ha de pensar, es decir, con que ha de traducir el mundo exterior de los fenómenos a términos de pensamientos y leyes concretas.
5º.-	Luego a través de su Átomo Astral Permanente ATRAE materia astral y forma con ella un cuerpo astral con qué sentir. Esto es, con qué traducir el mundo fenomenal a términos de DESEOS y EMOCIONES personales.
6º.-	En esta fase, el alma, a través de su Átomo Físico Permanente, ORGANIZA, en el plano Etérico, la sustancia de su CUERPO VITAL, de tal modo que los 7 centros etéricos o CHAKRAS adquieran forma y puedan convertirse en recipientes de fuerzas internas.

7º.-	Por último, el alma, se provee de un cuerpo Físico apropiado con qué obrar; es decir, con qué traducir el mundo a términos de propiedades físicas. El Alma elige deliberadamente a quienes les proporcionarán la envoltura física densa necesaria, y luego esperará el momento de la ENCARNACIÓN. Los estudiantes de esoterismo harían bien en recordar que los padres sólo aportan el cuerpo físico denso (aunque esto ya es muy importante).

"Este proceso de revestirse el alma es la reencarnación. Para el alma lo que nosotros llamamos vida y muerte no es más que el envió de parte de su conciencia a los mundos inferiores, y su retorno una vez más al suyo propio."

El Método de Comprobación

Según el Gran Teósofo *C. W. Leadbeater*: el medio de estudiar las Leyes De La Reencarnación, no como lo harían los HIPNÓLOGOS situando a sus conejillos de indias en estado "regresivo", o desde el punto de vista de las miles de personas que en algún momento dado han tenido un fugaz recuerdo. Sino bajo la supervisión de aquellos Discípulos avanzados, Iniciados o Maestros de Sabiduría, que han sabido desarrollar la capacidad de poder introducirse conscientemente en los ANALES, o Archivos De La Memoria Del Logos. Esta capacidad espiritual está al alcance de todos, relativamente, o al menos de todos aquellos que estén dispuestos a trabajar por ello. Todos los incidentes en los tres planos; lo que hacen, lo que sienten, o lo que piensan, queda reflejado y registrado en la *"Memoria Del Logos"*, cuando decimos todo nos referimos a absolutamente todo; y el investigador que se ponga en contacto con estos archivos ocultos, puede observar las reencarnaciones de cualquier alma a través de los Tiempos. Se han hecho y se hacen investigaciones por este medio, y con los hechos recogidos tenemos ya bastante para deducir Leyes. El primer hecho importante de la Reencarnación es que sus Leyes difieren para los distintos Tipos De Almas, dependiendo de su estado evolutivo.

El objeto de la reencarnación es capacitar al alma para progresar en conocimientos y bondad por las experiencias obtenidas en cada renacimiento; pero ocurre que mientras unas poseen capacidad para adquirir rápidamente varias experiencias, otras sin embargo, necesitan repetir una y otra vez una misma experiencia.

Los que se hallan en EL SENDERO son discípulos de los Adeptos o Maestros de Sabiduría; y generalmente reencarnan a los pocos años de su muerte sin desprenderse de sus cuerpos mental y astral, contra lo que normalmente ocurre. En muchos casos el discípulo en el Sendero renuncia a los siglos de felicidad de que pudiera gozar en el mundo Celestial por el ansia de continuar en el plano físico trabajando por el Plan divino; renuncia a la dicha que es su galardón, para Servir A La Humanidad. El Maestro elige para él el lugar y tiempo de su nacimiento y él renace con los cuerpos astral y mental de la vida recién terminada, tomando solamente un nuevo cuerpo físico.

Las Leyes generales que rigen la reencarnación en cuanto al nacimiento en uno u otro sexo no son muy rígidas, dependiendo mucho de las circunstancias y experiencias que el alma necesita aprender y superar. El objeto de encarnar como hombre o como mujer es adquirir las CUALIDADES que se desarrollan más pronto en un sexo que en otro; pero, como varían con las almas (ya que cada alma pertenece a uno de los 7 tipos de Rayos) también las capacidades para asimilar experiencias son diferentes y como además las necesidades cambian a medida que se van viviendo las vidas, no hay una regla sólida en cuanto al número de encarnaciones en cada sexo. Generalmente no recorren más de siete vidas, ni menos de tres consecutivos en un mismo sexo; pero hay siempre excepciones. Tampoco existe un principio general que nos indique la duración de la vida en el cuerpo físico. La época aproximada del nacimiento está determinada por el fin de la vida en el mundo celestial. La muerte generalmente se fija de antemano por los **Señores Del Karma**, aquellos Ángeles Custodios de la Ley Divina y del Plan de Dios, cuya tarea es ajustar el bien y el mal del pasado y presente de los hombres de tal modo que de su recíproca actuación resulte el *Máximum Del Bien*... Pueden dar a la vida un fin temprano por enfermedad o accidente si ven que esto es lo mejor para la evolución futura del alma, y, por el contrario, si se requiere una vida larga para que aquélla pueda adquirir alguna facultad, a este propósito se ajusta la duración.

> En esta escuela no puede fracasar definitivamente ningún alumno. Todos han de asistir hasta aprender la última lección. En cuanto a esto no les queda otro recurso, pero se les deja a su arbitrio el tiempo necesario para prepararse al examen superior.

La PRIMERA LEY CAPITAL es la EVOLUCIÓN. Todo hombre ha de llegar a ser PERFECTO y manifestar en completo grado las Divinas Posibilidades Latentes en su Interior, porque este es el movimiento y es el objeto de todo el Plan de la Evolución Humana. La Ley de Evolución le impele sin cesar hacia más elevadas empresas, y si es sabio se adelantará a sus exigencias, anticipándose al necesario curso de lecciones.

La ley del karma

Ante todo, es necesario que entendamos lo que significa la palabra "**KARMA**". No está de más aseverar que tal palabra en sí misma significa **LEY DE ACCIÓN Y CONSECUENCIA**. Obviamente, no existe CAUSA sin EFECTO, ni EFECTO sin CAUSA. Cualquier acto de nuestra vida, bueno o malo, tiene necesariamente sus CONSECUENCIAS.

Poco a poco y a medida que vamos creciendo en conocimientos, vemos que el hombre vive en un mundo de Leyes. Cada Ley de la naturaleza que se descubre hace más libre la voluntad del hombre, aunque parezca a primera vista que circunscribe nuestras acciones y, puesto que las acciones no son otra cosa que la resultante diagonal de una serie de FUERZAS del Pensar y Sentir en un mundo interno, la suprema necesidad del hombre es COMPRENDER que éste su mundo interno es un mundo de ley y de orden. La idea de que todo el Universo es una expresión de energía es ya familiar a nuestra ciencia moderna. El electrón es un depósito de energía, y las estrellas también lo son aunque en una escala mayor. Esta energía está sometida a un cambio continuo: el movimiento se transforma en calor o electricidad; ésta, en magnetismo, y así sucesivamente. El hombre mismo es un depósito de energía: la ingiere en su alimento y la transforma en movimiento de su cuerpo. La energía del hombre utilizada en una BUENA ACCIÓN es beneficiosa, y a este uso lo llamamos BUENO, y cuando se la emplea en PERJUICIO del prójimo lo calificamos de MALO. El hombre durante toda su vida es un transformador. La energía Universal entra en él para transformarse en SERVICIO o en PERJUICIO.

La Ley del Karma es la relación de CAUSA y EFECTO establecida a medida que el hombre transforma la energía, y tiene su efecto en los tres planos de la manifestación: en el físico, astral y mental. Esta Ley actúa aún más en los planos invisibles que como cabría imaginar en el mundo físico. La palabra *KARMA* es una palabra Sánscrita (oriental muy antigua), y en su sentido más profundo hace referencia a la *balanza de la justicia universal*, que afecta la evolución de todo lo creado, haciéndola progresar adecuadamente. La **JUSTICIA** y la **MISERICORDIA** Divina son las dos COLUMNAS torales de esta Ley universal. La Justicia sin Misericordia es tiranía; la Misericordia sin Justicia es complacencia, dejadez. Las dos se complementan mutuamente y forman el verdadero y sagrado Templo de la "Justicia Divina", la cual iguala a todos sin excepción. Desde el momento en que el hombre actúa, desencadena inevitablemente ciertas fuerzas que producen determinados resultados. Esta idea que relaciona la CAUSA con el EFECTO está contenida originalmente en la palabra *"KARMA"*.

El karma es una medicina que se nos aplica para nuestro propio bien; desgraciadamente las gentes en lugar de inclinarse reverentes ante sus propios errores, protestan, blasfeman, se justifican a sí mismos, se disculpan neciamente y se lavan las manos. Con tales protestas no se modifica el karma, al contrario, se torna más duro y severo. Es necesario que entendamos que el karma, cuando produce dolor, es un maestro que nos avisa que algo estamos haciendo mal; es como cuando comemos desmesuradamente, nuestro estómago nos riñe produciéndonos dolor de estomago. No es que el estómago nos esté castigando, sino que nos está avisando de que nos hemos excedido y, que para la próxima vez tengamos más cordura o SENTIDO COMÚN. Esta es la ley de causa y efecto. Cuál fue la causa del dolor de estómago, nuestra *GULA*; y cuál fue el efecto en nuestro organismo, el *DOLOR*, el sufrimiento. La Ley del Karma es pues, una medicina, un maestro de la vida que nos enseña el justo EQUILIBRIO, y no sólo en nuestro organismo, sino en todas las áreas de nuestra vida. Diremos: "¡Entonces, ya que actuando cometemos necesariamente errores y que debemos sufrir para repararlos, vale más no hacer nada! No es así, hay que actuar. Evidentemente sufriremos, pero con ello aprenderemos, evolucionaremos... y un día ya no sufriremos más. Cada movimiento, cada sentimiento, cada pensamiento, cada palabra, desencadenan ciertas FUERZAS que traen consigo consecuencias, naturalmente, pero supongamos que estos "gestos internos" y estas palabras estén inspirados en la BONDAD, la PUREZA y el DESINTERÉS, entonces atraeremos inevitablemente consecuencias benéficas.

El Karma es independiente a lo malo o a lo bueno. Por lo tanto no puede haber Karma bueno o Karma malo. Por lo general muchos han adoptado la palabra Karma para designar a los efectos que producen dolor, y han designado DHARMA a las consecuencias que nos producen alegrías, satisfacción, etc. Pero independientemente, la verdadera raíz de la palabra KARMA no es ni efectos malos ni buenos, sino simplemente, consecuencia de una acción. El Karma "bueno", Dharma, es la consecuencia de una actividad ordenada, armoniosa, benéfica. La palabra *"Dharma"* es en verdad el camino espiritual, el deber moral del alma en una vida. El ser que sea capaz de emprender tal actividad escapará a la Ley de la fatalidad, situándose bajo la Ley de la Providencia. No hacer nada para evitar las preocupaciones y los sufrimientos no es la solución correcta; debemos ser activos, dinámicos, estar llenos de iniciativas sin que por ello el móvil de nuestras actividades sean ni el EGOÍSMO ni el interés personal. Es la única forma de escapar al desastre. Evadir las CONSECUENCIAS es imposible: siempre habrá causas y efectos, sea cual fuere nuestra actividad; simplemente si conseguimos actuar de manera desinteresada, no se producirán efectos dolorosos, sino alegres, beneficiosos.

Es imposible escapar a la Ley de ***CAUSA*** y ***EFECTO***. La cuestión consiste simplemente en saber qué fuerza estamos activando. "*recogeremos lo que hayamos sembrado*". Si estudiamos detalladamente esta Ley Fundamental, si aplicamos su significado, se transforma en un sistema rico y profundo, ya que cada verdad esencial tiene aplicaciones en todos los PLANOS. Explicada en detalle, esta Ley genera todo un sistema Filosófico; he ahí por qué la Religión, es ahora tan rica en normas y preceptos. Pero en el fondo, encontramos que el origen de todas esas reglas es una sola ley: *"recogemos únicamente lo que hemos sembrado"*. A continuación de esta Ley añadimos otra igualmente verídica de aplicación en el plano Filosófico, por ejemplo las palabras de JESÚS cuando dijo: *"No Hagamos A Los Demás Lo Que No Queremos Que Nos Hagan"*, no es más que la prolongación de esta Ley.

Todo agravio realizado es una fuerza lanzada al universo, que obra en detrimento de otro, perturbando el equilibrio entre éste y aquél, y que deberá restablecerse a costa del perturbador o sea del sujeto que produjo el daño. Su karma por daño es sufrimiento, la fuerza productora, que se descarga por la víctima como punto de apoyo, restableciéndose así el equilibrio original. Lo mismo ocurre con una buena acción. Su karma o reacción es una fuerza que combina circunstancias materiales de modo que produzcan comodidad. Además, en este regulado universo, cada tipo de fuerza obra en su propio mundo: puede uno dar limosna a un mendigo por compasión y simpatía y otro por librarse de la molestia que le causa, y ambas realizan una buena acción y para ambos el karma de la acción en el mundo físico será un bienestar; pero el primero tendrá además un karma adicional en el mundo astral por su piedad y simpatía y que le producirá una emoción de dicha, mientras que el otro no recibirá este beneficio.

En la actualidad observamos lamentablemente que hay mucha gente que no cree en Dios. Alegan que, si Dios existe y es justo, ¿por qué hay tanta injusticia en el mundo?, ¿por qué un niño nace en cuna rica y otro en la más absoluta pobreza?, ¿por qué unos son muy atractivos o inteligentes y otros feos y cortos de inteligencia?, ¿por qué un hombre ha de nacer ciego o mutilado?, ¿por qué, por qué de toda esta aparente sinrazón...?.

Ciertamente si pensamos que Dios existe y es Justo, todas las preguntas anteriores quedan un poco en suspenso. Ante estas preguntas podemos adoptar tres posturas bien definidas:

1ª) o Dios no existe, por lo tanto nada importa y todo sucede por azar.

2ª) o nuestro Creador, es un Dios cruel, injusto y caprichoso, que juega con las vidas inocentes de los hombres, bendiciendo a unos y maldiciendo a otros sin ningún sentido.

3ª) o, que no entendemos todavía la forma en que nuestro Creador ha dispuesto las Leyes Divinas, siendo un Dios Justo y Misericordioso, y repartiendo a cada cual según sus propios merecimientos.

Nosotros, evidentemente nos inclinamos por la tercera opción. Es importante que comprendamos que el hombre antes y después de nacer no es totalmente inocente. Nuestras vidas anteriores cuentan en sumo grado las desdichas o suertes que habremos de pagar o cobrar en ésta. Por lo que no hay Ley más Justa que la Ley del Karma, resolviendo en armonía todo destino que libremente decidimos con nuestros actos y pensamientos.

Aunque no creamos en Dios, no podemos dejar de reconocer la existencia de un orden en la naturaleza, lo cual implica la existencia necesaria de una inteligencia creadora de este orden. Pensemos por un instante las cantidades de leyes naturales que han tenido que haber y hay para poder crear nuestro Universo, nuestro planeta, o nuestro cuerpo tan sumamente complicado e inteligente. La Inteligencia del hombre, primariamente, es un producto de las Leyes Inteligentes de la naturaleza. Y ¿quién programa esas Leyes para que ejecuten su sabia labor evolutiva, de crecimiento y adaptación incesante? Evidentemente habría de ser un Ser aún más inteligente que dichas Leyes, ¿no?, un

Ser o Seres Superiores capaces de programar. Por lo cual se deduce que hay un PROPÓSITO un ORDEN y un PLAN para los hombres y para todas las criaturas de la creación, desde un simple átomo hasta el más excelso ángel, todo sigue un Arquetipo Cósmico a alcanzar, y las Leyes Cósmicas son sus herramientas de trabajo.

Nosotros entramos en esta vida tras el nacimiento con un largo pasado de muchas encarnaciones; somos las mismas almas que habitaron los cuerpos primitivos de la **Raza Lemur**, también evolucionamos en los cuerpos **Atlantes**, y hemos pasado, gradualmente, a medida que íbamos avanzando, a nuevos cuerpos con más capacidad y con un mejor equipo de expresión. Nada se pierde después de cada muerte. Todo es almacenado en la memoria del alma, a través de sus átomos permanentes, y este conocimiento y esta experiencia, CAPACITA al hombre en cada nueva encarnación para que pueda desenvolverse mejor en los tres mundos. La Ley del Karma regula este CRECER incesante vida tras vida, no dejando nada en el olvido. El desarrollo físico, astral o mental que alcanzamos en cada existencia sirve para la próxima; Si en una vida cultivamos la salud, en la próxima, naceremos sanos; si cultivamos nuestras emociones superiores, naceremos, sensibles a la belleza; si cultivamos nuestra mente, nuestros pensamientos, renaceremos inteligentes, creativos, geniales. Si cultivamos el Espíritu, naceremos, sabios, justos, con poder, magníficos y gloriosos... Vemos pues, que todo sigue una CONTINUIDAD, y lo que alcanzamos en una vida nos sirve fielmente para toda la eternidad.

> Esta es la Ley del Karma, y esta es la Ley más Justa que trata a todos POR IGUAL... Ni la Suerte ni el Azar tienen cabida en nuestro Universo.

La expresión frecuentemente utilizada *"has tenido suerte"* o *"que casualidad"* y otras parecidas, son expresadas por aquellos individuos que obviamente desconocen las Leyes de la Vida. **NO EXISTE LA SUERTE**, porque donde hay suerte o azar no hay Ley ni orden, hay caos, y por lo tanto no puede coexistir con un Creador, un Plan, o una Inteligencia divina. Y puesto que nuestro sistema solar es un sistema ordenado, y todo ocurre de acuerdo a las leyes que las regulan, no podemos en ningún caso aceptar la palabra SUERTE o CASUALIDAD. *Mahatma Gandhi* dijo que: *"ni una sola hoja caía al suelo, sin que la Ley lo dispusiera"*.

Otro ejemplo que podemos dar para ver como funciona la Ley del Karma, lo tenemos representado en un estanque de agua. Imaginemos que el Universo es como un estanque tranquilo y en armonía. Echemos una piedra en el centro del estanque. ¿Que sucede? que desde ese mismo centro empieza a salir una honda circular, que se extiende y llega hasta la orilla, luego rebota y vuelve al mismo centro donde se produjo la acción. Así también, en el universo, en la vida, lanzamos continuamente piedras que crean causas y que, después las recibimos nosotros mismos como efectos de nuestra acción. Un sabio dijo: *"hasta un simple parpadeo repercute de alguna manera en el orden de todo el Universo"*. **Cada acción repercute en el TODO**, por lo tanto el mundo entero responde a nuestras acciones. En ningún caso estamos separados del resto de la humanidad, sino que participamos continuamente en su desarrollo o perjuicio, tal es nuestra responsabilidad.

El Karma también repercute como un todo en los pueblos, en las razas humanas, en las religiones, etc. Puesto que cada CONJUNTO en su totalidad o en su parcialidad es responsable de las acciones que realizan, y por consiguiente, también serán responsables de los EFECTOS que produzcan, en cualquier campo de actividad humana que afecten. Cualquier individuo que esté asociado de alguna manera a un GRUPO o ASOCIACIÓN, y participe en su gestión en algún nivel; ya sea económico, legislativo, o de base, está participando -según la Ley del Karma- de las repercusiones que pueda tener en la sociedad. Y por tal razón él será también responsable, tanto para bien como para mal, de cualquier efecto que produzca dicha ASOCIACIÓN. Este comentario se puede extender a cualquier actividad que conlleve la acción conjunta de más de un individuo. También es verdad que hay que decir, que la responsabilidad de cada uno depende de su cooperación e intencionalidad.

De lo anteriormente expuesto cabe mencionar, aunque sea básicamente, que existen Cinco Grupos o tipos de Karma, estos son:

1º) El Karma Del Mundo, o Mundial y Planetario.
2º) El Karma De Raza, o Racial.
3º) El Karma Nacional, de cada Nación.
4º) El Karma De Grupo, o Asociativo.
5º) El Karma Individual, de cada Uno.

Reencarnación y Karma en las Sagradas Escrituras
Hasta el siglo cuarto los cristianos creían en la reencarnación, al igual que los judíos, los egipcios, los hindúes, los tibetanos, etc. Pero los Padres de la Iglesia decidieron que esta creencia no haría más que retrasar y alargar las cosas, que los hombres no tendrían prisa en mejorarse, y entonces creyeron que suprimiendo la reencarnación empujarían a la gente a perfeccionarse en una sola vida. Obviamente se equivocaron y con su eliminación de la creencia a la reencarnación ahogaron más al hombre en su ignorancia. Vamos a mostrar una serie de versículos que demuestran definitivamente la EXISTENCIA Real y profunda, que sobre el Karma y la Reencarnación forman parte intrínseca de las Sagradas Escrituras. Un verdadero estudio sobre la Biblia nos muestra un sin fin de ellas.

Veamos pues algunos ejemplos:
En el Antiguo Testamento en un versículo de Jeremías (*I, 4 y 5,*) dice: "*Vino, pues, palabra de Jehová a mí, diciendo: «Antes que te formara en el vientre, te conocí, y antes que nacieras, te santifiqué, te di por profeta a las naciones»*". Es sólo un ejemplo al que aluden varios Padres de la Iglesia como relacionado con la PREEXISTENCIA del Alma antes del nacimiento. Tanto Orígenes como Jerónimo claramente se refieren a la afirmación de que antes de que Jeremías naciera fue santificado como Profeta. Orígenes señala especialmente la circunstancia de que la Justicia Divina no podría serlo a menos que un hombre, santificado como profeta, o nacido para hacer un gran servicio al mundo, hubiera merecido aquella preeminencia por una anterior vida de rectitud, o hubiera escalado esa bendita elevación como resultado de meritorias acciones de su pasado. Luego tenemos la bien definida afirmación en Malaquías, (*IV, 5*) de que "*Elías regresaría*". Hay otro interesante pasaje en el Libro de la "*Sabiduría de Salomón*" en el cual dice éste: "*Yo fui un niño de aguda viveza y tuve un Espíritu bueno. En verdad, por ser bueno, vine a un cuerpo inmaculado...*" (*IX, 5*). He aquí la afirmación explícita de que, puesto que Salomón ya era un espíritu bueno, vino a un cuerpo sin lacras.

Cristo dijo: "*Sed perfectos como vuestro Padre Celestial es perfecto*". ¿Qué podemos pensar de esta frase?, o Cristo habla sin pensar al pedir a hombres tan imperfectos que se eleven en algunos años hasta la perfección del padre celestial, o en realidad esta frase también sobreentiende la reencarnación. Cristo no pensaba que el hombre fuese capaz de ser prefecto en una sola existencia, sino que sabía que a medida que anhelase esta perfección y trabajase para obtenerla, después de muchas encarnaciones, terminaría consiguiendo su objeto. Dice también el Cristo: "*No es superior el discípulo a su maestro, pero cada uno, cuando llegue a la perfección, será como un Maestro*" (*Lucas VI, 40*).

Sin lugar a dudas encontramos numerosos testimonios en los EVANGELIOS que nos muestran con toda seguridad la afirmación de esta Ley. Uno de esos ejemplos más notables lo tenemos en la historia de Juan Bautista, que como dijimos anteriormente era una reencarnación del Profeta Elías. He aquí el argumento**:** *"Un día Jesús supo que Juan Bautista había sido encarcelado*; y el texto dice simplemente: *"Jesús al saber que Juan fue entregado, se retiró a Galilea"*. Algún tiempo después Juan Bautista fue decapitado por orden de Herodes. Después de la TRANSFIGURACIÓN, en el Evangelio de San Mateo agrega: *"(Mateo 17) [10]Entonces sus discípulos le preguntaron, diciendo: —¿Por qué, pues, dicen los escribas que es necesario que Elías venga primero? [11]Respondiendo Jesús, les dijo: —A la verdad, Elías viene primero y restaurará todas las cosas. [12]Pero os digo que Elías ya vino, y no lo conocieron, sino que hicieron con él todo lo que quisieron; así también el Hijo del hombre padecerá a manos de ellos. [13]Entonces los discípulos comprendieron que les había hablado de Juan el Bautista"*. Entonces ahí está, Cristo lo dijo claro, Juan Bautista fue sin dudas la reencarnación de Elías. Pero además, ampliando el argumento, nuestra pregunta es, ¿por qué Juan Bautista tuvo la desgracia de ser decapitado? ¿Por qué Jesús no intervino de ninguna manera ante tan trágico suceso? Para responder a estas preguntas hay que conocer cuales fueron las verdaderas CAUSAS que originaron tal suceso, y para conocerlas debemos investigar la vida pasada de Juan Bautista, cuando era el profeta Elías, el cual aunque tremendamente espiritual tuvo sus momentos de ira, y en uno de esos arrebatos violentos mando decapitar a muchos profetas del Dios Baal, luego incluso para él, la Ley del Karma puso a cada cual en su sitio merecido, aunque en este caso la Ley espero a la siguiente encarnación como Elías.

Sin embargo cuando Elías reencarno como Juan Bautista, él tampoco era consciente de ello, por tal razón en el evangelio de San Juan él niega que fuera Elías, incluso niega que fuera un profeta, pero eso no es de extrañar, ya que por lo general uno no suele recordar sus vidas pasadas, pero el Cristo sí que conocía el hecho y así lo testimonio.

También Cristo enunció, en el huerto de Getsemaní esta Ley capital cuando Pedro, precipitándose sobre el siervo de Caifás, le corto la oreja, Jesús le dijo: *"Pedro; devuelve tu espada a su vaina, porque aquellos que tomen la espada, perecerán por ella"*. El que a espada mata a hierro muere. Pero esto no siempre sucede en una misma existencia, sin embargo, la veracidad con que Jesús enunció esta Ley es demostrada con el tiempo. Esta Gran Ley universal también fue muy bien descrita en las palabras de Jesús cuando dijo: *"El que siembra rayos cosechara tempestades"*…

Más Allá De La Reencarnación

A medida que ahondamos en estas leyes divinas, cabe la posibilidad de pensar que el hombre está eternamente condenado a nacimientos y muertes. Pero esta idea es totalmente errónea, semejante perpetuidad de reencarnaciones terrenas resulta absurda con sólo considerar que la Tierra, como astro, es uno de los innumerables mundos de preparación, que tuvo principio y que ha de tener fin. El mundo terrestre es una de tantas ESCUELAS que de tiempo en tiempo se instala en el Cosmos, y muchas de ellas son moradas de grado inferior. El Alma humana subsistirá millones de eones después que esta Tierra y millares como ella se hayan desintegrado. Dar importancia primordial a la vida planetaria de la Tierra en el orden Cósmico es contrario a las enseñanzas de los Sabios. Bien es verdad, que la mayoría de los Seres Humanos han de pasar MUCHAS VIDAS terrestres, muchas REENCARNACIONES antes de alcanzar la **LIBERACIÓN**, pero una vez alcanzada, el hombre llega a la etapa de Evolución Espiritual en que ya no le ATAN lazos terrenos, entonces es imposible que ni por un momento vuelva obligatoriamente a la Tierra.

Esa es la verdadera Doctrina de los Sabios Antiguos; esa es la enseñanza que los Maestros de Sabiduría han ido trasmitiendo durante milenios; y esa es la enseñanza que intentamos transmitir aquí, en estos estudios.

Existe la posibilidad de vencer a la *RUEDA DEL SAMSARA*, esa rueda mecánica de nacimientos y muertes que nos hace volver una y otra vez. El método para llegar a vencerla es la REALIZACIÓN ÍNTIMA DEL SER, y ésta se consigue con un arduo trabajo espiritual.

C. W. Leadbeater comentó: "*Nos encontramos hoy en día próximos al fin de un ciclo en que un gran número de Almas se están preparando para ascender a las esferas superiores, y acaso algunos de los que lean estas líneas se hallen muy adelantados en el presente ciclo de evolución*".

El hombre podrá liberarse completamente de la rueda de nacimientos y muertes cuando conozca la VERDAD, "*ya que la Verdad nos hará libres*", como dice el Cristo.

"La liberación del ciclo de muertes y nacimientos
es la suprema finalidad de todo hombre, y esto
lo consigue cuando redime su materia y se
convierte en Maestro de Sabiduría".

Algunos Aspectos importantes:

Una de las primeras "normas espirituales" para el aspirante es la de "*no dejarse arrastrar por los primeros impulsos que surgen de su interior*". Generalmente estos impulsos involuntarios, subconscientes y de la personalidad suelen ser negativos, destructivos y peligrosos, que perjudican gravemente el ascenso evolutivo del individuo. Después de realizar dichos actos "impulsivos" solemos arrepentirnos y considerarlos ajenos a nuestra verdadera voluntad o forma de ser, pero el hecho es que fuimos "arrastrados" y sembramos acciones que tarde o temprano nos serán devueltas, lo hayamos hecho queriendo o sin querer. Puede que fueran palabras de ira, o emociones negativas o quizás pensamientos dañinos, la verdadera cuestión es que fueron lanzadas hacia otros seres y de esa manera sembramos frutos que algún día habremos de recoger. Las consecuencias *Kármicas* siempre estarán ahí, gracias a Dios, para que aprendamos y experimentemos nuestras propias acciones. Seamos *Conscientes* y *Amos* de nuestro interior. Que lo que salga de nuestro Microcosmos sean los impulsos de nuestra Alma, y de esa manera empezaremos a ser verdaderamente libres y dichosos.

A veces los estudiantes se preguntan ¿por qué la Ley del Karma es tan lenta y tarda tanto en su cumplimiento?, ¿por qué hay personas que durante toda su vida hacen el mal y sin embargo todo, o casi todo le sale bien, sin aparentemente sufrir las consecuencias de sus maldades?, ¿por qué hay seres que siembran el bien constantemente y sin embargo todo le sale mal, recibiendo injusticias por buenas acciones? Estas preguntas son interesantes y tiene varias respuestas. Debemos comprender primero que el FACTOR TIEMPO es muy relativo, sino inexistente para los Señores del Karma, es decir, para los Custodios de nuestros Destinos. Éstos Excelsos Devas o Arcángeles Divinos ven mucho más allá que nuestras mentes humanas y ejecutan la Ley de acuerdo a un sin fin de factores desconocidos para nosotros, pero con la seguridad meridiana que obran de acuerdo a la Suprema Justicia y Misericordia Divina.

Para Ellos nuestras vidas no tienen paradas, ni cuerpos, ni formas. Hoy podemos cometer un crimen y sin embargo las consecuencias kármicas de dicha acción podríamos recibirlas en la siguiente encarnación, o en la otra. Y esto es tan válido para las buenas acciones como para las malas. Pero al final, tarde o temprano vendrán y nos la comeremos… <u>Ya que si el Karma fuera ejecutado en el mismo momento de la acción, los hombres no aprenderíamos por la comprensión y el amor.</u>

El miedo al sufrimiento, al dolor físico o emocional nos haría ser buenos por temor a las Leyes y al castigo, luego seríamos buenos por TEMOR y no por AMOR. También muchos obrarían bien por CONVENIENCIA EGOÍSTA, ya que pensarían: "voy a hacer todo el bien que pueda para que así reciba de la vida sólo experiencias alegres y dichosas". Esta forma de pensar no es que sea del todo mala, sino que es egoísta, y la acción buena no partiría del Natural Fluir De La Fuerza Del Alma que no espera recompensa alguna, y obra sólo por amor, sino que partiría de un impulso de Apego Al Fruto De La Acción, lo cual sería lamentable. El ALMA cuando fluye a través de la personalidad no pretende hacer ni el bien ni el mal, ella obra DIVINAMENTE por naturaleza, y no espera ni fruto ni recompensa, aunque éstas lleguen.

Pero por supuesto debemos trabajar para lograr hacer buenas acciones, de esta manera atraemos por LEY DE AFINIDAD partículas luminosas que irán transformando lentamente nuestra casa interior. Posiblemente, al principio, nos estaremos forzando un poco para crear el hábito de pensar, sentir y obrar positivamente. Pero a medida que esas partículas vayan transformándonos, será menor el esfuerzo, hasta que un día FLUYA por nuestro CORAZÓN, por nuestras MENTES y por nuestra VOLUNTAD sólo la manifestación *del ESPÍRITU PURO*.

Los Genios o niños "superdotados" es el resultado de un extraordinario trabajo anterior de muchas vidas en una determinada dirección artística o científica. Es la marca de toda alma avanzada. Debemos entender que la "genialidad" no es fruto de la herencia o del capricho de Dios. Es el resultado de un largo proceso evolutivo. Si la genialidad superior se pudiera heredar veríamos una larga lista de herederos cada vez más geniales que sus progenitores, pero la realidad nos demuestra que no es así. Y aunque todos heredamos de nuestros antecesores ciertas tendencias y atributos de la personalidad, la verdadera genialidad que reside en el Alma nada tiene que ver con la herencia genética u orgánica del cuerpo o ADN. Esto se vería inmediatamente si tratásemos de "clonar" a un genio. Veríamos que su aspecto, su cuerpo o apariencia serían idénticas, pero su genialidad dejaría mucho que desear, ya que aunque los cuerpos se puedan clonar las Almas no. Cada Alma es Genuina e irrepetible en su misma esencia.

El karma se podría dividir en tres clases. Y sería conveniente, aunque sólo sea a modo de introducción, conocerlas. Estas son:

Karma "SANCHITA": (equivalente a "**acumulado**")
Es el Karma que ha sido acumulado desde el comienzo de nuestra vida planetaria. Es el saco o libro de "debe-haber". Es natural que en las primeras vidas generásemos más karma malo que bueno, ya que éramos poco más que salvajes, sin embargo dicho cúmulo debe ser sabiamente distribuido por los Agentes del Karma para no agobiar en exceso al ego en una determinada encarnación. SANCHITA es pues todo lo acumulado, sea el valor que sea, pero que naturalmente todo no está en proceso en una determinada encarnación.

Karma "PRARABDHA": (o maduro, equivalente a "**comenzado**")
Es aquel karma que antes de nacer hemos decidido agotar en la inmediata vida encarnante y que debe ser agotado en nuestra actual vida. Este Karma es seleccionado del SÁNCHITA (acumulado) por los Señores del Karma para ser agotado. Esto es lo que ordinariamente llamamos Hado, Suerte o Destino. Tal Karma puede ser interpretado o delineado por un iniciado competente a través del horóscopo.

Karma "KRIYAMANA": (que está en curso de **formación**)
El Kriyamana es el nuevo karma que formamos en nuestra actual vida y que servirá como Karma futuro, con lo cual, el Sánchita o Karma acumulado se irá engrosando en positivo o negativo, depende de nuestra actuación.

El libre albedrío

¿Sabemos lo que es el Libre Albedrío? En primer lugar debemos saber que, aunque todos los hombres lo tienen, NO TODOS LO USAN. El Libre Albedrío es la capacidad de actuar en la dirección que uno desee voluntariamente, aún a expensas de influencias adversas ya sean éstas internas o externas. Puede parecer incluso contradictorio lo que hemos mencionado al principio, que aún teniendo el hombre Libre Albedrío no lo use, pero es que la mayoría de las veces cuando creemos que hacemos algo voluntariamente, por nuestros propios medios, NO ES ASÍ, sino que son las FUERZAS MECÁNICAS de nuestra propia Personalidad y sus tendencias y deseos las que actúan y condicionan nuestra acción, dejando a nuestra voluntad suspendida en la oscuridad.

Para comprender mejor este proceso, vamos a poner un ejemplo sencillo: Supongamos que nos encontramos con un individuo que nos insulta y nos ofende, AUTOMÁTICAMENTE, debido al mecanismo creado por años, nosotros a tales insultos saltamos iracundos y encolerizados y le devolvemos más insultos y ofensas. Tal acción es bastante normal en nuestros días, pero realmente ¿qué ha sucedido ahí? ¿Hemos actuado con Libre Albedrío, o hemos obrado instintivamente, es decir, mecánicamente? Obviamente es fácil responder. El hombre posee, gracias al Libre Albedrío, la posibilidad de cambiar de dirección. El hombre posee la capacidad de no dejarse arrastrar por sus impulsos, por sus deseos o por sus pensamientos. Por lo tanto el hombre es capaz de cambiarlo

TODO con un acto de voluntad firme y clara. Y eso se puede lograr gracias a la Libertad que posee el hombre. Es evidente, sin embargo, que el ser humano no es totalmente libre, como es fácil de observar. Está especialmente condicionado por su Karma, que ha creado durante milenios, pero aún así y debido a la Divinidad Interna que posee, es capaz de tomar UNA DECISIÓN LIBRE, cambiando voluntariamente el rumbo de su vida y de Gran Parte de su KARMA.

Otro ejemplo común sería cuando ya hemos terminado de comer copiosamente y de repente ¡nuestra madre saca de no sabemos donde una deliciosa tarta!, ¿qué ocurre entonces?, ya no tenemos hambre y nuestro cuerpo que es muy sabio, nos dice: "no se te ocurra comer nada más por ahora", sin embargo algo sucede en nuestro interior; una voz, un deseo irresistible, una fuerza que nos arrastra, es decir, el diablillo de la gula actúa, y caemos en sus garras, y después sufrimos las consecuencias. Sin embargo seguimos pensando, ¡no, no! he actuado libremente, he utilizado mi libre albedrío para realizar esta acción. Pero la verdad es que fuimos manipulaos por el deseo incontrolado de la gula, y de ninguna forma fuimos los amos de nuestras acciones. ¿Lo comprendemos ahora mejor?

Algunas preguntas y respuestas:

Pregunta: *¿Son todos nuestros SUFRIMIENTOS resultado de nuestro Karma pasado?*

Respuesta: Una gran porción de los sufrimientos humanos es lo que se llama "Karma de Contado", el cual no se debe a resultados de acciones pasadas, ya que las nueve décimas partes de nuestros actuales sufrimientos son meramente el producto de errores que por ignorancia cometemos en la vida presente. Muchos de los sufrimientos de una persona es el resultado lamentable, de la dejadez, y por la falta de proporción en sus actos y por un sutil sentido del masoquismo innato.

Pregunta: ¿Cuánto tiempo de intervalo sucede entre una encarnación y otra?

Respuesta: Siempre depende de muchos factores. Desde algunos centenares de años, hasta mil, dos mil o más años. Generalmente la regla es que cuanto más evolucionado este el individuo más tiempo pasa en "*la gloria del mundo celeste*".

Pregunta: ¿*Cuándo una persona nace con alguna discapacidad física, como por ejemplo la ceguera, es esta condición especial el resultado de una mala acción en su vida pasada?*

Respuesta: No necesariamente. Lo más prudente y acertado es no juzgar, y menos a ese nivel. De hecho existen varias razones por las cuales un alma antes de encarnar pueda decidir nacer con alguna discapacidad física, una de ellas es la más evidente, una cuestión Kármica para enmendar un mal del pasado, pero otra razón de igual importancia es la decisión voluntaria de nacer con esa discapacidad para aprender y desarrollar ciertas cualidades en esa determinada encarnación, que de otro modo seria imposible aprender.

> "A la luz de la Reencarnación y el Karma la muerte ha perdido su aguijón y el sepulcro su victoria; los hombres caminan siempre hacia su DEIFICACIÓN de mano con sus amados sin que la partida cause nunca miedo.
> La mortalidad no es más que un papel que el alma desempeña por algún tiempo; y, una vez terminado cuando todas las vidas se han vivido y todas las muertes muerto, el alma empieza a LABRAR SU DESTINO como MAESTRO DE SABIDURÍA, como Reflejo de Dios en la tierra, como "EL VERBO HECHO CARNE".
> Para todos, cultos o incultos hoy, este es el porvenir que nos espera, la Gloria que ha de Revelarse".
>
> *C. Jinarajadasa*

Capítulo. VII

"La muerte" "El ángel liberador"

Para la elaboración de este capítulo hemos consultado y extraído algunos fragmentos de los siguientes Libros:

"La Vida después de la Muerte", Yogi Ramacharaka
"La Muerte: Una Gran Aventura", Alice A.Bailey (Maestro D. K.)
"El Plano Astral", C. W. Leadbeater

"Espléndido y Luminoso es el Ángel de la Muerte,
que con la Ley en su mano, desnuda nuestra Alma
de sus vestiduras densas, liberándonos así pues,
hacia una más plena y pura dimensión".

Mithila

Resulta fácil comprender después de haber estudiado las lecciones anteriores, que la **"muerte"** tal y como su terminología indica (*eliminación total de la vida*) no existe. Más adelante a medida que la ciencia moderna vaya evolucionando, esta palabra dejará definitivamente de existir, y será sustituida por la expresión **"TRANSICIÓN"**, que en su significado real, sí que expresa adecuadamente el desarrollo de la mal utilizada expresión *"muerte"*.

El *Gran Yogui Ramacharaka* hace una reflexión profunda cuando comenta: "La humanidad, por lo general, está hipnotizada por la idea de la muerte. El vulgar empleo de esta palabra denota la <u>ilusión</u>, y el <u>espejismo</u> existente en las mentes materialistas y superficiales de nuestra enferma civilización occidental. En labios de quienes deberían tener mayor conocimiento, oímos expresiones como las de: *"la implacable guadaña de la muerte"*, *"tronchada en la flor de su vida"*, *"desaparecido para siempre"*, *"todo acabó para él"*, *"pérdida irreparable"*, etc., al hablar de una persona que acaba de marchase de este mundo, como si diesen a entender inexorablemente, que ha dejado de existir y que ya no es nada en ningún plano o mundo de la existencia infinita...

<u>La nada no existe</u>, y donde ha habido existencia y vida no puede sobrevenir la "nada". La nada es nada, y donde hay algo, ese algo es energía, por lo tanto no puede desaparecer así como así como por arte de magia. Comprobado está por la ciencia, y mucho antes por los Iniciados que:

"Todo es energía…, y la energía ni nace ni muere ni se destruye, sino que se transforma incesantemente"

Luego la tan temida "muerte" es sólo una ilusión, un espejismo creado por la ignorancia humana. La "muerte" no está demostrada científicamente, siendo sólo un vacío actual en el conocimiento científico.

Pensar que el gran esfuerzo que realiza la Madre Naturaleza por crear incesantemente mejores **MODELOS** o **FORMAS** para cultivar la vida, y desarrollarla dentro del gran impulso de la evolución, y que la VIDA que anima todos los Reinos de la Naturaleza, con sus cualidades, sus sufrimientos y experiencias, que en definitiva es su IMPULSO DE "**SER**", no sirvan para nada, y la de que su destino no es más que desaparecer, morir para siempre, como si nunca hubiese existido. Este pensamiento es francamente una herejía. El que así piensa, ciertamente va en contra de las claras evidencias de la misma naturaleza de las cosas. La Sabia Naturaleza demuestra incansablemente y ante nuestros ojos su majestuosa inteligencia tanto en geometría, como en color, belleza y formas matemáticas, llena de Sabiduría e ingenio creativo. Luego, sería fácil decir, en este punto avanzado de nuestros estudios, que ni es sensato ni lógico pensar que la muerte (vacío vital) tenga algún cabida en el esquema de la Creación.

Continua explicando el Yogui *Ramacharaka*: …Sobre todo en el mundo occidental predominan estas pesimistas y escépticas ideas, a pesar que la religión Cristiana aquí prevaleciente describe las delicias del Cielo en tan vigorosos y atractivos términos que todos sus fieles deberían desear el **TRÁNSITO** a tan feliz y dichosa vida.

"Si los cristianos creyeran sinceramente lo que su esotérica religión les enseña y promete, en vez de lamentarse amargamente y vestirse de luto cuando alguno de sus deudos y allegados muere con las debidas disposiciones, deberían de entonar CÁNTICOS de JÚBILO y engalanarse floridamente -como hacen algunas de las Religiones de oriente-". La generalidad de las gentes, no obstante a pesar de la fe que teóricamente profesan, temen a la muerte, les espanta su imagen y les perturba su recuerdo con invencible terror. Sin embargo, quienes conocen la **ILUSIÓN** de la muerte no experimentan tan siniestras emociones, y aunque naturalmente sientan la temporánea separación del ser querido, saben que no lo han perdido para siempre, sino que tan solo ha pasado a otra fase de vida y que nada de su **verdadero Ser** se ha aniquilado, tan sólo su vestido corpóreo que le mantuvo en este plano físico.

Relata una FÁBULA:

"Notando la oruga el anunciado del fin de su estado reptante como gusano, y el principio de su largo sueño de crisálida, reunió a sus compañeras y les dijo: "Triste es pensar en el forzoso abandono de esta vida que tan halagüeñas venturas me prometía. Segada por la guadaña de la **muerte** en la flor de mi existencia, soy un ejemplo de la crueldad de la Naturaleza. ¡Agur! mis buenas amigas, ¡agur! para siempre. Mañana ya no existiré." Acompañada por las lágrimas y lamentaciones de las amigas que rodeaban su lecho de muerte, la oruga pasó a su otro estado. Una vieja oruga exclamó tristemente: "Nuestra hermana nos ha dejado. Su destino es también el nuestro. Una tras otra nos abatirá la guadaña destructora como a la hierba de los prados. La fe nos mueve a esperar otra vida, pero acaso sea una vana esperanza. Ninguna de nosotras sabe nada cierto sobre otra vida. Lamentamos el común destino de nuestra especie "Después se marcharon todas tristemente....".

¡Pobres orugas!, inconscientes como el común de los mortales. Bien claro se ve la ironía de esta fábula y nos reímos que la oruga ignore la *GLORIOSA* vida que le espera cuando despierte del sueño de la aparente muerte y se **metamorfosee** en una policromada y bella MARIPOSA. Pero no hemos de sonreírnos, porque todos tenemos el mismo *espejismo* que la oruga.

> "Todos los ocultistas reconocen que en los tres estados de: oruga; crisálida y mariposa, hay una imagen divina de la transformación que le aguarda a cada ser humano"

La muerte para el hombre no es más que el estado de crisálida para la oruga. En ninguno de ambos casos cesa la vida por un sólo instante, sino que persiste mientras la Naturaleza efectúa sus transformaciones. Aconsejamos al estudiante que asimile bien la moraleja de esta fábula, que de siglo en siglo y de generación en generación aprenden los niños hinduistas. Estrictamente hablando, desde el punto de vista esotérico, no existe la muerte. Y desde el punto de vista científico -en cuanto a la continuidad de la energía en diversos estados- tampoco. **No hay muerte**. Sólo hay vida con muchas fases y modalidades, a una de las cuales llaman "muerte" los "ciegos" del mundo...

"Nada Muere Realmente Aunque Todo
Experimenta Un Cambio De Forma
Y Actividad"

Así dice una estancia del Bhagavad Gita (Libro Sagrado hindú):

"Nunca nació el espíritu ni nunca dejará de ser. Nunca hubo tiempo en que no fuera, pues sueños son el principio y el fin. Sin nacimiento ni muertes ni mudanzas permanece el espíritu por siempre. La muerte no lo toca, aunque parezca muerta la casa en que mora".

Los materialistas dogmáticos arguyen frecuentemente contra la inmortalidad del alma diciendo que todo en la naturaleza se disuelve y destruye. Si así fuese, resultaría lógico inferir de ello la muerte del alma; pero en verdad no hay nada semejante porque nada muere realmente. Lo que llamamos muerte o destrucción, aún del más insignificante ser inanimado, no es más que un cambio de forma o condición de su energía y actividades. Ni siquiera el cuerpo muere realmente, en el estricto sentido de la palabra. El cuerpo no es una entidad sino un agregado de células que sirven de vehículo a ciertas modalidades de energía que la vitalizan. Cuando el Alma deja el cuerpo, las células se disgregan en vez de agregarse como antes. La unificadora fuerza que las mantenía agregadas retiró su poder y se manifiesta la actividad inversa. Cuando esa vida ya no anima al cuerpo, éste se descompone naturalmente y cada una de los elementos del mismo; el calcio, fósforo, magnesio, hierro, etc... Va nuevamente a unirse a su verdadero hogar, ocupando su lugar en la economía de la naturaleza de donde partió. Así, de esta manera, podemos comprender ahora lo que dijo un Sabio autor cuando dijo que: *"Nunca está el cuerpo más vivo que cuando muere"*.

Los Iniciados de todas las edades han podido constatar la vida después de la aparente muerte. De hecho forma parte del entrenamiento esotérico el despertar las facultades superiores que nos permitan ver otras realidades más elevadas que las comunes. Siendo la muerte la primera prueba que cae bajo el peso de la propia evidencia espiritual. Más allá de las formas se oculta la vida espiritual que anima todo objeto material, desde un átomo, un árbol, un hombre o un universo. Desde La insignificante brizna de hierba hasta el ángel más excelso, todo, absolutamente todo, es animado por un Espíritu Divino e Inmortal, el cual permanece ajeno a las leyes naturales del nacimiento y la muerte.

En las regiones del subconsciente y supraconsciente de la mente está el conocimiento de muchas fundamentales verdades.

Entre ellas las dos siguientes:

1º) La certidumbre de la existencia de una SUPREMA POTESTAD que compenetra y mantiene el Universo.

2º) La certidumbre de la INMORTALIDAD de nuestro verdadero **SER**, del Íntimo YO que ni el fuego abrasa ni el agua ahoga ni el aire aventa.

"Dejad que el alma hable por sí misma y escucharéis su sonoro, armónico, vigoroso y esplendente canto, que dice: "No hay muerte, no hay muerte, no hay muerte. No hay más que VIDA, y esta vida es ETERNA. "Tal es el canto del alma". Es el canto de vida negador de la muerte. No hay muerte. Sólo hay eterna, sempiterna "vida". Escuchadlo en el SILENCIO, porque únicamente así podrán llegar a vuestro oído sus Vibraciones".

Antes de introducirnos de lleno en las diversas etapas o fases que tiene lugar después de la muerte, vamos en esta introducción, a tocar diversos aspectos relacionados con la misma, para aumentar nuestros conocimientos y ángulos de vista, ya que <u>tratamos verdaderamente de un problema profundo</u>, arraigado en lo más hondo del ser humano. Ante todo tratamos de definir este misterioso proceso al cual están sujetas todas las formas, y que frecuentemente sólo constituye el fin temido, <u>temido por no ser comprendido</u>. La mente del hombre está tan poco desarrollada que el <u>temor</u> a lo desconocido, el <u>terror</u> a lo no familiar y el <u>apego</u> a la forma, han provocado una situación en la que uno de los acontecimientos más benéficos en el ciclo de vida de un encarnado HIJO DE DIOS, es visto como algo que debe ser evitado y postergado el mayor tiempo posible. Naturalmente que debemos cuidarnos, y procurar estar lo más sanos y vitales posible, pero cuando esto se convierte en <u>obsesión</u> crea el individuo un campo magnético a su alrededor que dificulta toda correcta expresión de las leyes que regulan toda su naturaleza.

En la medida en que nuestra conciencia se IDENTIFICA con el aspecto forma, la muerte continuará manteniendo su antiguo terror. Tan pronto nos reconozcamos como almas y hallemos que somos capaces de enfocar a voluntad nuestra conciencia y sentido de percepción en cualquier <u>forma</u> o <u>plano</u>, o en cualquier dirección dentro de la forma de Dios, ya no conoceremos la muerte.

Un ejemplo para ver como actúa el problema de la **IDENTIFICACIÓN** lo podemos comprobar cuando estamos conduciendo un coche. Al principio cuando entramos en el coche somos bastante conscientes de la diferencia entre el coche y nuestro "yo" el conductor, pero cuando estamos conduciendo, <u>nos identificamos y nos compenetramos tanto con él</u>, que de alguna manera formamos parte del mismo coche, incluso a un nivel subconsciente, ya que casi todos nuestros movimientos dentro del vehículo se vuelven automáticos o mecánicos. Y ¿qué ocurre cuando alguien raya el chasis del coche, o éste percibe algún golpecito?... nos enfurecemos, nos alteramos, e incluso somos capaces de insultar o hasta de agredir, y decimos cosas que denotan una profunda identificación con el vehículo. Decimos cosas tan asombrosas como por ejemplo ¡*qué me has hecho*! ¡*Me has golpeado*! Hablando como si nos hubiera tocado a nosotros, al "Yo", tal es el extremo actual de identificación. Como si el coche formara parte de nuestro ser. Ciertamente así es cuando nos identificamos, entonces se produce el APEGO y por extensión el "dolor". Y al igual que nuestro coche es un vehículo que utilizamos en la vida, también nuestro cuerpo físico es otro vehículo, mucho más preciso y funcional, que utilizamos para movernos en este plano físico. <u>EL cuerpo humano es una máquina</u> **y nosotros el que la conduce**. Ahí está la <u>clave</u>, debemos reconocernos como conductores y no como el vehículo conducido. Cuando sepamos hacer esta separación con claridad, debido al fruto de la experiencia espiritual, el temor a la muerte desaparecerá como la oscuridad al amanecer.

***Dormir y Morir Son Sinónimos*:** Como dice el *Sr. Omram Mikhaël Aivanhov*: "La naturaleza es un libro abierto y el Verdadero Iniciado lo sabe leer. La vida está llena de ejemplos que nos revela aún a veces los más complicados enigmas. ¿Dónde podemos buscar algún sinónimo de la muerte?, y la respuesta es tan clara y sencilla que todos los días la ensayamos... <u>al dormir</u>. Casi todas las personas por lo general olvidan que todas las noches, durante las horas del sueño, morimos en lo que respecta al plano físico y vivimos y actuamos en otro lugar. Olvidan también que han adquirido ya la facilidad de dejar el cuerpo físico, porque aún no pueden conservar en la conciencia del cerebro físico los recuerdos de esa "muerte" y el consiguiente intervalo de vida activa, y no relaciona la muerte con el sueño. Después de todo, la muerte es sólo un intervalo más extenso en la vida de acción en el Plano Físico; nos "vamos al exterior" por un período más largo. **Pero el proceso del sueño diario y el proceso de la muerte ocasional son idénticos**, con la única diferencia que en el sueño el HILO MAGNÉTICO (Cordón de Plata), a través del cual corren las fuerzas vitales, se mantiene intacto, y constituye el camino de retorno al cuerpo. Con la muerte, este **hilo** de vida se rompe o corta. Cuando esto acontece, la entidad consciente no puede volver al cuerpo físico denso, y al faltarle a ese cuerpo el principio vital de coherencia, se desintegra.

El terror a la muerte suele estar basado en:

a) El terror, en el proceso final del desgarramiento en el acto de la muerte.
b) El horror a lo desconocido y a lo indefinido.
c) La duda respecto a la inmortalidad.
d) El pesar por tener que abandonar a los seres queridos o ser abandonados por ellos.
e) Las antiguas reacciones a las pasadas muertes violentas, arraigadas profundamente en el subconsciente. (Se refiere a las encarnaciones pasadas).
f) El aferrarse a la vida de la forma o la materia, el apego a ésta, por estar principalmente identificados con ella en la conciencia.
g) Las viejas y erróneas enseñanzas referentes al cielo y al infierno, siendo ambas, perspectivas desagradables para cierto tipo de personas.

El instinto de auto-conservación *también tiene su raíz en un innato temor a la muerte; mediante la presencia de ese temor, la raza ha luchado hasta alcanzar el presente punto de longevidad y resistencia.*

Ahora trataremos de destacar cuales son los diferentes pilares de estudio que poseemos para poder investigar este fenómeno desde distintos puntos de vista. Estos pilares son: Las Religiones, la hipnosis, las investigaciones realizadas por doctores a pacientes que han estado entre la vida y la muerte, la clarividencia, el desdoblamiento astral y, principalmente por el conocimiento trasmitido por los Maestros e Iniciados espirituales, siendo este último pilar una fuente de Sabiduría inagotable.

Las Religiones

Prácticamente, todas las Religiones del mundo sostienen la idea básica de la vida después de la muerte. En sí, en eso se basan para poder mantener una coherencia dentro de la existencia, manteniendo vivo el sentido profundo y místico de Dios y su creación. Prometiendo al hombre el triunfo del alma sobre la muerte.

La Hipnosis

La hipnosis es una ciencia PSICO-MENTAL reconocida y practicada hoy en día por diversas ramas científicas, como podrían ser las de: psicología, psiquiatría y por algunos médicos más progresistas dentro de las diversas ramas de la medicina. También es verdad que hay que decir que esta ciencia ha sido regularmente utilizada con fines puramente "titiriteros" por algunos desaprensivos en medios televisivos y espectáculos varios. Si bien hay que recordar, que la práctica de esta ciencia es sumamente peligrosa especialmente para el sujeto hipnotizado, por lo que se encarece seriamente de no practicarla ni ser sujetos de la misma.

Ahora bien, en cuanto a lo que nos atañe en este capítulo sobre la muerte, diremos que estudios serios y rigurosos realizados por verdaderos profesionales, han podido repetidamente comprobar, utilizando un método conocido como **REGRESIÓN**, hurgar en ciertas áreas muy profundas y subconscientes del sujeto, haciéndole retroceder en el tiempo, más allá de su nacimiento donde los sujetos dicen haber vivido en otras vidas, con otros nombres, en otros países y conociendo perfectamente otros idiomas y circunstancias del mismo. En algunos casos se han investigado en registros civiles oficiales y partidas de nacimiento, dando como resultado la autenticidad de dichas vidas, personajes y circunstancias. Esto ya en sí demostraría suficientemente la existencia del alma después de la muerte.

Estudios Clínicos

Aquí nos gustaría destacar -sin menospreciar a los demás investigadores- al Doctor Raymond A. Moody Jr. Dr. en medicina, y a su libro "Vida después de la Vida". Este libro fue un sorprendente best-seller que describe las experiencias de muchas personas declaradas "*__clínicamente muertas__*". Descripciones éstas, tan coincidentes, tan vividas y tan positivas, capaces de cambiar para siempre las ideas sobre la vida, la muerte y la supervivencia del espíritu. Está basado en testimonios de casos reales. Estos casos de personas que reviven -por decirlo de alguna manera- tras una muerte clínica. Ante estas sorprendentes declaraciones post-mortem, siempre hay quién intenta por todos los medios posibles tratar de buscar una explicación lo más materialista posible, para tirar por tierra las posibles connotaciones supraterrenas o suprafísicas de éstas (desde luego a estas personas hay que darles también un merecido papel, todo sea dicho). Algunos de estos aseguran que el cerebro, justo antes de morir, segrega una sustancia alucinógena, que son las que producen todas las imágenes post-mortem, por lo tanto dan a entender que no existe nada fuera del cerebro, sino que es una cuestión puramente físico-cerebral. Pero en nombre de la verdad, hay que decir que una cosa es alucinar y la otra ser completamente consciente de la salida del cuerpo, y ver desde un punto elevado de la habitación -como ellos aseguran- como los médicos tratan de salvarlos, pudiendo ser capaces de oír perfectamente todas sus conversaciones y pudiéndose deslizar hacia otras habitaciones, y ver y oír lo que allí sucede. Este hecho prueba substancialmente que hay una verdadera salida del cuerpo, y que no son alucinaciones como suponen otros. El Dr. Raymond recopila todas las experiencias. Entre esas experiencias hay una gran semejanza independientemente de cualquier condicionamiento cultural o religioso, y llega a la siguiente conclusión:

"Un hombre está muriendo y, cuando llega al punto de mayor tensión, oye que su doctor le declara muerto. Comienza a escuchar un ruido desagradable, un zumbido chillón, y al mismo tiempo siente que se mueve rápidamente por un largo túnel. A continuación se encuentra fuera del cuerpo físico... En seguida empieza a ocurrir algo. Otros vienen a recibirle y ayudarle. Ve los espíritus de parientes y amigos que ya habían muerto y aparece ante él un Espíritu amoroso y cordial que nunca antes había visto: *"UN SER LUMINOSO..."*

La Visión Clarividente

La visión clarividente es otro pilar de estudio para la demostración de la vida después de la muerte. Son muchas las personas que han desarrollado la visión etérica y astral. Con este desarrollo visual de los planos más sutiles, es posible evidenciar con toda seguridad la diferencia sustancial que existe entre el cuerpo físico y el etérico, y entre éste y el astral. *Esa visión además nos capacita para ver a otros seres que viven en otros planos, y también nos permite conocer el campo energético que cubre todas las formas materiales.* El desarrollo de la visión clarividente, tiene muchos niveles de percepción por lo que unos ven más que otros. El desarrollo clarividente en lo que a sus aspectos más inferiores se refiere, es independiente al grado de evolución del individuo que lo posea. Ahora bien, la **Clarividencia Superior**, que es la que nos permite vislumbrar los planos más elevados del sistema solar, sólo la poseen los Iniciados de cierto grado de evolución, por lo cual podemos estar seguros que los Secretos más Codiciados de la Creación están bien salvaguardados de cualquier intrusismo negativo.

El Desdoblamiento Astral

El desdoblamiento o *viaje astral consciente*, es otro punto a tener presente a la hora de abordar el tema de la muerte. Son innumerables los casos de esta índole, donde el hombre o mujer se ven abandonando y desplazándose suavemente fuera del cuerpo físico. En verdad es un proceso sumamente sencillo cuando se ha ejercitado en ello, ya que es un proceso natural que cuando el cuerpo descansa y sus sentidos no ejercen ningún estimulo para el individuo, su enfoque de conciencia se traslada a otro punto o nivel, donde la mente o el YO sigue teniendo una intensa actividad como lo demuestra los estudios científicos realizados con encefalogramas. Para un individuo que es capaz de desdoblarse, la muerte, evidentemente, no le asusta, porque reconoce con su propia experiencia la independencia que hay entre él y su cuerpo físico, ya que puede salir y entrar en él voluntariamente.

El Legado Esotérico Trasmitido Por Los Maestros

Otro pilar es, y posiblemente el más exacto, es el conocimiento que durante todas las edades de la humanidad, ha sido trasmitido por los Seres más Evolucionados. Y este conocimiento esotérico es el LEGADO MÁS BENDITO que nos han podido ofrecer. Aunque en principio sólo sean datos teóricos -como lo son también los contenidos en todas las Religiones- también contienen -y esto es lo importante-

los pasos que hay que dar para llegar, con nuestra propia visión y experiencia, a la evidencia directa y real de sus MÁS PROFUNDAS VERDADES. Todo conocimiento teórico que no pueda ser evidenciado por nuestra propia consciencia, carece esencialmente de validez directa, ya que al no poderla investigar, nunca podremos estar seguros de su certeza. Los Discípulos más avanzados, los Iniciados y Maestros de Sabiduría, nos han dado las herramientas y conocimientos necesarios para poder investigar directamente, todos los procesos de la vida y de la muerte. Ellos han dicho enfáticamente ¡NO HAY MUERTE! sino transición, y nos han dado los métodos para evidenciarlo. Especialmente a través de la **Profunda y Serena Atención**, la Meditación y el correcto encauce de los principios espirituales en la vida cotidiana. Este libro-curso forma parte de dicha tarea, siendo el resultado de las enseñanzas legadas por un número importante de Maestros e Iniciados.

Las etapas sucesivas del alma tras la muerte

A continuación trataremos de explicar las sucesivas ETAPAS del proceso de la muerte, tal y como lo registra el Alma cuando inicia el acto de abandonar el cuerpo físico.

El Señor (Ángel) **de la Muerte**, ejecuta el plan subsiguiente de liberación de la forma en los tres planos definidos de la Naturaleza: el físico, el astral y el mental. Se trata de un proceso alquímico de sublimación de las energías mediante el cual y a través de los llamados ÁNGELES DEL SILENCIO, el alma se va liberando progresivamente de sus vehículos o cuerpos inferiores de manifestación.

Esta liberación consta de cuatro fases:

1º) Rotura Del Cordón Plateado. (El Señor de la Muerte)
2º) Recapitulación De Hechos. (El Señor de los Registros)
3º) Examen De Conciencia. (El Señor de la Justicia)
4º) La Entrada En El Devachán. (El Señor de la Liberación)

(El "Devachán" significa lo mismo que el Cielo para los cristianos)

Tras el abandono del cuerpo físico, el Ego (alma) continúa viviendo en su cuerpo astral hasta consumir la energía generada por las emociones y pasiones que consintió durante la vida terrena, pues entonces sobreviene lo que se ha venido a llamar "*LA MUERTE SEGUNDA*", y también se desintegra el cuerpo astral, de modo que el Ego continúa viviendo en su cuerpo mental inferior. En esta condición permanece hasta que se extinguen las energías mentales generadas durante sus últimas vidas astral y física, más tarde a su vez abandona el cuerpo mental y vuelve a ser un Ego en su propio mundo, actuando en su cuerpo **CAUSAL** (situado en los subplanos más elevados del plano mental). Por lo tanto no es la muerte lo que de ordinario se entiende por tal, sino una sucesión de ETAPAS DE VIDA CONTINUA, que se pasan una tras otra en los tres mundos físico, astral y mental.

El proceso oculto de la Muerte es el siguiente:

Extractos de las enseñanzas del Maestro
D.K "El Tibetano"

PRIMERA ETAPA
<u>**La orden del alma de retirarse a su propio plano**</u>. Esta orden tiene un efecto muy definido y evoca una reacción interna en el hombre en el plano físico. Veamos:

- **A)** <u>Tienen lugar ciertos sucesos fisiológicos</u>, afectando decididamente a los tres grandes sistemas que tan poderosamente condicionan al hombre físico: la corriente sanguínea, el sistema nervioso en sus diversas expresiones, y el sistema endocrino. La patología de la muerte es bien conocida por la medicina tradicional.
- **B)** <u>Se produce una vibración que corre a lo largo de los NADIS</u>. Los **nadis** son la contraparte etérica de todo el sistema nervioso y subyace en todo nervio del cuerpo físico. Son los agentes, por excelencia, de los impulsos directrices del alma, reaccionando a la actividad vibratoria que emana de la contraparte etérica del cerebro. **Responden a la PALABRA directriz**, reaccionando a la "**atracción**" del alma, y entonces se organizan para la retirada o ABSTRACCIÓN.
- **C)** <u>La corriente sanguínea es afectada en forma oculta peculiar</u>. Se dice que la "**Sangre Es Vida**"; es cambiada interiormente como resultado de dos etapas previas, pero principalmente como resultado de una actividad, aún posiblemente no descubierta por la ciencia moderna, de la cual es responsable el "sistema glandular". Las glándulas, en respuesta al llamado de la muerte, inyectan en la corriente sanguínea una sustancia que a su vez afecta al <u>corazón</u>. Allí está anclado el **Hilo De Vida** (cordón de plata). Esta sustancia en la sangre es considerada como "productora de la muerte" y es una de las causas básicas del estado de coma y de la pérdida de conciencia, evocando una acción refleja en el cerebro.

D) Se produce el temblor psíquico, cuyo efecto es aflojar o romper la conexión entre los nadis y el sistema nervioso; por ello el cuerpo etérico se desprenderá de su envoltura densa, aunque todavía interpenetre cada una de sus partes.

Resumiendo la PRIMERA ETAPA, vemos que esencialmente consiste en retirar la fuerza vital del vehículo etérico, y la consiguiente "corrupción", siendo "dispersado en los elementos".

SEGUNDA ETAPA

En esta etapa se produce frecuentemente una PAUSA, de corta o larga duración. Esto es permitido a fin de que el proceso de **aflojamiento** se lleve a cabo lo más suavemente posible y sin dolor. Dicho aflojamiento de los nadis empieza en los ojos. Este proceso de desprendimiento a menudo se demuestra en el relajamiento y falta de temor que el moribundo demuestra a menudo, evidenciando una condición de PAZ y la voluntad de irse, más la incapacidad de hacer un esfuerzo mental.

TERCERA ETAPA

El cuerpo etérico organizado comienza a recogerse para la partida final. Se retira de las extremidades hacia la requerida "**puerta de salida**". Esta puerta de salida pueden ser tres, y son respectivamente utilizadas por el hombre dependiendo de su estado evolutivo alcanzado. Estas son:

1) *LA SALIDA EN LA CABEZA*, utilizada por las mujeres y los hombres de tipo verdaderamente INTELECTUAL. También, por supuesto, por los Iniciados y discípulos del mundo.

2) *LA SALIDA EN EL CORAZÓN*, utilizada por hombres y mujeres bondadosos y bien intencionados, por los buenos ciudadanos, amigos inteligentes y trabajadores filántropos.

3) **_LA SALIDA DEL PLEXO SOLAR_**, utilizada por las personas muy emocionales, irreflexivas y por aquellos cuya naturaleza animal es muy pronunciada.

Todos los hombres se enfocan alrededor de alguna de estas tres puertas, esperando el "**TIRÓN**" final del alma directriz. Es curioso notar que en este nivel existen dos tipos de "TIRÓN", uno producido por el alma atrayendo hacia sí la conciencia, y el otro tirón lo realiza la "tierra" y es ejercida por esa misteriosa Entidad que llamamos el "ESPÍRITU DE LA TIERRA" el cual reclama la parte material del cuerpo, ya que éste le pertenece. Se ha dicho: "Dad Al César Lo Que Es Del César, Y A Dios Lo Que Es De Dios" pues esto resume muy bien los dos tirones que tienen lugar en este nivel.

CUARTA ETAPA

EL Cuerpo Etérico sale definitivamente del cuerpo físico denso. En el momento mismo que se ROMPE el Cordón de Plata (Hilo de Vida) que unía el cuerpo al alma, ésta **penetra** en el cuarto subplano del plano físico, llamado esotéricamente SUBETÉRICO, e inicia allí un proceso increíblemente rápido de Memorización o **Recapitulación** de todos los hechos realizados en la existencia física, apreciados en sus más mínimos detalles. Durante este proceso de separación, debe observarse gran tranquilidad y dominio de sí mismo en la cámara mortuoria. Pues durante este tiempo, **Toda la Vida** pasa velozmente en revista delante del Ego, como lo han relatado los que se han estado ahogando y han pasado a este estado de inconsciencia y casi de muerte total. Un Maestro ha escrito:

"*En el último momento toda la vida se refleja en nuestra memoria y surgen de todos los ángulos y rincones olvidados, cuadro tras cuadro, suceso tras suceso. El hombre puede parecer a menudo muerto; sin embargo, desde la última pulsación, desde el último latido del corazón, hasta el momento en que la última chispa de calor animal abandona el cuerpo, el cerebro piensa, y el Ego pasa durante estos breves segundos por toda su vida...*"

Los Vehículos Superiores -etérico, astral y mental- pueden verse abandonando al cuerpo denso con un movimiento de **ESPIRAL**, llevando consigo el **alma de un átomo denso**. No el átomo en sí mismo, sino las fuerzas que obraban a través de él. Cada uno de los cuerpos del hombre posee un *ÁTOMO SIMIENTE* o "**ÁTOMO PERMANENTE**", el cual tiene la misión de recoger todas las experiencias vividas de su respectivo cuerpo. Es como un diminuto súper-ordenador, siendo siempre el mismo (pero cada vez con mayor información) y el encargado de formar, con su experiencia adquirida vida tras vida, los nuevos cuerpos cuando vuelva el alma a encarnarse, de esta manera nada se pierde, ninguna experiencia asimilada, ni ningún grado alcanzado. Este ÁTOMO está situado en el ventrículo izquierdo del corazón, cerca del ápice. Al ocurrir la muerte, dicho **átomo-simiente** sube al cerebro por medio del nervio neunogástrico, abandonando el cuerpo denso, junto con los vehículo superiores, por medio de la comisura de los huesos parietal y occipital.

El Cordón Plateado

Cuando los cuerpos superiores han dejado el cuerpo denso, permanecen todavía conectados con él por medio de un CORDÓN o HILO vibrante plateado, muy parecido a dos números 6 unidos y puestos al revés, el uno en posición vertical y el otro horizontal, conectados ambos por las extremidades de sus horquillas. Un extremo está unido al CORAZÓN por medio del átomo-simiente y la ruptura de aquél produce la paralización del corazón. El cordón no se rompe hasta que el panorama de la pasada vida, contenido en el cuerpo etérico o vital, ha sido completado. En cuanto el Ángel de la Muerte o Liberador rompe ese cordón, el cuerpo denso está completamente muerto. El cordón plateado se rompe en el punto donde los 6 se unen, permaneciendo la mitad con el cuerpo denso y la otra mitad con los vehículos superiores.

En esta cuarta etapa, cuando el cuerpo etérico ha terminado de salir, el cuerpo VITAL asume entonces los vagos contornos de la forma que energetizó, haciéndolo bajo la influencia de la forma mental que el hombre ha construido de sí mismo durante años, es decir, la misma imagen que tenía el cuerpo físico que habitó. Aunque liberado de la prisión del cuerpo físico, el cuerpo etérico no está aún libre de su influencia. Existe todavía una pequeña relación entre ambos, la cual mantiene al hombre espiritual cerca del cuerpo recién abandonado. Debido a ello los Clarividentes pretenden a menudo haber visto el cuerpo etérico flotando alrededor del lecho de muerte o del ataúd.

QUINTA ETAPA

El cuerpo etérico se dispersa gradualmente a medida que las energías que lo componen se reorganizan y retiran, dejando únicamente la Sustancia Pránica que se identifica con el Vehículo Etérico del planeta mismo. En el caso de la persona no evolucionada, el cuerpo etérico puede permanecer durante largo tiempo en la cercanía de su cascarón externo en desintegración. Cuando una persona es evolucionada y su pensamiento está desligado del plano físico, la disolución del cuerpo vital puede ser excesivamente rápida.

Algunas veces el cuerpo etérico es visto por personas en la casa o en la proximidad de la misma, cuando el pensamiento del moribundo se ha fijado de un modo intenso en alguno de los que deja, cuando alguna gran ansiedad ha preocupado a la mente en el último momento, algo se ha dejado por hacer y que es necesario que se haga, o cuando algún trastorno local ha perturbado la tranquilidad de la entidad que parte. Bajo estas condiciones u otras similares, el DOBLE o Cuerpo

Etérico puede ser visto u oído de alguna manera, dependiendo de la sensibilidad de las personas allí presentes. A medida que pasa el tiempo (depende de su evolución) el hombre espiritual se DESPRENDE de su cuerpo etérico, así como lo hizo de su cuerpo físico denso, y empieza a actuar en sus cuerpos más sutiles: el **ASTRAL** y **MENTAL**.

Comentarios:

Una de las grandes ventajas de la **CREMACIÓN** (incineración), aparte de las condiciones sanitarias notables, consiste en la pronta devolución de sus componentes a la MADRE NATURALEZA, por medio del **FUEGO**, de los elementos materiales que componen el cadáver físico y el etéreo. En lugar de una descomposición lenta y gradual, tiene lugar una **RÁPIDA y deseada DESINTEGRACIÓN** sin que queden restos físicos ni etéreos que produzcan perjuicios posibles en los planos respectivos ni al hombre interno. Una vez que el hombre interno se ha desligado definitivamente de su cuerpo físico y etéreo, el proceso de restitución ha concluido; el hombre está libre, temporalmente al menos, de toda reacción física; y permanece en sus cuerpos SUTILES preparándose para el Gran Acto que se ha denominado *"El Arte de la Eliminación"*.

SEXTA ETAPA

Una vez que el Hombre Interno ha descartado sus cuerpos físicos y etéricos, permanece en un CUERPO SUTIL, compuesto de sustancia ASTRAL y MENTAL. El alma, entonces, se refugia normalmente, en el segundo subplano o nivel del Plano Astral (el sexto, a partir de arriba), en donde pasará un cierto tiempo dedicado a lo que esotérica y místicamente se denomina **"Examen de Conciencia"**. Este período de tiempo, considerado de acuerdo con nuestro concepto tridimensional del tiempo, puede ser corto o largo, desde días o meses hasta muchos años, dependiendo en todo caso de la evolución espiritual alcanzada por el alma. Cuanto menos es el grado de evolución mayor será el tiempo de permanencia en el plano astral.

Ahí, en este nivel, tiene lugar también Una Segunda Recapitulación enteramente astral, y consiste en recapitular o memorizar todos los acontecimientos astrales vividos por el alma a través de los DESEOS, EMOCIONES y SENTIMIENTOS durante el proceso de la encarnación física. Si el difunto pudiera dejar tras de sí todos sus deseos, se desprendería bien pronto del cuerpo de deseos o astral, quedando así libre para entrar en el **Mundo Celeste** situado en el Plano mental. Pero no sucede así generalmente. La mayoría de los hombres, especialmente si mueren en la primavera de su vida, tienen muchos lazos y mucho interés por la vida de la tierra. Al perder su cuerpo físico, no por eso son alterados sus deseos. Y, en realidad, muy a menudo sus deseos son AUMENTADOS por un anhelo intensísimo de volver. Y esto obra sujetándolos más al mundo del deseo o plano astral en una forma poco agradable, aunque desgraciadamente no lo comprendan así. Por otra parte, las personas viejas, y todos los que han sido debilitados por una larga enfermedad y están cansados de la vida, pasan por él rápidamente.

Mientras el hombre mantenga deseos relacionados con la vida terrestre, debe permanecer en su cuerpo de deseos; y como el progreso de un individuo requiere que éste pase a las regiones superiores, la existencia en el mundo del deseo debe ser forzosamente **PURGADORA**, tendiendo a Purificarlo de las cadenas de sus deseos. El cómo se efectúa, será bien comprendido tomando algunos ejemplos definidos:

"El avaro que ama su oro en la vida terrestre lo sigue amando igual después de la muerte; pero, en primer lugar, no puede ya adquirir más, porque no tiene cuerpo denso a su disposición para adquirirlo y, lo que es peor de todo, ya no puede guardar lo que ACUMULÓ durante su vida. Y sus parientes se lo repartirán, posiblemente hablando muy mal del viejo avaro. Éste entonces Sufrirá Intensamente, su sufrimiento será tanto más horrible porque no es completamente mental. **En el Mundo Astral este sufrimiento tiene amplia expansión**, y el mísero sufrirá hasta que aprenda que el *"oro"* puede ser una calamidad o un azote. En esta forma se va contentando gradualmente con su suerte y se LIBERA por fin de su cuerpo de deseos o astral y puede seguir adelante...".

<u>Tomemos otro ejemplo:</u>

Por C. W. Leadbeater

En el caso de un bebedor. Tiene tanto <u>gusto</u> por los licores después de su muerte como antes de ella. No es un cuerpo denso el que le pide bebida. Se ha **enfermado** por el alcohol y no puede pasar sin él. Vanamente protestará de manera diversa, pero el cuerpo de deseos del bebedor exigirá la bebida y obligará al cuerpo denso a tomarla, para que así resulte una <u>sensación de placer</u>, pues aquel producto aumenta la vibración. Este cuerpo astral subsiste después de la muerte del cuerpo denso; pero el bebedor que se encuentra en su CUERPO DE DESEOS no tiene ni boca ni estómago capaces de contener licores físicos. Puede, y así lo hace, ir a los bares o cafés donde *interpola su cuerpo astral denso del de los bebedores* para aprovecharse así un tanto de sus vibraciones por inducción; pero es demasiado débil para darle <u>satisfacción</u>. Puede mantenerse dentro de un tonel de aguardiente, pero esto tampoco le da resultado porque un barril no produce vapores, ya que estos sólo se generan en los órganos digestivos del bebedor. No tiene el menor efecto sobre él y se encuentra en parecidas circunstancias a las que se encuentra el hombre que en un barquichuelo estuviera en medio del océano... "<u>agua, agua por doquier, pero</u>

ni una sola gota para beber", y, en consecuencia, sufre intensamente. Con el tiempo aprende, sin embargo, la inutilidad de desear bebidas que no puede saborear. De la misma manera como sucede con muchos de nuestros **deseos de la vida terrestre**, todos los deseos en el mundo astral mueren por falta de oportunidad para satisfacerlo. Cuando el bebedor ha sido así **PURGADO**, está preparado, en lo que concierne a esa costumbre, para dejar el estado de "**PURGATORIO**" y ascender al Mundo celeste."

> "Vemos, pues, que no hay tal dios vengativo que ha hecho el purgatorio o el infierno para nosotros, sino que los creadores de estos han sido nuestros propios actos y malos hábitos. De acuerdo con la intensidad de nuestros deseos será el tiempo que tengamos que sufrir para su purificación".

Tras la muerte, en el mundo del deseo o Plano Astral esta Ley de Causa y Efecto obra **PURIFICANDO** o **PURGANDO** al hombre de sus deseos inferiores, corrigiendo las debilidades y vicios que obstaculizan su progreso, haciéndolo sufrir de la manera más adaptada a ese propósito. Si ha hecho sufrir a otros o se ha portado injustamente con ellos, tendrá que sufrir de idéntica manera -es lo justo-. Pero debe notarse, sin embargo, que si una persona ha estado sujeta por sus vicios o ha hecho mal a otros, pero ha conseguido al fin **DOMINAR** aquellos defectos o se ha arrepentido sinceramente y en lo posible **REMEDIADO** el mal causado, tal Arrepentimiento, Reforma y Restitución, lo ha purificado de esos vicios y malas acciones. El equilibrio ha sido restablecido y la lección se ha aprendido durante esa encarnación y, por lo tanto, no causará sufrimiento después de la muerte. ***"Esa Es La Ley Divina, Justa y Misericordiosa al Mismo Tiempo"***.

"El objeto del **PURGATORIO** es borrar los malos hábitos haciendo imposible su gratificación. El individuo sufre exactamente lo que ha hecho sufrir a otros con su deshonestidad, crueldad, intolerancia o lo que fuera. Por este sufrimiento aprende a **OBRAR** cariñosa, honesta y benevolentemente y con toda paciencia para los demás en el futuro. Y en consecuencia de este beneficioso estado, el hombre aprende el valor de la virtud y de la acción justa y recta".

Algunos pueden pensar, ¿cómo habiendo anteriormente pasado por el purgatorio en pasadas vidas no hemos aprendido la lección? La respuesta es sencilla, en nuestra actual situación sí que conocemos en gran medida lo que está bien y lo que está mal, de hecho cuando obramos mal siempre hay una <u>vocecilla en nuestras conciencias</u> que nos advierte, y nos da remordimientos. Esa <u>vocecilla</u> es **La Voz De La Conciencia**, sabia y justa, ella es el resultado de todas nuestras experiencias y de hecho, si la siguiéramos, seríamos hombres sabios. Por lo tanto, en nuestro interior, si hemos aprendido la Lección, pero muchas veces nuestra Naturaleza Inferior nos gana la partida y en consecuencia sufrimos y seguimos haciendo sufrir con lo cual sufriremos aún más...

En el nuevo Testamento cristiano llama a el sufrimiento producido por los deseos inferiores en el Plano Astral "**La Muerte Segunda**" la cual suele ser más o menos dolorosa, dependiendo de nuestros apegos y deseos terrenales, ya que ha de morir en sus deseos terrenales antes de seguir su ASCENSIÓN en los Mundos Superiores. Cuando el hombre ya está libre de toda ATADURA EMOCIONAL abandona su cuerpo astral y pasa entonces al **Plano Mental** libre de las amarras del deseo animal. Por lo tanto el hombre desencarnado, SALE por completo fuera de la esfera de atracción de la tierra.

<u>Debemos comprender que la muerte no cambia a un hombre en manera alguna</u>. Éste sigue siendo el mismo en todo, excepto

en haber perdido su cuerpo físico. Sus pensamientos, deseos y emociones, son exactamente los mismos, y su felicidad o desgracia dependen del grado en que lo hubiere afectado la pérdida de su cuerpo físico. A menudo no cree él que está muerto, ya que mira sus antiguos objetos familiares y sus amigos alrededor de sí, pero empieza a darse cuenta de la realidad en cuanto ve que no puede comunicarse con ellos. Durante algún tiempo trata de persuadirse de que está soñando, pero gradualmente descubre que, después de todo, ya "murió". Entonces, por regla general, empiezan los muertos a sentirse decepcionados de las enseñanzas que recibieron. No comprenden donde se hallan o que les ha sucedido, ya que su situación no es la que esperaban desde el punto de vista ortodoxo. Como dijo un general inglés al encontrarse en condición semejante: "¿Entonces, si estoy muerto, en dónde me hallo? Si éste es el cielo, no me parece gran cosa. Y si es el infierno, está mejor de lo que yo esperaba"

Toda la vida astral después de la muerte es un proceso constante y firme de retrotraerse el Ego dentro de sí mismo, y cuando a su debido tiempo llega el alma al "límite" de aquel plano, muere para él de la misma manera que murió para el mundo físico, es decir, desecha el cuerpo de la materia de aquel plano y lo deja tras de sí, pasando a una Vida más elevada y más plena en el mundo Celeste.

Un asesino que en *Kámaloka* (plano astral) está reconstruyendo una y otra vez las escenas del asesinato y los sucesos subsiguientes, repitiendo incesantemente su nefasto crimen y pasando de nuevo por todos los terrores de su arresto y ejecución, está sin duda experimentando un "***infierno***" en comparación del cual el fuego y el azufre son meras ficciones teatrales. En muchos casos, como el asesino piensa y piensa otra vez en el crimen cometido, por esta incesante meditación, medio maligna, medio terrorífica, producirá algo semejante a una obsesión de la escena de su violenta muerte. Pero ninguna de estas condiciones es eterna y ninguna es punitiva. Son el inevitable resultado de causas puestas en juego durante la vida en el mundo físico, condiciones que duran tan sólo mientras subsisten las fuerzas generadoras. Con el transcurso del tiempo se agota la fuerza-deseo, pero tan sólo a costa de terrible sufrimiento para el hombre; y como en el mundo astral el tiempo se puede medir únicamente por medio de sensaciones, ya que no hay otro medio de computarlo como los que tenemos en el mundo físico, cada día puede compararse a mil años. Por tanto la blasfema idea de la condenación eterna parece ser una tergiversación de este hecho.

Con todo, excepto para una pequeña minoría, la situación después de la muerte es para todos más feliz que su situación sobre la tierra, puesto que desde luego ya no hay necesidad de ganarse el sustento diario. El cuerpo astral no siente hambre, ni frío, ni sufre enfermedades; cada ser, en el mundo astral, por el sólo ejercicio de su pensamiento, podrá vestirse como guste. Por vez primera, desde su temprana niñez, el hombre se siente allí enteramente libre para emplear su tiempo en hacer exactamente lo que le plazca. Las personas que tuvieren los mismos gustos y propósitos se agruparán, naturalmente, tal como lo hacen en el mundo físico; y nunca faltará ocupación provechosa para un hombre que abrigue intereses razonables, con tal de que éstos no requieran un cuerpo físico para su expresión. Un enamorado de las bellezas de la naturaleza podrá viajar rápidamente, a cientos de kilómetros por segundo, sin fatiga, hasta los más deliciosos parajes del mundo; otro cuyo goce sea el Arte, tendrá a su disposición las obras maestras del mundo entero, en tanto que el estudiante de ciencias encontrará abiertos todos los laboratorios del mundo; podrá visitar a todos los hombres de ciencia y captar sus pensamientos. Para un ser que durante su vida terrenal hubiere hallado sus complacencias en acciones altruistas y en el trabajo por el bienestar de otros, este será un mundo de la más vivida alegría y del más rápido progreso. Para un hombre que haya sido inteligente a la par que útil, que comprenda las condiciones de esta existencia no-física y se tome la molestia de adaptarse a ellas, se abre una espléndida perspectiva de oportunidades, tanto para adquirir nuevos conocimientos, como para efectuar útiles labores. De hecho podrá él hacer mayor bien en pocos años de tal existencia astral que el que pudo haber hecho durante su vida física por larga que hubiere sido. Por consiguiente, el mundo astral está lleno de amplias posibilidades tanto para el júbilo cuanto para el Progreso.

SÉPTIMA ETAPA

Una vez abandonado el cuerpo astral, el hombre interno sigue su curso de ascensión dentro de la evolución hacia su fuente, que es el alma en Su propio plano particular. El hombre, en consecuencia, deja tras de sí su cuerpo astral, sus deseos y se traslada y actúa en su cuerpo mental, allí también tiene lugar una **Tercera Recapitulación** de todos los sucesos a nivel mental y de pensamientos que ha tenido el hombre durante su vida que acaba de dejar. En este estado se encuentra más próximo al Alma de lo que antes estaba; y aunque Velos De Ilusión oscurecen todavía su vista, son mucho más trasparentes que los que le cegaban cuando estaba revestido de carne y emociones.

El Cuerpo Mental para la generalidad de la gente, es un vehículo que no ha sido creado adecuadamente. Ya que este cuerpo se perfecciona a través de ENERGÍA producida por pensamientos elevados y no egoístas. Los Pensamientos egoístas y materialistas crean en el hombre un revestimiento *Kama-Manásico*, es decir, una mezcla entre deseos y pensamientos emocionales, dirigidos por impulsos de la personalidad. Al despertar de su "segunda muerte" en el plano astral, su primer sentimiento es de Indescriptible Dicha y Vitalidad, de tan intensa alegría de vivir que de momento no anhela otra cosa que disfrutar de esa intensa vitalidad espiritual que respira.

Esta dicha es la esencia de la vida en todos los planos o mundos superiores del Sistema.

> "A medida que aumenta la FELICIDAD se acrecienta la SABIDURÍA y es mucho más amplia la visión".

La naturaleza inferior de su personalidad se consumió durante la vida astral, y ahora sólo le quedan los altos y puros pensamientos, las nobles y altruistas aspiraciones que tuvo en la vida terrena, y que le envuelven a manera de concha por cuyo medio es capaz de responder a determinadas vibraciones de aquella sutilísima materia. *"En el mundo mental, la infinita plenitud de la "mente divina" está abierta con ilimitada abundancia a todas las almas en la justa proporción de sus merecimientos para recibirlas".*

La recapitulación en el **plano mental** es mucho más breve que en las anteriores, y una vez realizada y completada, el EGO (alma) penetra entonces en el **DEVACHÁN**. El DEVACHÁN es el CIELO Superior para los cristianos, es, podríamos decir, el *"Paraíso perfecto"*. Éste se encuentra situado en el Plano Mental Superior muy cerca, como dijimos ya en un capítulo pasado, del Plano Causal. Más que un plano, el estado Devachánico es un Estado De Conciencia, donde, por lo que respecta al mortal ordinario, su dicha en el Devachán es COMPLETA. Es el olvido absoluto de todo lo que le causaba dolor o pena en la encarnación pasada, y hasta el olvido de que exista pesar ni sufrimiento. La entidad devachánica vive este ciclo intermedio entre dos encarnaciones rodeada de todo aquello a que había aspirado en vano, *-se hacen realidad todas sus ilusiones y sueños nobles que durante la vida terrena nunca pudo realizar-* en la compañía de todo lo que en la tierra amaba. Allí obtiene la **REALIZACIÓN** de todos los deseos del alma y así durante largos siglos una existencia de felicidad no interrumpida, que es la recompensa de sus sufrimientos en la vida terrestre. En una palabra, "se baña en un mar de felicidad constante intercalada por sucesos dichosos en un grado aún superior". El DEVACHÁN es llamado también la "**Tierra De Los Dioses**" y "**El Mundo De Los Devas**".

Lo que el hombre desea, proyecta, piensa y vive en el Devachán son precisamente todos aquellos hechos, experiencias, situaciones y circunstancias que no pudieran ser exteriorizadas o actualizadas en el Plano Físico durante la existencia terrestre. El Devachán es en realidad un verdadero **CIELO**, pero no la eterna y pasiva contemplación, sino la más DINÁMICA actividad y realización creadora. Liberado de la necesidad Kármica, aunque sea solamente con carácter temporal, vive el ser humano más cerca de sí mismo y de la Gracia Divina que jamás lo estuvo anteriormente. En el Devachán se halla su GLORIA inmediata, el máximo poder a su alcance y el punto más elevado de su *UNIÓN* y *CONTACTO* con el Ser supremo.

OCTAVA ETAPA

Finalmente, las CAUSAS que condujeron al Ego al Devachán, se agotan; las experiencias adquiridas han sido **ASIMILADAS** por completo y el Alma principia a sentir de nuevo la necesidad y la sed de vida material para evolucionar que sólo puede satisfacer en el Plano Físico.

(Las fases que anteriormente hemos enumerado, son sólo introductorias, dando simplemente un bosquejo de lo que realmente sucede tras la muerte física. Existe toda una serie de etapas menores, y toda una gran variedad de excepciones y casos particulares que por su extensión podrían escribirse volúmenes enteros. Por lo tanto se recomienda al estudiante, que las **8 etapas** mencionadas las tome en consideración y que siga investigando).

Algunas Preguntas y Respuestas:
PREG.- ¿Tienen algún valor las plegarias por los difuntos? Sí es así ¿cómo deberían ofrecerse?

RESP.- Las plegarias siempre tienen valor tanto para los vivientes corno para los muertos, cuando éstas son dictadas por el amor; pero una plegaria será eficaz en proporción a la intensidad del pensamiento expresado por ella; de la pureza y fuerza de voluntad con la cual se dirige hacia la persona en cuestión, y del conocimiento que posea el que la conduce. Una oración, como un pensamiento, crea una forma, un *elemental artificial*, "un poder benéfico activo" que va hacia la persona para cuyo beneficio fue creada y que la ayuda en cuanto se presente la oportunidad. Esta energía puesta en juego en el plano astral puede afectar a cualquier persona en su cuerpo astral; por tanto, es posible auxiliar y proteger a un muerto con tales formas mentales mientras él permanezca en el mundo astral.

PREG.- ¿Encontraremos a los seres queridos que nos han precedido en la muerte?

RESP.- Seguramente que sí, pues la atracción actuará como un imán y nos reunirá. Si el ser amado murió recientemente, lo encontraremos en el plano astral, pero si él abandonó la tierra hace mucho tiempo, es posible que haya pasado ya del astral al mundo celestial; y cuando nosotros lleguemos hasta aquel mundo, lo tendremos de nuevo a nuestro lado en su mejor condición posible, mediante nuestra forma o imagen mental de él, vivificada por el Ego de aquel amigo. No hemos perdido a aquellos a quienes amamos; cuando el afecto existe, la reunión es segura, <u>ya que el amor es uno de los mayores poderes del Universo</u>, sea en Vida o sea en Muerte.

<u>LOS ÁTOMOS PERMANENTES</u>

En cada uno de los Cuerpos de la Personalidad: físico, astral y mental, existe un asimilador de experiencias que tiene el nombre de "**Átomo Permanente**". Es **permanente** porque siempre es el mismo en todas las existencias del hombre. Desde su primera encarnación hasta la última. *<u>Su misión consiste, en registrar, archivar y asimilar todas y cada una de las impresiones y experiencias de su cuerpo respectivo</u>*. De esta manera se puede seguir uniformemente la evolución de cada uno de los cuerpos. Cada vez serán más perfectos y sensibles, por lo cual el alma podrá utilizarlos poco a poco con más incidencia. Al morir el cuerpo físico el átomo físico permanente es retirado y absorbido por el alma en el plano astral. Y cuando se produce la SEGUNDA MUERTE, es decir, la del cuerpo astral, el átomo físico y el átomo astral permanente son a su vez retirados y absorbidos por el Alma en el plano mental. Y finalmente cuando el Ego deja su cuerpo mental inferior y se sitúa en las capas más elevadas del plano mental, retirándose a su cuerpo CAUSAL, nuevamente el alma atrae hacia sí los Tres Átomos Permanentes y los mantiene allí hasta que vuelve nuevamente a encarnar. Una vez decidido encarnar, para seguir su desarrollo espiritual, lanza los tres átomos permanentes, cada uno en su plano correspondiente, y estos van configurando y moldeando con la experiencia acumulada, los nuevos cuerpos: físico, astral y mental, que el alma va a utilizar para esa nueva encarnación. Por lo tanto de acuerdo con la Ley Justa y Misericordiosa de Dios, cada uno tiene exactamente lo que se merece, y cada cuerpo es más o menos evolucionado respectivamente a su grado de evolución alcanzado en su anterior existencia debido a sus merecimientos sembrados.

*Este concepto nos brinda la posibilidad y la seguridad de que nada se pierde tras la muerte, y que nuestros actos en el presente son las **siembras** que hacemos para el futuro. <u>Lo que cada uno de nosotros alcancemos hoy nunca se perderá</u>.*

Cielo e Infierno

El Cielo y el Infierno están dentro del hombre, lo lleva consigo en su interior, y a este estado interno le corresponde por ley de afinidad un espacio o plano externo. Luego sí hay un Cielo y sí hay un Infierno, pero son resultantes internos de nuestra idiosincrasia particular. Son estados de Ser, estados de vibración que resuenan constantemente en nuestro microcosmos estemos donde estemos.

> "La conciencia individual, cuando habla clara y firmemente, Es el más severo juez que existe"

Tanto el CIELO como el INFIERNO lo forjamos en nuestro interior durante la vida. El cielo y el infierno son niveles de conciencia. Ningún hombre normal es verdaderamente bueno ni verdaderamente malo, por lo cual es obvio reconocer que tampoco existe algo totalmente blanco para los buenos y algo totalmente negro para los malos. *El infierno como el cielo son múltiples niveles interiores*, y cada uno de acuerdo a su negrura o blancura interior participa de algunos de aquellos. Es curioso notar que muchos de nosotros durante la vida terrena forjamos, aunque la mayoría de veces subconscientemente, nuestro futuro cielo o infierno particular. Y cuando morimos en el cuerpo y entramos en el plano astral, muchas de las ideas forjadas desde la infancia sobre el infierno temible o el cielo dichoso, se hacen realidad, aunque sólo sea durante un tiempo, hasta que aprendamos a reconocer verdaderamente donde estamos y para qué estamos allí. Por lo cual el hombre cruel que a pesar de todo teme la muerte y la posible entrada en el infierno por haber sido malo, cuando fallece, el mismo temor que ha construido con su imaginación, lo encuentra allí y padece verdaderamente, aunque todo sea producto de su propia proyección mental. Lo mismo se puede decir de los hombres que tienen la conciencia muy tranquila, ellos, naturalmente, encontrarán un cielo a su medida, al menos al principio.

Recordemos, y esto es muy importante que: "El cielo y el infierno no significan premio y castigo sino que son los medios naturales de desenvolver y vigorizar las cualidades superiores y restringir o eliminar las viciosas, a fin de que el alma pueda adelantar en el sendero de perfección". Pero toda vida en el mundo astral no consiste solamente en los estados de conciencia correspondientes a los conceptos del CIELO e INFIERNO "Hay también gozos que nada tiene que ver con las buenas acciones practicadas durante la vida terrena, sino que surgen de la manifestación de las facultades Creadoras del Alma y del intenso ejercicio de su inteligencia. Son GOZOS de expresión y conocimiento, como el hombre terreno no soñó jamás experimentar".

El Suicidio

Ante nada decir que la circunstancia del suicido es realmente lastimosa, ya que expresan plenamente la IGNORANCIA del que así obra, ya que nadie puede escapar de sí mismo, vaya donde vaya, nunca conseguirá escapar de sí mismo, de su propia grandeza o flaqueza, y por lo tanto, al igual que el agua no puede escapar de su humedad, él tampoco podrá huir de su propio estado y condición. El suicida no comprende que las tensiones y los problemas de la vida son el maravilloso campo para la evolución, porque el alma necesita de ellas para exteriorizarse y mostrar que *no hay circunstancia ni prueba que el alma en ese nivel no pueda vencer*. Y esta es la verdad a la cual debemos enfrentarnos, no con miedo sino con valentía espiritual, porque no hay nada que pueda vencer al Espíritu, y en consecuencia en espíritu debemos obrar...

El suicida, que trató de huir de la vida, únicamente encuentra que en ese nuevo plano de existencia al cual va, está más vivo que nunca, y en el más lastimoso estado. Puede observar a aquellos a quienes ha perjudicado quizás por su acto y lo que es peor de todo, es que tiene un inexpresable sentimiento de

"VACUIDAD", de estar "ahuecado" o "vacío". La parte del aura ovoide en la que generalmente está el cuerpo denso, está vacía, y aunque el cuerpo astral ha tomado la forma del cuerpo físico perdido, se siente como si fuera una cáscara vacía. El espantoso sentimiento de vacío permanece hasta que llegue el tiempo en el que, por el curso natural de los acontecimientos, debería haber ocurrido su muerte. También es cierto que existen muchos tipos de suicidas, y por supuesto, ya que la Ley es justa y misericordiosa, a cada uno, o cada tipo de suicida tiene diferente experiencias.

La Cremación

Es algo afortunado y feliz que la CREMACIÓN (incineración del cuerpo por el fuego) se vaya imponiendo acrecentadamente en nuestra sociedad. Dentro de poco tiempo la tarea de sepultar a los muertos en la tierra será contraria a la ley, y la cremación obligatoria será considerada una medida saludable y sanitaria. Cuando esto ocurra, poco a poco irán desapareciendo eventualmente esos lugares síquicos e insalubres llamados cementerios.

PREG.- ¿Por qué es preferible la cremación al enterramiento?
RESP.- El Maestro Tibetano da varias razones para ello. La incineración libra al hombre de algunos tirones que pueden retenerlo al plano denso ya que cuando su cuerpo ha sido desintegrado de esa manera, *sus naves fueron, literalmente, quemadas* tras de sí, y su poder de retroceso disminuyó grandemente.

Una importante razón es que mediante la aplicación del **FUEGO**, todas las formas son disueltas; cuanto más rápidamente se destruye el vehículo físico humano, con más rapidez se romperá el aferramiento del alma que se retira. Debe decirse, que en cuanto se ha establecido científicamente la verdadera muerte (por el médico competente) y se ha asegurado que no queda una chispa de vida en el cuerpo físico, entonces es posible la cremación. La pretensión de que el cuerpo etérico no debe ser precipitadamente cremado y la creencia de que debe deambular durante un período determinado de varios días, no tienen una verdadera base esotérica. No existe una necesidad etérica para esta demora.

El proceso de MOMIFICACIÓN, tal como se practicó en Egipto, y el embalsamiento, tal como se practica en Occidente, han sido responsable de la perpetuación del cuerpo etérico, a veces durante siglos. Esto es particularmente así cuando la MOMIA o la persona embalsamada fue un individuo malo durante su vida; el ambulante cuerpo etérico a menudo "POSEÍDO" por una entidad fuerza maligna. Esta es la causa de los ataques y desastres que frecuentemente persiguen a quienes descubren antiguas TUMBAS y sus MORADORES. Donde se practica la cremación no sólo se logra la inmediata destrucción del cuerpo físico y su restitución a la fuente de sustancia, sino que el cuerpo VITAL o ETÉRICO también rápidamente se disuelve y sus fuerzas son arrastradas por la corriente ÍGNEA al depósito de energías vitales.

La ciencia y el arte de "morir"

Enseñanzas del Maestro D.K.

Ciertamente existe una CIENCIA para morir, así como la hay para vivir, y a medida que el hombre se vaya sensibilizando a la Naturaleza de las ENERGÍAS, mayor será la respuesta a esta Sagrada, Mística y Científica tarea. Daremos aquí algunas básicas instrucciones, que nos han sido transmitidas desde las Fuentes Espirituales a tal efecto:

PRIMERO: se debe guardar SILENCIO en la habitación. Esto con frecuencia se hace. Cuando el silencio y la **COMPRENSIÓN** reinan en la habitación del moribundo, el alma que parte, puede retener con claridad la posesión de su instrumento hasta el último minuto y hacer la debida preparación. El estudiante deberá comprender, que durante el proceso al cual está sometido el moribundo, es sumamente importante, no solamente hay que estar en silencio, sino con una **Actitud Interior Positiva**, esto ayuda en gran medida al ser que va a pasar al otro mundo. La actitud de los familiares, en estos casos, suele ser muy negativa, ya que con sus sufrimientos (debido a su ignorancia), y sus lloros escandalosos suele entorpecer al moribundo en su espiritual transito. Por lo tanto, la actitud más correcta sería (aunque se comprende que la más difícil debido a nuestra errónea educación) es: **a)** Guardar silencio. **b)** Situarnos como conciencias y utilizar nuestra serena comprensión del asunto. **c)** Mostrar una actitud positiva, especialmente de amor espiritual.

SEGUNDO: En el futuro, cuando se sepa más sobre los colores, sólo se permitirá la **Luz Anaranjada** en la habitación de un moribundo, siendo instalada con una ceremonia apropiada. El color anaranjado ayuda al enfoque en la **cabeza,** así como el rojo estimula el plexo solar y el verde tiene un efecto definido sobre el corazón y las corrientes de la vida.

TERCERO: Ciertos tipos de MÚSICA se utilizarán cuando se conozca algo más en conexión con el sonido. En el momento exacto de la muerte, si se emite la misma nota del moribundo, se coordinarán las dos Corrientes de energía y eventualmente se cortará el **Hilo De Vida** (cordón plateado), pero este conocimiento es demasiado peligroso y sólo podrá darse más adelante -así asegura el Maestro Tibetano- .

CUARTO: Se encontrará que la PRESIÓN sobre ciertos centros nerviosos y arterias, facilitará el trabajo. (Esta ciencia de la muerte es mantenida en custodia en el Tíbet, como lo saben muchos estudiantes). Más tarde se elaborará inevitablemente una ciencia definida de morir, pero sólo cuando la existencia del alma sea reconocida y su relación con el cuerpo haya sido científicamente demostrada.

QUINTO: También se emplearán frases **"MÁNTRICAS"** (palabras de poder) y serán definidamente construidas en la conciencia de la persona moribunda por quienes les circundan, o serán empleadas deliberada y mentalmente por el mismo. **Cristo** demostró su empleo cuando exclamó: "Padre, En Tus Manos Encomiendo Mi Espíritu", Y tenemos otro ejemplo en las palabras: "Señor, Ahora Dejarás A Tu Siervo Irse En Paz". El constante uso de la PALABRA SAGRADA (**OM**) entonada en voz baja o en una nota especial (a la cual responde la persona moribunda), podrá más adelante constituir una parte del **ritual de TRANSICIÓN** acompañado con la UNCIÓN DE ACEITE, según se practica en la Iglesia Católica. La extrema unción tiene una base oculta científica. La cima de la cabeza del moribundo debería también situarse hacia el **ESTE** y las manos y las piernas cruzados. Debería quemarse en la habitación sólo *Madera de Sándalo* y no permitirse ninguna otra clase de incienso, porque la madera de sándalo es el incienso de PRIMER RAYO o DESTRUCTOR, y el alma en esos momentos está en proceso de destruir su morada física.

Pensamiento:
"... Cuando el labrador ha arado y sembrado la tierra, éste se encuentra cansado y espera ansioso la tranquila noche para descansar y recuperar fuerzas. Y al igual que el fatigado labrador el ALMA también se cansa y necesita reposar tranquila y largamente. "La Muerte Es Para El Alma, Lo Que La Noche Para El Labrador". La diferencia consiste, en que el ALMA necesita morir *Tres Veces*, una en cada plano,

despojándose gradualmente de sus vestiduras inferiores, para así DESNUDA, poder descansar tranquila y libremente de cualquier ruido o murmullo de la carne, deseos o pensamientos mundanos que la envolvió...

"QUE ES LA MUERTE SINO EL NACIMIENTO DEL MISMO SER EN OTRO REINO DE LA VIDA"

Capítulo. VIII

Antropogénesis
"Historia de la humanidad"

Para la elaboración de este capítulo hemos consultado y extraído algunos fragmentos de los siguientes Libros:

"Fundamentos de Teosofía", C. Jinarajadasa
"Los Misterios del Yoga", Vicente Beltran Anglada
"Teosofía Explicada", P. Pavri

La Etnología unida a la concepción esotérica de la vida, nos ayuda en gran medida a formarnos una idea más o menos clara del *"Ascenso y Descenso de las Civilizaciones"*. La Antropología Esotérica ahonda, profundamente, en el pasado, descubriéndonos el proceso EVOLUTIVO desde el primer vestigio humano hasta el hombre desarrollado de nuestros días. Como veremos todo sigue un "PLAN", todo sigue un arquetipo divino.

Los pueblos del mundo actual tienen sus civilizaciones, pero ninguna subsiste eternamente, y el destino de Nínive, Tiro, Grecia y Roma será el de todos. Unos desaparecerán sin dejar huella y otros en cambio dejarán a sus sucesores un gran mensaje de vida. La Sabiduría Arcaica nos enseña que cada Evolución Planetaria, desde su inicio hasta su plena expansión, contiene dentro de sí -hablando desde el punto de vista de la humanidad- 7 RAZAS RAÍCES, cada una de las cuales contiene a su vez 7 ramificaciones o SUBRAZAS. Nuestra actual Raza Raíz es la 5ª, por lo que se podrá deducir que detrás de la nuestra han existido 4 Razas Raíces, y que después habrán de emerger aún dos Razas Raíces más, hasta completar las **siete** antes que termine el ciclo planetario de vida en este planeta.

Ateniéndonos al curso de nuestras ideas más inmediatas y de acuerdo con el fin propuesto, podemos decir que cada TIPO de RAZA, con sus respectivas SUBRAZAS que van apareciendo CÍCLICAMENTE en la Tierra, tiene el noble empeño de revelar un concreto y claro "ARQUETIPO", de acuerdo con ARQUETIPOS UNIVERSALES. El método que utiliza el ocultista avanzado para poder estudiar e investigar clara y objetivamente lo que ha sucedido en el remoto pasado, consiste en el desarrollo de la capacidad superior, que le permite entrar conscientemente en la Memoria Del Logos Planetario, O **Registros Akáshicos**. Los Registros Akáhicos es la memoria de la naturaleza, donde está almacenado Todo el Recuerdo de los Tiempos. Estos registros se encuentran en los Planos Superiores, donde todo Iniciado de cierto grado le es permitido acceder. Maestros e Iniciados de generaciones pasadas y presentes han descubierto así los Anales de la Tierra, leyendo en el Archivo de la Memoria del Logos, el gran caudal de conocimientos reunidos, que de este modo forman parte de las enseñanzas esotéricas.

Lo que hoy conocemos como ser humano, ese ser tan sofisticado, cultivado, sensible, inteligente, creativo, y física, emocional, mental y espiritualmente concebido, es el resultado indudable de millones de años de evolución. Pero ¿cuál fue su nacimiento, su razón de existir?, ¿cuál su desenvoltura, y cual su meta o desarrollo final?, porque al igual que una semilla contiene dentro de sí toda la información, y todo el potencial latente todavía, así el ser humano también fue semilla y sus frutos pronto dejarán ver la hermosura de su divina flor, para la cual toda la ingeniería evolutiva de nuestro planeta trata de hacerla emerger.

Veamos ahora cuales fueron sus inicios y cuales sus desenlaces, época tras época, raza tras raza, y pronto comprenderemos cuan sabia es la Divina Providencia.

Las Razas o Evoluciones Humanas son:

1ª) La Raza PROTOPLASMÁTICA.
2ª) La Raza HIPERBÓREA.
3ª) La Raza LEMUR.
4ª) La Raza ATLANTE.
5ª) La Raza ARIA (la actual) compuesta por todas las razas presentes.
6ª) La Futura Raza, en incipiente formación.
7ª) La Última Raza, el Perfecto Hombre-Divino.

1ª RAZA RAÍZ "LA PROTOPLASMÁTICA"
SITUACIÓN

La ubicación geográfica de esta raza, estaba situada en la llamada "*ISLA SAGRADA E IMPERECEDERA*". La razón de este nombre es que según se afirma, esta Isla Sagrada nunca ha participado en la suerte de los otros Continentes, por ser la única cuyo destino es la de durar desde el principio hasta el fin del "MANVÁNTARA" -un ciclo cósmico- pasando por cada Ronda. Es la cuna del primer hombre y la morada del último mortal "divino", escogido como un Shishta para la semilla de la humanidad. Muy poco puede decirse de esta Tierra misteriosa y sagrada, excepto quizás, según una poética expresión de uno de los antiguos comentarios que dice: "que la Estrella Polar fija en ella su vigilante mirada, desde la Aurora hasta la terminación del Crepúsculo de un Día del Gran Aliento". Este día del Gran Aliento es llamado en la

India "un día de Brahama", que equivale en días terrestres a: 8.640.000.000 años.

La primera Raza-Raíz ocupó probablemente la región que hoy denominamos Asia del Norte, Groenlandia, Islandia, Noruega y Suecia, así como el extremo norte de Siberia. La Isla Sagrada a la cual se ha hecho referencia está situada sobre el casquete polar norte, y todavía existe pero en estado etérico en los planos sutiles de la cuarta dimensión.

ESTRUCTURA

Esta raza no tenía envoltura física y estaba constituida totalmente de materia ETÉRICA, siendo muy poco lo que se conoce o puede investigar de ella. En aquella ÉPOCA POLAR, el mundo estaba en un estado de fusión y con una atmósfera gaseosa, podemos no obstante referir que, las formas mismas no eran humanas. Estos cuerpos enormes se amontonaban insensibles y pasivos, ya que la conciencia de estas entidades al estar en un nivel atómico apenas podía afectar muy levemente a los torpes cuerpos incipientes. El cuerpo era una masa enorme y con una abertura en su parte superior, por la que se proyectaba un órgano de orientación que les señalaban los lugares de peligro o calor excesivo. Se trataba del antecedente de la actual Glándula Pineal.

Comentarios y Acontecimientos:

Era una Raza que flotaba y se deslizaba sobre el ambiente, aún no habían caído sobre la húmeda y caliente tierra, habían evolucionado en las Dimensiones Superiores de la Naturaleza y del Cosmos, y cristalizó al fin sobre una tierra también protoplasmática, después de muchos procesos evolutivos surgidos desde su germen original ubicado en al CAOS, en el MAGNUS LIMBUS, en el ILIASTER del Mundo. En esta Raza-Raíz no se puede decir que tuviera Sub-razas concretas o definidas, aunque sí es verdad que había siete etapas de crecimiento.

Los primeros cuerpos construidos (de proyección netamente Lunar) aparecen sin carácter de sexo, ANDRÓGINOS. En estos hombres primitivos existen únicas y bien definidas funciones: la alimentación y la respiración. Toda la conciencia se halla centralizada en estas actividades básicas. El Iniciado que investiga esta raza se conmueve al contemplar el trabajo que realizan cierto tipo de DEVAS (Ángeles), construyendo el proceso de estructuración de las formas, y enseñando a aquellos primitivos seres, semilla de la humanidad terrestre, a comer y a respirar. Poco a poco iban apareciendo los 5 sentidos, la VISTA, el OÍDO, el OLFATO, y más adelante, el GUSTO y el TACTO. Estos sentidos, cuya desenvoltura exige edades, son aperturas de la Vida Interna hacia el exterior. Al final de la séptima Subraza de la primera raza-raíz, el ser humano posee un contorno definido y estructurado, pero tosco y desproporcionado.

(Para una mayor información les remito a "La Doctrina Secreta, II-18").

2ª RAZA RAÍZ "LA HIPERBÓREA"
SITUACIÓN

Esta raza residió en el segundo Continente Hiperbóreo, el cual ocupaba el actual Norte de Asia, Groenlandia, Suecia, Noruega, etc., y se extendía por el Sur-Oeste hasta lo que es hoy Inglaterra. El clima era tropical con gran vegetación. Hiperbóreo fue el nombre dado por los Griegos más antiguos a la lejana y misteriosa región dónde Apolo viajaba por tradición cada año. Astronómicamente, Apolo es, por supuesto, el SOL, el cual, abandonando sus Santuarios Helénicos, gustaba de su lejano país, donde se decía que el Sol nunca se ponía durante la mitad del año. Las sombras nocturnas nunca se extiende en ellas, dicen los griegos; pues es la "*TIERRA DE LOS DIOSES*", la mansión favorita de Apolo, el Dios de la Luz, a sus habitantes con sus sacerdotes y servidores queridos.

Esto puede considerarse ahora como una ficción poética, pero entonces era una verdad poetizada.

ESTRUCTURA

Las primeras Subrazas de la Segunda Raza-Raíz poseían ya ciertos perfiles semihumanos. Fluctuaban, se deslizaban y ascendían sobre los espléndidos bosques tropicales. Empezaron a desarrollar el germen de la sensibilidad y a experimentar ciertas modificaciones emocionales en la conciencia embrionaria que se iba estructurando, es el <u>primer síntoma de conciencia sensitiva</u> que se eleva por encima de la rudimentaria conciencia física. El cuerpo físico aparece ahora, en la <u>Cuarta-Subraza,</u> mucho más estilizado aunque gigantesco, alcanzando alturas de tres y cuatro metros (en la Biblia se hace mención fugaz de estos gigantes en el Génesis 6, 3.-4, donde dice textualmente: "En aquel entonces había gigantes en la Tierra...", aunque realmente se referían a los Lemures, la tercera Raza-Raíz, ya que lo menciona justo antes del Diluvio, que tuvo lugar en la cuarta Raza-Raíz o Atlante).

El ambiente circundante es realmente hostil y el cuerpo ha de ser extraordinariamente fuerte para poder sobrevivir a la espantosa lucha cotidiana contra los elementos y los gigantescos y agresivos animales, reptiles en su mayor parte, que les disputan la posesión de la tierra.

Comentarios y Acontecimientos:

La sensación constante del peligro inmediato y la tremenda necesidad de una inminente y adecuada réplica, constituye el primer síntoma de acercamiento entre sí de los <u>hombres-animales</u>. Se les ve constituyendo núcleos y pequeñas comunidades en donde impera la Ley del Más Fuerte, y se alimentan de los despojos de los animales muertos y aún de los de su propia especie. Al finalizar la Raza, ya en sus últimas etapas, la **Columna Vertebral** se ha elevado constituyendo una vertical sobre la horizontalidad del suelo (en este sagrado punto de experiencia humana se construye definidamente El Chakra Mulhadara, el depósito de Fuego de KUNDALINI) y ya no se arrastra sino que camina. Las dos Primeras Grandes Razas Raíces aparecidas en la Tierra, crearon los matices FÍSICOS y EMOCIONALES de la humanidad, y su desarrollo en el plano de la evolución terrestre se pierde en la lejanía del tiempo, por cuanto estaban de alguna manera todavía vinculadas (subjetivamente) con la evolución del Esquema Lunar. Estas dos razas tenían el mensaje lunar en forma de dos definidos <u>Átomos Permanentes</u>, el físico y el astral. El átomo permanente Mental o Unidad Mental aparecería mucho más adelante como una aportación netamente Solar y entró en Actividad por la directa INTERSECCIÓN de los "<u>Señores De La Llama</u>" (Seres extraplanetarios altamente evolucionados). Con esto queremos indicar que lo que realmente llamamos HOMBRE, como un ser inteligente o superior (solar), no aparecerá hasta la Tercera Gran Raza-Raíz, la LEMUR. Es esta la razón por la cual algunos tratados esotéricos empiezan a contar la historia del hombre desde la Tercera Raza Lemur, como si fuera la primera.

3ª RAZA-RAÍZ "LA LEMUR"
<u>SITUACIÓN</u>

Proponemos llamar LEMURIA al Tercer Continente. Este nombre es una invención o una idea de Mr. P. L. Sclater, quien, entre 1.850 y 1.860, confirmó con fundamentos zoológicos la existencia real, en tiempos prehistóricos, de un Continente que demostró se extendía desde Madagascar a Ceilán y Sumatra, incluidas algunas partes de lo que ahora se llama África. Este gigantesco Continente, que se extendía desde el Océano Índico hasta Australia, ha desaparecido por completo bajo las aguas del Pacífico, dejando aquí y allá solamente algunas de las cumbres de sus montes más elevados, que en la actualidad son Islas. Su antiguo nombre fue "<u>SHALMALI</u>".

ESTRUCTURA

Esta raza estaba constituida al principio por tipos HERMAFRODITAS de alta estatura, frente deprimida, nariz chata, mandíbula saliente y abultada de piel oscura. La separación paulatina de los sexos en estos seres que ya poseían una rudimentaria forma física, se produjo tras 18 millones de años de existencia, en lo que actualmente denominamos Período Jurásico del Secundario, o Edad Mesozoica, el período de los Reptiles, como a veces se lo llama. Al final del período Lemuriano, el hombre comenzó a desarrollar una sólida estructura ósea. Hasta la Tercera Subraza sólo poseían un ojo en la mitad de la frente -después llamado TERCER OJO- y posteriormente dos ojos, aunque hasta la Cuarta raza-raíz no se convirtieron en verdaderos órganos de visión. El recuerdo del *"Tercer Ojo"* persistió, por supuesto, en el relato Griego de los Cíclopes de un solo Ojo.

Comentarios y Acontecimientos:

Hace 16'5 millones de años, en la 5ª Subraza de la raza Lemur, sucedió el momento más dramático de la historia del hombre y del Planeta Tierra. La Llegada De Los Señores De La Llama, el Prometeo que nos relata la mitología. En aquella época los cuerpos humanos estaban preparados para recibir el impulso final, *Que Permitiría El Que Se Acelerase El Impulso Mental*, para hacer el descenso de los EGOS (Almas), y su entrada en aquellos cuerpos del reino animal preparados al efecto. En la mitología, Prometeo con el fin de ayudar a la humanidad y al despertar del hombre, "ROBÓ" el Fuego Sagrado a los Dioses y se lo insufló en el incipiente cerebro del hombre-animal, convirtiéndolo así en un ser capaz de evolucionar como hasta entonces era inimaginable. Por tal hazaña, Prometeo fue "castigado" a permanecer con la humanidad, hasta que el último hombre fuese totalmente REALIZADO (El Fuego Sagrado era el Principio Mental, elemento éste que diferencia substancialmente al Hombre del animal).

Veamos que nos dice la tradición esotérica respecto a la llegada de esos Excelsos Seres, llamados "LOS SEÑORES DE LA LLAMA":

"Con el poderoso rugido del veloz descenso desde incalculables alturas, rodeados por ígneas masas flamígeras que llenaron el cielo con fugaces lenguas flameantes, destello a través de los espacios aéreos EL CARRUAJE de los HIJOS DEL FUEGO, LOS SEÑORES DE LA LLAMA llegados de Venus; se detuvo, meciéndose sobre la Isla Blanca, ubicada en el mar de Gobi (hoy en día desierto de Gobi); era verde y radiante, masas de flores fragantes; la tierra ofrecía lo mejor y más bello para dar su bienvenida a su REY que llegaba. - Era el GRAN SER conocido como EL REY DEL MUNDO, el SANAT KUMARA (conocido en la Biblia como: Melquisedec, el Anciano de los Días), con sus Tres ayudantes, los TRES SEÑORES o KUMARAS ante el Trono de DIOS, y el resto de su cohorte de Auxiliadores".

Ellos actuaron como un estímulo MAGNÉTICO proyectando la CHISPA MENTAL dentro de los hombres inmentales, despertando en ellos el INTELECTO. Astrológicamente esto sucedió en la ERA de SAGITARIO, donde como flechas flamígeras proyectadas desde el cielo descendieron surcando el espacio cósmico y se anclaron en el hombre, las Chispas Divinas, en la humanidad bien preparada. Entonces los <u>SEÑORES DE LA MENTE</u> se hicieron cargo de la parte Superior del Cuerpo Astral (emocional), y asentaron allí la mente germinal, impregnándolos de la cualidad de una Personalidad separativa, con todas sus posibilidades de experiencia y desarrollo, y todos sus inconvenientes.

En ese momento apareció EL INDIVIDUO
(como potencialidad),
"LA INDIVIDUALIZACIÓN".

Los Señores de la Llama, procedentes de Venus (un planeta íntimamente relacionado con la Tierra) aterrizaron en Svetta Dvppa, o Isla Blanca, en el transcurso de la Segunda Mitad de la Época Lemuriana, consagrándose como los dirigentes de la Tierra y representantes de la VOLUNTAD del LOGOS para la evolución de nuestra Humanidad. Desde un punto de vista Oculto, supuso la "Instauración De La Jerarquía Espiritual Planetaria" en la Tierra. Esta Jerarquía Planetaria, también llamada LA GRAN FRATERNIDAD BLANCA actúa hoy en día en todas las esferas o campos de actividad humana, promoviendo, desde la parte invisible de la vida, corrientes de vos positivos pensamientos e ideas que afectan ya sea en la, Política, Religión, Economía, Cultura, Ciencia, etc., y de alguna manera son los que orientan e impulsan estas actividades hacia su correcta expresión, siempre dentro de un límite, el límite que marca la LEY del LIBRE ALBEDRÍO del hombre.

Al principio, los órganos de sus cuerpos eran rudimentarios, no eran controlados por el cerebro, que todavía no estaba formado. El primer paso dado hacia su progreso fue el de dicha formación del cerebro, que se dio como consecuencia de la Separación de los Sexos. Gracias a la división de los sexos y a la existencia en cada ser humano de un polo sexual no utilizado para la propagación, se pudo desarrollar la Laringe, el Cerebro y la Conciencia. El hombre requiere un cerebro para pensar, cosa que no es necesaria en el caso de los Ángeles. Los Ángeles le ayudaron en su labor de propagación, en los periodos de enlaces sexuales, y también en la construcción del cerebro físico. Pero Ellos no sabían utilizar ese órgano ni ponerse en contacto con un ser por su intermedio. Actuaban con los hombres por medio de las emociones, pero no por los pensamientos. Siendo MAGOS de nacimiento, los Lemures se sentían seres espirituales, y su línea de evolución se centraba en la conquista de conocimientos materiales. Cuando se conducía a los componentes más avanzados de la raza a los **Templos De Iniciación** establecidos por los KUMARAS Venusianos, se les enseñaban las Leyes de la Naturaleza y los hechos relacionados con el nivel físico de la materia, y se fortalecía su Voluntad, al tiempo que se educaba su memoria. El trabajo creador que los Lemures llevaron a cabo bajo la dirección de los preceptores Venusianos se dirigió fundamentalmente al Reino Animal y Vegetal, orientándose por su conciencia interna pictórica o especial clarividencia primitiva; que se perdió, como hemos visto, cuando el hombre mezcló las sangres de las familias y desarrolló la conciencia del plano físico, la mente y el intelecto. En ese punto comenzó a tomar sus propias decisiones, y se independizó grandemente de la tutela de los Ángeles, llevando el acto generador o sexual a término cuando lo creía conveniente. Progresivamente su conciencia física se fue agudizando, llegando a su total desarrollo hacia el final de la Época Atlanta. En ese momento empezó a hacerse consciente de la muerte, debido a la interrupción de conciencia en el tránsito del mundo físico a los planos menos densos.

En este orden de cosas, el Plan de Evolución de nuestro Esquema había establecido que el hombre entrara en posesión de la conciencia INDIVIDUAL, del "YO", a finales de la época Atlante, pero ocurrió que, por la intervención de unos Seres similares a los Ángeles pero de distinto desarrollo, **"Portadores De La Luz"** pertenecientes a una evolución Angélica concreta, la cual no siguió las mismas líneas de la mayoría, y requerían en aquellos momentos, para su desarrollo ulterior, de un cuerpo mental y órganos cerebrales. Pero no poseían estas condiciones, ya que los Ángeles nunca tuvieron un cuerpo denso. Necesitaban los órganos Mentales como los que el hombre poseía (sin saberlos utilizar todavía) para poder expresarse y adquirir nuevos conocimientos. En consecuencia, este grupo de devas especiales se manifestaron en la conciencia pictórica interna de algunos Lemures, los más avanzados en su capacidad imaginativa-introspectiva, que eran las mujeres, ya capaces de distinguir sus propios órganos físicos, e introduciéndose por su columna vertebral a través de la médula, reclamaron fuertemente su atención hacia sus cuerpos físicos, de tal manera que llegó un momento en que la mujer Lemur pudo percibir a los espíritus "luminarios" enroscados en su médula, y de allí procedió posteriormente la leyenda de la serpiente tentadora y su "ENEMISTAD con la mujer". Este grupo de entidades ángelicas" eran capaces de ponerse en comunicación con los hombres debido a lo especial de su desarrollo, en tanto que el resto de los Ángeles no lo podían hacer, y solamente lo manejaban, pero sin establecer contacto consciente con él. Por lo tanto estos seres angélicos eran muy excepcionales en aquellos momentos, ya que eran los únicos que podían ponerse en relación consciente con el hombre y transmitirle conocimiento. <u>Esta transmisión no se hallaba, por supuesto incluida en los planes de la Jerarquía Planetaria</u>, pero como quiera que sea, optaron por no intervenir en aquel proceso, y los "devas de Luz" dieron al hombre una serie de conocimientos a cambio de actuar por su través y adquirir así experiencias, en una especie de simbiosis y de intercambio de facultades.

   Este grupo aportó al hombre el conocimiento de lo que significa ser una entidad separada y autónoma, y consiguientemente la libertad de juicio y de acción. Así los hombres se hicieron semejantes a los Dioses, ya que sólo los seres en posesión de una INDIVIDUALIDAD son capaces de hacer distinciones opcionales entre el <u>BIEN</u> y el <u>MAL</u>. Asimismo les enseñaron a liberar sus cuerpos astrales del control de los Arcángeles Guía, que por aquel entonces guardaban el equilibrio natural, y a partir de ese momento fueron capaces de sentir la atracción sexual por sus compañeros del otro sexo en cualquier momento y, consiguientemente, de reproducirse a voluntad, cuando y como quisieran, y sin intervención de los Ángeles. Así, las mujeres fueron tomando cada vez mayor conciencia de sus cuerpos, de sus formas físicas, y de la de los hombres, transfiriéndoles este conocimiento. Los Lemures fueron independizándose de la supervisión de los Ángeles y Arcángeles, en tanto su conciencia se enfocaba progresivamente más en el exterior, y las primitivas representaciones internas en forma de cuadros más o menos abstractos y coloreados, fueron sustituyéndose por representaciones cada vez más exactas del mundo físico que le rodeaba.

Llegado a este punto de nuestros estudios sería conveniente matizar la diferencia sustancial que existe entre Lucifer *"Lucero de la Mañana"*, y SATANÁS o Ahimann, el *"Gran Dragón"*, el Príncipe del Mal. Existe una gran confusión que hay que destacar y es aquella que identifica a Satanás con Lucifer. Lucifer, o mejor dicho, los ángeles luciferinos, ya que lucifer no es una entidad concreta, fueron y son una familia concreta de ángeles de determinada evolución que en un momento muy concreto de la evolución humana hicieron contacto con nosotros y nos estimularon en grado sumo el intelecto, con lo cual empezó una evolución diferente, muy rápida pero a la vez muy dolorosa para el hombre. Y la palabra "Satanás" esotéricamente se entiende como una espesa niebla psíquica creada por las pasiones, miedos, perversiones, bajas emociones, odios, de la propia humanidad. En ningún caso es una Entidad propiamente dicha, pero sin embargo puede parecerlo, ya que ha sido creado durante miles de años por la propia humanidad, y forma parte del "ESPEJISMO" subconsciente o colectivo de la familia humana. Es un "Gran Egregor" planetario. No podemos negar que existen entidades malignas, que podríamos denominar como "demonios" o "esperpentos", entidades astrales de muy baja vibración, pero que también evolucionarán con el tiempo, ya que todo es "divino" en algún punto de su evolución. Sin embargo como hemos dicho, son seres de muy baja evolución y con el tiempo ellos también irán depurando y evolucionando. Lo que intentamos indicar es que no existe algo así como un Ser que encarna el anti-Dios, "El Demonio" "Satanás" un Ser que encarne el mal absoluto, sino que existen entidades que encarnan el mal relativo, y su poder no es tan grande, sino que se aprovechan de la debilidad e ignorancias humanas para ejercer su limitado poder. Con el tiempo, y cuando haya mucha más luz en el planeta, esta terrible "fantasmología" se irá diluyendo, como el hielo expuesto al Sol.

Podríamos decir también que efectivamente existen, pocos y raros casos, pero reales de "posesione demoníacas" que han sido investigadas muy rigurosamente, pero estas posesiones en nombre de "Satán" son Seres dévicos concretos malvados de muy baja evolución y que tienen vida y nombre, pero que no son en absoluto "Satanás" o el anticristo.

Continuemos con la intervención de estos devas portadores de luz, el hombre influido de esta forma se sintió capaz de emitir JUICIOS y de establecer él mismo las NORMAS que habrían de regir las relaciones con su entorno y con sus semejantes, pero dado que ahora era prácticamente inconsciente de los Planos Internos o Superiores, que son la matriz De Todas Las Causas y la Fuente de toda realidad, se vio a menudo engañado por las apariencias del mundo físico, y sobrepasado por los impulsos de su propio cuerpo astral, con lo que aparecieron sus errores de comportamiento y la idea del "PECADO", y con los errores vinieron las consecuencias de los mismos en forma de KARMA.

Ahora, debemos precisar que de todos los fenómenos descritos al tratar la Raza Lemúrica, no tuvieron lugar en todo el conjunto de sus componentes, sino tan sólo en algunos miembros elegidos, aquellas transformaciones que implicaban cambios muy considerables. Estos miembros escogidos constituyeron el precedente de la siguiente Raza Raíz, la Atlante, y fueron seleccionados por el gran desarrollo de su espiritualidad interior.

Se les condujo a las zonas más ecuatoriales de la Lemuria, y allí fueron especialmente entrenados por los Señores de Mercurio para llevar a cabo su misión de progenitores de una nueva Raza. El resto de los Lemures fue degenerando, hasta que sus cuerpos se convirtieron en poco más que animales. Y hoy en día sus descendientes por vía formológica son los <u>MONOS Antropoides</u>. Esos Lemures degenerados fueron destruidos junto con el resto del Continente que se extendía por debajo de Ecuador, por grandes cataclismos y tremendas erupciones volcánicas.

El Origen De Los Monos

"El eslabón perdido" que probaría de modo innegable la teoría -que el hombre desciende del mono- "<u>jamás será encontrado</u>" -por los paleontólogos, ya que no existe en modo alguno ese teórico eslabón..." Siendo la verdad precisamente todo lo contrario. La razón del por qué los Ocultistas rechazan la teoría Darwiniana es porque el mono, dicho sea con verdad, y no el hombre, es un ejemplo especial y único. <u>El pitecoide es una creación accidental</u>, un desarrollo forzado, el resultado de un proceso no natural, un cruzamiento entre un ser o forma animal y antiguo humanoide. Los monos aparecieron millones de años después que el ser humano parlante. Así, pues, es muy importante tener presente que los "EGOS" de los monos son entidades obligadas por su Karma a encarnar en formas animales, que son el resultado de la bestialidad de los últimos hombres de la Tercera Raza o Lemúrica, y de los primeros de la Cuarta o Atlante. Esto fue producido por el cruce sexual degenerado de algunos Lemures con hembras peculiares del reino animal. Las innumerables tradiciones sobre los sátiros no son fábulas, sino que representan una raza extinguida de hombres-animales. Las "Evas hembras" animales fueron sus antecesores, y los "Machos Adanes" humanos sus antepasados. De aquí la alegoría Kabalística de Lilith o Lilatu, la primera esposa de Adán, a quién el Talmud describe como una mujer "encantadora", "con pelo largo y ondulado", "una hembra animal peluda de una forma ahora desconocida". De esta unión antinatural descendieron los monos actuales. Éstos son verdaderamente "hombres mudos"... He aquí cómo la Ciencia Oculta explica la ausencia de todo eslabón entre el mono y el hombre, y muestra precisamente lo contrario, que es el mono el que nace del hombre...

4º RAZA-RAÍZ "LA ATLANTE"
SITUACIÓN

ATLÁNTIDA, así llamamos al cuarto Continente. Sería la primera tierra histórica si se prestase más atención, de lo que se ha hecho hasta ahora a las tradiciones Antiguas. La famosa isla, llamada así por Platón, era sólo un fragmento de aquel gran Continente. A diferencia de las anteriores, existe una gran información relativa a la Cuarta Raza-Raíz o Atlántica, sobre la cual se conoce un libro, que es considerado como un texto clásico a este respecto, titulado "The Story of Atlantis and Lemuria", de W. Scott-Elliott. Esta obra contiene también cuatro mapas que cubren todos sus períodos. A grandes rasgos podemos decir que <u>ocupaban la cuenca Atlántica</u>, desde unos 50º de Latitud N. hasta unos pocos grados al Sur del Ecuador.

ESTRUCTURA

La apariencia de los primeros Atlantes era muy distinta de la actual. La estructura de los últimos Lemures, directos precursores de los Atlantes, era muy parecida a los primeros Atlantes. Sus ojos eran pequeños y parpadeantes; sus cabellos lacios y de sección circular; sus orejas se separaban mucho de la cabeza y nacían mucho más hacia atrás que en la actualidad. En conjunto su imagen queda reflejada con bastante aproximación en la iconografía Azteca y Maya. Todas estas condiciones fueron variando muy substancialmente, y al llegar a la 5ª subraza, la Semita, su apariencia externa era muy parecida a la de los Arios (nuestra actual raza). Afirmándose, por parte de algunos autores, que incluso ya en los últimos pertenecientes a la tercera subraza o Tolteca, se asemejaban al llamado "Hombre de Cromañón", que constituyó uno de los ejemplos más perfectos del ser humano en su aspecto físico. Descendientes de los Toltecas fueron los primeros pobladores de Egipto, que luego se fusionaron con una rama Aria procedente de la India.

Comentarios y Acontecimientos:

Una vez fue destruido completamente el Continente Lemúrico, por sucesivos cataclismos de origen fundamentalmente volcánico, surgió en su lugar un nuevo Continente el denominado "ATLÁNTIDA". Como ya vimos en la Tercera Raza la intervención de los Espíritus Luciféricos precipitó una serie de acontecimientos, y cómo el hombre se vio prematuramente dotado de una Individualidad cuyo significado y verdadero valor ignoraba, y con la que no sabía cómo comportarse. Los sucesivos errores cometidos por falta de madurez y de criterios apropiados generaron una masa de Karma que forzó a posponer la entrada en vigor del nuevo impulso hasta la siguiente Época, la Aria, y aún en ella, el impulso CRÍSTICO, que debiera haber sido infundido durante la Época Atlante, no fue correctamente asimilado por una humanidad demasiado desviada por la influencia luciférica.

Los vehículos sutiles (cuerpos internos) de los Atlantes primitivos no eran concéntricos con el cuerpo físico, como en la actualidad. La cabeza del Cuerpo Etérico se encontraba fuera del físico, situada bastante por encima. El punto negro que representa para el clarividente el asiento del Alma, entre las cejas, no coincidía con su contraparte etérica, de la misma forma sucede en los animales actuales. Como consecuencia de ese distanciamiento, su poder de percepción era mucho más preciso en los Planos internos que en el Físico, con su atmósfera neblinosa y pesada. En el último tercio de la Época Atlante, ambos puntos coincidieron, y se consiguió la perfecta conciencia del Plano Físico, pero a costa de la pérdida de la percepción de los Planos más sutiles. En los comienzos de su Época, el Atlante no percibió con claridad los contornos de las cosas, pero captaba su forma etérica y Astral, e identificaba sus atributos de manera inequívoca. Con la pérdida de la percepción interna, todas esas posibilidades desaparecieron, lo que lo dejó en un estado de cierta indefensión.

A continuación daremos los nombres junto con algunos sucesos de las Siete Subrazas de esta Cuarta Raza-Raíz: 1. Ramoahals. 2. Tlavatlis. 3. Toltecas. 4. Turanios. 5. Semitas (originales). 6. Akkadiana. 7. Mongólica.

Al principio apenas poseían una memoria recién establecida, como fruto de los últimos pasos de la evolución mental de los Lemures, que ya les habían permitido sentir y expresar algunos sentimientos artísticos y Espirituales Elevados, que les condujeron, como vimos, a realizar gigantescas construcciones de tipo religioso (que nunca utilizaron como viviendas) como la famosa y grandiosa "SHAMBALA" erigida por los Lemures. Por la vinculación de estos primeros Atlantes con las fuerzas de la naturaleza, los sonidos emitidos por ellos, al igual que sucedían con los Lemures, actuaban sobre las cosas o seres designados. Era un lenguaje dotado de un Poder auténtico. Capaz de ejercer un efecto CURATIVO, estimular el crecimiento de las plantas o domar un animal salvaje. En las sucesivas Subrazas esta capacidad fue disminuyendo, hasta llegar a disiparse por completo. La utilización que los Rmoahales daban al lenguaje era muy cuidadosa, y provista de un sentido Religioso, ya que ellos apreciaban el <u>Espíritu Divino latente en todas las formas de la creación.</u>

Más adelante comenzaron a tomar conciencia de sí mismos como entidades AUTÓNOMAS y SEPARADAS. Con ello vino la autoestima y el germen del orgullo personal. Los que habían desarrollado de forma más perfecta la memoria, y eran capaces de recordar experiencias pasadas, valorándolas y estableciendo comparaciones con el presente, fueron muy estimados, ya que en aquel tiempo no actuaba la Mente Concreta Razonadora y elaborada de criterios, juicios, y solucionadora de problemas. Las dificultades habían de afrontarse en base a experiencias similares del pasado. De esta forma, las propias acciones de estos adelantados se fueron registrando en la memoria de sus coetáneos, estableciéndose un rudimentario "Culto a la tradición". La memoria del grupo comenzó a establecer una conciencia de Unidad Grupal, que sería el precedente de la idea de PATRIA. En la tercera Subraza de los Atlantes. Los dirigentes más poderosos fueron sometidos al proceso de "INICIACIÓN" en el Sendero de Aceleración Evolutiva, con objeto de dar a sus facultades un alcance más completo y servir así de pauta a sus congéneres. Con un desarrollo muy completo de la memoria, y con el establecimiento del culto a las personalidades relevantes, llegó un momento en el que aparecieron la ambición y el orgullo, basados en el poder personal y en las facultades que este pueblo poseía para operar sobre las fuerzas de la naturaleza.

La Cuarta Subraza de la Atlántida, fue la más degenerada. En ellos fructificaron las Primeras Semillas del MAL, ya apuntadas en las dos subrazas anteriores. Y así llegaron a entrar en contacto con las Entidades Representativas DEL MAL CÓSMICO, a los cuales brindaron su adoración los Sacerdotes de los Cultos NEGROS de la Atlántida, que fueron proliferando por todo el Continente como una gigantesca infección moral:

"El temor a la MUERTE es una de las grandes anormalidades o distorsiones de la Verdad Divina; De Las Cuales Son

Responsables Los Señores Del Mal Cósmico Inicial. Cuando las primitivas épocas Atlantes surgieron del lugar donde habían sido confinados, y obligaron a que la GRAN LOGIA BLANCA se retirara temporalmente a niveles subjetivos, su primer gran acto distorsionador fue imponer el temor en los seres humanos, comenzando con el temor a la muerte. Desde ese momento los hombres han puesto el énfasis sobre la muerte y no sobre la VIDA, y cada día han sido dominados por el temor. Uno de los actos iniciales de CRISTO y de la Jerarquía, cuando reaparezcan nuevamente, será erradicar este temor particular, y confirmar en las mentes de los Pueblos la idea de que encarnar y tomar forma no es más que un proceso natural del Espíritu Divino que es el HOMBRE".

Los grandes PODERES otorgados a los Iniciados, algunos de los cuales pervirtieron su Sagrado Juramento a la Jerarquía Planetaria, unidos a las capacidades propias de la Raza Atlante original, marcaron un vertiginoso descenso de la integridad de aquel pueblo, empleándose cada vez más señaladamente para la corrupción, con finalidades extraordinariamente EGOÍSTAS y perversas, por parte de las clases más elevadas de la sociedad, sobre las más bajas y oprimidas.

Todas las aberraciones tuvieron en este oscuro período un completo desarrollo. Los sacrificios humanos fueron práctica generalizada, y los MAGOS-SACERDOTES consagraron sus esfuerzos a dotar la Vitalidad artificial a criaturas elementales, engendradas en base a sus más groseros deseos, con objeto de utilizarlos como elementos de culto frente a sus más incultos súbditos, que creían ver, en aquellas repulsivas entidades semimaterializadas, Dioses dignos de veneración, al menos por el temor que su repugnante presencia les imponía. Toda clase de prodigios fenomenológicos eran llevados a cabo por aquellos Magos Negros, que podían controlar a los Devas menores y a los Espíritus de la Naturaleza. Así podían dotar de una falsa vida a las estatuas de piedra de sus monstruosos Dioses, que bajaban de sus pedestales para devorar a los seres humanos que se les ofrecían en cruentos sacrificios; o promovían una inteligencia artificial en algunos animales, dotándoles del habla para que actuasen como sus intermediarios frente al pueblo, y exigiesen dádivas para sus sueños y sangre para su propio alimento, contra la amenaza de despertar a los Dioses bestiales que les tenían aterrorizados. Todas esas iniquidades fueron consideradas por la Jerarquía Planetaria y los Grandes Preceptores de otros Planetas, y consideradas como gravemente peligrosas para el futuro desarrollo del hombre, por lo que fue decretada la completa destrucción de esta Raza profana. Tremendos terremotos hundieron así la mayor parte de la Atlántida bajo la superficie del mar, tras un gigantesco DILUVIO promovido por la condensación del vapor acuoso que integraba la atmósfera de ATLANTIS. Únicamente pequeñas extensiones meridionales del Continente quedaron a salvo, y allí se desarrollaron las subrazas subsiguientes, a partir de algunos pocos sobrevivientes cuidadosamente seleccionados por la Jerarquía. "Este gran DILUVIO corresponde, concretamente a lo que la Biblia ha venido a llamar "***El Gran Diluvio Universal***", perteneciente a una raza anterior a la nuestra. Y Noé, siendo un gran iniciado y de gran pureza, representa al GUÍA encargado de salvar a aquellos que habían sido justos.

En los últimos restos de la Atlántida, denominados Poseidonis, que fue descrita por Platón, y con la atmósfera clara e iluminada por la Luz Solar, apareció la Quinta Subraza Atlante, destinada a ser el precedente de la próxima Raza, nuestra actual Raíz ARIA. La mente empezó a utilizarse como refrendo de los deseos y rectora de las acciones. Antes de proceder a cumplir inmediatamente la apetencia experimentada, el hombre Semita sometía ese impulso a una consulta con su mente, para saber si esa acción era apropiada o podría causarle algún perjuicio. Sus motivaciones continuaban siendo básicamente egoístas, pero ahora se hallaba sometida a un control. Esa posibilidad de emplear la facultad razonadora y discernidora, supuso como contraparte, la pérdida del control de las Fuerzas de la Naturaleza, y la clarividencia lo que alivió al hombre de una tremenda responsabilidad por un poder que todavía no era capaz de utilizar correctamente.

Vemos pues cómo en la Época Polar, el hombre consiguió el cuerpo físico como instrumento de acción; en la Época Hiperbórea el cuerpo Etérico que le dio fuerzas vitales, capacidad de crecimiento y reproducción; en la Época Lemúrica el cuerpo Astral, le dio el incentivo para la acción y limitó el crecimiento; y así, en la Época Atlante, el hombre utilizó la mente (recibida a mediados de la Lemuria), para que sus acciones se guiaran, no por impulsos emocionales, sino por determinaciones conscientes y responsables de índole intelectual. Ahora bien, la naturaleza Astral (emocional) del Atlante era muy poderosa, y la capacidad reflexiva apenas incipiente, su interacción ocasionó una especie de compromiso favorable a la parte emocional, que se denominó "ASTUCIA", es decir, la Inteligencia puesta al servicio del interés egoísta.

(A finales de la 7ª sub-raza se sitúa lo que la ciencia llama el "Homo Sapiens" y el Neolítico).

Las Pirámides:
De los últimos Atlantes se pueden observar con bastante precisión como manejaban, asistidos por otros seres de tipo extraterrestre, una desorbitada tecnología para su tiempo. Entre otros, las famosas Pirámides primitivas fueron resultado de dicha tecnología, ya que los primeros Faraones fueron las últimos Atlantes, de ahí el mito de que los Faraones eran Hijos del Sol, es decir del Espacio Exterior. Las Pirámides mejores construidas curiosamente eran las más antiguas, algo inexplicable, y las últimas que iban construyendo apenas se asemejaban a las primeras, ya que para entonces ya no existía esa ayuda extraterrestre.

5ª RAZA-RAÍZ "LA ARIA" La actual.

Nota: No debemos confundir la palabra "ARIA" con la utilizada por los nazis para designar un tipo determinado de hombre físico. Hitler, conocedor superficial de la tradición esotérica, se apropio de esta terminología "Aria", para justificar sus atrocidades. Luego entendamos que la palabra "ARIA" fue muy anterior a él. Cuando hablamos de la "RAZA ARIA o Quinta" no se está haciendo referencia a un tipo particular de anatomía física, sino a unas características interiores concretas de nuestra presente humanidad, la cual está plenamente representada por todas las razas y etnias del mundo actual.

SITUACIÓN

La Quinta es nuestra Actual Raza, la "ARIA". De los pocos Semitas que permanecieron fieles a su Espíritu Guía y a su Manú, se originó esta Raza-Raíz que geográficamente tuvo su foco de dispersión en el Asia Central. El quinto Continente era América, pero como está situado en sus antípodas, los Ocultistas Indo-Arios mencionaron generalmente a Europa y al Asia Menor, casi contemporáneos de aquél, como el quinto. Si su enseñanza siguiese la aparición de los Continentes en su orden Geológico y Geográfico, entonces esta clasificación tendría que alterarse, pero como el orden sucesivo de los Continentes se hace que siga el orden de la EVOLUCIÓN de las RAZAS, desde la Primera a la Quinta (nuestra Raza actual), <u>EUROPA</u> tiene que llamarse <u>El Quinto Gran Continente</u>.

COMENTARIOS

Partiendo prácticamente de cero, los Arios se vieron en la necesidad de elaborar toda una Cultura. Desprovistos de sus anteriores facultades psíquicas y de los antiguos y avanzados recursos tecnológicos de la precedente Raza Atlante. Totalmente supeditados a un confinamiento en el Plano Físico, y desconectados de toda realidad más profunda.

Por supuesto esta descripción es un tanto global y no puede aplicarse de la misma manera a todos los focos de los primitivos Arios. En el caso de los EGIPCIOS, por ejemplo, existió una suave transición entre la Cuarta Raza y la Quinta, y una gran parte de la Ciencia Espiritual, así como sus aplicaciones técnicas, sobrevivieron durante largos años. Pero este no fue el caso más común. La norma a partir de entonces fue el que los antiguos Guías Espirituales rehuyeran en lo posible la proximidad a los hombres, para dejarlos liberados a sus propias fuerzas y al libre ejercicio de su facultad intelectual y discernidora. De esta forma comenzó el curso de una nueva ETAPA de la humanidad. Ocasionalmente descendían entre ellos miembros de humanidades avanzadas de otros planetas, que les introducían en el conocimiento de algunas prácticas elementales pero necesarias para su desarrollo, tales como el uso y la producción del FUEGO, la manipulación de los Metales, o los principios de la agricultura y la ganadería.

Después de varios milenios y al ir rehaciéndose la Humanidad del gran cataclismo de la Atlántida, un Sumo Sacerdote llamado "RAM O RAMA"; conductor de pueblos y sabiduría, tuvo que huir de las tierras celtas de los *"Finisterres"* europeos, por oponerse a los sacrificios humanos que las Sacerdotisas Druidas imponían en el matriarcado para aplacar a los Dioses. En esta huida hacia el Este llegó a la India y con la amalgama de otros restos de pueblos salvados de la repetida gran catástrofe, como los uighures de la Siberia, llegó a formar un pueblo unido bajo la forma de "Teocracia", hoy perdida. La libertad y el Destino es el único modo de EQUILIBRIO que puede llevarnos a la FELICIDAD y a la PAZ. De este gran Avatar cual lo era RAM, se deriva el Dios legendario de la India, Ramakrisma, y la epopeya del RAMAYANA y toda la Sabiduría de la Antigua India. Este conductor de la Humanidad fue también llamado Manás o Manú. Y muy posteriormente Minos por los Griegos y MOISÉS por los Judíos.

En la Antigua India con sus siete RISHIS y todo el contenido Religioso nacido en ella, es la Primera Subraza de la Quinta Raza. Para los Hindúes de la antigua India, sólo el mundo ESPIRITUAL y Suprasensible era lo Real; en cambio, MAYA o Ilusión era lo Material. El contenido muy posterior de los VEDAS, libros impregnados de un elevado Conocimiento Espiritual no reflejan el aspecto original de las grandes Doctrinas elaboradas por aquellos Maestros de la más remota antigüedad. Esta antiquísima sabiduría había heredado algo de la COSMOCIDAD de la 4ª Madre-Patria perdida. Muy posteriormente viene lo que nos ha llegado escrito en SÁNSCRITO y que no es sino un débil eco de la India que más o menos conocemos hoy. Por otro lado, aquellos RISHIS saludaron y reverenciaron en *Vishvakarman*, el precursor que habría de venir a salvar el mundo, el CRISTO. (Ver el majestuoso verso profético del 19 yarsht, en el Zend-Avesta).

Una segunda Sub-Raza sucede a aquélla y que es llamada la Persia primitiva cuyo centro irradiante era la antigua Persia. Hubo entonces una figura que dio una nueva y grandiosa forma al Devenir Humano. El hombre de esta excelsa figura sobrepasa el que después la historia le ha dado. Aunque este último siguió el mismo y cercano espíritu del legendario Gran Iniciado ZOROASTRO. También en el antiguo Egipto, un Gran Instructor, conocedor e Iniciado en los Misterios que había dejado Zoroastro, el legendario Hermes o Dios Thot, antecesor del *Tres Veces Sabio Trismegistro*, fue el portaestandarte de este pueblo. Su enseñanza consistía en saber armonizar, durante el paso por la vida, las facultades sensibles de los hombres con los Poderes Espirituales a las que aquéllas estaban subordinadas.

Al final de esta gran cadena de MAESTROS y GUÍAS de la Humanidad, después de la última gran catástrofe, y cuyos nombres más famosos fueron los de: RAMA,

RAMAKRISNA, ZOROASTRO, BUDA, HERMES, MOISÉS, vino el último, que por sus circunstancias especiales habría de ser el PRIMERO, ya que todos los anteriores la habían anunciado, es decir **EL CRISTO**, el Maestros de Maestros y Ángeles. El ser espiritual más elevado de nuestro planeta, el cual se manifestó a través de Su discípulo Jesús de Nazaret por el periodo de tres años. Él aporto con Su Presencia un estímulo único y providencial, abriendo la Puerta Divina a las Iniciaciones Superiores para la humanidad. Un suceso, como dijimos, trascendental.

Nuestra actual 5ª Subraza nació alrededor del final del Imperio Romano y el comienzo del Cristianismo. Pero es en los siglos IV, V y VI, a partir del bautismo de Constantino, cuando la sociedad toma forma y cuerpo diferente a la anterior, en el modo de vivir y de comprender la vida. R. Steiner sitúa el avance de esta cultura desde los siglos citados antes, hasta el siglo XV en que tal civilización y cultura reemplazó la anterior greco-romana, tomando su savia del pensamiento de GRECIA.

6ª y 7ª RAZA-RAÍZ

La SEXTA será la Raza denominada <u>NUEVA ERA</u> (Acuariana). No obstante, componentes de esta inmediata futura raza, están naciendo en todos los Países del mundo, introduciendo elementos totalmente nuevos en la constitución física, y especialmente psíquica, del Ser Humano. De la Sexta Subraza o Americana, aparecerá la última Raza, que <u>UNIFICARÁ</u> en sí las características de TODAS las Razas precedentes, y cuyo color será parecido al café claro. <u>En Esta Raza Se Hará Realidad "La Gran Fraternidad Blanca"</u>.

En resumen, las civilizaciones NACEN y MUEREN desarrollando esta o aquella cualidad; pero el sentido de todo ello es la EVOLUCIÓN, proporcionándonos mediante la Reencarnación, campos de EXPERIMENTACIÓN cada vez más amplios y superiores, hasta alcanzar la meta superior: "*la Realización del Ser*" por la cual venimos a este planeta voluntariamente.

Capítulo. IX

"El sendero del discipulado"

"Pasos preliminares"

Para la elaboración de este capítulo hemos consultado y extraído algunos fragmentos de los siguientes Libros:

"Los Maestros y el Sendero ", C. W. Leadbeater
"Iniciación Humana y Solar", Alice A.Bailey (Maestro D. K.)
"Psicología Revolucionaria", Víctor M. Gómez Rodríguez
"La Meditación Gayatri", Sri. K. Parvathi Kumar
"La Luz del Alma", Alice A.Bailey

Existe una Evolución Mecánica que rige todos los procesos de la naturaleza y, también existe una EVOLUCIÓN CONSCIENTE que es dirigida por una voluntad personal. Existe un Camino, un Principio y un Fin. El fin es el Triunfo sobre una meta, es la coronación de un esfuerzo, pero también es el Principio de una más plena ampliación de la Consciencia. Nosotros como Seres Humanos nos encontramos en un punto determinado, en un escalón definido de la Maravillosa Escalera de la Evolución. A ese peldaño en que nos encontramos lo llamamos el cuarto reino de la naturaleza o humano. Y al igual que existen otros REINOS por debajo del nuestro, como pueden ser el animal, el vegetal y el mineral, también podemos encontrar por encima del nuestro otros REINOS o EVOLUCIONES que se expresan y tienen su existencia justamente aquí y ahora, en un GRADO inmediatamente superior al nuestro. A ese Estado de materia más sutil y consciencia inmediatamente superior se la denomina El Quinto Reino De La Vida o Reino Espiritual.

Es precisamente a ese QUINTO REINO al que debemos aspirar y al cual van encaminados todos nuestros esfuerzos. EL Quinto Reino De La Vida se puede acceder directamente, sin necesidad de abandonar el cuerpo físico. De hecho son muchos ya, los que viven es ese estado de conciencia. Prácticamente todos los Maestros e iniciados de grado superior pertenecen, por derecho propio, a ese Magnífico Reino de la vida. A medida que esa conciencia superior va surgiendo, ese dios interno va despertando, por ley de afinidad vamos penetrando en el QUINTO REINO.

Ante todo es importante que comprendamos que **_SÍ EXISTE UN CAMINO_** que nos permite trascender todas nuestras limitaciones y adquirir por derecho propio nuestra verdadera HERENCIA como Hijos de Dios. Este CAMINO se esconde detrás de todas las Religiones importantes del mundo, detrás de todas las Enseñanzas y Filosofías Antiguas, incluso detrás, detrás mismo, de todo Impulso Espiritual de cualquier raza y en cualquier tiempo... sin embargo, durante mucho tiempo ha sido una Ciencia Hermética, Oculta para la mayoría de las personas, esto en parte es debido a que no todo el mundo estaba preparado para comprenderlo y aún menos para ensayarlo. Sin embargo, ahora, en nuestro actual estado evolutivo -hablando desde un punto de vista global-, nos encontramos preparados Mentalmente para poder hoyar el Sagrado Sendero. El Camino De Realización Del Ser algunos ya lo han recorrido, otros muchos lo están actualmente recorriendo y, en un futuro inmediato, serán una gran mayoría de la humanidad los que lo recorran. Algún día entenderemos que para ello hemos nacido, y que tarde o temprano para ello hemos de vivir. Nunca mejor se ha dicho que El Mundo Es Una Escuela Fabulosa, donde venimos voluntariamente a realizarnos y alcanzar la debida perfección.

En este Capítulo trataremos de orientar e indicar cuales son los "***PASOS PRELIMINARES***", así como las primeras instrucciones necesarias para hollar el "SENDERO". A la vez daremos material suficiente; conocimiento básicos necesario para encaminar de una forma coherente, todos nuestros esfuerzos, disipando así, muchas dudas y falsos conceptos que sobre el camino espiritual teníamos. Será una Instrucción Preliminar, por decirlo de alguna manera, la primera parte, ya que las Instrucciones más elevadas, así como el conocimiento sobre algunos sucesos trascendentales que ocurren en las INICIACIONES SOLARES, serán desarrollados en un capítulo posterior.

> "*A medida que la Sabiduría Antigua descubre ante la mirada del investigador el sublime PLAN de la EVOLUCIÓN, surgen corazones que arden en irresistibles deseos de consagrarse a él. Todas las cosas de la vida pierden su sabor cuando se ha visto la Celestial Visión, y nada es ya posible sino entregarse de lleno y sin reservas a un IDEAL DE SERVICIO, Devoción o Renuncia. Los impulsos más nobles del hombre son las manifestaciones -en los niveles terrenales- de expansiones de conciencia de los dominios Celestiales; la visión de un Ideal lleva consigo la promesa de un logro. Porque dentro del hombre está EL CAMINO, LA VERDAD y LA VIDA; bastase despertar de su letargo para reconocer la LUZ que arde en su corazón*".

"Un Camino Difícil, Pero Sublime"

La más elevada etapa del hombre mundano consiste en efectuar la acción no tan sólo como un deber, sino como el GOZOSO sacrificio de entregar todo cuanto posee el hombre. Al llegar a esa etapa le es posible quebrantar los LAZOS DEL DESEO y librarse del RENACIMIENTO, pues le mueve a renacer el deseo de los goces y acciones que puede disfrutar y cumplir en la Tierra. Todo lo que va en pos de algún ideal mundano que tiene por meta de su existencia algún objeto terrenal, está evidentemente ligado por el DESEO, y mientras desea algo que la tierra pueda darle habrá de volver a la tierra. Todo cuanto perteneciente a la transitoria vida física sea capaz de atraerlo, será también capaz de ligarlo, porque todo atractivo cautiva al alma y le empuja al lugar en donde le pueda satisfacer su deseo.

Todos las Escrituras Sagradas del mundo aluden al **DISCIPULADO**. Uno de los ideales de todas las almas de Alta Evolución que en este mundo externo anhelan unirse con la Divinidad, es encontrar un **MAESTRO** aleccionador de hombres. En todas las Escrituras está expresada esta idea. Todos los UPANISHADAS mencionan el GURÚ, a cuya búsqueda y hallazgo se convierte la atención del aspirante a discípulo. Trataremos ahora de las CUALIDADES que es necesario adquirir para entrar en el discipulado y lo que es preciso practicar antes de obtener éxito en el hallazgo del Maestro Interior. Expondremos lo que se ha de llevar a cabo en la vida cotidiana, aprovechada para el caso como una escuela en donde aprender las preliminares lecciones y capacitarse para ser dignos de tocar los pies de los GRANDES MAESTROS que le confieran el verdadero **renacimiento**, simbolizado en todas las Religiones Esotéricas por una u otra ceremonia externa, no tan sagradas en sí misma como por lo que simboliza. En el Hinduismo vemos que la frase "**DOS VECES NACIDO**" significa que el hombre no sólo nació de sus padres carnales, sino que volvió a nacer al dar el Maestro nuevo nacimiento a su alma. También en la Religión Cristiana se habla del "**SEGUNDO NACIMIENTO**", evidentemente ese segundo nacimiento se realiza en vida, siendo una radical transformación del individuo.

El estudio de las civilizaciones antiguas, así como las historias herméticas de todos los tiempos, nos hablan de estas **INICIACIONES** del pasado y sabemos que todavía existen en el presente. Hay testimonios históricos de su realidad. En muchos templos de la India subsisten las criptas de las antiguas Iniciaciones, y aunque el vulgo profano ignora su situación, allí están accesibles todavía a quienes se muestran dignos de entrar en ellas. También Egipto tuvo sus criptas de iniciación, sobre algunas de las cuales se yerguen hoy robustas pirámides que las ocultan a la vista de las gentes.

Los insignes MAESTROS, instructores y filósofos de que nos habla la historia fueron INICIADOS muy superiores al ordinario nivel de la humanidad. Siempre existieron y todavía existen hoy estos Iniciados. ¿Cómo podría la muerte posar su descarnada mano en quienes vencieron a la vida y a la muerte y dominan toda inferior naturaleza? Trascendieron la evolución humana en el transcurso de pasados milenios, y unos proceden de nuestra misma humanidad y otros de humanidades anteriores a la nuestra. Algunos vinieron de otros planetas cuando la actual humanidad estaba todavía en la infancia; y otros surgieron cuando esta humanidad había recorrido suficientes etapas de evolución para producir de su seno INICIADOS que la auxiliasen. Su presencia en la historia fuera suficiente prueba de que siguen existiendo, aún sin el testimonio de año en año creciente de cuantos los encuentran y los conocen y a Sus pies aprenden las lecciones. Porque en nuestros días hay quienes, uno tras otro, entran en el antiguo y <u>estrecho sendero</u>, sutilísimo *"como el filo de una navaja"*, que conduce al Portal del Discipulado y capacita al hombre para recorrer <u>*El Altísimo Sendero Del Discipulado*</u>. Uno tras otro entran en él en nuestros días, y por consiguiente, pueden confirmar la verdad de las Antiguas Escrituras y recorrer el SENDERO etapa por etapa…

LAS ETAPAS DEL SENDERO que conducen a la Realización del Ser, y a la cual todos los hombres están destinados a hollar, tiene lógica y necesariamente, muchos GRADOS, <u>divididos todos ellos en tres grandes períodos</u>:

1º)	<u>El período de Prueba</u>, o el **SENDERO PROBATORIO**, donde el aspirante es probado por su propia alma para iniciarlos en los Misterios Menores.
2º)	<u>El período de **DISCÍPULO COMPROMETIDO**</u>, o sea, el del Sendero propiamente dicho, al final del cual el discípulo alcanza el ADEPTADO y se convierte en un verdadero INICIADO.
3º)	El período oficial en que el ADEPTO <u>toma parte definida en el</u> ***"GOBIERNO INTERNO DEL MUNDO"***. La actuación en este período oficial queda fuera del alcance de la comprensión ordinaria.

EL SENDERO PROBATORIO

El Sendero Probatorio precede al de Iniciación o de Santidad, y señala el período de la vida del hombre en que se adhiere a las fuerzas de la evolución y trabaja en la construcción de su propio carácter. Entonces se ocupa de sí mismo, cultiva las aptitudes que le faltan y procura dominar su personalidad. Construye su cuerpo **causal** con deliberado propósito, llenando los vacíos que puedan existir, y tratando de convertirlo en un adecuado receptáculo del principio Crístico. El Sendero Probatorio corresponde al último período de la gestación, a la formación del niño Cristo en el corazón. En la primera iniciación tan sólo indica su comienzo. Se ha establecido cierta estructuración de vida recta, de pensamiento y de conducta. Llamamos carácter a esta forma, que ha de ser internamente vivificada y habitada. *Tackeray* ha descrito este proceso de edificación, con las siguientes palabras tan frecuentemente citadas:

> "Siembra un pensamiento y cosecharás una Acción;
> siembra una acción , y cosecharás un hábito;
> siembra un hábito y cosecharas un carácter;
> siembra un carácter y cosecharás tu destino".

El destino inmortal de cada uno de nosotros es alcanzar la conciencia del Yo superior y subsiguientemente la del Espíritu. Cuando la forma está dispuesta, cuando el templo de Salomón ha sido edificado en la cantera de la vida personal, entonces entra en la vida del Espíritu Puro y la gloria del Señor cubre Su Templo. La forma o personalidad se hace vibrante. Tal es la diferencia entre la teoría y la práctica consubstancial de la teoría. Mientras se encuentra el hombre en el sendero Probatorio se le enseña principalmente a <u>conocerse a sí mismo</u>, a cerciorarse de sus debilidades y a <u>corregirlas</u>. Se le enseña a trabajar como auxiliar invisible al principio y generalmente se la mantiene durante varias vidas en esta clase de labor. Más adelante, a medida que progresa, se le puede encargar una obra más selecta. Se le enseñan los rudimentos de la Sabiduría Divina, y entra en los grados finales de la Cámara de la Instrucción. Lo conoce un Maestro quien lo confía al cuidado de su discípulo, para que reciba definida instrucción o, si tanto promete, se encarga de él un Iniciado. Todos Estos contactos suelen suceder en los planos internos, y la mayoría de dichos contactos espirituales, al menos al principio, se realizan sin que el aspirante sea consciente de ello en su conciencia en vigilia.

"LOS MANDAMIENTOS Y LAS REGLAS"

Volviendo nuevamente a la parte práctica, e intentando simplificar si cabe, los <u>PASOS PRELIMINARES</u> que ha de dar el aspirante en el Sendero para su Aceleración Evolutiva. Vamos a desarrollar serenamente ciertos requisitos: **MANDAMIENTOS** y **REGLAS**, que correctamente ejercitados en nuestras vidas cotidianas, nos permitirá un gran avance espiritual, contribuyendo, no sólo a nuestra íntima **AUTORREALIZACIÓN** e **ILUMINACIÓN** personal, sino, además, y esto es verdaderamente importante, a producir un fuerte **IMPULSO** Evolutivo en la ayuda de la Raza Humana. Los siguientes Mandamientos y Reglas son Universales e intemporales. Prevalecen en todas las épocas y son las premisas necesarias para la Realización. El aspirante hará bien en estudiarlas y practicarlas tenazmente. Los <u>MANDAMIENTOS</u> y las <u>REGLAS</u> son el primero y el segundo método consecutivo que utiliza la YOGA para su realización. <u>Los métodos de la YOGA son OCHO</u>. Y cuando éstos han sido correctamente practicados con constancia y tenacidad, y se ha vencido la IMPUREZA, tiene lugar el esclarecimiento, que conduce a la Plena ILUMINACIÓN, (Libro 2º, aforismo 28. Patanjali).

Utilizamos la palabra **YOGA** en su verdadero sentido original y Sánscrito, no como los occidentales la conocen, ya que piensan que el Yoga es un método de gimnasia que ayuda a mantener la salud. El Yoga es un Legado Sagrado, un conjunto de conocimientos universales que enseñan al hombre el sagrado camino de la verdadera UNIÓN con el Todo. Es una Ciencia Elevada y muy poco conocida en occidente, incluso en oriente.

Estos Mandamientos Universales son cinco, y cinco son también sus Reglas. Veamos:

LOS MANDAMIENTOS	LAS REGLAS
1. INOFENSIVIDAD	1. PURIFICACIÓN Interna y Externa
2. VERACIDAD	2. GOZO o ALEGRÍA
3. NO HURTAR	3. ARDIENTE ASPIRACIÓN
4. CONTINENCIA	4. LECTURA ESPIRITUAL
5. NO SER AVARO.	5. DEVOCIÓN A ISHVARA, ver a Dios en todo

El Primer Mandamiento "**INOFENSIVIDAD**", resume en realidad a los demás. Estos mandamientos son muy completos y abarcan la triple naturaleza (mental, astral y física). Cada mandamiento se puede aplicar a los Tres Cuerpos, aunque lógicamente cada uno de ellos afecta más a uno que a otro. Estudiemos ahora brevemente, pero con claridad, cada uno de estos mandamientos y reglas por separado:

Para las siguientes instrucciones hemos consultado y recogidos extractos de las enseñanzas de Alice A. Bailey, y del Dr. Sri K. Parvathi Kumar.

1. INOFENSIVIDAD

Concierne a la energía que el individuo expresa por medio de sus TRES CUERPOS, no dañando ni hiriendo a nadie, ni de pensamiento, ni de sentimiento, ni a través de los actos físicos.

La cualidad de la INOFENSIVIDAD es algo que jamás podemos olvidar... CRISTO nos enseñó lo que es la inofensividad; BUDHA también nos lo enseñó. Todo Profeta y Escritura nos enseña esto mismo, y muchos de nosotros tiene ya la conciencia de que no se ha de ofender ni herir a otros seres. Todos los que practican el verdadero Ocultismo, tienen mucho cuidado sobre las formas sutiles de practicar la inofensividad. A veces con una palabra; una manera de hablar, de mirar, criticando, subestimando, etc. Esto produce emanaciones nocivas hacia nosotros y hacia los demás. Podemos amar a los animales y a las plantas, pero no estaremos amando a los seres humanos si somos capaces de decir ciertas cosas que le hieren. Una vez dijo Buda: "Si eres maestro de esta VIRTUD estás ya en el Reino de Dios". Entonces ya no necesitaremos los nueve preceptos restantes. Así de poderosa es la cualidad de la INOFENSIVIDAD.

Podemos ser muy amables y cariñosos con extranjeros y con amigos, pero a veces somos muy duros con los que están más próximos. ¿Por qué?..., porque con los próximos, con los que están más cerca de nosotros, estamos en nuestra naturaleza verdadera y con otros ponemos un humor diferente, y por cortesía social les sonreímos, pero por dentro no sonreímos. Mas nuestra naturaleza real se descubre cuando estamos en casa y cuando hablamos a nuestra mujer, a nuestro hijo, a nuestro hermano, padre o madre, o cuando hablamos a la gente del servicio, o al compañero de trabajo. A veces hablamos con todo amor al jefe y reverencia, más miles de dardos envenenados son lanzados contra él en nuestro pensamiento y corazón... Ésta no es la manera de practicar la INOFENSIVIDAD. Cuando un hombre vive completamente con esta virtud, la atmósfera a su alrededor está cargada de ESPÍRITU y AMOR. En los ASHRAM (aulas o centros de encuentro de los Maestros), los tigres y los ciervos viven en amistad; lo podemos imaginar, y ¿sabe por qué viven en amistad?: Porque el MAGNETISMO que el MAESTRO emana debido a Su Inefable INOFENSIVIDAD, se difunde a su alrededor y crea una gran amistad entro todos los seres y todos los reinos, éste es un hecho alquímico de un 100%.

> Frente A Quien Ha Perfeccionado La Inofensividad, Cesa Toda Enemistad.

2. VERACIDAD

La segunda virtud es la VERACIDAD, no sólo se refiere al hecho de no mentir dentro de la ética de relaciones humanas, sino también a la capacidad que se desprende del **PODER DEL VERBO** y el lenguaje. Esto se trata ampliamente en el libro "Luz en el Sendero" en el aforismo que dice: "*Antes de que la voz pueda hablar en presencia del maestro, debe haber perdido el poder de herir*".

Existe Una Única Verdad, eso es cierto. Pero para el hombre que evoluciona existen muchos niveles de "verdad". Y esto se debe al hecho de nuestras propias limitaciones para conocer las verdaderas CAUSAS RAÍCES de todo fenómeno. La verdad varía entre nosotros. Por ejemplo: para los que discuten eternamente entre el ESPÍRITU y la MATERIA, nunca llegan a entenderse, porque ninguno es capaz de comprender la postura y la pequeña verdad del otro. También para los esotéricos y para los que siguen a un sólo Maestro y creen que es el mejor, caen irremediablemente en la misma trampa ilusoria. La virtud que hemos de practicar es la **Comprensión**, ya que cada uno tiene su propia manera de entender la verdad. No debemos interferir en las creencias que tienen los demás, sino llevar a cabo nuestras propias transformaciones, y se producirá un cambio de la verdad en nosotros también.

Este aforismo es la clave del trabajo del Mago y la base de la Gran Ciencia de los ***MANTRAS*** o palabras de poder, que constituye el equipo de todo Adepto. El Adepto, no sólo ve la verdad en todas las cosas, sino que comprende cómo hacer visible la verdad, ayudando así al proceso evolutivo del trabajo creador de Dios. Esto lo hace por medio de ciertas PALABRAS y ACCIONES. También debemos recordar que una de las peores enfermedades de nuestra actual civilización es la constante "Crítica" que vertimos hacia todo y hacia todos, siendo tan peligrosa en los planos internos como la polución contaminadora para el planeta.

> Quien Se Perfecciona En Ser Veraz, Observa Inmediatamente La Eficacia De Sus Palabras Y Actos.

3. NO HURTAR

El Discípulo es justo y preciso en todas sus cosas y no se apropia de lo que no le pertenece. Este amplio concepto abarca algo más que el mero hecho de apropiarse físicamente de las posesiones de otro. Debe recordarse que NO HURTAR se refiere no sólo a abstenerse de sustraer cosas tangibles y físicas, sino a no HURTAR en los Planos emocional y mental. El aspirante no sustrae nada ni reclama beneficios emocionales (tales como amor y favoritismos, antipatía u odio) ni los absorbe cuando no le pertenecen; repudia todo beneficio intelectual; no reclama una reputación injustificada; no asume el deber, el favor o la popularidad de otro; se adhiere estrictamente a lo que le pertenece. El mandato oriental es: "Que cada uno atienda su propio DHARMA" y cumpla su parte. "Ocúpate de tus cosas", es la forma occidental de enseñar la misma verdad. Ésta es la verdadera Abstención De Hurtar que hace al hombre cumplir perfectamente con sus propias obligaciones, cargar con sus responsabilidades y desempeñar sus deberes, lo cual evitará apropiarse de lo que pertenece a su hermano, en los Tres Mundos Del Esfuerzo Humano.

A veces robamos los pensamientos de los otros y los presentamos como si fueran nuestros, esto también es una forma sutil de hurto a niveles mentales. Es honesto e indica madurez espiritual atribuir las enseñanzas que hemos adquirido, a su verdadero autor o inventor. Si no se hace así, la Virtud De La Verdad está ausente... de hecho ningún MAESTRO dice que la SABIDURÍA le pertenece. La Sabiduría existe siempre, la recibimos, la transmitimos, y cuando egoístamente la hacemos nuestra, respecto a su origen, nos convertimos en un ladrón mental. Cuando JESÚS devolvió la vista al ciego, la gente decía que era un Dios y él decía: *"No, no, yo no he hecho nada, el Padre que está en el Cielo quiso Glorificar al Hijo y por eso dio la vista al ciego"*.

Aquí tenemos la clave de la Gran Ley de OFERTA y DEMANDA. Cuando el aspirante ha aprendido a no desear nada para el yo separado o inferior, se le puede confiar LAS Riquezas Del Universo. Cuando nada exige para su naturaleza inferior ni reclama para el triple hombre físico.

<u>Cuando La Abstención De Hurtar Es Perfecta,
El Yogui Puede Tener Cuanto Desea</u>

4. CONTINENCIA

La INCONTINENCIA se considera como DISIPACIÓN de la vitalidad o virilidad de la naturaleza animal. El poder de crear en el plano físico y de perpetuar la especie, es la acción más elevada de que el hombre es capaz. La disipación de los poderes vitales y la incontinencia en la vida libertina, es el Gran PECADO contra el cuerpo físico. Indica que no se reconoce ni aprecia el acto procreador; <u>acusa incapacidad de resistir los deseos y placeres inferiores y la pérdida del propio autocontrol</u>. Los resultados hoy se manifiestan en la familia humana en la poca salud, en los hospitales colmados y en los hombres, mujeres y niños enfermizos, débiles y anémicos, que vemos por todas partes. Esto significa poca conservación de la energía, y las mismas palabras "disipación" y "*hombres disipados*" contienen la lección.

Esta virtud de la CONTINENCIA tiene que ver en gran medida con el control de la Naturaleza Astral Del Hombre, es ausencia total de deseos, y rige la exteriorización de las tendencias hacia lo que no es el YO, cuya expresión en el plano físico es la relación entre los sexos. Esta cualidad es muy difícil de practicar, ya que en parte indica No Abusar Del Sexo: Si comes una comida a destiempo, no la puedes digerir bien: así también, si tienes relaciones sexuales a destiempo, las consecuencias son desastrosas en los dos niveles, internos y externos. El proceso del SEXO es un proceso de INVOLUCIÓN y el proceso del OCULTISMO es un proceso de EVOLUCIÓN. Si queremos evolucionar desde lo denso a lo sutil no podemos meternos en un proceso que da como resultado la involución. Si queremos subir a una montaña, no podemos ir hacia abajo. El sexo a destiempo y abusar de él es una verdadera atrocidad para el que pretende avanzar en el Sendero de la Maestría. Lo primero que el Discípulo debe hacer es aprender la verdadera naturaleza de la creación y conservar su energía. <u>**No se impone el celibato**</u>, ya que tampoco es deseable ni necesario, pero sí el **autocontrol**. El correcto empleo del principio del sexo, de acuerdo a la ley vigente en el país, caracteriza al verdadero aspirante.

Aparte de la consideración de este tema, en relación con la conservación de la energía, hay otro punto de vista, desde el cual el aspirante encara el problema, y es la **TRANSMUTACIÓN** del principio vital (tal como se manifiesta a través del organismo físico) en su expresión dinámica, cuando lo hace por medio del órgano del SONIDO o de creación, es decir, mediante la palabra, o sea, el trabajo del verdadero MAGO. Existe, como bien saben todos los estudiantes esotéricos, una íntima relación entre los órganos de la procreación y el tercer centro mayor, el LARÍNGEO: Esto se manifiesta fisiológicamente en el cambio producido en la voz, en el período de la adolescencia. Mediante la verdadera conservación de la energía y la continencia, el yogui se convierte en un creador, en el plano mental, mediante la palabra y el sonido; así la energía que pudo ser disipada en la actividad del centro inferior (sexual) se concentra y transmuta en el Gran Trabajo Creador del Mago. Esto se lleva a cabo por la CONTINENCIA, el VIVIR PURO y el PENSAR LIMPIO, en vez de las perversiones de la verdad esotérica, como la magia sexual y las monstruosas perversiones sexuales practicadas por ciertas escuelas seudo ocultistas. Estas últimas están en el Sendero Oscuro, no entienden el proceso espiritual y no le conducen al Portal De La Iniciación ya que tratan de despertar el Poder antes que la Virtud.

Es conveniente que el aspirante en el Sendero recuerde constantemente que: *"no existe circunstancia alguna, donde el alma no pueda triunfar"*. Cuando uno verdaderamente se propone vivir una vida espiritual, cualquier actividad humana, como podría ser las relaciones sexuales, puede realizarse PLENA y AMOROSAMENTE, en todos los planos, intentando que haya siempre primeramente una UNIÓN y FUSIÓN de Almas, dando por último término de esta unión, la sexualidad física. <u>Primero se unen las Almas y después los cuerpos</u>. Esto sería como un Yoga Sexual Equilibrado, sin deseo animal, donde tampoco haría falta la disipación de la energía mediante el orgasmo consumado. El tema es verdaderamente muy complicado y se pueden cometer muchas malas interpretaciones. La solución a este problema tan sutil vendrá como resultado natural al acercarnos a la Luz del Alma, dirección constante del aspirante en el Sendero.

Cuando Se Practica La Continencia, Se Adquiere Energía.

5. NO SER AVARO

No ser avaro concierne al pecado de la AVARICIA, que textualmente significa no hurtar en el plano de la MENTE y éste es muy poderoso ya que no sólo tiene su origen en el Cuerpo Emocional o Kámico (deseo), sino también en el Cuerpo Mental. Este mandamiento está comprendido en lo que San Pablo dice: "He aprendido a estar contento en cualquier estado en que me encuentre". Se debe alcanzar ese estado para poder aquietar la mente, de tal manera que puedan entrar las cosas del alma.

Debemos ser capaces de ver y disfrutar de todo lo que es hermoso sin tener El Instinto De Poseerlo. Si hay una rosa hermosa en un jardín, no nos contentamos con mirarla, la queremos arrancar y ponerla en un florero; esto es instinto posesivo. Porque, ¿qué derecho tenemos nosotros para arrancar las cosas de la Naturaleza? A no ser que sea por hambre o un buen fin. Solemos acumular tantas cosas materiales... Por ejemplo, si vamos a una casa vemos una infinidad de cosas dentro de ella, tantas fotos, vasos, tantos espejos, cantidad de muebles... Acumulamos tantísimas cosas que no utilizamos y lo único que hacen es rellenar espacios, como si hubiera una ley que dijera que los espacios hay que rellenarlos, o fuera malo tener espacios vacíos. Cuantas Más Cosas Poseemos, Más Somos Poseídos Por Ellas. ¿Sabéis cual es la mejor manera para hacer a una persona insegura e inestable? Dándole un billón de euros, y a partir de ese momento estará alterado y preocupado por acumular y comprar cosas para toda su vida. Sin necesidad se alteraría por la llegada de tanta energía de golpe, porque es muy difícil controlarla, y cuanto más poseemos, más alterados estamos. Por eso los MAESTROS dicen: "**DAD, porque dando os quedáis libres; recibiendo estáis condicionados**". Por eso nos sugieren que demos, no porque dando nos volvemos grandes, sino porque dando nos quedamos LIBERADOS. Para eso debemos llevar a cabo las VIRTUDES.

> Cuando La Abstención De La Avaricia Es Perfecta,
> Se Llega A La Comprensión De La Ley De
> Renacimiento, Y No Necesita Volver A Renacer.

En el *Bhagavad Gita*, Krishna nos da una INSTRUCCIÓN más a la que llama **SRADDHA** en sánscrito, pero que vamos a explicar:

"ES EL PROCESO DE VIVIR EN EL PRESENTE, EN EL AQUÍ Y AHORA"

Es lo que Krishna practicó y enseñó. Esto es lo que hace la experiencia completa. Si estamos sentados aquí y empezamos a pensar en el pasado, de que el sábado pasado estábamos en Venecia y que viajábamos en góndola, pensando así, o pensando que la semana que viene estaremos en Munich..., si nos proyectamos en el futuro o en el pasado, no viviremos en el presente **aquí y ahora**. Pero por razones un poco "misteriosas", el ser humano siempre vive en el pasado o en el futuro, y es un gran experto para no experimentar el presente. Hay árboles hermosos fuera en el jardín, y algunos de ellos tienen incluso 600 años. Nos sentamos a su sombra, y por lo general, no nos damos ni cuenta de su presencia, porque estando sentados a su lado pensamos en las cosas que tenemos que hacer cuando volvamos a casa, o pensamos en algo que sucedió ayer o anteayer y estamos ocupados en nuestra conversación, entonces todo se vuelve un bla, bla, bla..., que no para, y nos perdemos la EXPERIENCIA de ese maestro antiguo que lleva ya viviendo 600 años. ¡Es tan común en nosotros que nos perdamos el TESORO que está a nuestro lado!... De hecho, JESÚS dijo: "Pasas cada día al lado del tesoro y, sin embargo, no lo ves". Hay una mina de oro justo en nuestro alrededor y no nos damos cuenta. Los tesoros están siempre presentes en el MOMENTO y pueden ser experimentados si aprendemos a **VIVIR AQUÍ**. Lo mismo nos pasa cuando oímos música. Pensando que es una de las mejores músicas que conocemos, encendemos la televisión o la radio y según empieza a sonar, empezamos a hablar: "que bueno el músico que ha compuesto esta música", pero no le doy la oportunidad de que la escuche y si hablo todo el tiempo de la música, la música se me escapa. Los instrumentos producen música, pero no la escuchamos. De la misma manera todas las cosas que hacemos en la vida, las hacemos con bastante sequedad, porque no disfrutamos de estar allí. Supongamos que queremos ducharnos por la mañana y después sentimos la necesidad de salir urgentemente de la ducha..., así no podemos disfrutar de ella. Vamos luego a la mesa del desayuno y tenemos una prisa tremenda por acabar, o empezamos a hablar y hablar y no nos damos cuenta de lo que estamos comiendo.

   Somos especialistas en estar en otro lugar que no sea el presente; esa es la inversión de la que padecemos. Por eso Krishna dice: "*vive aquí y ahora y la experiencia será completa*".

Hay una gran diferencia entre hacer las cosas mecánicamente o hacerlas conscientemente, con PLENA EXPECTACIÓN y a la vez con una actitud SERENA. Sólo la experiencia nos da la respuesta, y ésta merece la pena realizarla. En esa actitud viven los Maestros, y en esa actitud debemos vivir nosotros también si queremos alcanzar la MAESTRÍA.

KARMA-YOGA

YOGA significa **UNIÓN** y **KARMA quiere decir ACCIÓN**. Esta es la modalidad de YOGA adecuada para los hombres del mundo, asediados por las actividades de la vida; y mediante estas actividades, en virtud de su disciplinaria influencia, se han de dar los primeros pasos hacia la UNIÓN. Así vemos que el KARMA-YOGA sirve para disciplinar a los hombres. Notemos el enlace que en nuestro caso tienen las palabras UNIÓN y ACCIÓN. Significa **que la ACCIÓN se ha de cumplir de manera que su resultado sea la UNIÓN**. Conviene recordar que precisamente la actividad, las acciones, los múltiples afanes y quehaceres, separan y distancian a unos hombres de otros. Por la tanto, parece poco menos que paradójico hablar de la unión por medio de la acción, como si fuera posible unir valiéndose de lo que divide y separa.

Pondremos ahora dos ejemplos, los cuales mostrarán cómo el KARMA-YOGA puede servir para la enmienda de la conducta: Consideremos la Pasión De La Ira y examinemos cómo la Trasmuta El Karma-Yoga en virtud. La ira es una energía que surge del hombre y produce un efecto exterior e interior. En el hombre atrasado es una pasión que se manifiesta en variedad de formas brutales que, sin reparar en los medios, se debate contra todo cuanto se oponga al logro de sus deseos. En esta forma es una indisciplinada y destructiva energía natural, que forzosamente ha de subyugar y trascender quien anhele seguir los métodos del KARMA-YOGA. ¿Cómo dominar la pasión de la ira? Primeramente se ha de eliminar el elemento personal. Si recibimos un daño o somos víctima de alguna injusticia ¿qué hacer? ¿Cómo purificar nuestra humana debilidad de la pasión iracunda ante quién nos agravia? Cualquier Instructor de KARMA-YOGA nos recordará, por ejemplo, que en el Decálogo del Manú figura como uno de los 10 mandamientos el perdón de las injurias. También nos recordará que el ***BUDDHA*** dijo: *"el odio nunca cesará por el* *odio, sino por el amor".* Igualmente podemos tener en cuenta que el Instructor Cristiano Pablo se expresó en términos análogos al decir: "no seas vencido de lo malo; mas vence con el bien al mal". (Rom. 12:12).

Esto es KARMA-YOGA, perdonar las injurias. **Devolver amor por odio**. Vencer el mal por el bien. De esta suerte eliminaremos el elemento personal y ya no sentiremos ira porque nos agravien. Cuando vemos que se comete una injusticia contra el débil, nos airamos contra el injuriador. Es una ira impersonal, más noble que la anterior, pero todavía es imperfecta y se ha de trasmutar en la superior cualidad de hacer justicia por IGUAL al fuerte y al débil. Por ambos se entristece y a los dos abarca en un mismo sentimiento de **AMOR** y **JUSTICIA**, porque el que agravia demuestra ser todavía más débil y necesitado de **COMPASIÓN**. Esta actitud de Justicia Superior nos purifica y acerca más a la Unión con nuestra Verdadera Realidad.

> *"Después llega la última etapa en que el amor depurado de egoísmo se funde por doquier. No sólo actúa en el círculo reducido del hogar, sino que en todo prójimo ve un necesitado de auxilio.*
> *El hombre así purificado ama impersonalmente, como Cristo amó.*
> *El amor supremo, el amor dimanante del karma-yoga no pide nada en cambio de lo que da; no anhela gratitud ni reconocimiento".*

Reflexionemos. ¿Somos capaces de ayudar sin pedir, verdaderamente nada a cambio? ¿Acaso no es verdad que generalmente hipotecamos la ayuda, la realizamos esperando que algún día nos las devuelvan, o al menos seamos muy agradecidos por ello? Cuando así obramos estamos atados a la acción, a los resultados, no permanecemos libres, sino encadenados, apegados a nuestras obras, y por tal razón sufrimos. Cuanto mayor es el estado de impersonalidad en nuestros actos, mayor es el nivel de evolución alcanzado, tal es la importancia del Karma-Yoga. La IMPERSONALIDAD, la INOFENSIVIDAD y la Indiferencia Divina a los instintos de la personalidad y sus apegos mundanos. Estos son los <u>primeros PASOS hacia el **Verdadero Discipulado**</u>. En el fondo de nuestro corazón anhelamos el verdadero yoga, la verdadera Unión con lo Eterno, con lo permanente, y no con la forma transitoria de la vida material, aunque la utilicemos sabiamente, y a través de ella nos realicemos.

Recordemos cómo Shri Krishna señala las características del hombre que ha trascendido el ESPEJISMO y es capaz de <u>beber el néctar de la Inmortalidad</u>, de reconocer al Supremo y de unirse con Él. Y en este estado de conciencia elevada, confiado mira todas las cosas de IGUAL manera, el barro de la tierra y el lingote de oro, al amigo y al enemigo. Para todos es el mismo, porque ha trascendido la ILUSIÓN y ya no le alucina su acción. Tal es la meta a que aspiramos. Mientras no se hayan dado estos primeros pasos, no es posible seguir; pero una vez dados, se descubre el comienzo del SAGRADO SENDERO...

<u>PSICOLOGÍA REVOLUCIONARIA</u>
Aspectos Prácticos Del Trabajo Psicológico:

> *"Parte importante de las enseñanzas que a continuación exponemos ha sido extraídas de los textos del Ocultista Víctor Manuel Gómez Rodríguez".*

La Psicología Revolucionaria - ***personalidad e individualidad*** - y la doctrina de los *"**yoes**"* son aspectos fundamentales que hemos de estudiar y comprender. A medida que avanzamos en nuestros estudios, urge cada vez con más intensidad si cabe, la necesidad y el compromiso sincero de mejorar, profundizar y sentar las primeras y necesarias bases para un esencial AUTO-CONOCIMIENTO, auto-conocimiento íntegro del hombre.

En verdad, un hombre puede tener siete carreras universitarias, puede saberse de memoria el Quijote, o puede ser presidente o Monarca de algún Reino. Pero en verdad, si no se conoce a sí mismo, si no conoce su verdadero Ser, seguro que no será más que un pobre leño flotando erráticamente en el océano de la vida. Permaneciendo, seguramente, a la deriva imprevisible de las olas, ya que cualquier estado psicológico nacido de su interior lo podrá vencer. Podrá ser el hombre más fuerte de la tierra y vencer en mil batallas, pero seguirá siendo tan sólo un pobre hombre porque no podrá vencer cualquiera de sus arrebatos de IRA, de GULA, de LUJURIA, de ENVIDIA o cualquier otro aspecto psicológico que en un momento dado puede surgir de su interior. Y es por ello que la verdadera fortaleza de un hombre se ha de medir siempre por lo que es en su INTERIOR y no por lo que aparentemente es. Dicen los Grandes Sabios, que la grandeza y fortaleza de un hombre viene dada por la capacidad que tenga de Gobernarse a sí mismo, y no por las fuerzas de sus puños. Ahora bien, ese gobierno de sí mismo nace necesariamente de dos fuentes: *La primera, de conocer bien su propia naturaleza*, tanto humana como divina. *Y la segunda, nacería, del propósito firme y sincero de trabajar sobre sí mismo* para alcanzar el verdadero objetivo de su Ser. Estos dos requisitos son los que utilizan los Iniciados para evolucionar de una forma consciente y rápida, y es también su poder para servir y ayudar a sus hermanos.

Cada ser humano durante la trayectoria de su vida comete muchos errores, y es normal que los cometa debido a su condición imperfecta o humana. Cada error o imprudencia realizada, tiene normalmente como respuesta el sufrimiento o el dolor. Hay hombres que durante toda su vida cometen los mismos e idénticos errores, y no cambian, aunque siempre sufran por ello idénticamente. ¿Cuál es la CAUSA del verdadero sufrimiento del hombre?, ¿cuál es su gran problema? El gran problema es que no conoce cuáles son las causas que producen sus errores, no sabe que hay **fuerzas subjetivas** que actúan dentro de él, no conoce la raíz de sus defectos, y en consecuencia no puede ni sabe como resolver victoriosamente su agonía. Es imprescindible que empecemos a ser conscientes de que dentro de nosotros existen instintos, fuerzas, entidades, falsosyoes, etc., que intentan desde las profundidades más subconscientes del hombre, apoderarse de nuestra vitalidad, de nuestra divinidad. Actuando en innumerables ocasiones a través de nuestros pensamientos, emociones y actos, es decir a través de la personalidad.

Dentro del hombre existen dos grandes fuerzas contrapuestas. La primera es involutiva y trata de expresar el aspecto material de la forma, el aspecto inferior de la materia. La segunda gran fuerza es evolutiva, y transmutadota y es originada por el espíritu, por el Ser, atrayendo hacia su seno al alma evolutiva. El problema del ser humano es que se encuentra en medio de estas dos grandes corrientes de energía siendo ésta la CAUSA de todas sus crisis, tensiones y conflictos. Y a la vez es el medio necesario para avanzar y realizarse como Maestros de Sabiduría.

Como norma fundamental, el ser humano suele consolarse pensando que todo lo que ocurre, en la mayoría de los casos nada tiene que ver con él, y que por lo general los culpables son los demás, inhibiéndose él mismo como CAUSA generadora de cualquier conflicto. Tenemos pues una gran habilidad para olvidar que la sociedad está compuesta por la suma de individuos y que por lo tanto parte de la culpa es nuestra. Ya que somos parte integrantes de esa sociedad que criticamos.

"Sería Pues Conveniente Que Comprendiéramos Que Si Queremos Cambiar Lo Que En El Mundo Vemos De Desagradable, Debemos Empezar Por Cambiarnos A Nosotros Mismos, Y Dejar De Criticar Vorazmente".

Este ser humano que tan brillantemente se comporta en una fiesta social, pierde toda su compostura o barniz de civilizado, tan costosamente adquirido, al unirse a la masa de gente en una manifestación o simplemente al hablar de su equipo de fútbol favorito. Vivimos terriblemente engañados con nosotros mismos. La mayoría de nosotros pensamos que nos conocemos y que no hay nada dentro de nuestra psiquis o personalidad que desconozcamos.

Preguntémosle a cualquier persona, aún por muy ilustre que parezca, dónde se encuentra el generador de sus emociones, si conoce el lugar donde se localizan sus instintos más primitivos, que si es capaz de transformar serenamente un impulso de celos o de ira sin ningún problema. Preguntémosle también, donde exactamente está ubicada su conciencia, o simplemente en que parte de su cuerpo se encuentra su "**YO**". Si pensamos que nos conocemos a nosotros mismos, por qué no sabemos donde vamos por las noches, en la hora del sueño. Porqué perdemos la conciencia, el sentido del "Yo", o por qué tenemos miedos o fobias no conocemos la causa. La verdad es que no sabemos nada de nuestro Ser, y esa es la terrible realidad. Preguntemos a cualquier persona sencilla o ilustre, si no ha sentido alguna vez la experiencia interna de impulsos escondidos, como por ejemplo: un impulso sexual incontrolado, o de violencia asesina, o de malicia repentina, de ira, o de envidia, de crítica malvada, o de abuso inmundo, etc., claro que sí lo habrá experimentado. Aunque sea una persona magnífica o espiritual, dentro, en su interior más escondido, se encuentra la simiente de todos los demonios, de todos los defectos, y el reconocerlo es el primer paso hacia el cambio. No es que esos impulsos perversos seamos nosotros verdaderamente, por supuesto que no, pero sí es verdad, que están ahí y nos controlan en muchas ocasiones. Produciéndonos y produciendo en los demás, tarde o temprano, sufrimientos y dolor.

Cuantos de nosotros no ha sentido alguna vez, el arrepentimiento de acciones que no nos explicamos como hemos podido realizar. La mayoría de las personas hacen cosas en cualquier momento de su vida, que no son capaces de comprender por qué lo han hecho; un arrebato, una fuerza extraña, un impulso incontrolado tal vez, la cuestión es que fueron arrastrados, empujados subjetivamente, perdiendo el CENTRO como individuos responsables, maduros e inteligentes. Está claro, pues, que esa momentánea ausencia de nuestra cordura fue debido a otra fuerza *que nos desplazó*, o mejor dicho, a "**Yoes**" múltiples que habitan en nuestro interior psíquico.

> "El ser humano no sólo no se conoce, sino que además, y esto es lo verdaderamente grave, ignora que no se conoce"

En ocasiones, amargados y cansados de sufrir, sentimos deseo de cambiar el sentido de nuestra vida, ¿pero, cómo hacerlo? Si no se conoce el procedimiento, se está metido en un callejón sin salida... Ayer, hoy y mañana. Siempre sucede lo mismo, se repiten los mismos errores y no logramos aprender las lecciones. Todo se repite en la vida, decimos, hacemos y lamentamos siempre lo mismo. Es una eterna y lamentable monotonía. ¿**Hasta** cuándo esta aburrida repetición de dramas, comedias y tragedias? Todo continuará, irremediablemente, mientras carguemos en nuestro interior los Elementos Indeseables de la Ira, Codicia, Lujuria, Envidia, Pereza, Gula, Odio etc.,

Recapacitemos por un momento, inspeccionemos y examinemos cuál es nuestro nivel moral, o mejor dicho, veamos ¿cuál es nuestro NIVEL de SER? Mientras ese Nivel de Ser, que normalmente no suele ser mayor del 5%, no cambie radicalmente, abriéndose paso entre la monotonía mecánica de la vida, continuará la repetición de todas las mismas desdichas, desgracias e infortunios que nos acechan. Debemos tener muy presente que, todas, absolutamente TODAS las circunstancias que se suceden FUERA de nosotros, en el escenario de este mundo, son REFLEJO de lo que INTERIORMENTE llevamos.

"Lo Exterior Es El Reflejo De Lo Interior",
y Todo Se Sucede En Ese Orden, De Dentro Hacia Fuera.

Cuando uno cambia interiormente y este cambio es verdaderamente profundo, lo exterior, las circunstancias de la vida, también cambian, esto es lo que se llama Ley de AFINIDAD Universal. Por lo tanto, si queremos efectuar un cambio radical, lo primero que debemos indagar es el NIVEL DE SER en que nos encontramos. No será posible pasar a otro nivel superior si no nos acostumbramos a sentir a nuestro Ser, cuya voz acostumbramos a ahogar en nuestro interior en aras del proceder mecánico y vulgar de la vida cotidiana. La **AUTO-OBSERVACIÓN** diaria es la clave, que deberá ejercitarse hasta convertirse en una costumbre consciente. De tal manera nos permitirá saber con precisión en qué Nivel de Ser nos encontramos, a la vez que nos permitirá abrir la puerta del **Camino Vertical**, por el que ascenderemos a superiores niveles del Ser.

Existen muchos niveles de SER... Cada uno es diferente a los demás. Podemos imaginarnos situados sobre un peldaño de una larga escalera. Escalones abajo habrá gentes peores que nosotros, más brutos, más mecánicos; escalones arriba se encontrarán personas mejores, más espirituales que nosotros... En esta escalera vemos claramente que aunque todos los hombres en el fondo tenemos la misma Divinidad, cada cual la manifiesta en el respectivo grado que la tiene desarrollada.

"Un Nivel De Ser Superior Está Inmediatamente Por Encima De Nosotros De Instante En Instante. No Está En Ningún Futuro Horizontal, Sino Aquí Y Ahora, Dentro De Nosotros Mismos, En El Camino Vertical".

La *personalidad* se desarrolla y desenvuelve en la Línea Horizontal de la vida. Nace y muere dentro del tiempo lineal. No es el Ser, evidentemente. Los niveles del Ser, el **SER** mismo, no es del tiempo. No tiene nada que ver con la Línea Horizontal de la vida, se encuentra dentro de nosotros mismos. Sería absurdo buscar nuestro propio Ser fuera de sí mismo. Queda pues bien claro que: Títulos, grados, ascensos, etc., en el mundo físico exterior, en modo alguno revelan al SER ni le dan paso a un escalón superior en los niveles del Ser. El ser humano se encuentra de instante en instante, no importa la acción que realice, ante dos alternativas: una HORIZONTAL-MECÁNICA y la otra VERTICAL-CONSCIENTE.

Es posible transformar las reacciones mecánicas mediante la confrontación lógica de una mente serena, y unas emociones sosegadas por el sentido común. Lo normal para las gentes consiste en reaccionar mecánicamente ante las diversas circunstancias de la vida. Estas pobres gentes aunque no lo sepan, y siempre lo nieguen, son siempre pobres víctimas de las circunstancias. Cuando alguien las adula, sonríen. Cuando las humillan, sufren espantosamente. Insultan si les insultan, hieren si les hieren. Nunca son libres. Sus semejantes tienen poder para llevarlos de la alegría a la tristeza, de la esperanza a la desesperación, y así siempre que quieran... de un estado a otro, como marionetas movidas por cualquiera.

Indudablemente, aunque muchos lo nieguen, por desgracia es así. Sólo necesitamos observarnos internamente para constatarlo. Las personas que van por el Camino Horizontal, se parecen a los instrumentos musicales, donde cada uno de sus semejantes toca lo que les viene en gana, siendo ellos también víctimas fáciles de otros, y así sucesivamente. Ahora bien, quién aprende a transformar las reacciones mecánicas, de hecho se introduce en el Camino Vertical difícil y angosto del que nos hablaba el Maestro Jesús.

Lo que hace bello y adorable a todo niño recién nacido es su ESENCIA; ésta constituye es sí misma su verdadera realidad. El normal crecimiento de la ESENCIA en toda criatura, ciertamente es muy residual, incipiente. El cuerpo humano crece y se desarrolla de acuerdo con las leyes biológicas de la especie, sin embargo tales posibilidades resultan por sí mismas muy limitadas para la ESENCIA. Incuestionablemente, la ESENCIA sólo puede crecer por sí misma sin ayuda, en pequeñísimo grado. Necesita un despliegue consiente, un trabajo transformador y transmutador, que no tiene nada que ver con el tiempo, sino con la actitud interna hacia los diferentes acontecimientos de cada instante. El crecimiento de la Esencia es una tarea espiritual. El niño aprende más con el ejemplo que con el precepto. La forma equivocada de vivir de los padres o tutores, el ejemplo absurdo, y las actitudes degeneradas de los mayores dan a la PERSONALIDAD del niño ese tinte peculiar escéptico y a veces perverso de la época en que vivimos. Es difícil saber educar a un niño, ya que la mayoría de los padres tampoco han sido educados adecuadamente. Y de esta manera se crea un círculo vicioso, donde incuestionablemente es el mismo padre el que debe ser educado, si quiere romper ese círculo mecánico. El conocimiento esotérico, enseña <u>una Nueva Educación</u>, aunque es la más antigua, basada en la comprensión de nuestras naturalezas y el desarrollo consciente de nuestro verdadero potencial cósmico.

La Doctrina De Los "Yeos"

Existe una observación importante y es aquella división del ser humano que llamamos el "*YO MISMO*", el "*SÍ MISMO*", es decir, a los **AGREGADOS PSICOLÓGICOS**, que son en definitiva, nuestros falsos yoes. Estos yoes, que son legión, son aquellos elementos inhumanos que cargamos lamentablemente en nuestro interior. Son la viva personificación de todos nuestros DEFECTOS. Desgraciadamente la ESENCIA se encuentra embotellada, enfrascada dentro de esos elementos. Estos Elementos Negativos son vidas menores que el hombre ha ido largamente cultivando, y que, sin saberlo, han ido, simbólicamente hablando, "acaparando todo su REINO". La creencia tan frecuentemente popular, que supone que dentro de nuestra psiquis hay únicamente un YO que actúa, es totalmente errónea. Nuestro verdadero YO o ESENCIA, permanece ahogado y silenciado por multitud de pequeños YOES negativos o agregados psicológicos, que deciden por nosotros. Es por ello que frecuentemente actuamos en forma descontrolada, equivocada. Hay veces que tras una actuación desafortunada sentimos arrepentimiento. Esto ocurre cuando nuestro **3%** de verdadero YO liberado vuelve a tomar el mando de nuestra personalidad. Si nos observamos detenidamente veremos cómo somos capaces de pasar de una escena de odio a otra de amor, y después a una de lujuria, para actuar seguidamente con ira, pereza, etc., y todo este vaivén de locura psicológica no ayuda en absoluto a la realización de nuestro Ser. Si nos observamos detenidamente y sin apegos, podremos darnos cuenta que los estados por los que pasamos al cabo del día son sumamente variados. Es pues ciertamente lamentable que la ESENCIA se encuentre ahogada dentro de tanto agregado negativo.

A medida que todos estos "diablillos" se van reduciendo, la esencia además de manifestarse, crecerá y se desarrollará armónicamente, confiriéndonos íntima belleza de la que emanará felicidad perfecta y verdadero amor. ***Cuando*** *morimos en sí mismos*, cuando disolvemos los "yos psicológicos", gozamos de los preciosos sentidos y poderes del Alma. Con el fin de lograr la deseada evolución hemos de comprender plenamente, que nuestro cuerpo humano es tan sólo un receptáculo de la esencia que vino de las ESTRELLAS, y que fue creado por la Divinidad. Igualmente debemos estar convencidos de que solamente trabajando sobre nosotros mismos y sacrificándonos por nuestros semejantes podremos regresar victoriosos al lugar de donde procedemos. Todos debemos esforzarnos por conocer los motivos que nos mantienen prisioneros dentro de nosotros mismos, y de nuestra equivocada forma de manifestarnos. Todos tenemos algo que nos amarga la vida y contra lo que debemos luchar. No es imprescindible continuar siendo desgraciados, por ello debemos luchar contra el "MOTIVO" que nos amarga la existencia, y este motivo nunca es externo, sino profundamente interno, encontrándose en la raíz de nuestro tronco psicológico. Los títulos, los honores y el dinero no nos dan la felicidad perfecta. Aquella que siempre perdura. Las tontas vanidades de la falsa personalidad nos vuelven torpes e incapaces para aceptar lo nuevo. Las personas embotelladas entre sus DOGMAS y creencias son gentes petrificadas por el recuerdo del ayer, están llenos de "tontos prejuicios" y son esclavos del "qué dirán". Si estas gentes comprendieran el estado en que se encuentran interiormente, temblarían de horror, pero ellas piensan de sí lo mejor, se creen virtuosas, nobles, caritativas, y a través del tiempo van sumergiéndose en una ciénaga de difícil salida. La vida práctica como escuela es formidable, pero tomarla como un fin en sí misma es absurdo. Quienes toman la vida como hoy se vive diariamente, viviéndola de una forma mecánica, no lograrán nunca ningún avance espiritual. Cambiar es necesario, pero las gentes no saben cómo cambiar; sufren mucho, pero ni siquiera saben por qué sufren. Cuando pasamos revista a toda o a cualquier parte de nuestra vida, sólo nos fijamos en la parte EXTERNA de la misma, y esto es algo que para nada sirve en nuestro trabajo espiritual.

Un ejemplo: "Puede que alguien aguarde con ansiedad la fiesta de bodas. Es un acontecimiento importante. Más podría suceder que se estuviese tan preocupado en el momento preciso de este evento que realmente no se encontrase en él ningún deleite, y que todo ello retornase árido y frío como un protocolo". Debemos esforzarnos por saber donde estamos situados en un momento dado. Tanto en relación con el estado anímico o estado íntimo de la consciencia, como en la naturaleza específica del acontecimiento exterior que nos está sucediendo. Esto es un trabajo profundamente psicológico y revelador.

> "Combinar Estados Interiores Con Acontecimientos Exteriores En Forma Correcta Es Saber Vivir Inteligentemente. Cualquier Acontecimiento Inteligentemente Vivenciado Exige Su Correspondiente Estado Interior Específico".

Si trabajamos seriamente sobre esos estados equivocados, comprobaremos como los sucesos desagradables de la vida ya no nos hieren tan fácilmente. Existen buenos y malos acontecimientos. Modificar eventos es posible; alterar resultados, modificar situaciones, está dentro del número de posibilidades. Sin embargo, existen situaciones que de verdad no pueden ser alteradas. Éstas deben aceptarse aunque sean dolorosas... *Pero el dolor interior desaparece cuando no nos identificamos con el problema que se ha presentado*. El no identificarse es esencial. El NO IDENTIFICARSE, no quiere decir que debamos ignorar el problema, o abandonarlo dejándolo a un lado, no. Si fuera esto no evolucionaríamos en ningún sentido. Sino lo que se quiere significar, es que interiormente no nos altere, no nos embote la mente y actuemos a la desesperada, que el problema no nos origine alteraciones emocionales depresivas o cualquier otro desequilibrio de tipo psíquico. Ser dueños de nuestro propio interior, de nuestras propias emociones, de nuestros propios pensamientos, es lo que sucede cuando no nos identificamos. Observamos serenamente la situación, el incidente, el problema, y actuamos desde ese estado de una forma Enérgica, Inteligente, Eficaz o de la manera que veamos oportuno. Pero siempre, desde nuestro CENTRO, desde nuestro "YO" Real.

El Alma. Como vemos, la vida es una serie sucesiva de estados interiores. Una historia auténtica de nuestra vida estará formada por todos esos estados. Si revisamos nuestra propia existencia nos daremos cuenta que nuestras situaciones desagradables fueron provocadas en su mayor parte por esos estados. <u>Llegamos pues a la conclusión de que la mejor arma que podemos usar en nuestra vida diaria es un Estado Psicológico Correcto</u>. ¿Somos capaces de permanecer serenos ante quien nos está insultando? ¿Somos capaces de permanecer serenos, sin gula, ante nuestro pastel favorito? ¿Somos capaces de permanecer serenos ante una escena violenta? ¿Somos capaces de permanecer serenos ante una mujer u hombre desnudo y muy atractivo? ¿Somos capaces de permanecer serenos ante una derrota o victoria de nuestro equipo favorito? ¿Acaso simplemente somos capaces de permanecer serenos, cuando creemos tener la razón y alguien nos asegura que estamos equivocados? ¿Qué desordenes interiores tendríamos y cómo reaccionaríamos ante la infidelidad del ser amado? ¿De verdad pensamos que tenemos algún control sobre estos aspectos de la vida?, ¿de verdad somos libres? ¡Reflexionemos seriamente sobre esto! No olvidemos nunca que los cementerios, así como las cárceles están llenos de "sinceros equivocados", individuos aparentemente normales que en un determinado momento reaccionaron de una forma equivocada y absurda, aun en muchos casos incomprensible hasta para ellos mismos, y después pagaron, penosamente, sus acciones erróneas. No nos IDENTIFIQUEMOS pues con ningún acontecimiento, recordemos que Todo Es Pasajero, todo pasa. Aprendamos a ver la vida como una película ajena a nosotros y recibiremos los beneficios de la Verdadera Esencia De Las Cosas. "*Sólo aquel que está fuera, puede permanecer dentro y sereno*", nuestra alma es la que está fuera, y cuando nos identificamos con ella y no con las circunstancias exteriores, es cuan verdaderamente comprendemos el significado de la Plenitud Espiritual, y también es cuando podremos actuar contundentemente sobre las circunstancias modificándolas hacia los intereses del Ser.

Los yoes son Diablillos muy reales, y tienen su vida, podríamos decir, propia. No creamos que son aspectos abstractos o metafóricos de nuestra personalidad, sino que configuran una verdadera sociedad de formas mentales revoloteando continuamente en nuestro alrededor interno. Son inquilinos muy Concretos Y Activos. Alguno de estos "yos" más corrientes podrían ser por ejemplo: El yo de la gula, el de la envidia, el yo de la avaricia, el de la codicia, el yo lujurioso, el orgulloso, el vanidoso, el yo iracundo, el xenófobo, el de la tristeza, el malvado yo del odio, el masoquista, el perezoso, el melancólico, el yo suicida, el gran yo del egoísmo, el del rencor, el vengativo, el mentiroso, el yo traidor, el celoso, el posesivo, el yo criticón, el infiel, el impaciente, el yo fatalista, el soberbio, el caprichoso, el yo indiferente, el conformista, el poderoso yo del miedo y del temor, etc. Aunque hay una gran variedad de yoes, existen los que de alguna forma son los cabecillas o simientes, a éstos se les denomina los cabezas de legión o Generales. En los Evangelios Cristianos se les denomina "los SIETE Pecados Capitales" Un cálculo aproximado del número de sus "soldados", en una persona normal, vendrían a ser millares. Los Siete Principales son: El Yo de la "LUJURIA, El Yo de la "IRA", El Yo del "ORGULLO", El Yo de la "PEREZA", El Yo de la "CODICIA", El Yo de la "GULA", El Yo de la "ENVIDIA".

A pesar del conocimiento esotérico que nos enseña la multitud de rostros que nuestra psiquis puede adoptar y, donde la Doctrina de los Yoes toma cierta relevancia. No por ello debemos caer en el error simplista de justificar nuestras malas acciones y pensar que son los "yos" y no nosotros los que tienen la verdadera "culpa". No, esto no es así. Sino que debemos madurar y reconocer todos nuestros fallos, clara y contundentemente, mostrando nuestra verdadera RESPONSABILIDAD. Ya que aunque los yoes no son aspectos de nuestro verdadero SER, si son creaciones o hijos de nuestra propia conducta. Luego somos los auténticos responsables de su existencia.

Donde existe LUZ puede sobrevenir la sombra. La luz es activa, vital, real como el Espíritu. En cuanto a la SOMBRA, es ausencia de luz, pasiva, muerta, irreal en sí misma. Dentro del hombre, en el interior de nuestro ser, existe una Gran Luz Divina que sustenta nuestra verdadera identidad, nuestro verdadero "YO". Pero la batalla entre la luz y las tinieblas ocultan esa hermosa REALIDAD. Los yoes, son como pequeñas sombras, creadas por algún obstáculo que impide que la luz llegue a ese lugar. Tampoco debemos olvidar, y esto es esencial, que *los defectos son virtudes mal enfocadas*. Si un hombre tiene tal o cual defecto, quiere decir, que también posee tal o cual virtud correspondiente. "Dime los defectos que tienes y te dirá las virtudes que puedes desarrollar". Al igual que una moneda tiene dos caras, pero sigue siendo una moneda, también el hombre en cada cara de su existencia posee su contraparte de luz u oscuridad, virtud o defecto, dependiendo del grado de madurez espiritual. En nuestro Universo Interior estamos rodeados de esas pequeñas sombras, que nos dificultan la correcta visión. En los animales, no existe ese problema, porque no tienen todavía esa Luz para crear esas sombras. Ellos viven instintivamente, pertenecen a la naturaleza, y esos instintos son su grado de evolución. Sin embargo en el ser humano, esos instintos primitivos, impulsos y tendencias no son los que deberían predominar, sino su naturaleza Superior, ¿Comprendéis el problema?...

Cuando los hombres tienen deseos inferiores, piensan que si los satisfacen, se benefician a sí mismos. Sin embargo esto no es así, en absoluto, sino que trabajan para otros, pero no se dan cuenta de ello hasta el final, cuando se sienten empobrecidos, debilitados y vacíos. Pero a pesar de todas las fuerzas que actúan en contra del propósito del hombre interior, no debemos pensar por ello, que el "**MAL**" es más fuerte que el impulso evolutivo. El mal está limitado en espacio, pero también en el tiempo. Dios no le ha dado una duración eterna, en cambio el "**BIEN**" es ilimitado en el tiempo y en el espacio. Ésta es una diferencia que los hombres ignoran porque se imaginan que los poderes del BIEN y del MAL se EQUILIBRAN. No en absoluto. Si queréis una conclusión más justa, aquí está: cuando nos elevamos hacia el polo positivo, entramos en el espacio y en el tiempo ilimitados, en el infinito y en la ETERNIDAD; y esta inmensidad es Dios. Sólo Dios es ilimitado, todo el resto está limitado. No hay, pues, igualdad de fuerzas entre el CIELO y el INFIERNO, es imposible: el mal (o el diablo) no puede compararse con el bien. Entonces, ¿qué conclusión podemos sacar de todo esto desde el punto de vista moral? Que todos los que han escogido el camino descendente de la personalidad, de las flaquezas y de los desórdenes, han escogido la destrucción y la "muerte". Poco a poco desesperan porque están tan atados, tan atascados en el fondo del cono invertido, que ya no pueden moverse ni respirar. Mientras que, por el contrario, en la dirección opuesta, en el de la **ESPIRITUALIDAD**, uno se hace cada vez más grande, cada vez más vasto. Los seres verdaderamente inteligentes escogen esta dirección, ya que subiendo encuentran espacio, libertad y cantidad de soluciones que les evitan tropezar y destrozarse; viven en la alegría, en la felicidad, en la paz. Mientras que los que se dirigen hacia abajo se sienten cada vez más limitados y acaban por pelear y exterminarse para tener un poco de espacio vital.

En verdad, poco podemos hacer para evolucionar, si no sabemos que es lo que sucede en nuestro interior, en nuestro **MICROCOSMOS**. Sería como tratar de llevar a buen puerto un barco, sin conocer los mandos... Nada serio podríamos hacer, si no conociéramos bien nuestra propia "Máquina", nuestros cuerpos, nuestras herramientas que utilizamos para vivir y expresarnos en este mundo. Y ¿cómo podemos llegar a este Auto-Conocimiento?, <u>sólo a través de una CLAVE básica</u>: la **Auto-Observación** seria y rigurosa de uno mismo, tanto INTERNA como EXTERNA. Ésta es la verdadera LLAVE que abre las "puertas del Misterio" y es la antorcha que arroja **LUZ** sobre nuestra auténtica "REALIDAD". Esta cuestión del mí mismo, lo que yo soy, eso que piensa, siente y actúa, es algo que debemos AUTO-EXPLORAR para conocernos profundamente. Existen por doquier muy lindas teorías que atraen y fascinan; empero de nada servirá todo eso si no nos conociésemos a sí mismos. Es fascinante estudiar astronomía o distraerse un poco leyendo obras serias, sin embargo resulta irónico convertirse en un erudito y no saber nada sobre sí mismo, sobre el yo soy, sobre la humana personalidad que poseemos...Cada cual es muy libre de pensar lo que quiera y la razón subjetiva del ser humano da para todo, lo mismo puede hacer de una pulga un caballo que de un caballo una pulga; son muchos los intelectuales que viven jugando con el "racionalismo" ¿y después de todo qué? Ser erudito no significa ser sabio. Los demás conocimientos están muy bien y son necesarios, pero lo primero es lo primero, sin el AUTO-CONOCIMIENTO qué sucede... obsérvese a la humanidad actual.

Como Eliminar Los "Falsos Yoes"

Ante todo es importante recordar que cuando hablamos de los "**YOES**", nos estamos refiriendo a esos elementos indeseables, y que forman en su conjunto aquello que llamamos simbólicamente "La Bestia Dentro Del Hombre". Todos tenemos ese animal en nuestro interior aunque nos pese, porque durante mucho tiempo, vida tras vida lo hemos ido alimentando; inconscientemente, pero alimentándolo en definitiva, con nuestra propia energía vital, a través de nuestros PENSAMIENTOS, EMOCIONES y ACTOS. Estos han ido engordando y esclavizándonos más y más. Pero una vez hemos tocado fondo, y madurado espiritualmente, esta realidad es demasiado evidente para poder seguir siendo ignorada, y entonces surge con fuerza renovada el impulso sincero de Despertar y Liberarnos del Espejismo al cual hemos estado sujetos durante tanto tiempo. A través de la COMPRENSIÓN, siempre a través de ella, el hombre podrá decididamente emprender el camino de regreso y restituir en el Templo Interior al verdadero Rey, el verdadero SER, el verdadero HIJO DE DIOS... Es interesante constatar que sobre este trabajo hay en numerosos cuentos, leyendas, mitos, historias arcaicas, etc., que muestran, para aquel que sabe ver, la tremenda lucha que se ha de generar para podernos liberar de los Monstruos Interiores. Podemos referirnos, por ejemplo, a la lucha entre S. Jorge y el Dragón, a las numerosas pruebas con "monstruos" que tuvo que superar el Discípulo HERCULES. A las epopeyas terribles de Ulises, a los cuentos donde el PRÍNCIPE LUCHADOR salva a su bella PRINCESA, luchando a muerte con Dragones y Animales antinaturales, etc. Todo esto y mucho más es sólo una mera representación pictórica de aquello que se había de realizar INTERNAMENTE. Y todavía sigue siendo tan necesario como en antaño. El trabajo siempre es el mismo, aunque se disfrace de muchas maneras.

Aunque pueda parecer lo contrario, es en esta civilización tan superficial, y no en la cueva de una montaña, donde podemos sorprendentemente dar Un Gran Salto Evolutivo. Tenemos las circunstancias, hechos, problemas, tensiones, encuentros, sucesos, etc., necesarios para poder EVOLUCIONAR abundantemente y obtener los mejores resultados. <u>Ciertamente la vida de hoy en día es un maravilloso Gimnasio para el Alma evolutiva</u>. En cada día, para el que sepa aprovecharlo, tenemos las EXPERIENCIAS suficientes para poder ir transformándonos con seguridad. Las tensiones, los problemas, las circunstancias adversas, los conflictos, nuestros propios errores y defectos, etc., son para el alma, PESAS necesarias para su desarrollo muscular. Sólo a través de las "CRISIS" el Alma puede demostrar su verdadero PODER sobre cualquier circunstancia, y cuantas más veces se manifiesta, más dominio va teniendo sobre su naturaleza inferior o Personalidad.

<u>*Hay un adagio ocultista que dice*</u>:
"Cuanto Peores Las Condiciones De La Vida,
Mejores Son Los Frutos Del Trabajo, Siempre,
Claro Está,
Que Se Recuerde El Trabajo...".

<u>Hay, de momento, varios puntos necesarios que debemos tener presente para emprender nuestro Trabajo Psicológico, estos son</u>:
- No podemos trabajar sobre nuestra NATURALEZA-INFERIOR, sin haber antes comprendido en su justa CAUSA, la necesidad de una verdadera TRANSFORMACIÓN. Ya que todo trabajo fuera de esta intención sería una pérdida de tiempo y esfuerzo.
- Una vez comprendido lo anterior, urge la necesidad de Contactar con las Fuerzas e Influencias SUPERIORES de

nuestra Naturaleza-Espiritual. Y armarnos convenientemente con: Amor, Luz Y Buena Voluntad.

- Hay que INVOCAR incesantemente a nuestro Maestro Interior y a aquellas Fuerzas benéficas, para que se manifiesten Y habiten en nosotros, y que éstas puedan, a través de la personalidad, expresarse Plenamente en todos nuestros quehaceres de la Vida cotidiana.

- <u>No se puede eliminar un DEFECTO sin haber antes estimulado su CUALIDAD o VIRTUD contraria. Esta es una Ley de Compensación</u>. Para eliminar algo negativo debemos sustituirlo por algo Positivo. Esto nos lleva a la conclusión, que no debemos luchar locamente contra un "Yo-defecto", sino que una vez que lo hayamos observado, comprendido a la luz de nuestra alma, entonces nos proponemos sinceramente desarrollar la parte contraria, por ejemplo: el odio en Amor, la pereza en Voluntad, el egoísmo en Servicio al prójimo, etc.

- Nuestro trabajo espiritual no consiste en destruir nuestros defectos, sino en desarrollar las virtudes. Debemos polarizarnos en el aspecto positivo de la vida, alimentando lo deseable en nosotros. Los defectos, la oscuridad interior se desvanecen inevitablemente ante la presencia del Ser Divino.

Capítulo. X

Anatomía oculta "Los Chakras, Centros de Energía y otras potencias"

Para la elaboración de este capítulo hemos consultado y extraído algunos fragmentos de los siguientes Libros:
"Tratado sobre Magia Blanca", Alice A.Bailey (Maestro D. K.)
"Los Chakras", C. W. Leadbeater
"Centros y Cuerpos Sutiles",
Omraam Mikhaël Aïvanhov
"Hatha Yoga", Antonio Blay

El tema que vamos a tratar a continuación es profundamente interesante e importante, pero debido a su gran complejidad y extensión sólo estudiaremos algunos de sus aspectos más significativos, que, sin embargo, formarán un importante bagaje de conocimientos que el estudiante agradecerá. Quizás al principio muchos de los datos que expondremos no se comprendan adecuadamente, pero no importa, sigan adelante, y si perseveran en el estudio y en la práctica espiritual todo resultará más comprensible. La verdad es que cada capítulo tiene varios niveles de COMPRENSIÓN, y lo que hoy es obtuso mañana resultará lúcido como un día de sol.

<u>Prácticamente todas las relaciones del hombre con el mundo están ligadas a los Cinco Sentidos</u>. Estos cinco sentidos infor-

man a la mente de todo aquello de que son capaces de percibir, y ésta, la MENTE, actúa como agente receptiva y coherente de esas informaciones. Sin embargo, es interesante llamar la atención sobre el hecho que durante miles de años el hombre se ha ejercitado en multiplicar y amplificar sus Sensaciones y Percepciones a través del uso de sus Cinco Limitados Sentidos Físicos, y a este juego sobre el teclado de los cinco sentidos, el hombre le llama cultura y civilización. Éste, por desgracia, es un concepto un tanto pobre teniendo en cuenta el <u>verdadero Potencial del hombre</u>. **Los cinco sentidos físicos, pertenecen al plano físico y jamás explorarán más allá de este.** Todos hemos experimentado alguna vez otros estados de percepción, de plenitud espiritual, estas percepciones internas, sobrepasan cualquier registro de los sentidos ordinarios, ¡verdad! Sin contar algunas otras percepciones que por lo normal se les llama intuiciones, flashes, premoniciones, corazonadas y otras series de experiencias que pertenecen al reino de lo llamado paranormal. Observemos a los seres humanos; tienen la posibilidad de ver, de saborear, de tocar, de comprarlo todo y, sin embargo, siempre les falta algo... ¿Por qué? Porque no saben que para alcanzar la **plenitud**, para descubrir sensaciones de una intensidad y de una riqueza verdaderamente excepcionales, se necesita ir más allá de los cinco sentidos. En este campo los orientales son capaces de tener experiencias absolutamente inimaginables para los occidentales (aunque hoy en día hay las mismas posibilidades tanto para los orientales como para los occidentales, aunque los primeros han tenido una mayor libertad de experimentación en el pasado).

Hay que conseguir que los seres humanos comprendan que el impulso de acumular y ampliar sus sensaciones físicas les reportará grandes decepciones, debido a que estas sensaciones son Limitadas en tiempo y espacio. ¿Por qué? Porque cada órgano está especializado, cumple con una función determinada y no producen otras sensaciones que las que corresponden a su propia naturaleza física. Para experimentar nuevas sensaciones y amplitudes de estados, hay que dirigirse a *otros órganos internos y más sutiles*, que también poseemos. Éstos ya sí pertenecen a nuestra ANATOMÍA OCULTA o esotérica, y permanece oculto, porque la ciencia oficial todavía no las puede investigar en sus laboratorios y con sus instrumentos ordinarios. Sin embargo, debemos de saber, que no por ello se desconoce esta Anatomía, nada más lejos de ello, todo lo contrario. Ha sido estudiada, investigada y desarrollada en profundidad por innumerables Maestros, Iniciados, Discípulos e investigadores psíquicos de todos los tiempos.

Donde más se ha investigado, o mejor dicho, donde más se ha escrito sobre el tema ha sido en ORIENTE, aunque de un modo a veces un poco simbólico. Ellos, ciertos grupos orientales tenían todo un conocimiento científico de estos **Centros** y **Potencias** internas que rodean al hombre, lo ínterpenetran y hacen de él lo que es. Hojeando sólo un poco sobre esas culturas, encontramos sorprendentes conocimientos y ciencias casi incomprensibles para aquellos tiempos. Por ejemplo si estudiamos un poco lo que la *Acupuntura* desarrolla, vislumbramos una idea general de la maravillosa ciencia de aquellos pueblos. La acupuntura, que ya es reconocida oficialmente por la medicina occidental, muestra mejor que ninguna otra ciencia, la **Contraparte Energética** u **OCULTA** del ser humano. Ya que ésta no trabaja o cura sobre la parte física, sino sobre otro cuerpo aún más sutil llamado CUERPO ETÉRICO que a todos nos rodea y, que ya hemos estudiado en conferencias anteriores.

Dios ha depositado en el alma humana grandes posibilidades, pero una vida demasiado orientada hacia el exterior impide su desarrollo. Para los hombres que se esfuerzan en vivir una vida puramente fenoménica o material, sus cinco sentidos devoran toda la energía PSÍQUICA y ya no queda nada para el Plano espiritual. La diferencia que hay entre la satisfacción material y el GOZO y PLENITUD espirituales, es la misma que la distancia que existe entre nuestros ojos y el suelo, y la de nuestros ojos y el espacio infinito. Esa es la cuantitativa y cualitativa diferencia. Hasta que el ser humano no conozca y haya desarrollado los **Órganos Internos** que pueden ponerle en contacto con las Regiones y entidades más elevadas, puede afirmarse que no sabrá gran cosa, y que su desarrollo como Alma evolutiva no habrá tocado su plenitud.

Existen dos formas de conocimiento: el INTELECTUAL y el ESPIRITUAL. Si se puede desarrollar ambos, es mucho mejor, ya que las dos se complementan y forman un cuadro completo de comprensión. Primero se produce la necesidad de saber, inherente en todo ser humano; después, se adquiere el conocimiento, el estudio sobre el tema; en tercer lugar, si se quiere alcanzar una verdadera comprensión el conocimiento teórico se pone en práctica, a prueba en nuestras propias vidas, esto da como resultado la EXPERIENCIA. Pero todos sabemos que no todas las experiencias son correctamente asimiladas; sólo una comprensión clara, una inteligencia amorosa puede convertir la experiencia en **SABIDURÍA**, y para esto hace falta la Espiritualidad. Éste sería el último punto y más importante, ya que la SABIDURÍA es el resultado de la unión entre la INTELIGENCIA y el AMOR.

EL CUERPO ETÉRICO

Casi todos desconocen aquel grado de materia, todavía física aunque invisible, a la cual los ocultistas llamamos ETÉREA. Esta parte invisible del cuerpo físico es de suma importancia para nosotros, porque es el vehículo por el cual fluyen las CORRIENTES VITALES que mantienen vivo al cuerpo, y sirven de puente para transferir las ondulaciones del PENSAMIENTO y la EMOCIÓN desde el Cuerpo Astral al Cuerpo Físico denso. Sin tal puente intermedio no podría el ALMA utilizar las células de su cerebro. El clarividente lo ve como una distinta masa de neblina gris violeta débilmente luminosa, que interpenetra la parte densa del cuerpo físico y se extiende un poco más allá de éste. El cuerpo etérico es la parte más densa del AURA humana. La ciencia física moderna afirma que todo cambio corporal, ya sea en los músculos, en las células o en los nervios, está acompañada por una acción **eléctrica**, y esto es probablemente verdad hasta en los cambios químicos que constantemente tienen lugar en el cuerpo físico. **Donde quiera que ocurra la acción eléctrica, el ÉTER tiene, necesariamente que estar presente**; de modo, que la presencia de la corriente implica la del éter, que compenetra a todo y a todo envuelve; ninguna partícula de materia física se encuentra en contacto con otra, sino que cada una flota en una atmósfera de éter. El Cuerpo Etérico está compuesto de los 4 estados de la materia más sutiles, es decir, del etérico, superetérico, subatómico y atómico. Y es un Duplicado Exacto del cuerpo físico.

También es preciso notar que, El Cuerpo Etérico es también el *vehículo de Prana*. Como *Shri Shankaracharya* enseña: el PRANA es el aliento de vida, es también la energía activa del yo. Esta parte invisible del cuerpo físico es el VEHÍCULO mediante el cual fluyen las Corrientes De Prana o la vitalidad que conserva al cuerpo con vida.

¿QUÉ ES PRANA?

A fin de que el cuerpo físico pueda vivir, requiere alimento para su nutrición; aire para su respiración y vitalidad para su absorción. La vitalidad es, esencialmente, una fuerza; pero cuando se reviste de materia aparece como un elemento existente en todos los planos de la naturaleza. La vitalidad es una fuerza que originalmente viene del SOL y cada cosa y cada persona, como el pez en el océano de agua, se hayan sumergidas en un océano de aquella vida, denominada "JIVA", o el principio vital solar. Cada cual se apropia de esa vitalidad, llamada por ello PRANA, el principio vital humano, o la fuerza vital. No tiene color, aunque es intensamente LUMINOSA y no puede ser directamente útil al cuerpo para su asimilación, a menos de ser absorbida a través de un **CENTRO ETÉRICO** situado en la contraparte etérica del BAZO. La función fisiológica del BAZO, como saben, es la de formar los glóbulos rojos de la sangre. No es pues de extrañar que el CENTRO ETÉRICO de la vitalidad que proviene del Sol, en forma de pequeñas esferas luminosas esté situado justamente sobre él. La atmósfera terrestre se halla en todo tiempo llena de esta fuerza, llamada Prana. El PRANA no puede separarse del vehículo físico y su doble etéreo durante la vida.

Sintetizando podríamos decir que: **PRANA** en sánscrito significa "*Energía Absoluta*" la fuerza vital. Se sabe que con cada RESPIRACIÓN de una persona fluye el PRANA hacia nuestro interior. Al convertirse en Maestro del PRANAYAMA (Respiración energética), la Ciencia de la Respiración, uno puede sumergirse en la fuerza vital y aprender entonces a controlar su "SIstema Sutil De Energía", de manera que pueda TRANSMUTAR energía en cualquier vibración que requiera. Esta fuerza vital actúa como una Cola Cósmica. Se difunde desde el TODO, fluyendo hacia cada Dimensión, llenando todo el espacio disponible, conectando todo en los cuatro niveles. Todo lo que "Es" brota del PRANA de la manera en que se transmuta en diferentes vibraciones. Con todo, el PRANA no es CONCIENCIA, es simplemente la energía absoluta que mantiene a todo funcionando, el combustible de la vida.

Los " NADIS " o Conductos Sutiles de Energía.

Cuando decimos que la energía pránica se mueve y circula por todo el cuerpo, es obvio que nos estamos refiriendo, a un Sistema Ordenado, Organizado Y Sabio De Conductos sutilísimos, creados de materia etérica, por donde la energía se mueve. Estos conductos o **NADIS**, son los encargados de TRANSMITITR y LLEVAR la energía a todos los puntos del cuerpo físico, produciendo SALUD o enfermedad dependiendo de su limpieza, y crea también las condiciones necesarias para el DESPERTAR de todas las facultades o PODERES del Hombre desarrollado. Los **NADIS** vienen a ser una contraparte sutil de la *RED* del Sistema Nervioso, pero sin que se confunda con ella. El PRANA no actúa directamente sobre el cuerpo material, sino que discurre a través de esta tupidísima red de canales NÁDICOS. Se trata, pues, de una infinidad (algunos los cuantifican alrededor de *72.000* mil nadis). En el siguiente dibujo podemos observar esta sutilísima disposición de canales etéricos. Se trata de una reproducción esquemática, según el grabado clásico, de la RED de NADIS que constituyen el armazón del "Pranamaya Kosha" y por donde circula la energía PRÁNICA. Existen algunos NADIS gruesos, como los nervios físicos, las venas y las arterias y que conjuntamente van en paralelo. Pero no todos los NADIS adoptan una forma física, ni tienen un carácter visible, por lo tanto, es imposible localizarlos, observarlos o seguir el camino que recorren por medios físicos. **Los NADIS sutiles son de dos tipos: 1º)** "Pranavaha Nadis" Conductos de la fuerza Pránica. **2º)** "Manovaha Nadis" Conductos de la fuerza MENTAL. Los meridianos sobre los que trabajan en la Acupuntura equivalen a los NADIS del pranavaha o nadis pránicos.

Los Tres Conductos Capitales

Dentro del tema sobre los NADIS y ampliado nuestra visión sobre los **Conductos Sutiles** del hombre, hay que reconocer y recalcar, la gran importancia, que para los estudios y prácticas ocultistas, tienen los tres siguientes nadis: EL **SUSHUMNA**, el **IDA** y el **PINGALA**. Ya que estos forman la mística y esencial TRINIDAD ENERGÉTICA del Hombre. Para comprender mejor estas afirmaciones y la importancia básica de estos tres conductos especiales, vamos a estudiarlos brevemente en particular:

EL CANAL " SUSHUMNA "

Este NADI CENTRAL es el más importante de todos. Ocupa, una posición CENTRAL y pasa a través de toda la columna vertebral. Nace en un Centro Energético o CHAKRA situado en la base de la espina dorsal denominado "MULADHARA". El canal SUSHUMNA asciende por el cuerpo cruzando el paladar en la base del cráneo y uniéndose finalmente a otro Centro Energético o CHAKRA llamado "**SAHASRARA**" o "*__Loto de mil Pétalos__*" en la parte superior del cráneo. Por lo general para el hombre común este CANAL está prácticamente sin utilizar y, es para los que se ocupan del Trabajo Ocultista, un propósito el hacer circular por él la energía **KUNDALINI**, la fuerza más poderosa de la vida. Esta energía KUNDALÍNICA o "*Serpentina*" cuando logra ascender por el canal SUSHUMNA, abre tras sus pasos, grado a grado todos los chakras que están conectados por este NADI CENTRAL. De esta manera, el hombre se convierte en DIOS, ya que al ascender el FUEGO KUNDALINI por el canal central quema toda impureza y limitación que pudiera haber en el hombre produciéndose la total liberación. Ésta es sin duda la meta de muchos YOGUIS.

EL CANAL "IDA"

Este NADI llamado IDA, es el canal IZQUIERDO, portador de corrientes **LUNARES**. Es de naturaleza femenina y almacén de la energía maternal que produce la vida. La parte IZQUIERDA se describe en los TANTRAS como de naturaleza magnética, femenina, visual y emocional. En la práctica del PRANAYAMA (respiraciones energéticas) casi siempre se inicia tapándose la ventana derecha de la nariz y respirando por la ventana izquierda. Esto excita al NADI

IDA, pues se origina en el testículo izquierdo y termina en la ventana izquierda de la nariz. Por este canal así como por el siguiente suele circular la energía en el hombre común, pero no armoniosamente. Del correcto equilibrio de los NADIS IDA y PINGALA se produce la verdadera salud; física, mental y espiritual.

EL CANAL " PINGALA"
PINGALA es el canal DERECHO, portador de las corrientes **SOLARES**, es de naturaleza masculina, y reserva de energías destructivas. La DERECHA es de naturaleza eléctrica, masculina, verbal y racional.

En el libro <u>La **Vida Oculta en la Masonería**, dice C.W Leadbeater respecto al uso masónico de estas energías</u>:

> "Del plan de la Masonería forma parte el estímulo de la actividad de las fuerzas etéreas en el cuerpo humano, a fin de apresurar la evolución. Este estímulo se aplica en el momento en que el Venerable Maestro crea, recibe y constituye al candidato. <u>En el primer grado afecta al **ida**</u> o aspectos femenino de la energía, con lo que facilita al candidato el dominio de las pasiones y emociones. <u>En el segundo grado afecta al **pingala**</u> o aspecto masculino y lo robustece a fin de facilitar el dominio de la mente. <u>En el tercer grado se despierta la energía central, el **sushumna**</u>, y abre camino a la influencia superior del espíritu".

LOS CHAKRAS
Cuando un hombre comienza a agudizar sus sentidos de modo que puede percibir algo más de lo que los otros perciben, se despliega ante él un nuevo y fascinador mundo, y los CHAKRAS son de las primeras cosas de dicho mundo que llaman la atención. La palabra "**CHAKRA**" es sánscrito, y significa <u>Rueda o Lotos</u>, aludiendo en ambos términos respectivamente a su forma Redonda y a su representación mediante el símbolo de una Flor De Loto. Estos CHAKRAS

existen en todo ser humano, aunque son CENTROS Ocultos, es decir, no visibles ni materiales, ya que pertenecen al Cuerpo Sutil o Etérico. Los CHAKRAS se corresponden con los diversos grados de la manifestación en el MACROCOSMOS, y con los diferentes niveles de la personalidad humana, que al fin no son sino una reproducción en pequeño, MICROCOSMOS, de los grandes niveles de la manifestación Cósmica.

Los **CHAKRAS** son **CENTROS PSÍQUICOS** del cuerpo que están en actividad en todo momento, tanto si tenemos conciencia de ellos como si no. La ENERGÍA recorre los **CHAKRAS** produciendo diferentes estados psíquicos. La ciencia biológica moderna explica esto como los cambios químicos producidos por las Glándulas Endocrinas, glándulas sin conductos cuyas secreciones se mezclan con la corriente sanguínea del cuerpo de modo directo e instantáneo.

Los CHAKRAS o CENTROS de FUERZA son también puntos de conexión o enlace por los cuales fluye la energía de uno a otro vehículo o cuerpo del hombre. Esto quiere decir que existen CHAKRAS no sólo en el cuerpo etérico, sino también en el astral y mental. Teniendo todos una interrelación necesaria. Quienquiera que posea un ligero grado de clarividencia los puede ver fácilmente en el doble etéreo, en cuya superficie aparecen en forma de depresiones semejantes a PLATILLOS o VÓRTICES, y cuando ya del todo están activos por el grado de espiritualidad alcanzado, aumentan de tamaño, más de cinco centímetros, y se les puede ver como refulgentes y corruscantes torbellinos a manera de diminutos soles. A veces hablamos de estos CENTROS cual si toscamente se correspondieran con determinados órganos físicos; pero en realidad están en la superficie del doble etéreo que se proyecta ligeramente más allá del cuerpo denso. Aunque los NADIS no deben ser identificados con los nervios, tampoco los CHAKRAS hay que señalarlos como centros nerviosos o glándulas endocrinas, como hay autores que tratan de hacerlo, guardan no obstante una correspondencia con esas partes del organismo, pudiendo observarse entre ellos un paralelismo del que más adelante hablaremos, e incluso una mutua influencia.

Todas estas RUEDAS o CHAKRAS giran incesantemente, y por el cubo o boca abierta de cada una de ellas fluye de continuo la energía del mundo superior, la manifestación de la corriente vital dimanante del Segundo Aspecto Del Logos Solar, a la que llamamos energía PRIMARIA, de naturaleza séxtuple, aunque en particular predomino de una de ellas según el CHAKRA. Sin este influjo de energía no existiría el cuerpo físico. La función de los CHAKRAS es la de centros donde puede acumularse energía o prana, teniendo capacidad para Transformarla y Distribuirlas a través de los NADIS hacia la totalidad del ser humano. Por lo tanto, los CENTROS o CHAKRAS actúan en todo ser humano, aunque en las personas poco evolucionadas es tardo su movimiento, el estrictamente necesario para formar el vórtice adecuado al influjo de energía. En el hombre bastante evolucionado refulgen y palpitan con vívida luz, de suerte que por ellos pasa muchísima mayor cantidad de energía, y el individuo obtiene por resultado el acrecentamiento de sus Potencias y Facultades Superiores.

Existen numerosos de estos centros por todo el cuerpo, sin embargo de entre ellos hay que destacar, por su basta importancia, a SIETE. Cada uno de estos 7 CHAKRAS principales, tiene su propia singularidad, ya sea en color, ubicación, forma y división, símbolos, facultades o poderes que otorga, etc. Aquí nos ocuparemos de cada uno de ellos y descifraremos, aunque sólo sea básicamente y en esencia, sus posibilidades y relaciones.

LOS 7 CHAKRAS

(Nombre Oriental)   *(Nombre Occidental)*

1. MULADHARA. . . . .   El Centro BÁSICO.
2. SVADHISTHANA. . .   El Centro SACRO.
3. MANIPURA. . . . . . .   El Centro del PLEXO SOLAR.
4. ANAHATA. . . . .   El Centro CARDIACO.
5. VISHUDDHA. . . . . .   El Centro LARÍNGEO.
6. AJNA. . . . .   El Centro Entre las CEJAS.
7. SAHASRARA. . . . . .   El Centro CORONARIO.

La literatura TÁNTRICA acostumbra a representar gráficamente a cada CHAKRA por medio de un dibujo simbólico pero bastante significativo, en el que figuran muchos ELEMENTOS que le caracterizan. La descripción de los textos clásicos hacen de cada CHAKRA toda una amplia representación que no sólo obedece a ilustrar los estados de CONCIENCIA que se llegan a conseguir con la práctica Ocultista sino que, además, de este modo nos proporcionan toda una serie de datos sobre los centros que son sobradamente abundantes para poder trazar rasgos característicos que tipifican el Nivel De Conciencia Psicológica que corresponde a cada CHAKRA. Y esta descripción no es sólo válida para el hombre realizado, sino también en la persona normal que no ha practicado ningún trabajo Yóguico, pues los NADIS y los CHAKRAS son elementos activos que existen en el cuerpo etérico de todo hombre, aunque esté con frecuencia muy lejos del Pleno Desarrollo que podrían y deberían alcanzar.

DESCRIPCIÓN DE CADA CHAKRA:

1º-   Chakra **"Muladhara"** o Centro **Básico.**
Muladhara quiere decir: MULA=RAÍZ,   y ADHARA=SOPORTE.

Localización: Está situado sobre el Plexo pélvico, región entre el ano y los genitales; en la base de la columna vertebral. Correspondiendo a las primeras tres vértebras.

Número De Pétalos: Cuatro.

Color del Chakra: Es de un intenso color Rojo-Anaranjado cuando está activo.

Estados o Facultades que producen su activación: "El arte de viajar a través del espacio"; discernimiento espiritual; talentos de palabra, poesía, habilidad y organización. "Señor de la palabra y Rey de los hombres, y un ADEPTO en todas clases de estudios. Queda para siempre libre de toda enfermedad y su interno espíritu vive lleno de gozo". Dominio sobre el elemento tierra.

Otros Datos: Dentro de este CHAKRA permanece contenida la energía llamada **KUNDALINI** (de la que hablaremos más adelante) enroscada con tres vueltas y media sobre sí misma, como una serpiente, y cerrando con su cabeza la entrada al NADI central Sushumna. También parten de este Chakra los otros dos nadis principales: IDA y PINGALA. Normalmente, un niño de entre 1 y 7 años actúa siguiendo las motivaciones del "primer Chakra". La tierra es captada como una ciencia nueva. El niño debe enraizarse y establecer las leyes de su mundo, aprendiendo a regular sus pautas de alimentación, bebida y sueño como la conducta apropiada necesaria para asegurar su identidad en el mundo. El niño pequeño debe estar centrado en sí mismo y preocuparse mucho por su supervivencia física. El problema principal del niño o del adulto que actúan según las motivaciones del Primer Chakra es la conducta violenta basada en la INSEGURIDAD. Una persona con miedo puede golpear ciega e insensatamente, como un animal acorralado, por lo que piensa es una pérdida de la inseguridad básica.

2. CHAKRA "SVADHISTHANA" o CENTRO SACRO.

Localización: El tallo de este centro tiene su origen entre las 4ª y 5ª vértebras lumbares, sobre el Plexo hipogástrico; genitales.

Número de Pétalos: Seis.

Color del Chakra: Está relacionado con la fuerza vital y desprende todos los colores del sol: rojo, naranja, amarillo, azul, verde, y violeta.

Estados o Facultades que producen su activación: El dominio sobre los más grandes enemigos del Yogui: sus pasiones y su egoísmo. Dominio también sobre el elemento AGUA (*apas*), en todas sus variantes.

Otros Datos: El niño empieza a contactar físicamente con su familia y amigos. Aumenta su imaginación. La sensualidad entra en la relación mientras evoluciona a una conciencia nueva del cuerpo físico. El deseo de sensaciones físicas y fantasías mentales pueden ser un problema para la persona a este nivel. La gravedad fluye hacia bajo atrayendo el agua, y así el segundo chakra puede tener sobre la PSIQUE un efecto de remolino descendente. El Chakra Svadhisthana abarca el plano Astral, así como los planos del entretenimiento, la fantasía, los celos, la piedad, la envidia y el gozo. El Plano Astral es el espacio existente entre el Cielo y la Tierra.

El Centro SACRO, es el conocido CENTRO "HARA" (Japonés). A veces hemos podido ver que ciertos *sadus*, ciertos yoguis de la India, tienen la zona del vientre muy desarrollada, a pesar que apenas comen, ¿por qué? En el caso de los Iniciados, un vientre prominente o muy desarrollado es índice de poderío, de fuerza y denota reservas espirituales acumuladas gracias a ejercicios de respiración. Observar a los Japoneses. Algunos tienen un vientre enorme, y al mismo tiempo una gran flexibilidad, una gran fuerza y una gran inteligencia. Esto es debido a que han trabajado para desarrollar lo que llaman el **CENTRO HARA**. Este centro corresponde al *Chakra Sacro*

Hindú, y está situado a 4 centímetros debajo del ombligo. HARA significa "VIENTRE" en japonés, y de ahí proviene la expresión de "hacerse el HARA-KIRI", es decir, suicidarse abriéndose el vientre, dejando que la fuerza o energía vital se vacíe. Para los Sabios japoneses, el HARA es el centro de la vida, del equilibrio, el centro universal, y cuando el hombre, al concentrarse sobre él consigue desarrollarlo, se convierte en un ser infatigable, invencible. Todos los que han trabajado el Centro HARA se distinguen en la vida por un equilibrio extraordinario. Este centro es popularmente utilizado en las Artes Marciales, como en el Karate, Aikido o Kung Fu, para sacar o desarrollar, lo que ellos denominan LA ENERGÍA INTERNA, el KI para el japonés, y el CHI para el chino.

A pesar de lo que muchos seudo-ocultistas digan, este Centro, así como cualquier centro inferior al del corazón, es conveniente no despertarlo o vitalizarlo prematuramente, porque es un centro de mucho poder. Es muy peligroso despertarlo sin haber antes limpiado y purificado bien los deseos y tendencias inferiores. Éste se activará desde arriba, desde el espíritu, automáticamente cuando el hombre esté preparado y ha descendido la presencia de su alma al nivel mental.

"El Hombre Alineado Con La Voluntad Divina
Tiene Poder Para Despertar Y Activar Todos Los
Centros Y Potencias Latentes"

No intentemos despertar las facultades o poderes ocultos a través del deseo y de la concentración sostenida sobre los Centros Inferiores. Como dijo el Cristo: "***Buscad primero el Reino de Dios sobre todas las cosas, y todo lo demás vendrá como añadidura***". Así pues, no busquemos primero la añadidura y después el Reino Espiritual. Es desastroso error. Porque si antes no hemos establecido en nuestro interior una cierta limpieza y un cierto discernimiento y estabilidad superior como dice el Maestro SIVANANDA, las poderosas fuerzas internas circulantes nos pueden arrastrar hacia la demencia y hasta la enfermedad. Busquemos pues, primero la Presencia de nuestra Alma Divina.

3. CHAKRA "MANIPURA" EL Centro DEL PLEXO SOLAR.

Localización: El tallo de este centro tiene su origen entre la 2ª y la 3ª vértebra lumbares. En el Plexo Solar; Plexo epigástrico, zona del ombligo.

Número de Pétalos: Diez.

Color del Chakra: Divisiones alternativas de ROJAS y VERDES.

Estados o Facultades que producen su activación. El dolor y la enfermedad quedan destruidos, todos los deseos se realizan. El tiempo queda vencido y el Yogui puede penetrar en los cuerpos de los demás. Obtiene el poder de hacer oro u otras materias preciosas. Conoce las plantas medicinales y puede también descubrir los tesoros. El Centro Manipura es un gran Centro Emisor y Receptor de impresiones, por lo cual a su alta sensibilidad, especialmente astral, puede percibir por ejemplo las emociones así como los pensamientos de los demás. Telepatía inferior.

Otros Datos: La motivación de la energía de este Chakra impulsa a la persona a desarrollar su ego, su identidad con el mundo. El equilibrio del Chakra es el servicio desinteresado; es decir, servir sin deseo de recompensa. La práctica de la claridad clarificará el propio camino de acción, o Karma. Este chakra es el que domina en la gente sencilla, en el pueblo, que se define por su sentimentalismo de sentido agradable: ganas de ser útil, de prestar un apoyo, de ayudar de un modo casi maternal.

El Cerebro y el Plexo Solar: El Plexo Solar ha creado el cerebro y lo alimenta, lo mantiene, es decir, lo ENERGETÍZA, le da fuerzas, y cuando deja de hacerlo el hombre se duerme, se embrutece, o le duele la cabeza y no puede reflexionar. En realidad, el cerebro no está separado del Plexo Solar, pero es muy raro que alguien sepa como hacer subir las energías desde el Plexo Solar hasta el Cerebro. El cerebro es dinámico, activo, pero se fatiga enseguida si no está sostenido por las energías del Plexo Solar. Por ello, antes de hacer un esfuerzo intelectual, antes de meditar, de concentrarnos, es conveniente actuar sobre nuestro Plexo Solar, aunque sólo sea brevemente, alineándolo con la intención espiritual de nuestro inmediato trabajo. Démosle masajes, por ejemplo, en sentido contrario a las agujas del un reloj, después de algunos minutos sentiremos que nuestro pensamiento se libera, y que nos podemos poner a trabajar.

4. <u>CHAKRA "ANAHATA" o CENTRO CARDIACO.</u>
*<u>Localización</u>***:** El tallo de este Chakra, tiene su origen entre la 4ª y 5ª vértebras dorsales. Sobre el Plexo Cardiaco. Corazón.
*<u>Número de Pétalos</u>***:** Doce.
*<u>Aspectos</u>***:** Conseguir el EQUILIBRIO entre los tres Chakras que hay por encima del corazón y los tres que hay por debajo.
Color del Chakra: Color de Oro.
*<u>Estados o Facultades que producen su activación</u>***:** "Meditando en este Chakra el yogui se hace capaz de controlar sus sentidos. Todos sus deseos son cumplidos. Puede hacerse invisible a voluntad. "Permanece en estado de FELICIDAD". En el espíritu del investigador nace un Saber sin igual. Ve el pasado, el presente y el futuro. Tiene el poder de oír a distancia y de ver las cosas sutiles y alejadas. Puede a voluntad viajar por el espacio. Desarrolla intensamente la capacidad de la INTUICIÓN. Y es capaz de desdoblarse astralmente a voluntad.
*<u>Otros Datos</u>***:** De los 21 a los 28 años, uno vibra con el Chakra Anahata. Se toma conciencia del Karma, de los actos de la propia vida. La fe es la fuerza motivadora cuando

uno se esfuerza por conseguir EQUILIBRIO en todos los niveles. El Chakra Anahata o Centro Cardiaco abarca las buenas tendencias y los planos de la Santidad, el equilibrio y la fragancia. Es la fuente de LUZ y AMOR, no sólo del amor humano sino del amor ágape, el Amor Divino, al cual el Nuevo Testamento tan poéticamente describe como "*río de agua viviente*". También es importante añadir que el PRINCIPIO CRÍSTICO (Cristo Interno) se encuentra oculto en el Corazón del discípulo, y es allí donde se encuentra la sagrada "*Joya en el Loto*".

Uno de los más grandes axiomas esotéricos dice:
"Sólo a través del amor podrá ser salvado
Y redimido el hombre".

5. CHAKRA "VISHUDDHA" o CENTRO LARÍNGEO.

Localización: El tallo de este Chakra se sitúa u origina entre la 6ª y la 7ª vértebras cervicales; en el Plexo de la carótida.

***Número de Pétalos*:** Dieciséis.

Color del Chakra: Azul-Verde.

Estados o Facultades que producen su activación: La memoria, el ingenio presto, la intuición y la improvisación. Revelaciones a través de los sueños (lectura de los sueños). La meditación en el espacio hueco del área de la garganta produce calma, serenidad, pureza, una voz melodiosa, el control de la lengua y de los mantras; la capacidad de componer poesía. Además le vuelve a uno juvenil, radiante y un buen Maestro de las ciencias espirituales. El que despierta ese centro se convierte en sabio en el Conocimiento Sagrado y Príncipe entre los Yoguis. Quién entra en Vishuddha se convierte en el dueño de todo su ser. Aquí todos los ELEMENTOS (Tattwas) se disuelven en el AKASHA (Éter) puro y auto-luminoso. Quién desarrolló este Centro Magnético obtiene el Poder de la CLARIAUDIENCIA, el poder de oír a distancia, el poder de oír la *"Música de las Esferas"* y a las criaturas que viven en las dimensiones superiores.

Otros Datos: El Chakra Vishuddha gobierna entre los 28 y 35 años. Este Centro se encuentra en la parte detrás del cuello, empezando justo debajo de la médula oblonga y extendiéndose por debajo hacia la parte frontal de la garganta, justo debajo de la nuez. Este CHAKRA es muy importante, porque es el CENTRO de la expresión humana; permite que cada entidad se comunique CREATIVAMENTE con el mundo exterior. Transmite El Propósito Del Alma. Su exteriorización física es la Glándula tiroides, que guarda el equilibrio del cuerpo al controlar el nivel de metabolismo y crecimiento humano. El Planeta dominante, es JÚPITER, que en sánscrito se llama GURÚ, el que imparte el CONOCIMIENTO. Quién entra en el Plano del Chakra Vishuddha busca el conocimiento, el camino que conduce al verdadero nacimiento del hombre al estado Divino. Todos los elementos se transmutan en su esencia refinada, su manifestación más pura. Cuando así sucede, el ser se establece en la Conciencia Pura. Una persona se vuelve "Chitta", libre de los grilletes del mundo y dueño de su ser total. El Chakra Laríngeo encarna el "Chit", o Conciencia Cósmica. Estamos en la quinta raza-raíz y esta es una razón suficiente para comprender el por qué de la gran importancia del Control Mental (RAJA-YOGA), y la incidencia energética a nivel humano y planetario que le corresponde al Chakra Laríngeo por ser el quinto.

6. CHAKRA **"AJNA"** o CENTRO **ENTRE LAS CEJAS.**
Ajna quiere decir: MANDO, autoridad, poder ilimitado.
Localización: **En** el entrecejo. Plexo medular; glándula pituitaria.
Elemento: Mente
Números de Pétalos: **Simbólicamente** 2, pero estos 2 están divididos en 48 Pétalos cada uno, así que hacen un total de 48+48=96 Pétalos.

Color del Chakra: Rosado amarillento y azul púrpura.

Estados o Facultades que producen su activación: Aquí reside la raíz de todas las potencias de la naturaleza más sutiles. Meditando sobre dicho centro se consigue una visión de la Verdad Suprema, y se adquieren los poderes yóguicos. El yogui se libera de todos los "samakaras" de virtud y pecado y, finalmente, alcanza el atma-jñaña, el más alto conocimiento. Se despierta el poder de la Clarividencia Superior.

Otros Datos: Cuando una persona entra en el Chakra AJNA, la luz forma un aura alrededor de su cabeza. El Discípulo al despertar este centro de "Mando" tiene bajo total control la respiración y la mente. Ida, Pingala y Sushumna se reúnen en el Chakra Ajna. Estos tres "ríos" se encuentran en TRIVENI, la sede principal de la conciencia. Los dos ojos físicos ven o perciben el pasado y el presente, mientras que el OJO AJNA se le revela el futuro. En el Centro Ajna, el propio yogui se convierte en una manifestación Divina. Encarna todos los elementos en su esencia o forma más pura. Todos los cambios interiores y exteriores dejan de ser un problema. La Mente alcanza un estado de conciencia cósmica que no diferencia y **Cesa Toda Dualidad**. En este nivel termina el peligro de los retrocesos; no hay inversión espiritual, pues mientras está en su cuerpo físico se halla en estado constante de conciencia no dual. Es capaz de comprender el significado cósmico y también es capaz de generar escrituras.

El Discípulo ha de intensificar su atención hacia ese punto elevado de la cabeza, ha de intentar permanecer allí en su puesto de MANDO sobre la personalidad. De hecho se nos enseña que el Alma reside allí, en el Chakra Ajna, así como el Espíritu se encuentra en el último o Centro Coronario. El aspecto vida del espíritu se encuentra en el Centro del Corazón, pero en su aspecto superior o de Conciencia se ubica en el entrecejo. En las Meditaciones Ocultistas trazamos una línea de energía desde el Centro Ajna hasta un punto situado más allá de la cabeza, logrando así una comunicación, un puente o ANTAKARANA que nos comunique cerebralmente con el Alma Divina o Ángel Solar. Permanecer constantemente, en la vida diaria, sobre ese CENTRO nos ayuda a TRANSMUTAR las energías inferiores, así como a construir un centro de gravedad superior, donde nuestra conciencia no desciende y se identifica con otros aspectos de la naturaleza inferior.

7. CHAKRA "SAHASRARA" o CENTRO CORONARIO.

Localización: En la cúspide de la cabeza o parte superior del cráneo (región superior posterior). Relación con la Glándula PINEAL.

Número de Pétalos: 972.

Color del Chakra: Todos los matices. En conjunto predomina el violáceo.

Correspondencias Psicológicas: Se corresponde con la INTUICIÓN superior. Se corresponde también con la energía de primer rayo o VOLUNTAD espiritual. Con el mundo trascendente, divino.

Estados o Facultades que producen su activación: Se adquiere la POLIVIDENCIA o poder supremo. El hombre se convierte en Divinidad, inmortal y radiante. En este centro el hombre-divino se asemeja a su Creador y adquiere el beneplácito para colaborar en su Obra Cósmica.

Otros Datos: Este Chakra Supremo tiene en su interior, en el mismo centro, otro Chakra menor de color blanco inmaculado observándose en su centro 12 Pétalos de color de oro. Es el corazón supremo en la cabeza.

"En la cima de la cúspide se halla el divino Loto de los Mil Pétalos. Este Loto, que da la LIBERACIÓN, se encuentra fuera del cuerpo, considerado como un Universo. Es denominado "Kailasa", el Monte del Placer donde reside el Señor Supremo. Es sin-matriz, indestructible. Nada puede aumentarlo ni disminuirlo". Allí, en el lugar llamado Kailasa, reside el CISNE (símbolo del discernimiento supremo). El investigador que fija su mente en el **Loto De Mil Pétalos** ve desaparecer todos sus sufrimientos. Liberado de la muerte, se convierte en inmortal. Es allí, en el Chakra Coronario donde se disuelve la Energía enroscada KUNDALINI. Entonces, la creación cuatro veces replegada en sí misma se reabsorbe en la Suprema REALIDAD. Es el último Chakra en despertar y por lo tanto se corresponde con el nivel más elevado de la perfección espiritual. En este Chakra se alcanza la verdadera UNIÓN, la VERDAD y el ÉXTAXIS más elevado. Cuando uno se encuentra en ese nivel se convierte en Su SER REAL, y el Espíritu se manifiesta totalmente en el hombre a través de sus cuerpos inferiores o PERSONALIDAD. Hay que señalar que el SAHASRARA no pertenece ya al nivel físico del cuerpo, sino que se refiere solamente al plano trascendental. Por esa razón con frecuencia en algunos textos se omite y hablan tan sólo de los seis Chakras por debajo del él.

El Centro AJNA representa el aspecto femenino en la cabeza, mientras que el Centro Coronario personifica la parte masculina o de Voluntad. Cuando el último chakra ha sido actualizado el hombre entonces alcanza la **Autorrealización** y se convierte en un Maestro de Sabiduría.

LA ENERGÍA "KUNDALINI"

El término KUNDALINI procede de la palabra sánscrita "KUNDAL", que significa enroscar. Se compara a una serpiente que en reposo y durmiendo está enroscada. Por medio de la FUERZA KUNDALINI actúan todas las criaturas. En los distintos cuerpos yace dormida la misma energía, como un centro estático alrededor del cual giran todas las formas de la existencia. En el mundo fenoménico hay siempre un PODER dentro y detrás de cada actividad, como un fondo estático y vital. Esta poderosa energía está ubicada en el ser humano en la base de la columna vertebral en el CHAKRA BÁSICO o Muladhara. Simbólicamente enroscada con tres vueltas y media sobre sí misma, como una Serpiente, y cerrando con su cabeza la entrada al Nadi Central SUSHUMNA.

La Fuerza KUNDALINI dormita en la base de la médula espinal y es **_la Madre que ha creado el Universo_**, **_la fuerza femenina de Dios_**, **_"La Fuerza Fuerte De Todas Las Fuerzas",_** como la llama *Hermes Trismegistro*. Una vez despierta, puede dirigirse hacia arriba o hacia abajo. Si se dirige hacia arriba, el ser experimenta un inimaginable crecimiento espiritual. Si se dirige hacia abajo, puede tener consecuencias muy lamentables. Aquél que sin ser PURO y DUEÑO DE SÍ MISMO despierta la Fuerza KUNDALINICA, se convierte en presa de una pasión sexual desenfrenada que lo arrastra hacia el abismo a una velocidad vertiginosa. Por esta razón se les aconseja a los Discípulos que no intenten despertar a KUNDALINI antes de haber trabajado afanosamente en la limpieza, pureza y contacto superior necesarios para resistirla. Ya que esta fuerza, la más poderosa de todas, puede destruir y crear al mismo tiempo. En cierta manera es fácil despertar a KUNDALINI, pero lo más difícil y justamente lo esencial es saber dónde y cómo dirigirla. La dirección que tome KUNDALINI no depende de la voluntad del hombre, sino de sus cualidades y virtudes. Cuando la Serpiente ígnea, despierta, se lanza hacia el lugar donde puede encontrar alimento. Si es la parte inferior la que ofrece alimento, allá se dirige, y entonces todo ha terminado; es un pozo sin fondo, un verdadero abismo. Mientras que si es la parte superior la que le atrae, se dirige hacia arriba y el hombre alcanza la **UNIÓN CON DIOS**.

Sobre esta cuentión *Omram Mikhaël Aivanhov* nos comenta: En el Génesis se dice que Adán y Eva vivían en el jardín del Edén donde, entre diferentes clases de árboles, crecían el Árbol De La Vida y el Árbol De La Ciencia Del

Bien Y Del Mal. Pero he aquí que la serpiente consiguió persuadir a Eva (que a su vez, persuadió a Adán) de que comiera el fruto prohibido... y ya sabemos lo que ocurrió. Pues bien, este Árbol de la Ciencia del Bien y del Mal es, en realidad, el sistema de **chakras** situados a lo largo de la columna vertebral, y la serpiente, enrollada sobre sí misma en la parte baja del árbol, es la KUNDALINI. La serpiente habló a Eva y le dijo: "Si comes de los frutos de este árbol -es decir, si despiertas los CHAKRAS- serás como Dios, tendrás la OMNISCIENCIA, la CLARIVIDENCIA, el poder absoluto". Evidentemente en ese momento Eva fue tentada y Adán también. Sin embargo, era PREMATURO, no estaban preparados para soportar el PODER de las Fuerzas que entraron en acción. Tenían que haber continuado comiendo de los frutos del Árbol de la Vida, es decir, extrayendo las energías del CENTRO DEL PLEXO SOLAR que está en relación con todo el cosmos. Ya que gracias a estas energías no conocían la fatiga, los sufrimientos ni la muerte. Sí, el Árbol de la Vida es el PLEXO SOLAR, mientras que el otro árbol, el Árbol de la Ciencia del Bien y del Mal, es la COLUMNA VERTEBRAL por donde circula la KUNDALINI una vez despierta. Adán y Eva tuvieron demasiada prisa por comer sus frutos. Hubiesen debido esperar a que Dios se los ofreciera, llegado el momento, en que estuvieran preparados espiritualmente.

 Si lanzamos una mirada sobre otras tradiciones espirituales, encontramos irremediablemente en todas las civilizaciones una alusión a la "**Serpiente Sagrada**". El mismo Jesús jamás hubiera aconsejado a sus discípulo que se mostraran tan sabios como la Serpiente, si ésta hubiera sido un símbolo del demonio; ni tampoco los *Ofitas*, los Sabios Gnósticos Egipcios de la "Fraternidad De La Serpiente", hubieran reverenciado a una culebra viva en sus ceremonias como emblema de SABIDURÍA, la Divina SOPHIA. De hecho los faraones simbólicamente aludían a ella con la representación de dos serpientes en la cabeza, como por ejemplo *Tutankamon*; también tenemos a la "Serpiente Emplumada" de los AZTECAS, la Serpiente emplumada era la energía KUNDALINI cuando vuela o asciende hasta la cabeza del Iniciado, esa Víbora Divina según ellos devoraba al Alma y al Espíritu en llamas ígneas; las culturas Hindúes y del Tíbet reflejan este mismo símbolo como el aspecto SHIVA de la Trinidad Hindú. La palabra KUNDALINI deriva de ellos; también en la Tradición Griega la vemos bajo la forma del Caduceo De Hermes, con las dos serpientes entrelazadas alrededor de una varilla central. Las dos pequeñas serpientes laterales son IDA y PINGALA, las dos corrientes que rodean el canal SUSHUMNA, siendo éste representado por la varilla central; hasta hoy en día persiste este símbolo como logotipo de las Farmacias. La serpiente que rodea una copa es un símbolo profundamente Místico. Y hacen bien en tenerla porque es la *serpiente interna la que cura todas las enfermedades.*

   La Energía Kundalini una vez actualizada y elevada por la columna vertebral hasta la cabeza, es la responsable de ACTIVAR y DESPERTAR plenamente todos los CHAKRAS. Pueden antes activarse, pero será sólo parcialmente. La energía KUNDALINI es la que tiene el PODER de quemar la trama etérica y purificar toda sustancia grosera del hombre. Pero..., ¿Qué es exactamente KUNDALINI? Kundalini es el Fuego Promotor de la Vida Física del planeta, es el PODER ÍGNEO que arde de las entrañas mismas de la NATURALEZA Planetaria y en el centro de todo Ser y cosa creada, es el talismán Sagrado mediante el cual el Logos Solar Puede Hallar Continuidad de Vida y de Conciencia en nuestro Planeta y expresar aquel aspecto creador de su naturaleza espiritual, definido corrientemente en los estudios esotéricos como:

- *El Espíritu Santo*................. Para Los Cristianos.
- *Isis*.. Para Los Egipcios.
- *Shiva*....................................... Para Los Hindúes.
- *Inteligencia o Actividad*.... Para Los Ocultistas.

Existe actualmente un grave error, que generalmente cometen los que son muy místicos, y es el pensar que la energía Kundalini es una entidad, y tiene su propia inteligencia. Ellos justifican su trabajo Tántrico diciendo que la Madre Kundalini sólo se despierta y asciende cuando Ella cree que es el momento justo, y que nada malo puede ocurrir, porque estarán protegidos por esa Divina Diosa. Sin embargo, esto no es real. La energía Kundalini no es un Ser, sino una tremenda potencia, y quien la intenta despertar "personalmente" corre un grave peligro, mucho más real que lo que uno podría imaginar. La alusión directa al FUEGO de KUNDALINI, como ejecutor de la voluntad de la MÓNADA o ESPÍRITU del hombre, nos ilustra sobre un punto generalmente pasado por alto aún en los altos estudios sobre el YOGA, y es que la evolución de un "CHAKRA" irradiando una especie particular de energía Monádica, determina la invocación Mística del fuego del Kundalini, la Fuerza Madre de la Naturaleza, por el desarrollo natural de este centro, llegando así a la conclusión, no sólo desde un ángulo puramente esotérico, sino también por la evolución de un razonamiento lógico, de que el proceso de Expansión Del Fuego no se halla solamente en la cualidad mística y ascendente de KUNDALINI. Hay que tener en cuenta, principalmente, que el proceso de desarrollo de los CHAKRAS *"Puntos de especial interés meditativo para el ÁNGEL SOLAR en un momento dado"*, los cuales en la línea de su particular evolución invitan al Fuego Dormido De La Materia para que despierte de su profundo letargo y ascienda en forma de serpiente Ígnea a lo largo de la columna vertebral, haciendo vibrar el contenido del Canal SUSHUM-

NA. Ha de ser comprendid o pues que no es el FUEGO en sí el elemento que desarrolla los CHAKRAS, sino que son los propios CHAKRAS, vitalizados y purificados mental y espiritualmente por el **Observador Silencioso** de nuestra vida, la Mónada Espiritual por medio del ÁNGEL SOLAR, desde el Centro Mayor de la cabeza, los que realizan el proceso de ascensión de KUNDALINI en busca del Fuego de MANAS. Esto nos lleva a la compresión de que no es el esfuerzo mental del hombre el que debe invocar la FUERZA del KUNDALINI, sino que es el ALMA DIVINA enlace del ESPÍRITU la que realiza el trabajo del despertar y de ascensión de la misma.

En la actualidad existen algunas escuelas especialmente "seudo- tántricas" esotéricas o yóguicas por todo el mundo, que se empeñan en enseñar a sus estudiantes a despertar esta poderosa energía. El TANTRISMO oriental y su culto a lo FEMENINO, la MAGIA SEXUAL y otras formas similares de prácticas, están verdaderamente fuera de todo sincero acercamiento espiritual, y pertenecen actualmente al *sendero izquierdo,* al sendero de la **magia negra**, por muy bien intencionado que sean sus argumentos. A ningún Discípulo de la FRATERNIDAD BLANCA se les aconsejan tales prácticas inferiores, ya que además de ser muy peligrosas, se pierde el verdadero sentido del propósito espiritual, y lamentablemente muchos sinceros aspirantes se convierten en presa fácil de su propia vanidad. Algunos de ellos creen que es la forma más rápida de evolucionar, sin embargo dicho está: *"Busca primero el reino de Dios sobre todas las cosas, y de demás se te dará por añadidura".* Sin embargo el incauto egoísta busca primero la "añadidura", el poder, las facultades psíquicas, pero olvidan fácilmente que el poder sin sabiduría esta condenado al fracaso espiritual, y al enaltecimiento del "ego". La energía kundalínica despierta y asciende naturalmente por la columna vertebral en la justa medida en que desciende el Espíritu, el Ser. La mayoría de los "seudo-tantristas" piensan que si retienen el semen lo suficientemente y lo transmutan hacia arriba van a logran la realización espiritual, *"pobres desgraciados"*, si bien es cierto que hay que practicar cierta continencia, y realizar la sexualidad con moderación dentro de una relación estable y con verdadero amor, lo más importante y primer mandamiento esotérico es el contacto íntimo con el Alma, con el Maestro Interno, que enunciado desde un punto de vista completamente ocultista, es la creación consciente, mediante la meditación y el servicio, del puente o Antakarana de luz que nos conecta a nuestro Ángel Solar con el cerebro físico, de tal forma que la Luz del alma es reconocida y vivida en los tres planos de la personalidad. Esta es la primera y verdadera empresa espiritual a seguir, y desde esa conexión pueden surgir otros caminos controlados por el Ser, entre ellos el despertar responsable del kundalini y bajo la guía estricta de un Maestro Realizado.

En la historia de la humanidad han habido casos muy concretos y raros, donde la Energía Kundalini o una pequeña parte de ella ha despertado por medios accidentales. En tal caso la KUNDALINI se lanza y trata de subir bruscamente por el centro de la columna vertebral en vez de seguir un orden espiral (como sucedería con el Iniciado) y el hombre puede sufrir más de una contrariedad física y psíquica. Esos casos tan raros, pero reales de combustión espontánea, donde el cuerpo es inflamado y arde espontáneamente, es una pequeña muestra accidental de esta poderosa ENERGÍA que llamamos KUNDALINI. Ciertamente, mejor para el aspirante, que no juegue con fuego. Y como el tema tiene muchas vertientes, sería conveniente agregar aquí otro mal entendido que existe sobre la denominada "Magia Sexual" que a tantos atraen y acaban devorados como la pililla al fuego. Reflexionemos brevemente sobre la implicación espiritual del "SEXO" esotéricamente entendido:

"El SEXO es en realidad sólo la relación de la naturaleza inferior con el Yo superior; El hombre descubre que el SEXO (que hasta entonces ha sido una función puramente física, realizada a veces bajo el impulso del amor) es elevado a su correcto plano como el "Matrimonio-Divino", realizado y consumado en los niveles de la percepción del ALMA. Esta gran verdad subyace en la historia sórdida de la expresión del Sexo, la Magia Sexual y las distorsiones de la moderna MAGIA TÁNTRICA. La humanidad ha aminorado el simbolismo y sus pensamientos han envilecido al Sexo hasta convertirlo en una función animal, y no fue elevado al Reino del Misterio Simbólico. Los hombres han tratado de obtener, por medio de la expresión física, la fusión y la armonía internas que anhelan, y esto no se puede hacer. El SEXO sólo es el símbolo de una DUALIDAD INTERNA que debe ser Transcendida y llevada a la UNIDAD. No se trasciende por medios o Rituales físicos -como suponen algunas escuelas esotéricas-, sino que es una trascendencia en la CONCIENCIA.

La KUNDALINI puede despertarse por varios métodos, pero esto debe hacerse solamente bajo la dirección de un MAESTRO o Instructor competente, siendo responsable el MAESTRO, ante la FRATERNIDAD, del entrenamiento del candidato. No es probable que dirija este despertar sino hasta que el candidato, por su propio esfuerzo, haya destruido las Tres Primeras ataduras del Sendero, de manera que no esté ya en peligro de ser atraído por las cosas sensuales o materiales. Entonces, su "Nacido Del Cielo", íntimamente unido o en armonía con el Manas Superior, puede seguir siendo dueño de la TRIPLE CASA de la PERSONALIDAD, y cuando la energía de KUNDALINI quede libre en el cuerpo, será probable que corra en canales Puros De Servicio hacia el YO SUPERIOR. Por esto, el despertar de Kundalini ocurrirá comúnmente cerca ya de la TERCERA INICIACIÓN.

LAS TRASFERENCIAS DE LOS CENTROS:

Contenido extraído de las enseñanzas del Maestro D.K. a través de Alice A. Bailey.

Antes de nada, podríamos dividir los CENTROS en DOS GRUPOS bien definidos, que son: los que están por debajo del diafragma, y los que están arriba de él. Veamos:

1º. *Los Tres CENTROS abajo del Diafragma o inferiores*.
    a)   El Centro Básico.
    b)   El Centro Sacro.
    c)   El Centro Del Plexo Solar.

2º. *Los Cuatro CENTROS -arriba del Diafragma- o superiores*.
    a)   El Centro Cardíaco.
    b)   El Centro Laríngeo.
    c)   El Centro Ajna.
    d)   y El Centro Coronario.

Los Tres Centros situados por debajo del diafragma son actualmente los más POTENTES en la humanidad común, y también los de mayor "vitalidad"; éstos requieren ser REORIENTADOS, REORGANIZADOS y llevados de un estado activo a otro pasivo. Esto se logra **reorientando las energías, transfiriendo a los cuatro superiores la energía positiva de los tres centros inferiores**. En forma similar, los Cuatro CENTROS arriba del diafragma deben ser DESPERTADOS y conducidos de un estado negativo-pasivo a otro positivo-activo.

Esto se logra Transfiriendo Las Energías del siguiente modo:

    A)   Del Centro De La Base De La Columna Al Centro Coronario.
    B)   Del Centro Sacro Al Centro Laríngeo.
    C)   Del Centro Del Plexo Solar Al Centro Cardíaco.

Esta **TRANSFERENCIA** se logra mediante el despertar del CENTRO CORONARIO a través de una actividad espiritual voluntariosa. El primer efecto se produce mediante la formación del carácter, y la purificación de los cuerpos, a medida que el ALMA los utiliza en los tres mundos. El segundo es el resultado de la MEDITACIÓN y el desarrollo del propósito organizado, impuesto por la voluntad en la vida diaria. La formación del carácter, la pureza de vida, las reacciones emotivas controladas y el correcto pensar, son puerilidades conocidas en todos los sistemas religiosos, las cuales han perdido valor debido a que nos hemos familiarizado con ellas. No es fácil recordar que a medida que vivimos con PUREZA y RECTITUD, estamos en realidad trabajando con FUERZAS, subyugando energías para nuestras necesidades, subordinando las vidas elementales a los requisitos de la existencia espiritual y poniendo en actividad un MECANISMO y estructura vital, que hasta ahora sólo había permanecido en estado latente y pasivo.

Las TRES TRANSFERENCIAS son:

1ª) *Transferencia*: Cuando las energías latentes en la base de la columna vertebral son conducidas a la cabeza y llevadas (a través del plexo solar, lugar de distribución de energías y la médula oblongada) al Centro entre las cejas "AJNA" entonces la personalidad, el aspecto materia, alcanza su apoteosis y la Virgen María -en el sentido individual, analogía finita de una realidad infinita- es "conducida al cielo" para sentarse allí al lado de su HIJO, el CRISTO ÍNTIMO, el ALMA.

2ª) *Transferencia*: Cuando las energías del CENTRO SACRO, enfocadas hasta ahora en el trabajo de creación y generación física, y por lo tanto origen del interés y la vida sexual, son Sublimadas, Reorientadas y Ascendidas al CENTRO LARÍNGEO, entonces el aspirante se convierte en una fuerza Consciente y Creadora en los Mundos Superiores; traspasa el "velo", y empieza a crear el canon de las cosas que, oportunamente, traerá el "Nuevo Cielo" y la "Nueva Tierra".

3ª) *Transferencia*: Cuando las energías del PLEXO SOLAR -hasta ahora expresión de la potente naturaleza de deseos, que nutre la vida emocional de la personalidad- son también Transmutadas y Reorientadas y después conducidas al Centro Cardíaco, se obtiene como resultado la Compresión De La Conciencia, el AMOR y el PROPÓSITO Grupales, que hacen del aspirante un Servidor de la Humanidad y un asociado de los Hermanos Mayores de la Raza.

Otros Centros o Chakras Menores

El Cuerpo Etérico está compuesto totalmente de LÍNEAS DE FUERZA y de puntos donde esas líneas se cruzan, formando al cruzarse Centros de Energía. De esta manera se forman CINCO ZONAS a lo largo de la columna vertebral y dos en la Cabeza. Así aparecen los Centros Mayores (ya estudiados) y un vasto número de Centros Menores que están situados en muchos lugares en el cuerpo humano. La forma en que aparecen estos CENTROS (mayores y menores) es la siguientes: **1º)** Donde las Líneas etéricas se cruzan **21** veces, se forma un Centro Mayor, de los cuales hay siete. **2º)** Donde se cruzan **14** veces, aparecen los Centros Menores, de los cuales hay 21 de relativa importancia, y 49 aún más pequeños. **3º)** Donde se cruzan 7 veces, tenemos Centros Diminutos, de los cuales hay centenares. Quizás sería de interés para el estudiante conocer dónde se hallan, al menos, los **21 Centros Menores**. Estos pueden ser localizados en los siguientes lugares: Dos de ellos delante de los oídos, donde se unen los huesos de la mandíbula. Otros dos están exactamente encima de los senos. Uno donde se unen los huesos pectorales, cerca de la glándula tiroides. Éste, juntamente con los Centros de los senos, forma Un Triángulo de Fuerza. Uno en cada palma de la mano. Uno en cada planta de los pies. Uno detrás de cada ojo. Dos también conectados a las gónadas. Uno cerca del hígado. Uno vinculado al estómago, por lo tanto relacionado con el plexo

Solar. Dos vinculados al bazo. Éstos forman en realidad un centro, formado por los dos superpuestos. Uno detrás de cada rodilla. Un poderoso Centro está estrechamente relacionado con el nervio vago. Éste es muy potente y está considerado por algunas escuelas ocultistas como un Centro Mayor; no se halla en la columna vertebral, sino cerca de la glándula timo. Otro cerca del plexo solar.

Los 5 Centros o Chakras Planetarios:

No es de extrañar, que comprendamos que al igual que el ser humano posee ciertos Centros de energías, también el Planeta Tierra como una Entidad Mayor posee sus Centros o **Chakras Planetarios,** por los cuales circulan FUERZAS de muy diversas cualidades.

Existen en la actualidad, **CINCO** Grandes **PUERTAS o Centros Planetarios** expresándose por medio de Cinco Entradas Planetarias situadas en las siguientes zonas:

1.) **En Ginebra**.   - El Continente Europeo.
2.) **En Londres**.   - La Comunidad Británica.
3.) **En Nueva York**.   - El Continente Americano.
4.) **En Darjeeling**.   - Asia Central Y Occidental.
5.) **En Tokio**.   - El Lejano Oriente.

Actualmente, estos CINCO CENTROS están siendo vitalizados en forma anormal y deliberada. La energía que fluye de ellos está afectando profundamente al mundo y constituyendo una gran esperanza para el futuro, pero a veces, produciendo efectos destructores y desastrosos en lo que se refiere al aspecto material. Hay Dos Centros todavía para completar los 7 en la vida planetaria que están relativamente pasivos, en lo que atañe a cualquier efecto mundial. El Maestro Tibetano señala que algún día se descubrirá: Uno dentro del Continente Africano y, mucho después otro será descubierto en la región de

Australia. Sin embargo, ahora sólo nos conciernen los 5 CENTROS de esta Quinta Raza Raíz.

"Ya sea para el hombre o para el Cosmos los
Chakras representan
las puertas sagradas por donde la Divinidad
Inmanente y Trascendente
puede asomarse y irradiar Su Divina Gracia
hacia todos los Planos del Universo"

Capítulo. XI

La ciencia de la meditación
"La Construcción del Antakarana"

Para la elaboración de este capítulo hemos consultado y extraído algunos fragmentos de los siguientes Libros:

"La Ciencia de la Meditación", H. Saraydarian
"Cartas sobre Meditación Ocultista", Alice A.Bailey (Maestro D. K.)
"Misión Maitreya", Benjamín Creme
"La Luz del Alma", Alice A.Bailey

El amplio interés que en la actualidad despierta el tema de la MEDITACIÓN, evidencia Una Necesidad Mundial que exige una clara comprensión. Cuando descubrimos una tendencia popular hacia cualquier dirección unilateral constante, podemos con certeza deducir que de ello surgirá algo que la raza necesita en su marcha hacia delante. Lamentablemente para aquellos que no profundizan en el fenómeno de la MEDITACIÓN, por lo general la consideran *"como un modo místico de orar".* Sin embargo, se puede demostrar mediante la experiencia que en la correcta comprensión del proceso de la MEDITACIÓN, y en su acertada adaptación a las necesidades de nuestra civilización moderna, se encontrará la solución de nuestras dificultades PEDAGÓGICAS y el método por el cual será posible llegar a la comprobación científica de la existencia del **ALMA**.

El objetivo de nuestro viaje evolutivo (en primer lugar) es llevar las vibraciones de los vehículos físico, astral y mental a frecuencias tan similares que la persona se integre en un todo, y pueda el alma manifestar Su Presencia a través de un canal puro. Debemos recordar que los cuerpos del hombre son canales naturales por los cuales se canalizan e irradian ciertas fuerzas, micro o microcósmicas. De la pureza de dichos canales se asegura la prontitud del éxito espiritual. El ser humano esta canalizando e irradiando diferentes calidades de energías durante las 24 horas del día, consciente o inconscientemente. La pregunta clave aquí, consiste en comprender cuál es el tipo de energía que estamos movilizando en cada momento.

El Aura del hombre es el receptor y transmisor de las energías, que siempre están en continuo movimiento, ya sean éstas más inferiores o superiores. Y el aura del ser humano es el resultado concreto de la vibración que componen los diferentes vehículos internos del hombre. He ahí, la importancia del alineamiento con el propósito del alma, y su influencia en nuestras vidas. El plan del alma es nuestro plan, y cuando nos ajustamos a él, estamos en armonía con el Plan Universal, con el propósito del Logos Planetario. En dicho ajuste con el plan divino, y en dicha sincronización con el alma divina, esta la base fundamental sobre la que se asienta la tremenda importancia que tiene para nuestra humanidad *la ciencia de la meditación*.

La naturaleza del alma es amar y servir, ese es Su instinto primordial –si podemos utilizar dicha expresión tan inadecuada-. Vida tras vida, nuestras almas van creando vehículos cada vez más bellos e integrados, a través de los cuales, los poderes del alma y sus cualidades pueden ser desarrollados y puestos en acción en los diferentes planos de existencia, incluidos naturalmente los inferiores a través de la personalidad integrada. Acercando cada vez más el quinto reino, el reino de Dios a la tierra. El objetivo final de la meditación es pues alcanzar la máxima integración de la personalidad con el alma divina; creando, mediante la meditación y el servicio, un contacto directo e ininterrumpido. Tal es el arduo y glorioso trabajo del mago blanco.

Omraam Mikhaël Aïvanhov dice al respecto: Por lo general la MEDITACIÓN es un hábito poco frecuentado por el hombre ordinario. De hecho también por lo general, el hombre común nada sabe de la importancia y de su trascendencia, ni se lo imagina, ¿por que tendría que saberlo…? Ninguna institución oficial habla al respecto, ningún colegio o universidad enseñan sus técnicas, ni desarrollan pruebas y ensayos. Ningún científico por lo general invierte su energía y su tiempo en algo, tan vago y desconocido. Sin embargo no nos desilusionemos demasiado. Actualmente hay mucho interés y experimentos al respecto. El estudio de las diferentes ondas cerebrales, y las diferentes alteraciones de la conciencia van despertando progresivamente mucho interés social. Meditación, concentración, reflexión, rezos, oraciones, etc… palabras éstas poco investigadas, pero con un importante papel en nuestras vidas cotidianas. Por lo general el hombre común utiliza la oración esporádica, como método de petición y suplica por intereses propios o familiares. Cuando se encuentra en dificultades, con problemas acuciantes, quizás un accidente, algún familiar enfermo, problemas económicos, etc. Es entonces cuando nos acordamos de orar, de rezar, pidiendo amparo, auxilio al cielo. Porque algo en nuestro interior nos recuerda que hay fuerzas, presencias divinas que pueden ayudarnos. La verdad es que sólo nos acordamos de Santa Bárbara cuando truena… No es que esto este mal, es bueno y necesario pedir ayuda superior, sin embargo esto sólo es una reacción esporádica y emocional en tiempo y espacio, poco a nada tiene que ver aún con la ciencia de la meditación, con ,lo que estamos tratando aquí.

De todas maneras no hay que hacerse muchas ilusiones, porque es muy difícil meditar correctamente. Es un arduo proceso evolutivo y de alineamiento interno que dura muchas encarnaciones. Mientras estemos sumergidos en ocupaciones prosaicas, o en intereses demasiados turbios, no podemos meditar correctamente, aún más, la meditación puede ser incluso un inconveniente, como más tarde explicaremos. *Hay que tratar de liberarse interiormente para poder proyectar el pensamiento hasta lo eterno*. En la antigüedad los secretos de la meditación sólo eran transmitidos de maestro a discípulo, y esto sólo era posible cuando el discípulo estaba bien preparado. En la actualidad las técnicas de meditación están de moda, sin embargo esto puede ser un dato preocupante, porque no siempre las técnicas son las adecuadas, y porque no todos tiene el conocimiento ni el ritmo de vida adecuado para practicarla. **Sí, el ritmo de vida adecuado,** esto es muy importante sino clave para el éxito. Hay individuos que meditan durante décadas y no progresan adecuadamente. Sin embargo hay otros que en pocos años alcanzan un nivel extraordinario. Cuál es pues la razón de dicha sinrazón, precisamente el IDEAL. Hace falte tener un Ideal elevado hacia donde van dirigidos nuestros esfuerzos, y nuestra vida. No se podemos tener una vida desordenada, en cuanto a pasiones, apegos, excesos, intoxicaciones, violencias, etc., y luego querer meditar un rato para alcanzar el cielo. Eso no es posible.

Algunos cierran los ojos, se colocan en posición de loto, respiran profundamente y entonan el mantran OM, y después...., ¿qué sucede después, qué queda, qué hay en el fondo? ¿Por qué lo hacen?, ¿Qué buscan con la meditación?, ¿Cuál es el verdadero rumbo de sus vidas cotidianas? Si estas preguntas no tienen una clara y rotunda respuesta, no deberían meditar. Podrían quizás si lo desean practicar la oración, los rezos, la relajación…, pero no la meditación superior del alma. La verdadera meditación es una ciencia sagrada, es la manipulación consciente de las energías superiores, es un proceso de transmutación de la personalidad y de invocación de los poderes del alma, y en algunos casos más elevados, la manipulación de energías ashrámicas del Maestro y de la Jerárquicas Espiritual.

Cada momento de la existencia está conectado con los que le preceden. Nuestra vibración interna actual es el resultado del ritmo impuesto por cada día. No existe el espacio neutro, no existe una barrera en la vibración. La inercia y la velocidad también existen en nuestro foro interno, y es el responsable del éxito de la meditación. Uno no puede pretender llevar una vida de pasiones y excesos y tratar en un momento determinado de encerrarse en una habitación, y procurar conectarse con los mundos superiores y con su alma divina. Simplemente eso no es posible por ley de afinidad, por ley de vibración. La meditación como práctica debe ser precedida a una vida de servicio, de ideales elevados, es decir, debemos crear un ritmo superior de vida, manifestando en nuestros quehaceres cotidianos los valores y principios espirituales más nobles. Es entonces cuando la meditación como práctica puede elevarnos e impulsarnos de tal forma y en tal medida que nuestra propia vida se convierta es una meditación continua.

La Ciencia y técnica de la MEDITACIÓN fue instaurada en nuestro planeta por nuestros Hermanos Mayores conocidos en conjunto como Gran Fraternidad Blanca, hace ya millones de años atrás, esto fue posible por la demanda existente y en perfecta respuesta al propósito y Plan Divino. Es un método necesario de aceleración evolutiva. Es esencial, y los mismos Maestros también utilizan esta ciencia cósmica, a veces en conjunto, grupalmente, como método superior de acercamiento a la Voluntad del Logos Planetario, la cual representan para Ellos la máxima prioridad como eficaces servidores en el trabajo de redención planetaria.

> "Esto es lo que los iniciados saben y nos han enseñado siempre.
> La meditación es una cuestión psicológica, filosófica, espiritual, un acto cósmico de la mayor importancia. Y una vez que el discípulo ha paladeado el sabor de este mundo superior, su convicción se refuerza y siente que sus facultades empiezan a obedecerle".

***Diferencia Básica Entre La* "Oración o Plegaria" *y la* "Meditación".**

Será útil establecer con claridad la meta definitiva que persigue el hombre culto cuando empieza a practicar la meditación y diferenciar entre la meditación y lo que las religiones llaman plegaria u oración. Es esencial tener una idea clara de estos puntos, si queremos progresar en forma práctica, pues la tarea del investigador es ardua; necesita algo más que un entusiasmo pasajero y un esfuerzo momentáneo, para dominar esta ciencia y aplicar eficazmente su técnica.

<u>La **oración** puede describirse, quizás, con los versos de *J. Montgomery*</u>:

> **"Plegaria es el sincero deseo del alma, expresado o inexpresado, el movimiento del fuego oculto, que se estremece en el pecho."**

Expone la idea del deseo y del requerimiento; la fuente del deseo es el corazón. Pero debe tenerse en cuenta que el deseo del corazón puede ser la adquisición de algo que la personalidad ambiciona, o las posesiones trascendentales y celestiales que el alma anhela. Sea lo que fuere, la idea básica es demandar lo que se desea, y así entra el factor anticipación, y también algo se adquiere finalmente, si la fe del peticionante es suficientemente intensa. La **meditación** difiere de la oración en que es, ante todo una orientación de la mente, orientación que produce comprensión y reconocimiento, y se convierte en conocimiento formulado. *Bianco de Siena* hablaba realmente de meditación, cuando dijo:

> "¿Qué es la oración, sino la elevación de la mente directamente a Dios?".

Las personas polarizadas en su naturaleza astral o de deseos, siendo predominantemente de tendencia mística, demandan lo que necesitan, se esfuerzan por adquirir en la plegaria virtudes largo tiempo anheladas; ruegan a la Deidad que los escuche y mitigue sus dificultades; interceden por sus seres queridos y quienes los rodean; importunan a los cielos por las posesiones materiales o espirituales, que consideran esenciales para su felicidad. Aspiran y ansían cualidades, circunstancias y factores condicionantes, que simplifiquen sus vidas o los liberen, para alcanzar lo que creen ser la libertad para una mayor utilidad; agonizan orando, para obtener alivio en sus enfermedades y padecimientos, y tratan de que Dios responda a su demanda mediante alguna revelación. Pero este pedir, demandar y esperar, son las principales características de la oración, predominando el deseo e implicando el corazón. La naturaleza emocional y la parte sensoria del hombre busca lo que necesita, y el campo de las necesidades es grande y real; el acercamiento se hace por medio del corazón.

La meditación lleva el trabajo hasta el reino mental superior; el deseo cede su lugar al trabajo práctico de preparación para el conocimiento divino, de manera que el hombre que inició su larga carrera y experiencias de la vida con el deseo como cualidad básica, y alcanzó el estado de adoración de la Realidad divina tenuemente percibida, **pasa**

ahora del mundo místico al del intelecto, al de la razón y de la eventual comprensión.

El hombre que ha llegado a identificarse con el CORAZÓN de la Divinidad es un Verdadero MÍSTICO, este grado dentro de la evolución del ser humano es un estadio INTERMEDIO. Si desea seguir evolucionando, inevitablemente, ha de convertirse en OCULTISTA o CONOCEDOR y, no solamente identificarse con el Corazón Divino, sino también la Mente Del Creador y participar conscientemente de Su Obra, así se crean verdaderos servidores y Magos Blancos. Sin embargo, hay que decir que nadie puede alcanzar el grado de ocultista a no ser que haya superado y sintetizado en su interior el estadio del Místico. Los dos se expresan de la siguiente manera:

>-El MÍSTICO está polarizado en su naturaleza Emocional Superior (corazón).
>-El OCULTISTA se polariza en la CABEZA y utiliza el Corazón de la MENTE.
>-El MÍSTICO utiliza la ORACIÓN para su desenvoltura, mientras que el OCULTISTA utiliza la MEDITACIÓN CREADORA con el propósito de ser un SERVIDOR eficaz en manos de Dios.
>-El MÍSTICO puede alcanzar cierto grado de INICIACIÓN, pero a no ser que se transmute en OCULTISTA no podrá llegar a ser un MAESTRO DE SABIDURÍA, ya que éste utiliza tanto el corazón como la mente integrada.

El Poder Del Pensamiento

El Señor H. Saraydarian en su Libro "***LA CIENCIA DE LA MEDITACIÓN***", nos expone un magnífico ejemplo personal que tuvo lugar en su juventud, y que expresa magistralmente de lo que es capaz el poder del pensamiento. Él describe lo siguiente:

"... Recuerdo que siendo yo niño, mi padre me llevó a una cueva que se extendía bajo tierra cerca de una milla. Mi padre blandía una gran antorcha y yo le seguía con cuidado, al tiempo que miraba las grandes sombras en las paredes y escuchaba los ecos de nuestras palabras.

Al final, nos detuvimos junto a algunas rocas. Mi padre me mostró una con forma de lengua, de unos dos pies de espesor, que se proyectaba desde una capa horizontal de la roca, en la caverna. También me mostró en lo alto una roca que parecía un dedo, de la que caían gotas rítmicamente. Después que vi estas rocas, me dijo: "Tengo una pregunta para ti. Viste la gota que cae del techo, ¿pero viste de dónde venía?" Me miró, y sostuvo en alto la antorcha para verme mejor. Advertí que las gotas estaban cayendo sobre la roca y la atravesaban. Era curioso porque la roca era muy gruesa. Me arrastré bajo la roca para ver qué sucedía. Vi que tenía una perforación de una pulgada de diámetro y que las gotas atravesaban directamente un orificio que parecía un tubo y caían en el piso. -¿Sabes cómo ocurrió? No. -¡Piensa! -Las gotas percutieron la roca durante siglos y la perforaron. ¡Sí! Te traje para que vieras este hecho y aprendieras una lección. Un pensamiento concentrado en cualquier dirección, si es continuo puede hacer cosas que parecen imposibles.

Cuando acabábamos de salir de la cueva, mi padre me miró de nuevo en los ojos y me dijo: -El poder del pensamiento y el secreto de cómo pensar, éstas son las llaves para todas las cerraduras. No lo olvides. Lo más débil es una gota, pero puede perforar una roca. Entonces saltó sobre su caballo y me alzó frente a él. Estábamos atravesando las altas montañas hacía la sinfonía del ocaso".

El verdadero Discípulo es un ser convencido de que el PENSAMIENTO es una realidad y de que todos los poderes están en el pensamiento, cuando es utilizado por el alma o por el Ser. Sabiéndolo, incluso en las circunstancias más desfavorables de la vida en las que los demás se sienten desdichados, engañados, el discípulo puede actuar mediante el PENSAMIENTO; nunca pierde el tiempo y nadie puede limitarle: es libre, y por encima de todo, es un CREADOR de su destino. Los que no están acostumbrados a trabajar con su MENTE se lamentan continuamente de que les falta algo, de que están oprimidos, atados; siempre encuentran un motivo para sentirse desgraciados y es que no se han dado cuenta de que DIOS ha dado al ser humano todas las POSIBILIDADES, pero sólo en el campo MENTAL: El día en que sepan aprovecharse de todas las circunstancias de la vida para mantenerse en las ALTURAS, gracias al PENSAMIENTO, lo dominarán todo. Ésa es una Clave Fundamental, y la MEDITACIÓN se encarga de desarrollar armoniosamente dicho potencial.

Sin la MEDITACIÓN no es posible que uno verdaderamente se conozca con plenitud, ni que sea dueño de sí mismo, ni que desarrolle CUALIDADES y VIRTUDES. Y precisamente porque no han dado un lugar preponderante a la MEDITACIÓN, los humanos se muestran débiles en su vida interna, en sus sentimientos y en sus deseos.

La Meditación y el Servicio

La meditación y el servicio son los dos caminos gemelos del sendero para la Realización del Ser. Por medio de la **meditación**, el contacto con el alma se hace más profundo y se fortalece, realizando gradualmente la infusión de la personalidad por el alma. Las energías y atributos del alma– Voluntad Espiritual, Amor e Inteligencia–se manifiestan cada vez más a través de la personalidad hasta el momento en que la fusión de las dos se completa. Por medio del **servicio**, el propósito del alma se lleva a cabo. La naturaleza del alma es servir; ella sólo conoce el servicio altruista. Todo lo que el alma sea de Voluntad, Amor e Inteligencia trata de ponerlo al servicio del Plan -el Plan del Logos del que ella es un reflejo-. En Palestina, el Cristo, reveló la realidad del alma e instituyó el Sendero del Servicio como el camino, por excelencia para la realización de Dios. Esto no es menos cierto hoy en día. La gran ilusión de la vida de nuestra personalidad es la sensación de estar en el centro del universo. Todos nos consideramos del mayor interés e importancia para nosotros mismos.

Nada es tan efectivo para descentralizarnos como el servicio. Nada nos ayuda tanto para adquirir perspectiva y crecer espiritualmente. Cuando servimos, nos identificamos cada vez más con "el otro", aquel al que servimos, y gradualmente desplazamos el foco de nuestra atención de nuestro pequeño yo separado. Adquirimos una visión más amplia, más inclusiva del mundo y así llegamos a una relación más correcta con el Todo del que somos una parte. Muchos, hoy, especialmente aquellos que trabajan con la tradición Oriental, bajo la influencia de uno u otro de los muchos gurús que enseñan actualmente en Occidente, ven la meditación como un fin en sí mismo. No ven ninguna necesidad de servicio o acción externa para cambiar la sociedad para mejor; no ven ninguna posibilidad de cambio externo sin un cambio interno del corazón. Muchos creen también que simplemente con la meditación están haciendo más bien para el mundo del que podrían de otra manera. Sin duda, si ellos fueran Maestros que han realizado a Dios bien podría ser así, pero incluso los Maestros trabajan incansablemente en el servicio al mundo; ninguno más que Ellos.

A través de la meditación, se atrae las energías e inspiración del alma que dan vida y significado a la expresión de la personalidad. Donde a estas se les impide, su salida correcta en el servicio, tiene lugar un 'estancamiento' en los vehículos de la personalidad – mental, emocional y físico – con resultados desafortunados. Muchas de las neurosis y otras enfermedades de los aspirantes y discípulos son el resultado de no emplear la energía del alma y del rechazo del propósito del alma. La meditación sigue siendo el camino real para contactar con el alma, pero una vez que esto se alcanza, el camino hacia adelante para el verdadero aspirante al discipulado es a través de la aceptación, además, de la vida de servicio. Los focos interno y externo deben estar equilibrados y debe emprenderse la marcha por el camino Infinito, el sendero del servicio, que llama a todos los verdaderos Hijos de Dios, desde el más modesto discípulo hasta y más allá, del Cristo Mismo. Es la misma necesidad de servir la que impulsa al Logos a la manifestación y nos da vida.

La meditación es el resultado inevitable del proceso de evolución, del impulso hacia la perfección. Un ser humano no puede vivir y crecer sin respirar. La respiración es vida para el cuerpo. La meditación es un género de respiración, y es imposible vivir el Sendero del discipulado y de la iniciación sin la meditación. Cuando el hombre promedio entra en el **Sendero** siente un gran impulso, un gran ímpetu para meditar; la bellota humana siente en sí las fuerzas de la naturaleza y quiere destruir todas las limitaciones, volverse liberada, y encontrar su camino hacia la luz, el amor y el poder del mundo interior. - Los aspirantes degeneran y mueren espiritualmente sin meditación apropiada, pero florecen e irradian más vida cuando meditan. La meditación es la respuesta a un llamado interior, al llamado del futuro. Algún gran imán libera y evoca en ti la luz oculta y te convoca, una etapa tras otra, hasta que encuentras dentro de ti al primer gran imán, tu Alma.

Se nos dice que nuestro Ángel Solar o "Alma Divina" está en meditación continua y que su meditación se dirige dentro de ambos mundos: el mundo objetivo y el mundo subjetivo, o el mundo de la personalidad y el mundo del espíritu. El Alma se empeña en penetrar en los misterios de la Mónada "espíritu" y, entre tanto, de llamar hacia arriba al peregrino que puede haber perdido su Sendero en el laberinto físico, emocional y mental. Cuando se responde al llamado del Alma, el ser humano en evolución empieza a ponderar, a reflexionar, a aspirar y a meditar. Primero, su meditación es muy corta, pero gradualmente se torna cada vez más larga, **_hasta que toda la vida se convierta en un modo de meditar_**.

> "La meditación es el proceso del despertar a la realidad del habitante interior. Es la ciencia de entrar en contacto con el pensador interior".

La meditación nos conduce a la **inclusión-del-Alma**. Una personalidad de Alma infusa está completamente a tono, como un violín y el violinista y la música. Entonces tenemos la corriente estática que irradia del artista. La creatividad es el resultado de tal sintonía. Ninguna creatividad es posible a menos que el hombre se funda con los conceptos superiores, con las fuentes superiores de la belleza, y que sea capaz de hacerlas descender a su cerebro físico, a su mundo emocional, y les de nacimiento como un género artístico. La meditación alinea y pone a tono con todos los vehículos y los funde con la Fuente interior de la luz, del amor y de la energía, entonces la humanidad tiene una hermosura viviente, un servidor de la raza, un sendero a través del cual todos los hombres podrán triunfar.

El Peligro De Las Fórmulas Equivocadas.

Existe por doquier toda una gran variedad de ejercicios, fórmulas y meditaciones que aunque en apariencia prometen favorables beneficios en realidad entorpecen mucho al aspirante en el Sendero, y es por ello y a la gran complejidad del tema, que se ha de saber, reconocer y distinguir entre el grano y la paja. Lo que a veces puede ser bueno para uno, no precisamente lo es para otro. Hay factores de cultura, de constitución, de tipo de rayo y de grado de evolución que condicionan a la hora de ejercitarse en cualquier práctica. Hace falta, verdaderamente, una *Cultura Esotérica* para que vayamos poco a poco comprendiendo cuales son nuestras principales necesidades. A continuación vamos a dar algunos CONSEJOS o sugerencias que deberemos tener presentes a la hora de enfrentar algunas prácticas ocultistas. Estos consejos están destinados a evitar algunas fórmulas que no son convenientes y que deberíamos desechar de nuestro trabajo espiritual.

> *"Una vida limpia, una mente abierta, un corazón puro, un intelecto ávido, una percepción espiritual sin velos, una hermandad hacia el propio condiscípulo; una presteza para dar y recibir consejo e instrucción... una voluntaria obediencia a los mandatos de la Verdad... un valeroso sufrimiento de la injusticia personal, una valiente declaración de principios, una brava defensa de quienes son injustamente atacados, y un ojo constante sobre el ideal del progreso y la perfección humanas que la ciencia secreta describe; estas son las escaleras doradas por cuyos escalones el estudiante puede ascender al Templo de la Sabiduría Divina."*
>
> **H.P. Blavasky.**

El Maestro Tibetano, hablando sobre los peligros de la meditación, dice: "La meditación es peligrosa y no provechosa para el hombre que entra en ella sin la base del buen carácter y de la vida limpia. Entonces, la meditación se convierte sólo en un medio para introducir energías que sólo sirven para estimular los aspectos indeseables de su vida, tal como la fertilización de un jardín lleno de hierbas producirá una cosecha estupenda de éstas, y de ese modo destruirá a las flores débiles y minúsculas. La meditación es peligrosa cuando hay un motivo equivocado, como un deseo fuerte y egoísta de un exclusivo crecimiento personal y del desarrollo de poderes psíquicos, pues produce, bajo estas condiciones, sólo un fortalecimiento de las sombras en el valle de la ilusión y aporta el pleno crecimiento de la serpiente del orgullo, que acecha en el valle del deseo egoísta. La meditación es peligrosa donde falta el deseo de servir. El

servicio es otra palabra a utilizar por la fuerza del alma para bien del grupo. Donde falta este impulso, la energía puede derramarse dentro de los cuerpos, pero a falta de uso y al no hallar salida, tenderá a sobreestimular a los centros inferiores, y producirá condiciones desastrosas al neófito. Debemos recordar que la energía, como el agua, sigue el camino de menor resistencia. La **asimilación** y la **eliminación** son leyes de la vida del alma al igual que de la vida física, y cuando esta ley simple se descuida sobrevienen consecuencias graves tan inevitablemente como en el cuerpo físico".

Algunas de estas fórmulas que deberíamos evitar son:
Los peligros del astralismo. Este es el peligro en que caen muchos aspirantes bienintencionados. Debido a falta de **alineación** y a bajos desarrollos psíquicos pasados, el aspirante, en el tiempo de la meditación, se desliza dentro del mundo astral y a través de sus sentidos astrales oye, toca, ve, gusta y huele en el mundo astral, según su inclinación. El mundo astral es una esfera de fuerzas que actúan y construyen formas sobre los "prototipos" de los deseos. El alcance de los deseos nuestros y del mundo es ilimitado. Pueden mezclarse con sombras positivas y negativas, egoístas y desinteresadas, con amor y odio, con belleza y fealdad, con miedo y valentía. El mundo astral es un mundo turbulento de movimiento, color, forma, gusto y olor, y quienquiera caiga en esa esfera de fuerzas y formas ilusorias y no se libre de aquélla, pierde su cordura y salud. En los misterios egipcios, el mundo astral era simbolizado por un río oscuro, y el alma del difunto era protegida en una barca y dirigida al otro mundo, sin permitirle caer en las ilusiones del mundo astral. El mismo misterio se repite en la historia de Ulises y en El Libro Tibetano de los Muertos, e incluso en el libro décimo de La República, de Platón.

El plano astral no es un principio; es creado por nuestros deseos y espejismos. Cuando nuestros hechizos y deseos astrales desaparecen, no poseemos más cuerpos astrales y no somos influidos por el mundo astral. Cuando el cuerpo astral se purifica de todos los hechizos, se convierte en una extensión del plano **Búdico** y sirve como un vehículo puro de sensibilidad. Ningún hombre puede trabajar en cualquier plano sutil si en su consciencia física no desarrolló su consciencia hasta un grado que conscientemente pueda hacer funcionar en ese plano mientras está en la encarnación física. El Maestro Tibetano dice: *"Cuando la mente se desarrolla indebidamente y cesa de unirse a lo superior y a lo inferior, forma una esfera propia. Este es el máximo desastre que puede alcanzar una unidad humana".*

Evitemos trabajar con la MAGIA INFERIOR, como pueden ser las invocaciones o llamamientos a entidades de escasa evolución como los ELEMENTALES de la NATURALEZA. El Mago Blanco trabaja con Entidades que se encuentran precisamente en un Escalón más elevado como son los "DEVAS o ÁNGELES de grado superior". Debemos evitar también todas aquellas seudo-meditaciones que sólo traten de estimular nuestro cuerpo emocional por muy elevadas que sean. La meditación es una Ciencia de la manipulación de la energía a través del Alma, para que ésta pueda expresarse a través del cerebro físico, y así incidir poderosamente en la vida del discípulo. Si nuestra meditación es poner música clásica o mántrica y centrarnos en el corazón esperando extasiarnos emocionalmente en el limbo del placer espiritual, estaremos atrapados, embotados en el espejismo del mundo astral. La correcta meditación trabaja en el plano mental superior donde el Alma se manifiesta como Luz y disipa los espejismos.

El peligro de dejar la Mente en Blanco. La meta de la meditación no es crear una mente dormida sino crear una mente purificada, extremadamente bien organizada, sensitiva y bien entrenada de modo que un hombre pueda usarla como un faro y como un transmisor de impresiones superiores al mundo de los hombres. La mente no deberá ser puesta en inactividad o en blanco. Esto lleva a una inhibición de las ondas o formas del pensamiento que circulan en la atmósfera mental. Se congelan, por así decirlo, y se corta del cerebro el fluido circulante de energía vital. Esto causa gran fatiga, que se expresa en debilitamiento de la memoria y de una vida creadora. **La mente no se controla a través de la inhibición sino mediante la transmutación y la transformación.** A través de la meditación correcta, el contenido de la atmósfera mental se sublima y atraviesa un proceso en fusión en el que las viejas formas cambian en sustancia energética que se usará para construir formas más avanzadas que sirven a ideas mayores, pensamientos mayores y metas mayores.

Aquietar la mente en la meditación no significa anular el "caballo" (las actividades mentales) y hacerlas quedarse inmóviles. Por el contrario, aquietar la mente significa elevar su vibración tan alto que ninguna corriente de pensamiento inferior o impresiones emocionales la alcance; pero sólo las ideas, impresiones y *formas-de-pensamientos* de orden altísimo son registradas por ella, debido a su extrema polarización hacia los mundos superiores.

Los peligros del bajo psiquismo. Algunas personas usan la meditación para desarrollar poderes psíquicos. Este es uno de los máximos peligros. Los verdaderos poderes psíquicos son el resultado natural de la iluminación, de la expansión de consciencia, de mayor conocimiento, y de una vida de servicio dedicado. Los PODERES latentes del hombre superior son activados plenamente por el Alma cuando el hombre está preparado. Primero busquemos el Reino de Dios y todo lo demás se nos dará por añadidura.

Los Maestros nos aconsejan a no jugar con los centros etéricos usando ejercicios respiratorios, entonando mantras, o concentrándonos en el fuego de Kundalini para elevarla por la columna vertebral al intentar desarrollar poderes psíquicos. Olvidémonos plenamente de DESPERTAR la energía KUNDALINI por nuestra propia voluntad. Esa tremenda FUERZA se actualizará en la medida en que el hombre sea capaz de actuar como transmisor del propósito divino (como ya hemos explicado en un capítulo anterior), ya que el verdadero ocultista nada tiene que ver con Ella, por muy atractiva que ésta se presente para los estudiantes incautos y ansiosos de experimentar. Hay dos clases de psiquismo, el inferior y el superior. El psiquismo inferior es el resultado de un alma humana en desarrollo que está llena de *maya*, de hechizo y de ilusión. ¡No es una señal de espiritualidad! El psiquismo inferior entra en la existencia usualmente cuando el alma humana en evolución se expresa a través de la parte inferior del centro del plexo solar, que está conectada inmediatamente con el mundo astral. Debemos evitar las prácticas de meditaciones que estimulen directamente los CENTROS o CHAKRAS inferiores. Todo verdadero Ocultista se ocupa de los CENTROS situados desde el cardíaco hacia arriba, y muy especialmente del Chakra Ajna (entrecejo).

El psiquismo superior es el poder del **Ángel Solar**. La meta del alma humana es desarrollarse hasta un grado tal que se funda con el Ángel Solar a través de un matrimonio místico. Los pasos que conducen a este matrimonio comprenden la ciencia de la meditación. Antes que el alma pueda comprender y recordar, deberá unirse con el **Orador Silencioso**, *"tal como la forma a la que se amolda la arcilla primero se une con la mente del alfarero"*. Cuando procede la fusión del alma humana con la luz interior, el psiquismo inferior desaparece y empieza el psiquismo superior.

LAS 8 ETAPAS DE LA MEDITACIÓN

Las 8 etapas de la Meditación están relacionadas con los 8 MÉTODOS DEL YOGA o "**Unión**". Se observará que estas

ETAPAS o MÉTODOS son aparentemente simples, pero se tendrá muy en cuenta que no se refiere a algo que debe realizarse en un plano o en un determinado cuerpo, sino a la actividad y práctica simultánea en los tres cuerpos a la vez.

Los 8 MÉTODOS o ETAPAS del YOGA son:
1. LOS MANDAMIENTOS. (*desarrollados en el cap. IX*)
2. LAS REGLAS. (*desarrollados en el cap. IX*)
3. LA POSTURA o "ASANA".
4. CORRECTO CONTROL DE LA FUERZA VITAL o "PRANAYAMA".
5. ABSTRACCIÓN o "PRATYAHARA".
6. CONCENTRACIÓN o " DHARANA" (Atención)
7. MEDITACIÓN o "DHYANA".
8. CONTEMPLACIÓN o "SAMADHI".

La Primera Y Segunda Etapa: *Los MANDAMIENTOS y LAS REGLAS*.

El primer y segundo método o etapa hacia la MEDITACIÓN ya han sido suficientemente desarrollados en un capitulo anterior.

La Tercera Etapa: *LA POSTURA o "ASANA"*.

"La postura adoptada debe ser estable y cómoda".

Este aforismo ha conducido a los estudiantes occidentales a grandes dificultades, pues lo interpretan en sentido completamente físico. Es verdad que tiene un significado físico, pero si lo tornamos en relación con la triple naturaleza inferior, puede decirse que se refiere a una posición de constante inmovilidad del cuerpo físico, durante la meditación, una condición firme e indesviable del cuerpo astral o emocional al pasar por la existencia mundana y una mente inalterable y sin fluctuaciones totalmente controlada. De estas tres, podría decirse que la postura física tiene menos importancia. La mejor es aquella en que el aspirante puede olvidar con más rapidez que posee un cuerpo físico. Hablando en forma general podría establecerse que una posición erecta en una silla confortable, manteniendo derecha la columna, los pies cruzados en forma natural, las manos unidas sobre el regazo, los ojos cerrados y la cabeza ligeramente inclinada, es la mejor postura para el aspirante occidental.

> "La estabilidad y la comodidad de la postura se deben lograr mediante un ligero y persistente esfuerzo y la concentración de la mente en lo infinito".

La Cuarta Etapa: *CORRECTO CONTROL DE LA FUERZA VITAL o "PRANAYAMA".*

> "Cuando se ha adoptado la correcta postura (asana), le sigue el correcto control del prana y la adecuada inhalación y exhalación del aliento".

Tenemos aquí otro aforismo que ha dado lugar a muchos malentendidos **y** ha causado gran daño. Prevalecen varias enseñanzas sobre el control del prana, lo cual ha inducido a muchos a practicar ejercicios respiratorios, y a prácticas cuyo éxito depende de la suspensión del proceso de la respiración. Esto proviene en gran parte porque la mente occidental considera que prana y **aliento** son términos sinónimos; y de ninguna manera es así. Cuando se estudia pranayama deben tenerse en cuenta ciertas cosas. ***Primero***, que una de las funciones principales del cuerpo etérico es actuar como estimulador y revitalizante del cuerpo físico denso. Parecería que el cuerpo físico denso no tuviera una vida independiente, sino que simplemente actuara dirigido y motivado por el cuerpo etérico, que constituye el cuerpo vital o de fuerza, e interpenetrará cada parte del vehículo denso, siendo el fundamento y la verdadera sustancia del cuerpo físico. Según sea la naturaleza que anima al cuerpo etérico, la actividad de esa fuerza en el cuerpo etérico, el dinamismo o lentitud de las partes más importantes del cuerpo etérico (los centros de la columna vertebral), así será la correspondiente actividad del cuerpo físico. En forma similar y simbólica, según sea la plenitud del aparato respiratorio y su capacidad para oxigenar y purificar la sangre, así será la salud o plenitud del cuerpo físico denso.

Además, debe tenerse en cuenta que la clave para la exacta respuesta de lo inferior a lo superior, reside en el **ritmo** y en la capacidad del cuerpo físico para responder o **vibrar**, en forma rítmica, al unísono con el cuerpo etérico. El estudiante ha descubierto que esto se logra fácilmente con la respiración pareja y constante, y que la mayoría de los ejercicios de respiración, cuando se les dé primacía, excluyendo los tres métodos de yoga ya impartidos (los Mandamientos, las Reglas y la Postura), tienen un efecto definido sobre los centros ETÉRICO y pueden acarrear resultados desastrosos. **Es sumamente necesario que los estudiantes practiquen los métodos de la yoga en el orden dado por Pantanjali**, y que procuren completar el proceso purificador, la disciplina de la vida interna y externa y la centralización de la mente en una sola dirección, antes de intentar la regulación del vehículo etérico por medio de la respiración y el despertar de los centros.

La Quinta Etapa: *ABSTRACCIÓN* o *"PRATYAHRA"*

> "Abstracción o pratyahara, es la subyugación de los sentidos por el principio pensante, y su abstracción de lo que hasta ahora ha sido su objetivo"

Este aforismo compendia el trabajo realizado para lograr el control de la naturaleza psíquica, y proporciona el resultado alcanzado, cuando el pensador, por medio de la mente, el principio pensante, domina los sentidos de tal manera, que éstos ya no tienen expresión independiente propia.

Antes de que la intención, la meditación y la contemplación (los tres últimos métodos de yoga) puedan emprenderse adecuadamente, no sólo debe haberse logrado una correcta conducta externa, alcanzado la pureza interna, cultivada la correcta actitud hacia todas las cosas y, en consecuencia, controlado las corrientes de vida, sino que se habrá obtenido la capacidad de subyugar las tendencias exteriorizadas de los cinco sentidos. De manera que al aspirante se le enseña el correcto retiro o abstracción de la conciencia, que se dirige al mundo de los fenómenos, y **debe aprender a centrarla en la gran estación central de la cabeza**, desde donde la energía puede ser distribuida conscientemente cuando participa de la gran tarea, y desde allí puede establecer contacto con el reino del alma y recibir mensajes e impresiones emanadas de ese reino. Ésta es una etapa definida de realización y no simplemente una forma simbólica de expresar un centralizado interés. Las diversas avenidas de percepción sensorial son llevadas a una condición pasiva. La conciencia del hombre real ya no irrumpe externamente por sus cinco avenidas de contacto. *Los cinco sentidos son dominados por el sexto, **la mente**, y toda la conciencia y la facultad perceptiva del aspirante se sintetizan en la cabeza y se dirigen hacia adentro y arriba.* Así queda subyugada la naturaleza psíquica y el plano mental se convierte en el campo de actividad del hombre.

La Sexta Etapa: *CONCENTRACIÓN o "DHARANA" (ATENCIÓN).*

> "La concentración consiste en fijar la sustancia mental (chitta) en un objeto determinado. Esto es dharana".

Hemos llegado a los Aforismos de la Yoga que tratan específicamente del control de la mente y del efecto de ese control.

El primer paso para este desenvoltura es la **concentración**, o la capacidad de mantener la mente firme y sin desviarse sobre aquello que el aspirante ha elegido. Este primer paso es la etapa más difícil del proceso de la meditación, e implica la capacidad constante e incansable de hacer volver la mente al "objeto" elegido por el aspirante para concentrarse. Esta percepción clara, unilateral y tranquila de un objeto, sin que otro objeto o pensamiento penetre en la conciencia, es muy difícil de obtener. Cuando puede mantenerse durante doce segundos, entonces se está logrando la verdadera concentración.

Séptima Etapa: *MEDITACIÓN* o *"DHYANA"*.

"La concentración sostenida (dharana) es meditación (dharana) "

La meditación es sólo la prolongación de la concentración; proviene de la facilidad con que el aspirante consigue "fijar la mente" a voluntad en un objeto determinado. Está sujeta a las mismas reglas y condiciones de la concentración, la única diferencia es el factor tiempo. Una vez adquirida la capacidad de enfocar la mente con firmeza en un objeto, el siguiente paso consiste en desarrollar el poder de mantener la sustancia mental o chitta, sin desviarse del objeto o pensamiento, durante un período prolongado. **Dvivedi, al comentar este aforismo dice:**

> "..... *Dhyana consiste en fijar la mente en el objeto imaginado hasta hacerlo uno con ella. En efecto, la mente debería en ese momento ser consciente únicamente de sí misma y del objeto"...* La actitud del hombre se convierte en atención pura y fija; su cuerpo físico, sus emociones, aquello que lo circunda y los sonidos y lo que ve, se pierden de vista, y el cerebro es consciente sólo del objeto que constituye el tema o simiente de la meditación, y de los pensamientos que la mente va formulando en relación con el objeto.

Octava Etapa: *CONTEMPLACIÓN o "SAMADHI".*
Es difícil describir y explicar el elevado estado de **SAMADHI** o CONTEMPLACIÓN, pues las palabras o frases sólo son esfuerzos de la mente para transmitir al cerebro del yo personal aquello que le permitirá captar y valorar el proceso.
En la CONTEMPLACIÓN el Yogui pierde de vista:
1. La conciencia cerebral, o lo que se entiende en el plano físico como tiempo y espacio.
2. Sus reacciones emocionales hacia el tema de su proceso de meditación.
3. Sus actividades mentales, de manera que todas las "modificaciones", el proceso pensante y las reacciones emocionales de su vehículo deseo-mente (kama-manas) quedan subyugadas y el yogui es inconsciente de ello. Sin embargo, está intensamente vivo y alerta, positivo y despierto, porque controla firmemente el cerebro y la mente y los utiliza sin que ellos interfieran de manera alguna.

Esto significa, textualmente que la vida independiente de estas formas, por medio de las cuales actúa el verdadero yo, está paralizada, aquietada y subyugada, *y el hombre real o espiritual, despierto en su propio plano, puede actuar utilizando plenamente el cerebro, las envolturas y la mente del yo inferior, su vehículo o instrumento*. Por lo tanto, está centrado en sí mismo o en el aspecto alma. Ha perdido de vista todo sentido de separatividad o del yo personal inferior, y se ha identificado con el *alma* de esa forma, objeto de su meditación. Sin obstrucciones de la sustancia mental ni de la naturaleza de deseos, "entra en" ese estado cuyas cuatro características sobresalientes son:

>   **1.** *Absorción en la conciencia del alma* y por lo tanto, la percepción del alma de todas las cosas. Ya no se ve la forma, y es revelada la visión de la realidad, velada por todas las formas.

2. *__Liberación de los tres mundos__* de la percepción sensorial, y únicamente así se conoce y establece contacto con lo que se ha liberado de la forma, del deseo y de la sustancia mental concreta inferior.
3. *__Comprensión de la unicidad__* de todas las almas subhumanas, humanas y superhumanas. "Conciencia grupal" expresa más o menos la idea, así como "conciencia separada" o comprensión de la propia identidad individual, caracteriza la conciencia en los tres mundos.
4. *__Iluminación o percepción del aspecto luz de la manifestación__*. Por la meditación el yogui se conoce como luz, un punto de "esencia ígnea". Debido a la facilidad con que medita, puede enfocar la luz sobre el objeto elegido, y ponerse "en armonía" con la luz que el objeto oculta. Entonces se sabe que esa luz es una en esencia con su propio centro de luz y así son posibles la **comprensión, comunicación** e **identificación**.

La meta de la meditación es lograr la capacidad de ponerse en contacto con el divino yo interno y, por medio de este contacto, llegar a la comprensión de la unidad de ese yo con todos los yoes y con el Omni-yo, no sólo teóricamente sino como una realidad en la naturaleza. Esto se produce cuando se alcanza el estado llamado **samadhi**, en el cual la conciencia del pensador se transfiere de la conciencia del cerebro inferior a la del hombre espiritual o alma, en su propio plano. Luego viene la etapa en que el hombre espiritual transmite al cerebro, por conducto de la mente, lo que ha visualizado, visto, hecho contacto y conocido; de esta manera el conocimiento forma parte del contenido del cerebro y queda disponible para ser utilizado en el plano físico.

> Cuando *Concentración*, *Meditación* y *Contemplación*, constituyen un acto consecutivo, se alcanza **"SANYAMA"**.

Esto es meditación perfectamente concentrada, y la capacidad de meditar así, se denomina "**sanyama**" en este aforismo. Desarrollar el poder de meditar es el objetivo del sistema de **raja yoga**. Por medio de esta realización el yogui aprende a diferenciar entre el objeto y lo que el objeto oculta o vela. Aprende a atravesar todos los velos y a ponerse en contacto con la realidad que existe tras ellos. Alcanza el conocimiento práctico de la dualidad. Esta es una idea muy difícil de expresar, pues los idiomas occidentales carecen del equivalente de la palabra sánscrita "**sanyama**". Sintetiza las tres etapas del proceso de meditación y sólo quien ha aprendido y dominado las tres etapas de control mental, puede alcanzarlas.

Por este dominio obtiene los siguientes resultados:

1. Se ha liberado de los tres mundos, de la mente, la emoción y la existencia en el plano físico. Ya no le llaman la atención. No se concentra ni está absorbido en ellos.
2. Puede enfocar su atención a voluntad y, si lo desea, mantener su mente firme indefinidamente mientras actúa intensamente en el mundo mental.
3. Puede polarizarse o centrarse en la conciencia del ego, alma u hombre espiritual, y conocerse como algo aparte de la mente y las emociones, de los deseos y sentimientos y de la forma que constituyen el hombre inferior.
4. Ha aprendido a reconocer que el hombre inferior (el conjunto de estados mentales, de emociones y de átomos físicos) es simplemente su instrumento para comunicarse a voluntad con los tres planos inferiores.
5. Ha adquirido la facultad de contemplación, esa actitud de verdadera Identificación con el reino del alma, que puede ser observado análogamente a como el hombre utiliza sus ojos para ver en el plano físico.

6. Puede transmitir al cerebro lo que ve, por medio de la mente controlada, y así impartir el conocimiento del yo y de su Reino, al hombre en el plano físico.

Existe una conciencia más elevada que ésta, es el conocimiento aún no alcanzado, descrito por la palabra **Unidad**. Sin embargo esta etapa es muy elevada, produce en el hombre físico sorprendentes efectos y lo introduce en diversos tipos de fenómenos.

Efectos concretos y globales de la meditación

En su libro "La Ciencia de la Meditación H. Saraydarian desarrolla este punto.
- ***A través de la meditación, la mente y su contraparte física, el cerebro, son puestos bajo el control del Hombre Interior***. Así, la meditación crea armonía y comunicación en los tres vehículos del hombre. Actúan como una sola unidad, bajo el comando de la inspiración interior.

- ***La meditación revela la síntesis***que yace detrás de la aparente incoherencia de la forma. Una vez que se revela esto, el hombre se convierte en un sanador en todos los niveles de la personalidad. Irradia energía curativa, amor, sabiduría y vida. Esta síntesis se revela cuando las nubes y nieblas de sus hechizos e ilusiones han desaparecido, y se establece una comunicación verdadera entre los vehículos y la fuente de la síntesis. Tal comunicación es el secreto de todas las curas.

- ***La Meditación Purifica El Espacio***. El espacio está lleno de *formas-de-pensamientos* que vagan entre la luz y la oscuridad, el amor y el odio, la belleza y la fealdad. En nuestra atmósfera no sólo tenemos niebla, bruma, polvo, smog y nubes de varias clases, sino también oscurecedoras acumulaciones proyectadas por cerebros extraviados que envenenan la atmósfera y condicionan las mentes de las personas y de sus relaciones. Estas formas-de-pensamientos, como una epidemia, esparcen su influencia en cualquier tiempo, en cualquier lugar, si encuentran las condiciones apropiadas y los mecanismos apropiados de expresión. Estas formas-de-pensamiento están, en su mayoría, construidas con sustancia mental de bajo nivel y son la fuente de muchas ilusiones.

- *La Meditación Conduce Al Servicio*. Y una vida de servicio abre los propios centros etéricos y convierte a uno en un hombre de poder, luz y amor. Hay una falsa técnica o medio que se usa para abrir los centros etéricos. Usa géneros especiales de meditación, drogas, ejercicios respiratorios y mantras que estimulan mecánicamente los centros etéricos. El hombre empieza a tener experiencias inusuales, oye voces, ve visiones, siente diferentes sensaciones en su cuerpo, etc., pero eventualmente pierde su salud, su cordura y cae en un modo de vida miserable. *El mejor método para abrir los centros es una Vida de dedicado servicio*, que es el resultado de la meditación. El hombre empieza a servir cuando entra en contacto con su Alma. La meditación es la ciencia a través de la cual el hombre eventualmente entra en contacto con el Señor Interior y se vuelve radiactivo. Esta radiactividad se expresa como servicio. Cuando la vida de servicio continúa y las cualidades del Alma se expresan así, los centros empiezan a abrirse y desarrollarse e inundar el mecanismo con energías poderosas.

- *La Meditación Construye Puentes y Tiende Líneas de Comunicación Entre Varios Puntos*. A través de la meditación se empieza a construir una estación transmisora y receptora en la mente superior. **Se toma de arriba y se da abajo.** Pueden recibirse impresiones de la propia Alma, del propio Maestro, de la Jerarquía, e incluso del *"Centro donde se conoce la Voluntad de Dios"*. Entonces, uno transmite gran amor, gran armonía, gran belleza y comprensión hacia el mundo de los hombres.

La meditación en grupo

La meditación individual deberá conducir eventualmente a la meditación en grupo. El grupo deberá estar compuesto sólo por aquellos que realmente se esforzaron en realizar la meditación individual y que tuvieron un buen éxito real. La meditación en grupo es un proceso de formación de un canal unido para recibir luz, amor y poder, y para irradiarlo hacia todos los niveles en los que se hallan los miembros del grupo. La meditación en grupo y el servicio en grupo son como una sinfonía; es el resultado más fino de muchos instrumentos, puestos a tono y armonizados entre sí en la conciencia de grupo. En la meditación en grupo, el fuego del corazón palpita, irradia y abraza los corazones de los miembros del grupo, y crea un centro subjetivo del corazón que es un centro real de amor verdadero. El amor verdadero, un amor que realmente emana del centro del corazón del grupo, se experimenta sólo en la meditación en grupo y en el servicio en grupo.

La meditación en grupo acrecienta tremendamente nuestra luz individual y nuestro poder de voluntad. <u>Uno puede alcanzar algún grado de iluminación a través de la meditación individual, pero es imposible invocar el amor verdadero y la energía de la voluntad sin la meditación en grupo y el servicio en grupo</u>. Las energías superiores podrán tocarse, liberarse y compartirse seguramente, y usarse constructivamente en la formación en grupo. La meditación en grupo puede ajustar y reparar muchos mecanismos individuales que estaban deformados o dañados. La máxima protección en el Sendero es el aura de grupo, la radiación de grupo. Y este aura y esta radiación son creadas solamente a través de la meditación en grupo y el servicio en grupo. Los pequeños son atrapados en un gran poder de aspiración. Su fe y visión se fortalecen. Su voluntad de servir se ahonda y su sentido de la realidad se aclara a través de la meditación unificada en grupo. En la meditación en grupo se degusta el sentido de unidad, se experimenta el sentido de hermandad. La meditación en grupo crea un pozo de energía, amor y luz, y los miembros del grupo podrán sacar de aquél su propia necesidad en cualquier condición, en cualquier tiempo. La meditación en grupo elimina esta actitud egoísta de nuestras mentes, y vemos lentamente que hay sólo una meta para la meditación: **servir a la humanidad en la luz de la Jerarquía Espiritual** y cargarse con el poder de la voluntad divina

La base técnica de la meditación grupal de servicio

Básicamente la delineación de la Meditación de Servicio es muy sencilla. Podríamos dividirla en tres intervalos:

1º) ALINEAMIENTO INFERIOR.
2º) ALINEAMIENTO SUPERIOR.
3º) IRRADIACIÓN o TRANSMISIÓN DE LA ENERGÍA SUPERIOR.

1º) <u>**En el primer intervalo o "Alineamiento Inferior"**</u> lo que alcanzamos es un perfecto equilibrio interior. Los tres cuerpos inferiores que componen la "personalidad humana" son puestos en su más elevado tono vibratorio, es decir; el cuerpo físico es relajado profundamente e inmediatamente nos hacemos conscientes de su contraparte etérica o energética; el cuerpo emocional o astral es puesto en un estado sosegado e irradiante de profundo amor inclusivo hacia todos los seres; y el cuerpo mental es instado a que permanezca en un estado de completa plenitud, de paz, de serenidad y de luz.

De esta manera conseguimos un gran alineamiento individual de la personalidad con el alma. Entonces, inmediatamente después, el meditador se sitúa en el punto más elevado de conciencia despierta que pueda, identificándose plenamente con su Alma, desde el Centro Ajna (entre las cejas), y desde ese alto nivel alcanzado, se une internamente con las demás almas del grupo, trabajando unidamente con un mismo propósito; ser un instrumento, un canal útil de servicio planetario. Ya que en el plano del Alma lo que llamamos "UNIDAD" es una realidad presente y natural.

2º) <u>Segundo Intervalo o "Alineamiento Superior.</u> Una vez creada el *"ALMA GRUPAL"*, lo siguiente es hacer contacto, a través del "Antakarana" grupal (canal de luz) con el Quinto reino de la Vida, con la jerarquía Espiritual, con los Maestros de Sabiduría, o la Gran Fraternidad Blanca, no importa el nombre que se les dé. Ellos son custodios de un gran caudal de energía redentora que salvaría a toda la humanidad de sus sufrimientos, sin embargo, y debido a la Ley del Karma y al libre albedrío humano no pueden imponerla. Sólo la pueden dispensar a través de la invocación de la misma humanidad. Es por ello que voluntaria y conscientemente nos alineamos con ese Gran Centro Superior e invocamos las energías de Luz, Amor y Buena voluntad a través de la GRAN INVOCACIÓN. Es este mismo proceso de alineamiento superior, ese canal de luz creado debe seguir ascendiendo hasta Shambala, el lugar más elevado y sagrado del planeta, siendo el Centro donde la Voluntad y propósitos Divinos son conocidos.

(Los dos primeros intervalos, tanto el alineamiento inferior como el superior han de hacerse de una forma rápida, ágil, y rítmica)

3º) <u>Tercer Intervalo de Irradiación o "Transmisión".</u> Habiendo realizado la conexión, estamos en situación perfecta, de permanecer como un potente CANAL o Centro de energía superior de "IRRADIACIÓN" planetaria. En este intervalo, el más largo, permaneceremos en un profundo, expectante y alegre silencio interior. Permaneciendo muy atentos, y situados sobre el Centro Ajna (entre las cejas), unidos al alma grupal, con el anhelo sincero de servicio, de permanecer "*firmes en la luz*" como una Gran Estación de Luz Planetaria. Y dejamos fluir las energías superiores...

Delineamiento práctico (abreviado)

Nos hacemos conscientes del trabajo a realizar. Con una actitud firme y alegre, con profundo anhelo de servicio y con una "humilde osadía espiritual".

- Alineamos la triple personalidad: el cuerpo físico emocional y mental
- Nos situamos en el Centro Ajna (entre las cejas) en el trono de Alma, y entonamos tres veces el mantram "OM" alineando, aun más, cada uno de los tres cuerpos.
- Entonamos el "OM" como Alma, y otro "OM" fusionándonos con el "Alma Grupal".
- Visualizamos un canal, un puente de luz, que parte desde el centro del grupo y alcanza la Jerarquía Espiritual, y nos unimos a Ella en propósito. Entonamos otro "OM" fortaleciendo dicho contacto superior.
- Elevamos aun más dicho canal, y llegamos, con ayuda de los Maestros, hasta **Shambala** (El Centro Espiritual más elevado del Planeta, donde reside, la Voluntad del Logos Planetario y el "Plan Divino". Entonamos otro "OM" y nos alineamos con la Voluntad Divina.
- Entonces muy conscientemente, como grupo unido, recitamos "La Gran Invocación".
- Permanecemos muy conscientes, unidos al alma grupal, en silencio, y dejamos que fluyan las energías invocadas hacia el mundo. Permaneciendo sobre el Centro Ajna y serenamente expectantes, permanecemos como un instrumento o canal de irradiación de las energías

superiores. No debemos hacer nada en concreto, sino el de permanecer "firmes en la Luz". Si la mente divaga mucho, entonamos mentalmente la palabra sagrada "OM", cuando sea necesario, y volvemos a permanecer sobre el centro Ajna en silencio.
- Antes de terminar damos gracias a los Maestros por habernos ayudado y permitido participar en un trabajo de redención planetaria.

Aspectos prácticos a considerar

La importancia del número: Es obvio observar, que cuanto mayor es el grupo reunido físicamente mayor es la energía que se puede transmitir. Tres personas son ya un grupo. Aunque es importante considerar, que la energía transmitida por la Jerarquía Espiritual se traduce en potencia geométrica a través de triángulos creados en relación al número de meditadores, es decir tres personas hacen un triángulo; cuatro personas forman 4 triángulos; cinco personas hacen 10; diez formarán 120; cincuenta forman 19.600; cien formarán 161.700 triángulos, etc. He hay la gran importancia del número de asistentes reunidos físicamente, ya que como vemos, por ejemplo, dos grupos distintos de cinco personas cada uno por separado pueden crear 10 triángulos, es decir 10+10=20 triángulos entre los dos, pero los dos unidos físicamente crearían 120 triángulos de energía, lo cual sería mucha más potente y eficaz en el servicio a prestar.

Destino de la energía: Las energías de redención que invocamos no son dirigidas hacia ningún punto en concreto de la tierra, ni a ningún colectivo o individuo en particular, ya que como personalidades no poseemos todavía el verdadero discernimiento de las cosas, y no sabemos dónde es más urgente o necesario transmitir la energía. Por lo tanto lo que hacemos es servir como potentes canales de irradiación, consagrando esa energía altamente curativa, en manos de los Maestros y Devas (Ángeles) superiores, para que Ellos la distribuyan correctamente, con verdadero acierto, y conocimiento de Causa.

¿Por qué debemos situarnos en el Centro Ajna (entre las cejas) en la meditación? Existen varias razones de peso para ello, diremos tres: **1ª)** El Centro Ajna representa internamente la "morada del alma divina" y es el corazón en la cabeza, siendo un Centro de Energía elevado y espiritual de atención superior. **2º)** Es un chakra o Centro "Integrador", donde tienden a equilibrarse todas las energías de la personalidad, permaneciendo ésta subordinada al propósito del Alma. **3º)** Es el Agente de Distribución de la energía Redentora. Permaneciendo en ese nivel elevado, el hombre y la mujer pueden transmitir las energías eficazmente y en unicidad con los demás miembros del grupo. No se trata de concentrarse sobre él, sino que nuestra conciencia permanezca sentada transmitiendo desde ese lugar elevado, desde allí. Atentos, en silencio, serenamente expectantes.

La meditación en la "nueva era"

La *Ciencia Esotérica* es la ciencia de la energía, y la *Ciencia de la Meditación* es la ciencia máxima de la utilización consciente y superior de dicha energía. Utilizar el poder divino dentro del hombre para dirigir la energía positivamente, es el acto de magia blanca más elevado que el ser humano puede alcanzar. Todo el trabajo de Magia Blanca lo realiza el Alma, y el Alma sólo sabe de amar y de servir al prójimo, al Plan Divino. Debemos aprender a pensar, amar y obrar como almas, y la clave para ello es triple; saber meditar correctamente; servir a la humanidad; y estudiar regularmente, para ser aún más eficaces en manos de nuestro Padre Celestial.

Acercar el Quinto reino de la Vida, el mundo espiritual, el llamado "Reino de Dios" a la Tierra, ese es el trabajo del discípulo, del mago blanco. La meditación individual antecede a la meditación grupal. Debemos entender que hay diversos tipos de energías tan elevadas y poderosas que solamente pueden ser invocadas y canalizadas por el Grupo. Las denominadas energías de Síntesis, presentes ahora en la Era de Acuario y que proceden de fuentes cósmicas de la Constelación de Acuario, no existían como ahora, anteriormente en otras eras. Es un tipo de energía completamente ígnea, que afecta poderosamente al cuerpo etérico planetario y a la voluntad divina dentro del hombre. Dichas energías, por ejemplo, tan necesarias para nuestra evolución y redención global, y que las infunde ese Gran Ser denominado El Avatar de Síntesis, el cual las dispensa como base nuclear divina o sede principal planetaria en Shambala, solo puede ser invocadas e irradiadas por los Maestros e Iniciados, y por *gracia* a través de los Grupos de Meditación Especial. Participar en dichas meditaciones de servicio, ya sean semanalmente o en los días de Plenilunio, es el mayor servicio, y el mayor acto de magia blanca que podemos realizar como seres humanos. Ya que es sólo a través de canales bien alineados por donde dichas energías superiores pueden descender y elevar el tono áurico planetario. La *Ciencia de Invocación y Evocación* es una de las ciencias máximas de la nueva era. Debemos entender que las energías superiores no pueden ser impuestas a la humanidad, sino que es la misma humanidad las que las debe demandar e invocar dichas energías, para que así no interfieran en nuestro libre albedrío. Pero una vez que esa demanda existe y es poderosa, las energías no hacen esperar, como dice el evangelio cristiano: *"tocad y se os abrirá, pedid y se os dará"*. Pero somos nosotros, y no otros, lo que debemos dar los primeros pasos en esa dirección, los que debemos golpear las puertas del cielo.

A veces, la gente piensa que los de la nueva Era son los jóvenes, o los niños del mundo, porque presumen que cada nueva era produce su propia cosecha. Esto no es así. En el pasado, tuvimos gente que estaba 2.000 años delante de nosotros en su pensar. **_Ser de la Nueva Era nada tiene que ver con la edad de una persona sino con la actitud mental y la comprensión_**. Ser joven no significa que usted pertenezca a la Nueva Era. No es la edad del cuerpo la que decide el tipo, sino la conciencia. Si la conciencia actúa en armonía con el Plan; si su vida en conjunto refleja su conciencia; si usted piensa y actúa en términos de una sola humanidad, de un solo mundo. Si usted siente que no pertenece a sí mismo sino a la humanidad; si usted desarrolla y extiende sus facultades intelectuales y a ello iguala sus cualidades del corazón, su amor y compasión por la vida como un todo; si usted trata de transfigurar su personalidad a través del recto vivir, del recto sentir, del recto pensar y del recto discriminar; si usted ahorra su tiempo, su energía y su dinero para consagrarlos al bienestar de la humanidad; si usted disipa el temor, el odio, los celos y el crimen a través de su propia vida y sus propios pensamientos; si usted construye puentes entre hombre y hombre, entre nación y nación, y piensa en el bien supremo para la humanidad; si usted expande su horizonte hacia el Cosmos, y ahonda su humildad a la luz del Cosmos; si usted está agradecido a la Existencia como un todo, y puede entender a las flores, a los árboles, a los pájaros, a los seres humanos en su amor... entonces usted es un hombre de la Nueva Era, un hijo de la Nueva Era, y está en el Sendero hacia el Cosmos.

Quienes oyen el llamado del Ser y responden, entran en el sendero del esfuerzo, en el sendero del servicio, y en el sendero de la alegría. El sendero de la meditación es el sendero del esfuerzo, del servicio y de la alegría. Este gran llamado es el llamado de nuestra esencia más recóndita. Es un llamado de liberación, de libertad, de remisión. El fuego creador que está dentro de nosotros quiere dominar a sus vehículos, conducirlos hacia la transfiguración, de modo que su gloria brille en el mundo como gran belleza, como gran amor y alegría, y luego extienda su belleza, su amor y alegría hacia toda la humanidad, hacia todo el sistema solar...

Todos los que respondieron a este llamado se convirtieron en fuentes de belleza, amor y alegría. Lo mejor que tenemos en nuestra cultura es el regalo de tales hombres. <u>Ellos se convirtieron en un</u> *"sendero por el cual el hombre puede triunfar".* Sus visiones supremas están aún vivas en el gran espacio materno como formaciones magnéticas y radiactivas, como grandes ideas, como grandes formas-de-pensamiento. En cualquier tiempo en que el hombre eleve su conciencia a través de la meditación y se sintonice con estas grandes visiones, empieza a impresionar su cerebro, creando grandes bellezas y visiones similares para el gran avance y empeño hacia la perfección. Detrás de este llamado está también la totalidad del Plan de los grandes Iluminados. Quienes están en el Sendero de la evolución cósmica como ardientes pilares de luz, como doradas puertas de la libertad.

> *"La fuente del llamado es aún más profunda.*
> *Está en el abismo del corazón del Sol místico,*
> *que llama a Sus chispas dispersas para que*
> *vuelvan a Casa".*

La meditación, en la Nueva Era, es un trabajo para revelar las leyes de la supervivencia para toda la humanidad, para crear un mundo en el que el hombre florezca hasta su más alta potencialidad. En el pasado, la meditación se efectuaba para la salvación personal, para la satisfacción personal. En la Nueva Era, es para toda la humanidad, para todos los reinos. La meditación en la Nueva Era es pensamiento creador a través de la luz de la **intuición** y de *conformidad con el Plan Divino*. La meditación nos introduce en la libertad, y en vez de ser esclavos de nuestros puntos de vista y deseos egocéntricos, nos convertimos en parte o incluso en uno solo con el punto de vista cósmico. Así ayudamos a poner fin a la miseria de todas las civilizaciones anteriores, civilizaciones que brotaron de las lágrimas, del sufrimiento, del dolor y de la sangre humanos. <u>La meditación es un proceso de florecimiento interior, un proceso de carga de nuestros vehículos con energía espiritual</u>. Esta energía regenera nuestro cuerpo, limpia el vehículo emocional, y purifica nuestra mente, y como resultado nuestro cuerpo físico aparece más joven y se vuelve radiactivo, nuestro corazón entra en la paz, y nuestra mente se agudiza y vuelve más inclusiva. Es un hecho que las emociones negativas desgastan nuestro cuerpo y que las preocupaciones, el pensamiento separativo y egoísta nublan nuestras mentes. La meditación libera luz sobre estos tres niveles y empezamos a regenerar nuestros vehículos e irradiar vitalidad, paz y serenidad. La meditación nos capacita más en nuestros deberes y trabajos diarios, porque acrecienta nuestro recto juicio, agudiza nuestro poder de observación, aumenta nuestro control sobre el cuerpo, apresura nuestras acciones y las vuelve más precisas.

En la Nueva Era, la meditación implicará no sólo los esfuerzos místicos de la humanidad, sino que también implicará los campos político, educativo, filosófico, artístico, científico, religioso y económico; creará armonía dentro y entre todos estos campos bajo el ritmo del Plan Divino, de la Voluntad Divina. Así, la meditación será no sólo ganar discriminación, tomar contacto con grandes poderes, tener inspiración y alegría, sino también hacerlos bajar a la vida práctica, transformar nuestra vida en todos los niveles, curando las heridas de la humanidad, construyendo puentes y revelando la unidad, la síntesis detrás de toda creación.

El Antakarana

El siguiente artículo es una versión reducida que sobre el Antakarana impartió el Sr. Benjamín Creme.

La ciencia del Antakarana es probablemente la ciencia más importante del futuro. Esta es una ciencia que es, todavía, desconocida para la humanidad pero que será la ciencia de la mente en la Nueva Era, la ciencia de construir el puente entre el hombre inferior y el superior, y también otros puentes: entre los miembros de la raza humana en su conjunto; entre un Centro — la Humanidad — y otro, la Jerarquía; entre la Jerarquía y Shambala; entre la Humanidad, a través de la Jerarquía, y Shambala; y entre este planeta y otros planetas, este sistema solar y otros sistemas solares. Todos estos puentes y conexiones son el resultado del uso correcto de la ciencia del Antakarana, que será el principal campo de educación para la humanidad en la era entrante.

El mejor método para estudiar el Antakarana es leer las Enseñanzas de la **Sra. Alice A. Bailey**, y en particular el libro: "Educación en la Nueva Era", y más referencias en Los Rayos y las Iniciaciones. Esto es algo, que en lo que concierne a la humanidad en su conjunto, yace en el futuro. Es un proceso gradual de iluminación para la humanidad, pero será la ciencia principal, la ciencia del desarrollo como raza y de realizar las conexiones internas, (que por supuesto ya existen pero tienen que ser conscientemente construidas por el hombre o la mujer en encarnación), para tejer el hilo de retorno a la fuente de donde originariamente provenimos. Es realmente la ciencia del Sendero de Retorno.

Durante largo tiempo, el alma en su propio plano observa a su reflejo, el hombre o la mujer en el plano físico, y no ve la manera de intervenir en su desarrollo. Poca cosa puede el alma hacer excepto crear un cuerpo, darle su estructura física, astral y mental, y dejarle que prosiga con su tarea de evolucionar. Finalmente, llega una vida — una serie de vidas de hecho — en la que el alma ve que su reflejo, el hombre o la mujer, está empezando a responder a la influencia de la energía que conecta el alma con su reflejo, y el proceso de infusión del alma comienza.

Cada individuo tiene realmente una constitución triple: la Mónada, o chispa de Dios, el Ser impersonal que se refleja en el plano del alma como el alma humana individualizada o ego. El alma de nuevo se refleja en el plano físico denso como el hombre o la mujer en encarnación. Ese es el "camino descendente", el proceso por el cual el espíritu se relaciona con su polo opuesto, la substancia. Cuando el aspecto espíritu o vida y el aspecto materia se unen nace un tercer aspecto, la conciencia. El "Antakarana" es, sobre todo, el hilo de la conciencia. Es el resultado de la interacción de la vida con la forma, con la substancia, con la materia; eso produce algo totalmente diferente. Le llamamos "conciencia". También podemos llamarle "el Principio Crístico". Es el proceso de la evolución misma.

El descenso de la Mónada al alma y del alma a la personalidad tiene que rehacerse en sentido inverso. El triple hombre — físico, astral y mental — tiene que encontrar su camino de retorno a través de un proceso de alineamiento, primero con el alma y luego, a través de la tríada espiritual — el reflejo de la Mónada — con la Mónada misma: el triple Ser mónadico. Ese viaje de retorno o el proceso por el cual este viaje se realiza, es a través de la creación, el gradual desarrollo y la construcción, del Antakarana. Este es un proceso consciente y sólo ocurre por etapas. Así como el proceso descendente ha sido lento, durante millones de años, así también el proceso de regreso puede ser largo y duradero, y para la vasta mayoría de la humanidad así lo es.

En este sistema solar actual Dios es Amor, Amor es el aspecto del alma, Voluntad del nivel Átmico del ser. En el próximo sistema solar, Dios será Voluntad y Propósito. Nosotros estamos todos, como microcosmos, evolucionando exactamente de la misma forma que el macrocosmos, nuestro Logos Solar a través de su triple expresión, elabora su Plan de evolución en cada reino y en cada planeta. Al encarnarnos, por lo tanto, estamos realizando algo bastante extraordinario, algo mucho más grande de lo que nosotros, como individuos, podríamos darnos cuenta. Pero tan pronto como descubrimos la interconexión entre el microcosmos y el macrocosmos, se profundiza nuestro sentido del propósito — el sentido de la realidad — en la vida, y es también un estímulo para concentrarnos más, y para construir una línea de ascenso directa entre este nivel bajo (porque eso es lo que es) de expresión de la Deidad y alinearlo con el propósito subyacente de la Deidad para su perfeccionamiento.

La construcción del Antakarana

¿Cuál es la correcta construcción del Antahkarana? ¿Cómo se realiza? Esta ciencia no está en manos de la humanidad por el momento. El alma crea, una y otra vez, un cuerpo que, gradualmente, a través de eones de tiempo, permite al Ser manifestarse totalmente, puramente, sin impedimento, a través de su polo opuesto, la materia. En ese momento, la materia ha sido espiritualizada, su nivel de vibración elevado. En términos religiosos ha sido "redimida". Por esto el Cristo es llamado el Redentor, el Sagrado Redentor de hombres. No me refiero sólo a los cristianos. El Principio Crístico es el principio redentor. Es este principio que en la vida, la creación, infunde su vehículo con su propia conciencia, con la energía de la conciencia, y, por tanto, la energía de la evolución. Es este crecimiento de la conciencia, esta acción y de evolución ascendente, a través de un refinamiento de su naturaleza hacia una frecuencia cada

vez más alta, una vibración cada vez más alta, que constituye la evolución en sí misma. Esto lleva a una gradual expansión del conocimiento de lo que es y lo que podría ser, esto es creativo. Es la esencia de la naturaleza del alma: la creatividad misma. La creación por su propia naturaleza presupone que está inacabada. Creación es movimiento pero el Ser detrás de la creación no se mueve. Es inmutable, sin movimiento, sin ninguna clase de reflejo, simplemente observando la creación. Antes de la creación, está el "Supremo Ser" del Ser. La creación es el "devenir", como dice Maitreya, el "devenir" del Ser. Este "devenir" es el movimiento de la vida, el movimiento de la creación, el descubrimiento de lo que puede ser.

No es una cuestión de buscar en la vida, como un científico, mirando a través de un microscopio y tratando de descubrir como una célula interactúa con otra y así sucesivamente. Esto es valioso en el plano físico, pero es limitado. Si piensas que lo que estás viendo es todo, la totalidad, estás perdiendo un gran movimiento y misterio. Este es el problema para muchos científicos hoy. Ellos están mirando sólo a la superficie del plano físico de la vida. Esto es enormemente valioso, no me malinterpreten; esto es enormemente valioso para la salud, la superación de la enfermedad, el entendimiento de la naturaleza del plano físico. Pero en términos de conciencia, en términos de la acción de la vida misma en la creación, esto nos dice muy poco. Esto es por lo que somos ignorantes. Dada la naturaleza de nuestra ciencia deberíamos estar enormemente dotados. En cierto sentido lo estamos, pero sólo de una forma muy limitada. Es la mente concreta inferior que está dotada. Pero sin ella no tendríamos la acción de la mente superior. La mente superior no puede funcionar por delante de la mente inferior. Cada cosa a su tiempo. Necesitas la meditación para contactar con el alma y por lo tanto con la conciencia del alma. La meditación por su propia naturaleza comienza el proceso de la construcción del Antahkarana.

¿Es la construcción del Antahkarana y la ascensión del Kundalini el mismo proceso? No, de ninguna manera.

¿Que relación tiene la meditación personal con la construcción del Antahkarana? Mucho. La primera parte del Antakarana se construye con la energía de la mente. Es precisamente por el uso de la mente y de la imaginación creativa que se construye la primera parte del Antakarana. La segunda parte, del alma a la Mónada se construye de luz; así al principio es por el pensamiento, después de luz – pensamiento controlado y luz experimentada.

En la meditación personal estás alineándote gradualmente con el alma y experimentando la realidad del Ser. La meditación personal refuerza directamente la unión entre la personalidad y el alma. Te alinea con el alma, invocando su energía. Cuando realizas la meditación personal, automáticamente invocas y experimentas al alma; ésta se convierte en una realidad. Cada vez que haces esto, la conciencia despierta del alma crece en ti, haciéndose cada vez más poderosa.

El alma es el intermediario entre el Ser y el individuo. La meditación si se practica correcta y asiduamente, crea una unión indestructible. El Antakarana no es una unión, un puente, una forma en una pintura. Es conciencia despierta. Cuando realizas la meditación personal, estás siendo consciente de lo que eres. Esta sabiduría crece hasta que *llegas a ser* lo que eres. Estás creando el sendero ante ti, construyendo el Antakarana paso a paso ante ti. Se está desenvolviendo cada vez que haces la meditación personal y la Meditación de Servicio. La combinación de estas dos actividades – meditación y servicio – construye el sendero de retorno.

¿Qué quiere decir "mantener la mente fija en la luz"? A través de la meditación llevada a cabo correctamente, el "Antakarana", el canal de luz entre el cerebro físico y el alma, es gradualmente construido y reforzado. Por medio de ese canal, la luz del alma se ancla en la cabeza del discípulo.

Esta es vista como una luz brillante dentro de la cabeza durante la meditación. Con la atención llevada hacia dentro y hacia arriba en esa luz, la mente es mantenida 'fija', es decir, sin pensamiento o actividad de la mente inferior. En esa condición de ausencia de pensamiento, de atención enfocada, los niveles intuitivos de la mente pueden entrar en juego; gradualmente, esto llega a ser una condición instintiva y fija que para lograrla no requiere, al meditar, de un determinado modo de 'ir hacia dentro'.

Muchas personas creen que cualquier pensamiento o idea que entra en la mente durante la 'meditación' viene desde el nivel intuitivo del alma y que está guiando sus acciones. Este no es de ninguna manera el caso. Es realmente difícil para el aspirante o discípulo medios *"mantener la mente fija en la luz"* durante el tiempo suficiente para invocar la intuición y la 'guía' que la mayoría de las personas reciben es la de sus propias mentes inferiores vía el subconsciente.

Conclusión

La Meditación es pues, "La Ciencia del Alma". La formula magistral patrocinada por los Maestros. Tarde o temprano surge la necesidad interna, promovida por nuestra alma, de realizar algún tipo de meditación, y es en los pasos finales hacia el discipulado que la meditación deviene al Raja-yoga donde se insta al aspirante a trabajar en su cuerpo mental para subyugar el cuerpo astral y crear así una correcta línea de comunicación con su Ángel Solar, su Alma Divina. Este es el período en que tiene lugar una potente aceleración en la construcción del Antakarana.

Cuando el discípulo es atraído de una forma consciente, hacia la presencia de Su Maestro en los planos internos del Ashram, el Maestro le instruye en la verdadera ciencia de la meditación, y le enseña cual es su línea y práctica meditativa correcta, ya que cada cual tiene sus matices particulares, dependiendo de varios factores, como: sus rayos, desarrollo chákrico y punto de evolución alcanzado.Nada debe interrumpir el proceso meditativo, no hay atajos en el sendero. La meditación ocultista, es una herramienta necesaria dentro del Plan Evolutivo de nuestro Logos Solar. Debemos entender que incluso los Maestros realizan algún tipo de meditación, ya que en ese espacio de máxima tensión espiritual pueden visionar cuales son los planes del propósito divino, extrayendo de la fuente de Shambala, la Visión y la energía necesaria para la evolución.

Algunos estudiantes que no comprendieron bien las enseñanzas del *Señor Krishnamurti* creyeron entender que no hacia falta meditar, y que una vida de *"atención"* era suficiente. Ciertamente una correcta ATENCIÓN serena y expectante, y una actitud de vivir el aquí y ahora de una forma intensa en todos los quehaceres de la vida cotidiana es esencial en la vida espiritual, pero ello no excluye en modo alguno la práctica de la meditación individual, y mucho menos el de la grupal, todo lo contrario, es precisamente la práctica de la meditación la que favorece en grado sumo esa actitud diaria de atención y conciencia despierta. Hasta que llegue el día en que toda la vida sea una meditación continua…

La MEDITACIÓN, es pues, un estado en
el que el esfuerzo desaparece y queda sólo la
EXISTENCIA, la experimentación continua de
la EXISTENCIA DEL SER.

Capítulo. XII

El poder del verbo "Los Mantras"

Para la elaboración de este capítulo hemos consultado y extraído algunos fragmentos de los siguientes Libros:

"Los Mantras", Sri. K. Parvathi Kumar
"Los Misterios del Yoga", Vicente Beltran Anglada
"Cartas sobre Meditación Ocultista",
Alice A.Bailey (Maestro D. K.)

"...En El Principio Era El "Verbo",
y El Verbo Era Con Dios,
y El Verbo Era Dios,
y sin él nada de lo que existe pudiera haberse hecho..."
  Evang. S. Juan.

Sri. K. Parvathi Kumar nos inicia en los mantras diciendo: En principio debemos recordar que todo movimiento es coesencial al **SONIDO**. Donde quiera que exista el movimiento, existe el **SONIDO**. Si bien el oído humano sólo logra percibir un limitado número de vibraciones sonoras, por encima y por debajo de estas vibraciones existen otras ondas que no se alcanzan a percibir. Todos los átomos, al girar alrededor de sus centros nucleares producen ciertos sonidos, imperceptibles para el hombre común. Incluso el FUEGO, el AIRE, el AGUA, y la TIERRA tienen sus notas particulares. Llegando pues a la conclusión de que todo lo existente, ya sea una molécula, una flor, una montaña o un sistema solar, tienen una nota peculiar que los caracteriza, y el conjunto de todos los sonidos que se producen en el Globo planetario viene a dar Una Nota De Síntesis en el coro del espacio infinito. Cada mundo tiene su NOTA CLAVE y el conjunto de todas las Notas Claves del Infinito forman la llamada por Pitágoras "Música De Las Esferas".

El silencio es la fuente del sonido. El sonido surge del silencio. El silencio es eterno y permanente. El sonido es intermitente y temporal. El sonido surge del éter, que es un aspecto del Akasha. El sonido es la característica del Akasha. El Akasha –o quinto elemento- es otro nombre que se da para referirnos al memorándum o marco naciente del sonido, del que surge el sonido. El sonido creado mediante el Akasha conduce a la revitalización de los cuatro elementos en el marco del quinto, que es el Akasha. La Creación es el resultado de los fenómenos del sonido. *"Dios"* habló y los universos fueron creados. Los sonidos, al ser pronunciados rítmicamente, generan energía por medio de la reestructuración del entorno existente. La música no es sino una composición rítmica de sonidos que armoniosamente conjugados, producen poderosos efectos. El sonido puede crear. El sonido puede construir y también destruir. Los Atlantes conocían el poder del sonido, y los utilizaron para mover enormes bloques de piedra e incluso montículos –*así construyeron las grandes pirámides*-. El sonido generado por el éter produce vibraciones en la luz, creando así los colores. El sonido y el color juntos crean las formas. De este modo el sonido es el responsable del color y de la forma. De ahí la importancia que tiene y la necesidad que tenemos de practicar los sonidos de la manera adecuada.

El uso adecuado del sonido exige también una correcta utilización de la palabra. A menos que la palabra sea bien entendida y bien empleada, la práctica del sonido no puede tan siquiera ser apreciada. La palabra representa el detalle del sonido. El lenguaje contiene grupos de frases. La frase contiene grupos de palabras. La palabra está formada por grupos de sílabas. Las sílabas están formadas por letras que representan el sonido. Las sílabas a su vez están compuestas de consonantes y vocales. <u>Las vocales son la vida del sonido</u> (espíritu) y las consonantes son los vehículos de estos sonidos (personalidad). Este es un correcto entendimiento entre la palabra y el sonido. Cada vez que hablamos usamos muchos sonidos. ¿Es necesario utilizar tantos sonidos?, ¿Es absolutamente necesario hablar, a menos que no sea algo esencial? Los Antiguos sabios, hablaban poco y decían mucho, pero en la actualidad se habla mucho, se crea mucho ruido, pero esencialmente se dice bien poco. Los sonidos en forma de **sonidos-semilla** son muy poderosos cuando hay comprensión de su trascendencia. Nosotros, cuando hablamos utilizamos el verbo de cualquier manera, porque no conocemos su poder y trascendencia, ni su sistema de valor. Es como un salvaje que utiliza el papel moneda como papel higiénico. Para quienes conocen el papel moneda, éste es un símbolo de poder adquisitivo, pero para quienes no lo saben es como cualquier otro trozo de papel. Esa es la diferencia entre el iniciado y el ignorante.

Como introducción diremos que *un **MANTRA** es una energía mística dentro de una estructura de sonido*. Todo mantra encierra en sus vibraciones un determinado poder. Por medio de la concentración y repetición se libera su energía y ésta toma forma. Cada **Mantra** está construido a partir de una combinación de sonidos derivados de las letras del alfabeto ***sánscrito*** o "<u>Lengua de los Dioses</u>".

La importancia Esotérica de la Pureza de Palabra

Toda **idea** que tenemos en la **mente** tiene su contraparte en una palabra; *"la palabra y el pensamiento son inseparables"*. La parte externa de una y misma cosa es lo que llamamos palabra, y la parte interna es lo que llamamos pensamiento. Ningún hombre por medio del análisis puede separar el pensamiento de la palabra.

Desde que el hombre existe han existido palabras y lenguaje. ¿Cuál es la conexión entre la idea y la palabra? Aunque vemos que siempre debe haber una palabra con un pensamiento, no es necesario que el mismo pensamiento requiera la misma palabra. El pensamiento puede ser el mismo en veinte diferentes países, sin embargo, el lenguaje de ellos es diferente. El habla es la facilidad para expresar las opiniones y los pensamientos propios. Es un medio valioso que se le ha dado sólo a los seres humanos. Por eso uno tiene que aprender a usarlo apropiadamente.

El propósito del lenguaje es revestir el pensamiento y ponerlo a disposición de los demás. Cuando hablamos, evocamos un pensamiento y le damos vida, haciendo audible lo que está oculto dentro de nosotros. El lenguaje revela, y el correcto lenguaje puede crear una forma que encierra un propósito benéfico, así como el lenguaje incorrecto puede crear una forma que tenga un objetivo maligno.

Sin darnos cuenta, hablamos incesantemente día tras día; empleamos palabras; multiplicamos sonidos, y nos rodeamos de mundos, de formas creadas por nosotros mismos. ***Por lo tanto es esencial pensar antes de hablar***, y recordar el precepto *"Antes de hablar, se debe adquirir conocimiento"*.

La Responsabilidad en la "**PALABRA**"

Durante el transcurso de este curso esotérico hemos estudiado la pureza en el plano físico, en el plano astral y en el plano mental. Ahora quisiéramos hablaros de la pureza en la palabra. Pero primero contaremos una historia que nos narra el *Sr. Omraam Mikhaël Aivanhov* sobre el profeta *Mahoma*:

> "...Mahoma era muy sabio. Pero no estaba como Jesús dispuesto a poner la mejilla derecha si le golpeaban en la mejilla izquierda; más bien se parecía a Moisés. Cuentan que un día se acercó un hombre a Mahoma y le dijo: «Soy muy desgraciado, no sé cómo reparar la falta que he cometido contra uno de mis amigos. Le he acusado injustamente, le he calumniado, y ahora no sé cómo reparar el mal que he hecho». Mahoma le escuchó atentamente y le respondió: «Esto es lo que debes hacer: ve, coloca una pluma delante de todas las casas de la ciudad y vuelve a verme mañana». El hombre hizo lo que Mahoma le había dicho; colocó una pluma delante de cada una de las casas de la ciudad y al día siguiente volvió a verle de nuevo. «Está bien, dijo Mahoma, ve ahora a buscar las plumas y tráelas aquí». Unas horas después volvió el hombre « ¡Ni una pluma!» No he encontrado ni una sola pluma. Entonces Mahoma dijo: «Lo mismo sucede con las palabras: una vez dichas, ya no pueden ser recuperadas; se fueron volando». Y el hombre se fue muy triste"...

¿Que es una palabra? Es un relámpago que surca los mundos, que activa fuerzas, que incita a la acción de diversas entidades dévicas (angélicas) y que provoca efectos poderosos. Sí, en realidad, es una enérgica arma divina que hay que saber utilizar con sabiduría. Los efectos que generan son muy reales tanto para bien como para mal. Las palabras fugaces, cuando hablamos por hablar, son emitidas por la personalidad y por lo tanto no tienen demasiado poder, sin embargo causan efectos dentro y fuera de nuestra aura. Ciertas entidades de orden inferior son los responsables de ello, ya que dichas entidades se ven empujadas hacia la acción por nuestras palabras que son pensamientos, y todo pensamiento y palabra es una invocación que trae resultados, buenos o malos. El ser humano no puede evitar ser como su Padre, Un Creador.

Debemos ser rápidos y remediar las ofensas así como reconciliarnos con todos los seres, es una cuestión de trabajar correctamente con el factor "tiempo". No hay nada más liberador que estar en Paz con el prójimo y saber que se ha obrado correctamente.

La palabra es la exteriorización del pensamiento, por lo que el pensamiento es también el Verbo no pronunciado y tiene idéntico o mayor poder que el pronunciado. Siempre tenemos que ir a un cuerpo superior para gobernar una inferior. Si queremos gobernar nuestras palabras tenemos que ir a su fuente, y su fuente es el pensamiento. La mente es el padre del Verbo. Cada uno trabaja en diferentes dimensiones, la palabra pronunciada trabaja mediante la vibración, el aire, el sonido. Mientras que el pensamiento trabaja en los niveles más sutiles, menos densos, pero más poderosos. Y ¿quién es el padre del pensamiento?, esta es la cuestión, debería ser nuestra Alma, aunque por desgracia suele ser el "ego" personal, de ahí nuestros errores y desgracias.

El *Sr. Omraam Mikhaël Aivanhov* explica magistralmente que: "al herir a una persona con nuestras palabras, pedirle perdón no es suficiente, si bien es un buen principio, el daño ya está actualizado y los efectos de dichas palabras están produciendo estragos. Evidentemente el que perdona da pruebas de nobleza, de generosidad, y se desprende, se libera de los tormentos que le mantenían en las regiones inferiores. Mientras que el que no perdona sufre, permanece fijo en la imagen de la persona que le ha hecho daño, piensa continuamente en ella, está maniatado, no avanza. Si Cristo dijo que hay que perdonar a los enemigos, fue para que el hombre se liberase de los pensamientos negativos y de los rencores que le consumen. Sí, se trata de una ley extraordinaria. Pero cuando perdonamos a alguien, no por eso queda el asunto totalmente zanjado. El perdón libera al que fue maltratado, perjudicado o calumniado, pero no libera al que cometió la falta. Para liberarse el culpable debe reparar.

Diremos: «Pero, ¿qué relación existe entre la palabra y la pureza?»

Debemos observar de donde nace nuestro impulso subjetivo de hablar. De donde nace la necesidad de enunciar palabras, ¿para qué, cuál es el motivo?, de donde nace la necesidad en un momento determinando de exteriorizar el verbo. Prestemos mucha atención ha este hecho, ya que es fundamental en el sendero espiritual, y clave para avanzar con celeridad. Las palabras como vemos tienen mucho poder, pero aún ni tan siquiera hemos rascado la superficie. Es aún mucho más poderoso. Las palabras son torrentes de fuerza que pueden ensuciar auras o limpiarlas. Es capaz de maldecir y crear desastres a la vez que curar enfermedades e incluso salvar cientos de vidas. El poder del verbo está en el enfoque interno de quien las pronuncia. Evidentemente las palabras provenientes del alma o del espíritu son capaces iluminar hasta el rincón más oscuro, de purificar hasta el mismo *"infierno"*, las palabras del Ser tienen la fuerza de millones de ejércitos, y perduran para toda la eternidad. Como dijo El Maestros de Maestros: "......pasarán los mundos pero mis palabras no pasarán".

La pureza del gesto, de la mirada, de la palabra, de los sentimientos, del pensamiento, y sobre todo de la intención, hace que el hombre se vaya convirtiendo en una divinidad. Sólo que para este trabajo gigantesco no hay muchos candidatos, porque la gente no se da cuenta de su importancia. Únicamente los Iniciados buscan verdaderamente la pureza, porque saben que si no la buscan, si no la viven intensamente, no llegarán a nada.

A menudo hay que meditar sobre este tema. Si cambias tus palabras cambiara tu vida. Si cambias tus palabras cambiaras las vidas de los que te rodean. Si cambias tus palabras te convertirás en un Mago blanco, con el poder de atraer el *Reino de Dios a la Tierra*".

Un relato curioso:

"Un día Ramakrisna estaba en casa de un amigo, haciendo lo que más le gustaba hacer: hablar de Dios. Entre el grupo que le escuchaba había un hombre muy educado que se consideraba un intelectual; Mientras escuchaba a aquel flaco hombrecito que no poseía ninguna educación académica y que ni siquiera sabía leer, su ego (refiriéndome al orgullo de la naturaleza inferior), empezó a hincharse. Creía que su educación moderna le había ¡liberado! De las antiguas tradiciones religiosas de la India que mantenían encadenado al pueblo con dogmas y rituales. Para demostrar su refinamiento, empezó a conversar con Ramakrisna de un modo que -pensaba- demostraría sus propios conocimientos y la ignorancia del santo.

Cuando Ramakrisna empezó a hablar a propósito de la meditación sobre el nombre de Dios o sobre uno de los muchos **mantras**, o nombres existentes para la divinidad en la cultura India, el hombre empezó a discutir con él. Sacó a relucir toda clase de trucos verbales e base de lógica y razonamiento. ¡Él pondría en evidencia a este loco ignorante y mostraría la ridiculez del uso de los **mantras**! Ramakrisna contuvo sus palabras durante un rato y, luego cuando el hombre hizo una pausa en su discurso, le gritó ¡"***Cállate, idiota***"!.

Esta imprevisible respuesta dejó completamente estupefacto el pseudo-intelectual, ya que nunca hubiera esperado tal reacción de aquel santo tranquilo y gentil. El hombre quedó sin habla. Empezó a respirar con dificultad y se sentó, reprimiendo a duras penas su ira. Le habían humillado ante toda aquella gente a quien había querido impresionar.

Ramakrisna continuó dirigiéndose a los demás, mientras el hombre estaba a punto de estallar. Luego, al cabo de un rato, se volvió hacia él y le dijo: "Le ruego que me perdone, señor. No vea esto como un ataque personal, sino más bien como una lección para todos los presentes. Considere el estado en que se encuentra ahora: su corazón late con rapidez, la sangre corre a toda velocidad por sus venas. Está irritado, jadeante, y todo a causa de una **PALABRA**. Reflexione sobre esto, y luego considere lo que puede suceder si se repite a sí mismo el nombre de Dios".

Las **palabras** y los **sonidos** tienen poder de afectarnos profundamente. Por ejemplo, los diferentes ritmos y sonidos que producen la música, alteran poderosamente nuestro estado de anímico, emociones y pensamientos; a veces, dependiendo de la canción, pasamos de la alegría a la nostalgia, del movimiento incontrolado de un Rock al romanticismo de una balada; de una elevación espiritual sacra de Mozart, a una estado de desenfreno sensual o violencia de una Rap. Y todo esto sin control alguno. Ciertamente la música, la letra, los sonidos y el ritmo, pueden hacer que nuestro interior se mueva como un títere de feria y sin control. También debemos diferenciar y conocer, que las mismas palabras entonadas de forma diferente producen efectos también diferentes. El **TONO** es fundamental, junto a la **intención** con que se pronuncia. No en vano una de las premisas esenciales en el Sendero Espiritual, y que tiene que ver con la Iniciaciones y profundos sucesos en la vida del alma, nos enseña que:

> "Antes que nuestra voz pueda hablar en presencia de los Maestros, tiene que haber perdido el aguijón para herir"

Mercurio es el dios de la Magia, y Mercurio rige la comunicación, y los órganos de ésta, desde los pulmones hasta la boca. Los sonidos pues es obra de Mercurio. Pero este formidable poder del Verbo el hombre puede reencontrarlo, si se entrega verdaderamente al proceso *alquímico-espiritual*, y comienza un trabajo serio de Transformación Interior. Este trabajo que ha sido enseñado siempre en la Iniciación, empieza con el dominio de los pensamientos y los sentimientos. Porque si las personas hablan sin darse demasiada cuenta de lo que dicen y del por qué lo dicen, es a causa de que no controlan ni sus pensamientos ni sus emociones. Aún así muchos seudo-ocultistas lo saben, y sin embargo no le dan la suficiente importancia ni su verdadera trascendencia. Pero sí, sí tienen importancia, y mucha.

Los mantras

Introducción

Como ya hemos dicho un **MANTRA** es una energía mística dentro de una estructura de sonido. Todo *mantra* encierra en sus vibraciones un determinado poder. Por medio de la concentración y repetición se libera su energía y ésta toma forma. Cada Mantra está construido a partir de una combinación de número y de "**sílabas-semilla**", que combinados sabiamente, producen resultados extraordinarios en todos los campos macro y microcósmicos. Se ha dicho que "*el principal agente por el cual gira fenoménicamente la rueda de la naturaleza, es el SONIDO*", porque el sonido o **palabra original** pone en vibración la materia de la cual están hechas todas las formas, e inicia esa actividad que caracteriza hasta los átomos de la sustancia.

El significado literal de la palabra mantra consta de dos partes o sílabas:

MAN = Mente "pensar". **TRA** = "liberar".

Permítaseme agregar que el **sonido** es verdaderamente potente, más de lo que el hombre pudiera imaginar, sólo cuando el discípulo ha aprendido a subordinar los ***sonidos menores*** de los cuerpos de la personalidad, a silenciado el "griterío" de sus *yoes menores*, y a medida que reduce el caudal de palabras habladas, cultivándose el **SILENCIO**, se podrá sentir el verdadero poder de la Palabra en el mundo físico. Únicamente cuando las innumerables voces de la naturaleza inferior sean silenciadas, se sentirá la Presencia de la "VOZ que habla en el Silencio". Sólo cuando se desvanezca el ruido de muchas aguas en el reajuste de las emociones, se podrá escuchar el poder de Dios aletear sobre las aguas de los universos…

Mantra yoga

Según *Vicente Beltrán Anglada* el significado esotérico de mantra-yoga podría traducirse concretamente como **"el poder de la voluntad y del sonido actuando sobre los agentes dévicos"**. Un mantra, de la clase que sea, es siempre un Sonido, una orden directa lanzada a los éteres afectando un determinado tipo de **devas** *(entidades angélicas)*, los cuales responden al mismo y lo traducen en acción concreta y definida. Hay que tener en cuenta que el mantra es, ante todo, una **Invocación**, y que la respuesta a esta invocación será siempre en orden a la calidad de la misma. Extremando el significado del tema podríamos decir que "*hablar*" es "*invocar*", desde el ángulo esotérico, y que se le recomienda muy especialmente al aspirante espiritual que hable poco y piense correctamente, pues hablar y pensar mucho implica cargar los *éteres* con una serie de sonidos que convertidos en colores, atraen multitud de elementos dévicos, los cuales se introducen en el aura etérica y precipitan determinados hechos.

Mantra Yoga es la ciencia del sonido, la ciencia de cómo usar el sonido para afectar a la materia, al cuerpo, a las emociones y a la mente, y para controlar las energías de la naturaleza. El principio fundamental del Mantra Yoga es que toda la existencia tangible e intangible está sólo constituida por diferentes géneros de vibraciones. Toda la existencia es una condensación de energías. El hombre puede controlar toda la existencia, si se le da la clave de la vibración correcta para manipular la materia, controlar las energías y crear las formas.

El hombre puede ir más allá de esto y, a través del uso de los mantras, expandir su conciencia y volverse sensible a las impresiones cósmicas y divinas, y dirigirlas a otras existencias a través de la ciencia del Mantra Yoga. Los grandes Guías o grandes iniciados, usando esta ciencia del sonido, formulaban palabras, frases y versos sagrados para fomentar la expansión de la consciencia de la raza, y para darle un arma poderosa a usar para la evolución del hombre. Estas palabras, frases o versos sagrados son intraducibles, porque están formados según la ciencia de la vibración, y un leve cambio de pronunciación los hace inútiles. Deben entonarse del modo apropiado, con el tono, el ritmo correcto.

Algunos ecos de estos mantras se hallan en los **Vedas** de oriente, en el **budismo**, después en los **Salmos**, en el **Nuevo Testamento**, en el **Corán**, y en los escritos de los padres de la primitiva iglesia cristiana. En las iglesias cristianas, el Mantra Yoga presentándose como salmos e invocación. Especialmente en las Iglesias católica romana, rusa y armenia hay modos poderosísimos de **salmos**, si no se hicieran mecánicamente. El Rosario y el Tesbeeh se usan llevando la cuenta del salmo rítmico. El uso primordial de estos mantras era acrecentar el poder del culto y de la adoración mediante la liberación de la belleza interior latente en el hombre, haciéndole más aspiracional, extendiéndole hacia lo supremo y, entretanto, sensibilizándole más hacia las energías liberadas. El **mantra-Yoga** es un ejercicio universal que empezó a actuar desde el momento mismo en que el ser humano, en el inicio de las primeras Razas, empezó a emitir sonidos, guturales al principio, organizados más adelante, hasta convertirse en un definido lenguaje. Hay que pensar pues que los primeros sonidos emitidos, como expresión de una naturaleza primitiva, no podían invocar ni atraer elementos dévicos (angélicos) de elevada jerarquía, sino grupos de entidades elementarias (el aspecto más inferior de los devas) que utilizaban dichos sonidos para crear las condiciones normales, naturales y armónicas que precisaban aquellas primitivas sociedades humanas. Tengamos en cuenta también que nuestro Universo con todo su contenido es el resultado de un Sonido, del poder de un **Mantra**, de una Palabra o Verbo emitido por la gloriosa Entidad que llamamos Logos o Dios. Esos Devas cósmicos se hacen eco de este Poder o de este Verbo y lo descomponen en una indescriptible gama de sonidos menores y a través de las infinitas jerarquías dévicas a sus órdenes van creando con la materia vital o "sustancia de creación" coexistente en el éter del espacio, todas las formas que constituyen el Universo. Desde tal punto de vista puede ser afirmado que cada ser, cada cosa y cada átomo de substancia de no importa qué procedencia, desde lo más exaltado a lo más humilde, constituyen una escalera misteriosa de sonidos que se extiende desde el Verbo solar AUM - "Hágase la Luz" hasta la pequeña vocecita o sonido que emite el más insignificante electrón dentro de un átomo. En todo caso, esta escala de sonidos viene regida por una inmensa Jerarquía dévica que utiliza su poder para crear aspectos objetivos como un árbol, una roca o una nube, o subjetivos, como una característica psicológica humana o un ambiente social. Los Guías de la raza desarrollaron gradualmente esta ciencia, la Ciencia de los Mantras, y a través de ésta labraron piedras, construyeron enormes templos, refinaron el oro y otros metales. Derritieron enormes montañas de nieve. Controlaron poblaciones. Invocaron el fuego y la lluvia, limpiaron las epidemias y trasladaron continentes.

El ***Mantra Yoga*** fue la madre de la música sacra, a través de la cual los Guías de la raza construyeron puentes entre la humanidad y otros reinos subjetivos. Edades después, algunos de estos mantras fueron dados a quienes estaban purificados física y emocionalmente, a quienes estaban llenos de aspiración y amor, y a quienes estaban bien adelantados en el Sendero de la Iniciación. Ellos notaron que si un hombre no estaba purificado física y emocionalmente y no tenía buenos motivos en su corazón, podía ser peligrosísimo usando el **Mantra Yoga**, puesto que éste saca energías ardientes de la naturaleza, que pueden sobre-estimular a los centros inferiores y colocarle en un torbellino de energías sobre los cuales no tiene control alguno.

Hay muchos tipos de mantras usados para diferentes fines, por ejemplo:

- *a)* Mantras para desarrollar o abrir los centros etéricos.
- *b)* Mantras que liberan las energías superiores de los planos superiores del hombre y expanden su consciencia.
- *c)* Mantras que sacan energía de los centros planetario, solar y cósmico.
- *d)* Mantras que evocan al verdadero Yo Interno.
- *e)* Mantras para invocar la protección de los ángeles.
- *f)* Mantras para usar en la curación y la limpieza y para magnetizar el suelo.
- *g)* Mantras para protección respecto de las fuerzas oscuras.

Cuando un mantra se pronuncia correctamente:

1º. ***PROTEGE.*** *- 2º.* ***GUÍA.*** *- 3º.* ***ILUMINA.***

Cada mantra tiene su propia potencia de sonido, su propósito, su símbolo, su procedimiento y su dimensión temporal. Hay varios mantras que la tradición ha consagrado como muy útiles y eficaces, especialmente cuando uno no tiene posibilidad de seguir en su trabajo interior las directrices dadas por un auténtico Maestro.

Citemos algunos de ellos:

- *OM*
- *OM NA MA SI VA YA*
- *OM NA MO NA RA YA NA YA*
- *SO'HAM*

- OM MANI PADME HUM
EL GAYATRI: OM BHUR BHUVA SUVAHA
OM TAT SAVITUR VARENYAM
BHARGO DEVASYA DHIMAHI
DHIYO YONAH PRACHODAYAT

(El Gayatri es uno de los mantras solares más antiguos y poderosos que existen)

En Occidente el pronunciar unas frases en sánscrito nos parecerá por lo menos extraño y muy alejado de nuestros hábitos culturales, a pesar de la indudable resonancia, honda y agradable, que la musicalidad del sánscrito pueda despertar en nuestro interior. Esta práctica, aunque también suene extraña a nuestras costumbres, es excelente por sus resultados. La constante repetición de un mantra se convierte en un automatismo que absorbe poco a poco el vagabundeo habitual de la mente, de modo que al silenciar voluntariamente la frase o mantra se produce un verdadero silencio mental. Por otra parte, el repetir sin cesar una frase que encierra la afirmación de la cualidad fundamental que queremos desarrollar, condiciona profundamente la mentalidad de modo que facilita la actualización de la cualidad o estado que la frase representa. Se afirma en la India, y lo demuestra la experiencia de varios yoguis famosos, que esta sola práctica es suficiente, si se ejecuta con la debida perseverancia, para alcanzar los más altos estados de realización espiritual. En Oriente se considera que el mantra por excelencia lo constituye la sílaba **AUM**, que se pronuncia **OM**. Se la considera la palabra sagrada, el *Pranava*.

INTRODUCCIÓN AL MANTRA SAGRADO "OM"
"**AUM**" "**OM**", ES LA PALABRA DE GLORIA; significa "EL VERBO HECHO CARNE", y la manifestación del segundo aspecto de la divinidad (el aspecto AMOR) en el plano de la materia. Este resplandeciente surgimiento ante

el mundo de los hijos de la rectitud, se alcanza mediante una vida, dedicada al propósito divino. <u>Los estudiantes deben recordar que existen **TRES PALABRAS** o Sonidos Básicos, en manifestación, en lo que concierne al reino humano, y son</u>:

1º. **LA PALABRA O NOTA DE LA NATURALEZA**. Es la palabra o sonido de todas las formas que existen en la sustancia del plano físico, que comúnmente, como se sabe, lo emite la Nota "**FA**". El Ocultista Blanco nada tiene que ver con esta nota, porque su trabajo no consiste en acrecentar lo tangible, sino en manifestar lo subjetivo o intangible. Es la palabra del Tercer Aspecto; el aspecto Brahama o espíritu Santo (inteligencia-activa).

2º. **LA PALABRA SAGRADA**. Es la palabra de Gloria, **AUM** "**OM**". Es el Pranava, el Sonido de la Vida Consciente, cuando es exhalada a todas las formas. Es la palabra del Segundo Aspecto o AMOR-SABIDURÍA, y así como la Palabra de la Naturaleza, al ser emitida correctamente, provee a las formas destinadas a revelar el ALMA o segundo aspecto, también Pranava, cuando se expresa correctamente pone de manifiesto al PADRE o ESPÍRITU, por medio del Alma. Es la Palabra de los Hijos De Dios Encarnados, y un Gran Misterio de Misterios, que será revelado en la medida en que el discípulo agudice su grado de intuición.

3º. **LA PALABRA PERDIDA**. La Masonería ha preservado el concepto de esta palabra perdida. Es la Palabra del Primer Aspecto, el aspecto ESPÍRITU o VOLUNTAD; sólo el Iniciado de tercer grado puede realmente comenzar la búsqueda de esta Palabra poderosa, pues sólo puede encontrarla el alma libre. Esta Palabra está vinculada a las iniciaciones superiores, por lo cual no tiene objeto que la consideremos más.

OM es la Palabra Sagrada, es una de las palabras más antiguas. Hace cinco mil años, y probablemente mucho más, era utilizada por los antiguos místicos y sacerdotes sumerios como un sonido secreto. Cuando las tribus Indo-Arias se trasladaron hacia el este, estableciéndose en la india Septentrional, trajeron consigo la preciada y sagrada sílaba "**OM**". En las más antiguas escrituras hindúes "**OM**" siempre ha ocupado un lugar prominente. Casi todos los Mantras e himnos comienzan y terminan con OM. Esta sílaba se utiliza también como Mantra, siendo considerado el más poderoso de todos. Todavía existen en la India incontables leyendas que aseguran que si una persona pronuncia el OM con la nota vibratoria adecuada y con perfecta concentración, puede alcanzar todos los "SIDDHIS" o poderes latentes, que le permitirá realizar todo tipo de milagros. Así como en grado perfecto, permite el ALINEAMIENTO, CONTACTO y FUSIÓN con nuestra Alma Divina o Ángel Solar, lo cual es la verdadera meta para el aspirante en el sendero ocultista.

El OM es la Nota de la LIBERACIÓN; de la liberación de la prisión de las formas, del maya, de los hechizos e ilusión y de la influencia de la triple personalidad, que fue creada por el **AUM**, como creación necesaria para la evolución del Alma a través de las formas o materia. Es sólo en el Reino Humano donde el OM se siente y eventualmente se oye. El OM permite que la PERSONALIDAD y el ALMA empiecen a fundirse entre sí, y el hombre trabaja bajo la guía consciente del alma. El **OM** se usa para la liberación, para el desapego, para la elevación y para espiritualizarse. Le transporta al mundo amorfo, a la expansión de su conciencia y la enfoca progresivamente en los Planos Superiores. Es un mantra necesario, potentísimo y debe ser entonado por el aspirante en su marcha hacia la perfección. Otros aspectos sobre el **AUM** y el **OM**:

A: Sonido sagrado comunicado a **SHIVA**, el que da forma al aspecto VOLUNTAD o ESPÍRITU. Es la palabra por la que actúa Dios Padre.

U: Comunicado a **VISHNU**, Dios HIJO. Es el constructor de la forma y proporciona el cuerpo que ha de ocupar el espíritu, posibilitando la encarnación Divina.

M: Comunicado a **BRAHAMA**, que en su obra de proporcionar energía enlaza en Inteligencia Activa, el espíritu y la forma, al YO y el NO-YO.

Al entonar el **OM** en realidad estamos liberando las notas verdaderas de cada ÁTOMO en les tres planos, y sincronizándolas con la nota del ALMA. Este es el Gran Proceso de adaptación a la nota interior, y el Gran Proceso de TRANSMUTACIÓN y TRANSFIGURACIÓN. El **OM** no sólo unifica y alinea con el YO SUPERIOR, sino que crea una sinfonía de colores que atrae la atención de los **DEVAS** o Ángeles en las esferas. Estos seres le transfieren más bendiciones y paz y causan la expansión de la CONCIENCIA. Así mismo cuando su nota se estabiliza, y halla su clave verdadera, su MAESTRO vuelve su mirada sobre él y gradualmente se le permite que entre en sus clases Sagradas en los Planos Sutiles.

Efectos Provocados por el Trabajo en "OM"

Ahora nos dedicaremos a resumir, esquemáticamente, lo que sucede en cada uno de los TRES CUERPOS, cuando entonamos el mantra **OM** desde el centro de la conciencia, desde el ALMA, como debe hacerse.

> "... Entone la Palabra Sagrada tres veces exhalándola suavemente, la primera vez, afectará al vehículo mental; más fuerte la segunda vez, estabilizará el vehículo emocional; y aun más grave la tercera vez, actuará sobre el vehículo físico...".

El efecto sobre cada uno de los tres cuerpos es triple, y consistirán en:
En Los Niveles Mentales:

a.	Establecer contacto con el centro de la cabeza, haciéndolo vibrar. Aquietar la mente inferior.
b.	Vincularse con el EGO (Alma) en mayor o menor grado, pero siempre, en cierta medida, por medio del átomo permanente.
c.	Expulsar las partículas de materia grosera y construir otras más refinadas.

En Los Niveles Emocionales:

a.	Estabilizar definitivamente el cuerpo emocional, mediante el átomo permanente, haciendo contacto con el centro del corazón, activándolo.
b.	Expulsar la materia grosera, tornando más incoloro el cuerpo emocional o de deseos, para que sea un reflector más exacto de lo superior.
c.	Producir un súbito efluvio de sentimientos, desde los niveles atómicos del plano emocional al INTUICIONAL mediante el canal atómico, que existe entre ambos, el cual ascenderá y clarificará el canal.

En Los Niveles Físicos:

a.	Aquí el efecto es muy similar y se siente principalmente en el cuerpo etérico, estimulando la afluencia divina.
b.	Se extiende más allá de la periferia del cuerpo y crea una envoltura protectora. Rechaza los factores inarmónicos que extienden su influencia al medio ambiente.

Hay, por supuesto, un sin fin más de efectos primarios y secundarios que se producen al entonar correctamente el mantra **OM**. Sin embargo, lo expuesto será suficiente, por el momento, para justificar su uso en las prácticas ocultistas.

Formas de Pronunciación. Hay tres formas de pronunciación: En viva VOZ, SUSURRADA y MENTALMENTE. De las tres la más poderosa es la Mental o silenciosa. Aunque se entonará de acuerdo al propósito y lugar. ¿Ciertos mantras pueden producir efectos perjudiciales si no son entonamos correctamente? Sí, Los mantras producen sus efectos en relación al adelanto y al alineamiento alcanzado (es decir, el estado de conciencia) de quién los emplea. Cuanto más avanzado es el que las usa, tanto más potentes y correctos los efectos. El uso de los mantras, sin embargo, puede tener un mero efecto hipnótico.

También tenemos la nota del Ángel Solar, con el que tratará de sincronizar el discípulo. En realidad, la Palabra Perdida es el alma humana. El hombre debe tratar de encontrar su nota verdadera y entonar el **OM** sobre esa nota. Una vez que halle su nota verdadera, podrá entonarla hacia sus mundos físico, emocional y mental, causando en ellos una gran purificación, refinamiento y transfiguración. No es fácil encontrar la nota del Ángel Solar; éste es uno de los secretos de las iniciaciones. Cuando el tiempo esté maduro y cuando sus tres cuerpos estén alineados y hayan entrado en un nivel alto de purificación, entonces su Ángel Solar le da la clave. Esto puede ocurrir en una de sus meditaciones, o en uno de sus contactos superiores en los niveles sutiles. <u>Se nos dice que nuestro Ángel **Solar** está en profunda meditación desde nuestro primer nacimiento hasta que alcancemos la realización.</u> La meditación, para el Ángel Solar, significa absorber el Plan divino, digerirlo e irradiarlo hacia los tres mundos de la experiencia humana, tan lejos como el alma humana pueda registrarlo y ejecutarlo. El Ángel Solar es una parte de la Jerarquía Espiritual. Tiene su propio sendero de desarrollo y servicio en el Plan divino y en el Propósito divino. Aparte de sus deberes hacia el alma humana, tiene su propia evolución, en su propio plano de la existencia. La meditación es muy importante para un ser humano, porque a través de la meditación él se recoge y entra en el cargo de la radiación Solar. Esto nos eleva más, nos despierta más, y nos ayuda a desidentificarse de los encantamientos de los tres mundos inferiores.

ASPECTOS ESOTÉRICOS MÁS PROFUNDOS

Para el siguiente artículo hemos incluido algunos extractos de los escritos del Sr. *Vicente Beltrán Anglada.*

Como es sabido, la investigación esotérica estudia los fenómenos de la Vida en cualquier plano o nivel de la Naturaleza, desde sus causas iniciales o fuentes más elevadas de producción, es decir, a partir de la Voluntad del Creador; de ahí que todos los fenómenos biológicos, geológicos, psíquicos, etcétera, concurrentes en la vida expresiva del planeta, son estudiados a partir de sus aspectos universales hasta hacerlos converger en la vida particular o individual, cerrando así el ciclo misterioso de la Creación en lo que al ser humano se refiere. Recurriendo esotéricamente a los significativos textos de los antiquísimos libros sagrados de las grandes religiones de la humanidad, cunas de la verdadera sabiduría, hallamos estas curiosas y al propio tiempo trascendentales afirmaciones con respecto a la Creación del Universo, que es una expresión total de la Magia suprema del Creador. En unos himnos *védicos* de la más lejana antigüedad se halla escrito: *"El Supremo RISHI habló y llenó de mundos el Universo".* Otros viejísimos poemas orientales expresan la idea mágica de la Creación de la siguiente manera: *"El Triple Canto del Gran Señor el AUM y la Cuádruple respuesta del Espacio produjeron todas las Formas del Universo".* En ambas afirmaciones como ustedes podían observar se menciona aquello que en el más puro tecnicismo podríamos definir como el **Poder de la Palabra** o la Gracia Infinita del **Verbo**. Siguiendo con la analogía podríamos decir que el triple Canto **AUM** tiene su adecuada réplica en el Mandato bíblico *"Hágase la Luz"* con respecto a la Creación del Universo. Partiendo de esta conocida frase bíblica podríamos imaginar que la Cuádruple Respuesta del Espacio a la cual hacen referencia los poemas orientales podrían tener su relación con la fórmula sacramental del Evangelio "***Hágase Señor Tu Voluntad***", que entonces adoptaría un sentido creador o mágico y no solamente místico tal como hasta aquí fue considerada con referencia a la Vida de Cristo.

Este aspecto mágico de la Naturaleza no ha sido quizás todavía interpretado en términos de "***Creación de Formas***", sino que fue explicado siempre de acuerdo con las tradiciones y supersticiones del pasado que les asignaron a los "**espíritus de la Naturaleza**" técnicamente descritos en nuestros estudios esotéricos como "Ángeles o Devas" un carácter misterioso y oculto, solamente al alcance de los sabios alquimistas o al de aquellos raros conocedores de las leyes que rigen la Naturaleza a quienes con mayor o con menor acierto les fue adjudicado el nombre de **MAGOS**, es decir, de "intérpretes de la Ley y Hacedores de su Justicia", tal como rezan antiquísimos poemas místicos. Pero, esta afirmación de "Hacedores de su Justicia", es sólo un aspecto unilateral dentro del concepto de la MAGIA, habida cuenta de que existen dos interpretaciones totalmente distintas de la misma: la ***TEURGIA***, o Magia Blanca, y la ***GOECIA***, su expresión incorrecta o Magia Negra. La MAGIA, como sistema de Creación tiene un solo sentido: la substanciación de las ideas y su conversión en formas, pero en su aspecto intencional tiene una doble motivación, la expresión correcta y adecuada de acuerdo con las sagradas leyes de la fraternidad, que expresan el verdadero sentido de la evolución, y la inadecuada e incorrecta que depende de la desvirtualización del principio de fraternidad y obedece a aquellos extraños y desconocidos móviles subyacentes en la vida íntima de la Naturaleza, que degeneran en el principio de egoísmo que crea todo posible centro de conflictividad en el Universo, en el planeta y en el hombre... Ocultamente se nos habla de la existencia de un "**Mal Cósmico**", sabiamente organizado, que al parecer produce las semillas de todas las posibles perturbaciones en el orden universal y planetario y determina lo que podríamos calificar de "un mal karma en la vida de la Naturaleza" o en la del ambiente social humano.

El conocido axioma esotérico "**La Energía sigue al Pensamiento**" tiene que ver con el dinamismo de la acción dévica la cual representa en su totalidad la Actividad Creadora de la Divinidad, místicamente el Espíritu Santo el aspecto MADRE de la Creación, Sustentadora de todas las Formas del Universo. La Magia Suprema del Universo tiene como finalidad crear vehículos de Materia para la intencionalidad del Espíritu Creador. Esta Intencionalidad y la forma de representarla en Espacio y Tiempo toman esotéricamente los conocidos símbolos del **VERBO** y del **CALIZ**, expresando el Verbo la Palabra de la Divinidad, llena de Voluntad de SER, y siendo el Cáliz el Universo físico que ha de contenerla. Esotéricamente a esta Voluntad o Intencionalidad Divina se la define como "**La Palabra Original**", descompuesta en dos sonidos básicos, representativos de la dualidad ESPIRITU-MATERIA, que esotéricamente conocemos como el doble Sonido **O.M**, el cual convertido en Idea creadora da origen al axioma oculto anteriormente señalado, "La Energía sigue al Pensamiento", siendo el triple Sonido **A.U.M.** la base sobre la cual se apoya la estructura material de la evolución, aportando cada uno de tales sonidos, alguno de los principios fundamentales mediante los cuales el Espíritu Divino podrá manifestarse.

La Magia suprema del ser humano, el destino de su vida y su sendero de proyección cósmica se extiende conscientemente a través de aquel sutilísimo "*hilo de luz*" destilado de la mente del discípulo en proceso de integración espiritual llamado esotéricamente "**Antakarana**", y va del Centro Ajna al Centro Coronario, es decir, desde el intelecto a la intuición. En el centro intelectual, o mente concreta, se inicia el gran recorrido y la gran transmutación creadora que ha de convertir el **A.U.M.** en el **OM.** De ahí la importancia que se le asigna ocultamente al centro del entrecejo en orden al desarrollo de la Magia organizada que opera a través de cada uno de los centros de conciencia, haciendo resonar su particular nota invocativa e irradiando el magnetismo especial que a cada uno de tales centros corresponde, para "**dinamizar**" el espacio con el tipo definido de éter que ha de substanciar, concretar u objetivar las requeridas formas etéricas, psíquicas o mentales cuya elaboración o construcción constituyen el secreto mismo de la Magia. Sin embargo, sólo cuando el intelecto o la mente individual concreta ha profundizado mucho en el orden oculto y es capaz de controlar conscientemente sus reacciones psicológicas más íntimas, lo cual es un signo evidente de que ha construido un gran tramo del luminoso "*puente de luz*" del **Antakarana** que va de la mente inferior a la superior, puede penetrar algunos de aquellos secretos o misterios que ocultamente definimos como "**Magia organizada**".

¿En qué modo sigue la energía al pensamiento? Todo es energía. El pensamiento mismo es energía. El pensamiento es realmente energía dirigida. Está enfocada y dirigida, y por tanto puede tener un efecto sobre un área de energía menos enfocada. Dondequiera que pongas tu atención, tu energía la seguirá. Este es uno de los axiomas ocultos básicos. Es así como los mundos vinieron a la existencia. "En el principio era el Verbo. El Verbo estaba con Dios. Y el Verbo era Dios". Dios pronunció el Verbo, y todas las cosas vinieron a la existencia. Eso es pensamiento enfocado. El Verbo es pensamiento enfocado. Cuando un Maestro desea crear un depósito de energía, un centro de poder, puede utilizar un cetro; Ellos tienen cetros de poder. O bien podría usar una combinación de eso y un mantra. El mantra enfoca el pensamiento, lo carga, y lo convierte así en un instrumento para activar centros de energía. Por supuesto, El usa su imaginación creativa para hacer esto. Probablemente lo haga en cuestión de segundos. Lo visualiza, lo activa, y suele tener una hueste de devas para mantenerlo energizado posteriormente. Todo eso se hace con el pensamiento. Llegará un día, en que tendremos fábricas llenas de instrumentos creados con el pensamiento, y la información que contengan será organizada por el pensamiento. Igual que programamos un ordenador, podemos programar un robot u otro instrumento con el pensamiento. Cualquier cosa que podamos hacer en el plano físico, podemos hacerla por medio del pensamiento. Por medio del pensamiento, crearemos estos instrumentos, y los programaremos para que produzcan todos los instrumentos que necesitamos para vivir: sillas, mesas, etc. Todas las cosas se harán finalmente de esta manera. Podemos así ver lo poderoso que puede llegar a ser el pensamiento cuando está enfocado. La energía se halla por doquier, y el pensamiento es simplemente esa misma energía pero enfocada por una mente. Por el poder enfocado de la mente, se le comunica una intensidad y una vitalidad para crear algo, o para mover o elevar un objeto. Dondequiera que pongamos la atención o los pensamientos, allí afluirá la energía. Hagamos un experimento. Es una ley, un axioma oculto básico que nunca falla.

El Mantran Más Poderoso De La Era De Acuario: LA GRAN INVOCACIÓN

Desde El Punto De Luz En La Mente De Dios Que Afluya Luz En Las Mentes De Los Hombres Que La Luz Descienda A La Tierra. Desde El Punto De Amor En El Corazón De Dios Que Afluya Amor A Los Corazones De Los Hombres Que Cristo Retorne A La Tierra. Desde El Centro Donde La Voluntad De Dios Es Conocida Que El Propósito Guíe A Las Pequeñas Voluntades De Los Hombres El Propósito Que Los Maestros Conocen Y Sirven. Desde El Centro Que Llamamos La Raza De Los Hombres Que Se Realice El Plan De Amor Y De Luz Y Selle La Puerta Donde Se Halla El Mal. Que La Luz, El Amor, Y El Poder, Restablezcan El Plan En La Tierra.

*La belleza y la fuerza de esta Invocación reside en su sencillez y en que expresa ciertas verdades sociales, que todos los hombres aceptan innata y normalmente: la verdad de la existencia de una inteligencia básica a la que vagamente damos el nombre de Dios; la verdad de que detrás de todas las apariencias externas, el Amor, es el poder motivador del Universo; la verdad de que vino a la Tierra una gran Individualidad, llamada Cristo por los cristianos, que encarnó ese amor para que pudiéramos comprenderlo; la verdad de que el amor y la inteligencia son ambos efectos de la Voluntad de Dios; y finalmente la verdad eminente de que <u>el Plan divino sólo puede desarrollarse a través de la **humanidad** misma</u>. Actualmente está traducida a 75 idiomas y dialectos, y distribuida a escala mundial.*

<u>Su origen.</u>

La Gran Invocación es un Mantra Solar proyectado para reorientar las energías actuantes en nuestro mundo y preparar las mentes y los corazones de los hombres para el advenimiento de la Nueva Era. En un Concilio planetario celebrado el año 1943, después de una gran crisis, dentro de la Jerarquía y cuando todo parecía que Alemania iba a ganar la guerra, lo cual hubiese significado en aquellos momentos de tensión planetaria el triunfo del mal sobre el bien, estuvieron presentes "*unos enviados celestes*", representativos del Poder Cósmico del Gran Señor de nuestro Universo, Quienes llevaban el Mensaje de aliento y de renovada fe en el Bien supremo y la garantía del triunfo de la bondad y de la justicia sobre la maldad y el desorden. La intercesión solar afirmó el poder de Shambala y de la jerarquía y aquel mismo año *"... cuando el sol progresaba hacia el Norte",* se tuvo la seguridad de que el mal había sido ya vencido pese a los espectaculares triunfos de Alemania y de sus aliados de Italia y del Japón y que ya nada podía detener la victoria de las *"huestes del bien".*

La Gran Invocación, usada por el Cristo por primera vez en junio de 1945, fue dada por El a la humanidad para capacitar al hombre a invocar las energías que cambiarían nuestro mundo, y que harían posible el regreso del Cristo y la Jerarquía. Es un mantra dado por el Cristo aunque Él usa una fórmula antigua, compuesta de siete frases místicas en una antigua lengua sacerdotal indescifrable para la humanidad normal. Ha sido traducida por la Jerarquía a términos que podemos usar y comprender.

Uno de los primeros pilares que patrocinaron la **Gran Fraternidad Blanca** para la nueva Era fue el diseñó de ese poderosísimo Mantra Solar de potencia superior a la que desarrolló el Padrenuestro en la Era de Piscis, pero de carácter netamente mental y, por tanto, volitivo y preponderantemente invocativo. Si bien este Mantram no se dio a la humanidad hasta el Plenilunio de Géminis por el mes de junio del año 1945, una vez finalizada la guerra y utilizando como canal propicio "el potentísimo y angustioso clamor invocativo de la Humanidad pidiendo ayuda y alivio a tantas tensiones y a tantos sufrimientos pasados", su poder fue utilizado de inmediato por la Jerarquía, por los Iniciados y por los discípulos mundiales en contacto con aquélla. Uno de estos grandes discípulos, la señora Alice A. Bailey (fundadora de la Escuela Arcana) tuvo el honor de recibir telepáticamente el texto de La Gran Invocación a través de uno de los Grandes Seres allegados a Cristo y a Su obra, el Maestro **Djwal Khul**, más conocido en nuestros estudios esotéricos bajo el sobrenombre de "**El Tibetano**". Este Adepto había trabajado ya en el pasado utilizando Sus portentosos conocimientos acerca de la Vida Cósmica inspirando a la señora H. P. Blavatski, en unión de otros Adeptos como los Maestros *Koot Humi* y *El Morya*, la gigantesca obra, cumbre de toda posible sabiduría esotérica, denominada *"La Doctrina Secreta"*.

Significado.

La Gran Invocación no es una oración, sino un mantra, mediante el cual, a través de Sus Representantes, el Buddha, el Cristo y Shambala, son invocadas conscientemente las energías de Dios, por una comprensión de las ideas de la Invocación y por el propósito de la voluntad. Este es un factor enteramente nuevo, y refleja un enfoque superior.

Lo que interesa evidenciar a través de todos estos comentarios acerca de La Gran Invocación, es la actuación constante de la Gran Ley de Fraternidad que rige en todos los mundos y en todos los Sistemas planetarios dentro del Cosmos Absoluto. Esta Ley de Solidaridad hizo posible La Gran Invocación que al ser recitada oral o mentalmente por muchos seres humanos, pone en vibración ciertos elementos dévicos dentro de los éteres capaces de transformar el mundo en términos de realización. Tales elementos dévicos, de increíble sutilidad, ponen en relación las mentes de los hombres con la mente de Dios a través del Señor Buda, punto iluminado y centro de iluminación dentro de la humanidad.

Cada Era de la humanidad a tenido sus propios Mantras e invocaciones solares que caracterizaron precisamente las exigencias y oportunidades de dicha Era en relación con el Plan o Propósito de la Deidad creadora. En la Era pasada en trance de desaparecer, o Era de Piscis, se dio a la raza de los hombres y a través de Cristo, el Mantra o Invocación conocida como el Padrenuestro. Las cualidades principales de este Mantra, debido a la oportunidad de los tiempos y a las Constelaciones dominantes, así como al estado evolutivo de la humanidad, debían desarrollar la conciencia individual y despertar en los seres humanos el sentido creativo del amor. La Gran Invocación a la que nos referimos en este estudio, recoge aquel sagrado legado histórico y le añade la conciencia de grupo y la cualidad de Síntesis, que es el poder ígneo de la voluntad espiritual más elevada, ejercitada con amor y aplicada con inteligencia.

Profundicemos un poco en cada estrofa:
Desde el punto de Luz en la Mente de Dios.
Que afluya luz a las mentes de los hombres.
Que la Luz descienda a la Tierra

Las primeras tres líneas se refieren a la Mente de Dios como punto focal para obtener luz divina. Esto concierne al alma de todas las cosas. El término alma con su máximo atributo de iluminación, incluye al alma humana y a ese culminante que consideramos como el alma "influyente" de la humanidad, que aporta luz y difunde la iluminación. Es necesario tener presente que la luz es energía activa.

Cuando invocamos la Mente de Dios y decimos *"Que afluya luz a las mentes de los hombres, que la Luz descienda a la Tierra",* expresamos una de las grandes necesidades de la humanidad y, si la invocación y la plegaria encierran algún significado, la respuesta vendrá con toda seguridad y certeza. Cuando los pueblos en todo momento, en todas las circunstancias y en todas las épocas, sienten la necesidad de implorar a un Centro espiritual invisible, podemos tener la plena seguridad de que dicho centro existe. La invocación es tan antigua como la humanidad misma.

Desde el punto de Amor en el Corazón de Dios,
Que afluya Amor a los corazones de los
hombres, Que Cristo retorne a la Tierra

Las tres líneas de la segunda estrofa conciernen al Corazón de Dios y se refieren al punto focal de amor. El "corazón" del mundo manifestado en la Jerarquía espiritual: ese gran talento que transmite amor a todas las formas de la manifestación divina. Amor es una energía que debe llegar a los corazones de los hombres fecundar a la humanidad con la cualidad de la comprensión amorosa; cuando el amor y la inteligencia se unen, se dice que expresa eso.

Cuando los discípulos estén activos y sean reconocidos por Cristo, llegará el momento en que nuevamente Él podrá caminar abiertamente entre los hombres; podrá ser reconocido públicamente y realizar así Su tarea en los niveles externos e internos de la vida. Al despedirse de Sus discípulos, Cristo les dijo: "Estaré siempre con vosotros, aún hasta el fin de la era".

Cuando Cristo vuelva abiertamente (lo cual es inminente) activará aún más la conciencia crística... El odio, la separatividad y la exclusión, serán considerados como el único pecado, pues se reconocerá que los denominados pecados derivan del odio o de su consecuencia, la conciencia antisocial. <u>Segundo</u>, innumerables hombres y mujeres de todos los países, se unirán en grupos para promover la buena voluntad y establecer rectas relaciones humanas. Su número será tan grande que de una minoría pequeña y relativamente poco importante, se transformará en la más grande e influyente fuerza del mundo.

Cuando decimos "*... **Que Cristo Retorne a la Tierra***" no nos estamos refiriendo tan sólo a Su Reaparición Física (*que tendrá lugar muy pronto*) sino a una mayor escala a la exteriorización del Quinto reino y la jerarquía espiritual a los planos inferiores, físico, astral y mental planetarios. Recordemos que Cristo es el Instructor Mundial, esperado por los seguidores de todos los credos y conocido bajo muchos nombres.

¿Quién es el Cristo y por qué se invoca su retorno?
El Cristo es la cabeza de la jerarquía Espiritual de nuestro planeta: *"El Maestro de todos los Maestros y el Instructor tanto de los ángeles como de los hombres"*. El Cristo pertenece a toda la humanidad, y no sólo a las iglesias y credos religiosos del mun-

do. Trabaja para todos, sin distinción de fe religiosa. No pertenece al mundo cristiano más que al budista, judío, musulmán o hindú. En realidad, el nombre "Cristo" es empleado en la Jerarquía como el título de un cargo no limitado en lo más mínimo al accionar religioso sino relacionado con la totalidad de los siete departamentos del trabajo jerárquico, de los cuales la religión es sólo uno, siendo los demás los de Gobierno, Educación, Ciencia, Filosofía, Psicología, Arte y Cultura.

Desde el centro donde la voluntad de Dios es conocida, Que el propósito guíe a las pequeñas voluntades de los hombres, El propósito que los Maestros conocen y sirven

En las tres líneas de la tercera estrofa tenemos una plegaria para que la voluntad humana pueda estar de acuerdo con la voluntad divina, aunque no sea comprendida. Estas tres líneas indican que la humanidad no puede captar todavía el propósito de Dios, ese aspecto de la voluntad divina que busca inmediata expresión en la tierra.

Debido a que el propósito de la Voluntad de Dios trata de ejercer influencia sobre la voluntad humana, indudablemente se expresa en términos humanos de buena voluntad y viviente determinación o firme intención de establecer rectas relaciones humanas.

Profundizando a nivel esotérico debemos recordar que *"El Centro donde la Voluntad de Dios es Conocida"* es ese lugar especial que llamamos **Shambala**, el espacio más poderoso del planeta dónde no tan sólo reside nuestro Señor, sino que es dónde nace y se proyecta el plan Divino.

Desde el centro que llamamos la raza de los hombres. Que se realice el Plan de Amor y de Luz Y selle la puerta donde se halla el mal

En las tres líneas de la cuarta estrofa se invocan los tres aspectos o potencias de la Mente, el Amor y la Voluntad, indicando que todos estos poderes se han anclado en la humanidad misma, en "el centro que llamamos la raza de los hombres", siendo la humanidad mismo un poderoso Chacra planetario. Sólo en él pueden expresarse, en tiempo y espacio, las tres cualidades divinas y hallar su realización; sólo en él puede nacer verdaderamente el amor, actuar correctamente la inteligencia y la Voluntad de Dios demostrar su efectiva voluntad al bien. Por medio de la humanidad, sola y sin ayuda (excepto la que brinda el espíritu divino en cada ser humano), puede ser sellada "la puerta donde se halla el mal". Esta última estrofa es una manera simbólica de expresar la idea de hacer inactivos e ineficaces los malos propósitos. No existe un lugar especial donde reside el mal. La humanidad mantiene abierta "la puerta donde se halla el mal" por sus deseos egoístas, odio y separatividad, por su codicia y sus barreras raciales y nacionales, por sus bajas ambiciones personales y por su afición al poder y a la crueldad. A medida que la buena voluntad y la luz afluyan a las mentes y corazones de los hombres las malas cualidades y energías dirigidas que mantienen abierta la puerta del mal, cederán su lugar al anhelo de establecer rectas relaciones humanas, a la determinación de crear un mundo mejor y más pacífico y a la expresión mundial de la voluntad - al – bien, nada podrá evitarlo.

Que la Luz, el Amor y el Poder restablezcan el Plan en la Tierra

Es evidente que las tres primeras estrofas o versículos invocan, demandan o apelan a los tres aspectos universalmente reconocidos de la vida divina: la mente de Dios, el amor de Dios y la voluntad o propósito de Dios; la cuarta estrofa señala la relación de la humanidad con estas tres energías de inteligencia, amor y voluntad, y la profunda responsabilidad de la raza humana de realizar la difusión del amor y la luz sobre la Tierra a fin de restaurar el Plan. Este Plan, exhorta a la Humanidad a manifestar Amor e insta a los hombres a dejar brillar su luz".

> Así se restaurará el Plan original sobre la Tierra.
> Simultáneamente, se abrirá ante la humanidad,
> la puerta al mundo de la realidad espiritual.

Capítulo. XIII

"La gran fraternidad blanca"
"La Jerarquía Espiritual y los Maestros de Sabiduría"

Para la elaboración de este capítulo hemos consultado y extraído algunos fragmentos de los siguientes Libros:

"¿Qué es un Maestro Espiritual?", Omraam Mikhaël Aïvanhov
"La Jerarquía, Los Ángeles Solares y la Humanidad",
Vicente Beltran Anglada
"Iniciación Humana y Solar", Alice A.Bailey (Maestro D. K.)
"Los Maestros y el Sendero ", C. W. Leadbeater
"La Ciencia de la Meditación", H. Saraydarian
"La Reaparición Cristo y los Maestros de Sabiduría",
Benjamín Creme

A medida que avanzamos en nuestros estudios, nos hacemos más conscientes de la enorme importancia que tiene la correcta desenvoltura de FUERZAS, que coherente e inteligentemente dispuestas, **Crean, Impulsan** y **Organizan** armoniosamente todas y cada una de las FORMAS que viven, se desarrollan y tienen su Ser dentro de nuestro Planeta. Cada átomo, cada célula, cada hoja minúscula, cada planeta, está construido sobre **un esquema vivo**, sobre un campo de vida y finalidad en el que tienen su existencia y meta. El Planeta y el Sistema Solar tienen también un *ESQUEMA*, que es su campo electromagnético, y sirve como la estructura energética, como el plan y la finalidad del Planeta o sistema solar. Observamos con una simple mirada a nuestro Sistema Solar (armónicamente dispuesto), y en concreto a nuestro planeta Tierra, cuán magníficas y complejas son las <u>Estructuras Moleculares</u> que van configurando, como si de un Colosal Arquitecto se tratara, de todos y cada uno de los Reinos que componen la vida en nuestro Planeta, y a la vez todas y cada una de las innumerables **FORMAS** y **VIDAS** que en cada Reino, consecuentemente, se manifiestan y evolucionan.

Es casi absurdo pensar, después de haber observado los mundos atómicos y moleculares, que todo ese despliegue y derroche de Ingeniería Universal, con sus fuerzas, energías, movimientos y Leyes reguladoras inteligentemente dispuestas, no tengan un "Propósito Definido", un origen, un presente y un futuro esperado, que obedezcan a un **ARQUETIPO** definido de Creación. A ese "Propósito definido de Creación" se le llama PLAN y, consecuentemente como todo Plan debe tener necesariamente un Excelso Inventor o Creadores y unos colaboradores que ejecuten su línea de trabajo, para lograr el propósito definido. Para un INICIADO de cierto grado, es relativamente sencillo observar como innumerables JERARQUÍAS, Entidades o Vidas mayores y menores, invisibles para el hombre común, van realizando el "***IDEAL***", el "***PLAN***", <u>a través de un trabajo ordenado y definido</u>, en el cual, aún sin saberlo, la HUMANIDAD misma está participando. Pensar que esa poderosísima fuerza SUBJETIVA de EVOLUCIÓN se haya fraguado en el crisol del azar y la casualidad, es verdaderamente un atentado directo a la Inteligencia Divina. Nada, ni el más mínimo movimiento de una hoja, se escapa a la mirada observante de AQUÉL que se encuentra detrás, desde el principio de los tiempos, de todos los acontecimientos planetarios.

Toda esta Fuerza Subjetiva que impele a la evolución continua, queda resumida, en lo que expone tan bellamente H.P.Blavaski, cuando dice, en su monumental Obra *"La Doctrina Secreta"*:

> *"Todo el orden de la naturaleza revela una marcha progresiva hacia una vida superior"*. Hay un designio en la acción de las fuerzas aparentemente más ciegas. Todo el proceso de la evolución, con sus adaptaciones interminables, es una prueba de esto. Las Leyes inmutables que escardan a las especies más débiles y endebles, para dar cabida a las fuertes y que asegure la "supervivencia de los más aptos", aunque tan crueles en su acción inmediata, todas trabajan rumbo al gran fin. El hecho mismo de que efectivamente ocurran adaptaciones, de que los más aptos sobrevivan efectivamente en la lucha por la existencia, demuestra que lo que se llama "naturaleza inconsciente" es en realidad un agregado de fuerzas, manipulado por Seres Semi-Inteligentes, guiados por Altos Espíritus Planetarios, cuyo agregado colectivo forma el Verbum Manifestado Del Logos Inmanifestado, y constituye a un mismo tiempo la MENTE DEL UNIVERSO y su LEY INMUTABLE.

El Señor *Torkom Saraydarian* en su Libro "La Ciencia de la Meditación" explica magistralmente es te proceso cuando dice: "La humanidad misma como otros Reinos, tiene una parte de este gran **MODELO**, y desempeña un gran papel en el cumplimiento de la finalidad evolutiva del sistema Solar. La humanidad sirve como estación transmisora entre los tres reinos inferiores y los reinos superiores. Este Gran MODELO, como se dijo, no es estático sino que siempre sigue una evolución constante, porque la Gran Vida del sistema solar está evolucionando. Y debido a este progreso y empeño, todo el modelo está sujeto a cambio. Los cuerpos energéticos de todas las formas vivas están sujetos a un cambio gradual. De manera que el reino vegetal con todas sus especies, y el reino animal, con sus partes, están sujetos al cambio, al mejoramiento a paso firme rumbo a la **PERFECCIÓN**.

La Humanidad no es una excepción. La humanidad es uno de los eslabones importantes de la cadena viva, y debido a eso el cuerpo energético, el *PATRÓN* de su cuerpo, está sujeto a cambio también. Ahora bien, este cambio puede producirse con lentitud, inconscientemente, mediante un progreso natural. Pero si un planeta no responde adecuadamente, al grado de progreso del Sistema Solar, entonces la vida planetaria da *Pasos Urgentes* para fomentar el progreso del planeta y restaurar su desarrollo rítmico y armonioso dentro del esquema del sistema solar en conjunto. El cuerpo de la Vida Solar es el SOL visible, a través del cual ÉL irradia vida a cada átomo del sistema solar. Los planetas son sus centros. ÉL tiene una Gran Finalidad para todos los planetas de Su sistema. Esa finalidad es Su VOLUNTAD, el "Futuro" que, como gran imán, crea el Modelo Solar hacia el cuál son atraídos todos los reinos en todos los niveles.

Observemos que sucede con cualquier **SEMILLA**. Pongamos como ejemplo a una semilla de Arbusto. Esa semilla es muy pequeña, incluso más pequeña que el hueso de una aceituna. Sin embargo, en su núcleo atómico, en sus niveles moleculares, se encuentra inscrito magníficamente, con toda precisión, el MODELO, el DISEÑO propio y característico de todo lo que llegará a ser, de todo lo que ha sido y será. Nuestro Planeta, también es una Semilla Cósmica, o mejor diríamos, SOLAR, ya que de Ella salió y es la que la mantiene, no solamente en el plano físico, sino también en el espiritual. En esta Gran Semilla en que vivimos, también nosotros somos pequeñas semillas que llevamos inscrito nuestro pasado y nuestro Futuro, nuestro Modelo Solar como hombres Solares que llegaremos a ser algún día".

En las enseñanzas esotéricas reconocemos un "PROPÓSITO" y un *Plan Divino* para toda la creación. Y al igual que en nuestra sociedad civilizada existen Leyes, normas, gobiernos que las crean y agentes que las llevan a su cumplimiento lo mejor que pueden, así también en los mundos invisibles, en los planos internos de la vida, en su contraparte subjetiva, existen toda una basta gama de Leyes Divinas, así como de **Jerarquías** que las dirigen y sus grandes legiones de entidades mayores y menores que las materializan, en todos los planos y niveles de la existencia. Son los Arquitectos y Ayudantes del LOGOS, del *Creador Divino*.

Aunque el tema de la Jerarquía Oculta del Planeta es de profunda importancia e interés para el estudiante de ocultismo, su "significado real así como su influencia", no será nunca entendido hasta que se reconozcan tres cosas relacionadas con ello:

1)	Que la Jerarquía de los Seres Espirituales representan una SÍNTESIS de fuerzas o energías conscientemente manipuladas para el adelanto de la evolución planetaria. Esto se hará más claro a medida que avancemos.
2)	Que estas fuerzas, manifestadas en nuestro planetario esquema por medio de esas Excelsas Personalidades que componen la JERARQUÍA, la enlazan a ella y a cuanto contiene, con la superior Jerarquía llamada SOLAR. Nuestra Jerarquía es una miniatura de la superior síntesis de aquellas Entidades conscientes de sí mismas, que manipulan, dominan y se manifiestan por medio del SOL y de los SIETE Planetas Sagrados, así como por los demás planetas mayores y menores que componen nuestro Sistema Solar.
3)	Que esta Jerarquía de fuerzas tiene cuatro prominentes líneas de acción: *a)* Desarrollar la AUTOCONCIENCIA en todos los seres. *b)* Desarrollar la consciencia en los tres reinos inferiores. *c)* Transmitir la Voluntad del LOGOS PLANETARIO. *d)* Dar un ejemplo a la humanidad.

¿QUÉ ES LA JERARQUÍA ESPIRTUAL?

Cada globo o planeta dentro del sistema solar, tiene un Estado Mayor de Ministros y de otros poderosos Oficiales del LOGOS SOLAR que llevan a cabo Su Plan, y constituyen la **Jerarquía Oculta** o el gobierno interno de aquel planeta. De igual manera nuestro mundo se halla bajo la guía de un Gobierno Espiritual definido, que procede de los Planos Superiores, invisibles para los ojos físicos; y existente más allá y detrás de todo acontecimiento físico. Una poderosa JERARQUÍA de orden graduado en cuyas manos está EL Gobierno Interno Del Mundo. Son los miembros de la oculta Jerarquía, quienes guían toda la evolución, administran las Leyes de la Naturaleza y dirigen, sin inmiscuirse en el libre albedrío del ser humano, los asuntos del mundo. Se hallan en orden graduado, rigiendo, enseñando y guiando al mundo, teniendo cada rango sus múltiples deberes y cumpliéndolos en perfecta armonía, Son *Los Guardianes De Nuestra Humanidad*, son los verdaderos Regentes de hombres y de mundos; siendo apenas, sombras o símbolos suyos los Reyes, los Guías e instructores terrenales.

Ellos mueven en el tablero de la vida el juego de la EVOLUCIÓN, siendo su finalidad **REDIMIR** a la Humanidad, de la ignorancia a la Sabiduría, de las tinieblas a la luz, de la muerte a la inmortalidad. A veces son llamados los "Los Guardianes Del Mundo", porque el mundo está dividido en áreas, cada una de las cuales se halla bajo el cuidado de uno o varios miembros de la Jerarquía, pertenecientes todos Ellos al Quinto Reino de la Naturaleza, al Espiritual.

Estos grandes Seres constituyen el CENTRO de aquella GRAN FRATERNIDAD que llamamos **"La Gran Fraternidad Blanca del Planeta"**. Su misión es clara y definida: Acelerar el proceso de Evolución del Plante Tierra. Conozcamos ahora algunos de sus componentes:

El señor del mundo "sanat kumara"

Es el Alma del Logos Planetario de nuestra tierra, tomó cuerpo físico-etérico y en la forma de SANAT KUMARA, El *"Anciano De Los Días"* o el Señor Del Mundo, ha permanecido siempre con nosotros. Por la extrema pureza de su índole y porque desde el punto de vista humano es relativamente impecable, y por lo tanto incapaz de responder a algo del plano físico denso, no pudo adoptar un cuerpo físico como el nuestro, y actúa en Su **cuerpo etéreo**. Es el mayor de los AVATARES o Seres advinientes, puesto que es un reflejo directo de la Magna Entidad que vive, alienta y actúa a través de todas las evoluciones de este planeta, manteniéndolo todo dentro de su AURA o esfera magnética. *En ÉL vivimos, nos movemos y tenemos nuestro ser, y nadie puede trascender el radio de su aura.*

Dentro de Su Conciencia, se registra toda cosa que sucede en los Siete Planos de nuestro Globo. Puesto que Su poderosa AURA interpenetra y rodea toda la tierra, Él se da cuenta de todo lo que acontece dentro de aquella Aura y no hay acción oculta alguna que pase desapercibida para ÉL. Sin la aprobación del "REY" (el Único Iniciador) nadie puede ser iniciado dentro de la Gran Fraternidad Blanca, y Su estrella es la que brilla en asentimiento sobre la cabeza de Adepto iniciador.

ÉL conserva en Su mente todo el PLAN de la evolución en cierto elevado nivel del cual nada conocemos; Él es la Fuerza que impele toda la máquina mundial; la personificación de la VOLUNTAD DIVINA en este planeta; y cuando aquí, en las Vidas de los hombres, se manifiestan la fuerza, el valor, la decisión, la perseverancia y todas las características semejantes, son reflejos de ÉL. En sus manos está el PODER de las destrucciones Cíclicas, pues Él puede manejar directamente las fuerzas cósmicas que se hallan fuera de nuestra cadena de mundos. Su labor se halla conectada probablemente con la humanidad en masa, más bien que con los individuos; pero cuando ÉL influencia alguna sola persona su influencia actúa mediante el ATMA y no a través del Ego. Cuando hablamos de Dios, nuestro padre celestial, nos estamos refiriendo a él.

Llegado a cierto punto de progreso de un aspirante en el sendero, se le presenta formalmente al SEÑOR DEL MUNDO, y quienes los han visto así cara a cara hablan de ÉL como de un *Joven De Hermosa Apariencia*, digno, benigno, allende toda descripción y, sin embargo, con un aire de MAJESTAD omnisciente e inescrutable, produciendo tal sentido de irresistible poder, que muchos se ven imposibilitados de sostener Su mirada y tienen que velar su faz con respetuoso pavor.

La tradición Hindú le llama **SANAT KUMARA**, "La Juventud Eternamente Virginal"; pues su cuerpo, si bien etérico, no nació de mujer, sino que fue hecho con el poder de Kriyashakti, o sea, poder de la voluntad; jamás envejece y su apariencia no es la de un Hombre, sino la de un "Joven De Dieciséis Primaveras". Alrededor suyo se hallan los CUATRO grandes DEVARAJAS o Regentes de los elementos, quienes ajustan los Karmas de los hombres; y ministros suyos son los Grandes DEVAS y Ángeles listos a efectuar Sus mandatos. A veces al hablar de estas Grandes Entidades surjan muchas lagunas, lógicas sin duda, y es la que por ejemplo puede existir, substancialmente, entre El Gran Ser que llamamos El Logos Planetario O Dios De Nuestra Tierra, y ese otro formidable Ser Venusiano, vinculado con ÉL estrechamente, que llamamos SANAT KUMARA, que vendría a ser, utilizando la leyes de analogía, como el Ángel Solar de nuestro Logos Planetario.

El cuartel general (Shambala)

Cuando estos Grandes Seres descendieron a la Tierra y formaron originariamente La Jerarquía Oculta Del Planeta, su "morada" fue ubicada y todavía lo está, en cierto lugar del desierto del GOBI, en aquellos tiempos, en la Raza Lemur, hace 18'5 millones de años, no era como hoy en día un desierto, sino un maravilloso jardín, profundamente verde y florido. Este CENTRO poderosamente MAGNÉTICO y DINÁMICO es conocido por diversos nombres, entre ellos y el más familiar es el denominado esotéricamente como **SHAMBALA** *"Morada de los Dioses"*. En los Purunas hindúes hablan de sus más elevados huéspedes, los KUMARAS "Los Cuatro, El Uno y los Tres", como de seres que viven en un Oasis en el desierto de Gobi, en la mística Ciudad de los Cíclopes, SHAMBALA, la cual se menciona a menudo como la ***ISLA BLANCA o SAGRADA***, en recuerdo del tiempo cuando fue parte del Asia Central; muy cuidadosamente resguardada de toda intrusión, pero aún existente.

Dentro de Shambala moran los Señores Kumaras, Seres de Altísima evolución. También pueden residir algunos Maestros de Alto nivel de este planeta, y otros tantos Seres de índole extraplanetario. Shambala es impenetrable, nadie puede acceder a Su foro, ni físicamente, ni clarividentemente, ni en cuerpo astral ni de cualquier otra forma posible. Es como una fortaleza de Luz Viviente, y representa la glándula pineal planetaria o chakra de la cabeza, el más elevado. Allí están contenidas las semillas del futuro, el verdadero propósito o plan divino, y es receptáculo de la energía más elevada, la energía de SÍNTESIS.

Los maestros de sabiduría

Los grandes Maestros que forman la Jerarquía real del planeta son más de sesenta y seis. Están extendidos por todo el mundo y enfocados en varios planos, pero en estrecha comunión entre sí en el nivel búdhico. Enseñan a la humanidad sobre el ***Plan de Dios.*** Los Maestros emergen, una y otra vez de ese *Centro que llamamos La Jerarquía Espiritual* del Planeta que una edad tras otra irrumpen como los salvadores de la humanidad. Ellos tratan de enseñar el Sendero que conduce al cumplimiento de la Finalidad Divina de este planeta. Esencialmente, todos Ellos enseñan lo mismo en las diversas formas de religión, arte, educación y ciencia. Así tratan de revelarnos esa parte del Plan que es nuestro próximo paso en el Sendero de la evolución.

¿Qué Es Un Maestro De Sabiduría?

El gran Teósofo *C. W. Leadbeater* explica con gran lucidez que: "Hay Hombres Perfectos, llamados Adeptos con la Divinidad ya desarrollada en Ellos, seres humanos que han completado Su evolución humana sin tener ya nada que aprender por lo que hace a la experiencia humana en nuestra cadena de mundos; que han alcanzado lo que los Cristianos llaman "**Salvación**", y lo que los Hindúes y Budhistas llaman "**Liberación**"; y habiendo hollado el sendero ordinario de los hombres, han escalado las alturas del más escarpado Sendero que lleva hasta el estado **superhumano**. Ellos han hollado ya la senda que nosotros tenemos que recorrer aún, y han alcanzado su punto supremo habiendo pasado de **Iniciación** a **Iniciación** ampliando Su Conciencia, hasta conocer no tan sólo éste, sino todos los cinco mundos inclusive el Nirvana. Nuestra idea del Adeptado implica un concepto de la evolución que significa **una expansión gradual de la conciencia** incorporada en cada una de las formas constantemente mejoradas, y en el ápice de tan prolongada evolución se halla el **Adepto** personificando en Sí mismo los más altos grados de desarrollo intelectual, moral y espiritual posibles al hombre. La *Luz-Una-Eterna* existe en todos nosotros; Pero el Adepto ha clarificado ya su cristal y aprendido a manifestar aquella luz. Ha aprendido ya todas las lecciones de la humanidad y adquirido todas las experiencias que el mundo le puede suministrar. Más allá de esto la evolución es *súper-humana*".

Unos cuantos de estos grandes Adeptos, si bien libres de la rueda de nacimientos y muerte, toman voluntariamente el fardo de la carne y viven en cuerpos físicos en la tierra para ayudar a los hombres; y aceptan discípulos sinceros que desean evolucionar más rápidamente que la masa a fin de servir a la humanidad de una manera no egoísta. A estos Adeptos les denominamos "*Los Maestros de Sabiduría*".

Un Maestro es un hombre divinizado, un Hermano Mayor que comparte nuestra misma humanidad, pero superior a nosotros por la grandeza de Su evolución. Un Maestro puede usar un cuerpo físico y según su nombre lo implica, tener discípulos, - o mejor dicho, aprendices- hombres menos adelantados, que desean hollar el sendero que los conducirá por un camino más corto hacia la cima de la evolución humana. Muchos otros Adeptos que han alcanzado este nivel, no usan ya cuerpos humanos sino tan sólo cuerpos espirituales, y han dejado el contacto con esta tierra, en tanto que otros permanecen aún en este nivel pero se ocupan de otras líneas de servicio al Mundo.

Un Maestro es preciso que lo sepamos, está hecho como todos los demás hombres, tiene los mismos órganos que le hacen sentir las mismas necesidades, y si le cortamos un pedazo de carne veremos que su sangre mana, y de color rojo, como la de todo el mundo, claro está que esto lo podría evitar con un solo gesto de su voluntad, pero la verdadera diferencia está en que la conciencia de un Maestro es mucho más vasta e incluyente. Tiene un ideal, unos puntos de vista superiores, y, sobre todo, **ha llegado a un perfecto dominio de sí mismo**. Evidentemente, para eso hace falta mucho tiempo y un trabajo gigantesco, por eso nadie puede llegar a ser Maestro en una sola encarnación, más aun se necesitan miles.

Omraam Mikhaël Aïvanhov dice: Reconoceremos a un verdadero Maestro por su altruismo. Cada Maestro viene a la tierra para manifestar una cualidad, de forma predominante hay, pues, Maestros de Sabiduría, Maestros de amor, o de fuerza, o de pureza... Pero Todos los verdaderos grandes Maestros tienen obligatoriamente una cualidad en común, la Impersonalidad y el servicio. ¡Existen tantos impostores y charlatanes dispuestos a aprovecharse de la ingenuidad de los humanos!, no han leído más que algunos libros de ciencias ocultas, y he aquí que se presentan por todas partes como grandes Maestros. No debemos negar que algunas de estas personas puedan tener ciertas capacidades psíquicas -cualquiera que se ejercite puede obtenerlas- pero la cuestión es saber cómo los emplean y con qué fin.

Datos Personales Sobre Algunos Grandes Maestros

Abordaremos este tema, tocando tan sólo algunos aspectos muy concretos sobre un número muy reducido de Maestros, los más conocidos esotéricamente. ELLOS están diseminados por toda la humanidad realizando una labor imprescindible. Algunos de ELLOS son muy conocidos por algunos grupos esotéricos, y otros muchos realizan su trabajo en el más absoluto anonimato, todo ello depende del Plan, y a todos ellos damos nuestro más venerable agradecimiento.

El señor maitreya (El Cristo)

Es conocido en Occidente como **EL CRISTO** histórico, por los Orientales como el **BODHISATVA** y **MAITREYA**, para los mahometanos como el **IMAN MADJI**, y es el **MESÍAS** esperado por los judíos, siendo él el verdadero **AVATAR** de esta Era de Acuario.

EL SEÑOR MAITREYA o El **CRISTO** personifica y encarna en sí mismo, mejor que ningún otro ser en este planeta, el SEGUNDO GRAN ASPECTO DE LA DIVINIDAD, **El Amor De Dios** en su más plena dimensión. Es el Gran Señor de AMOR y COMPASIÓN, el Príncipe de la PAZ, así como su predecesor, el BUDA, fue el Señor de SABIDURÍA. Es nuestro hermano mayor más elevado, habiendo pasado por todas las pruebas y dificultades terrenales. Es el Instructor Del Mundo, el Maestro De Maestros e Instructor De Ángeles, estándole encargada la guía de los destinos espirituales de los hombres, despertando en ellos el verdadero sentido interior de su SER, como hijo de Dios y Divinidad misma.

El SEÑOR MAITREYA ha aparecido en diversas ocasiones a través de la historia como, por ejemplo: SHRI KRISHNA; unos 3.000 años a. C., y luego más tarde como el Niño KRÍSHNA de los Gopis, que apareció en Braja unos 500 años a.C. Luego 500 años más tarde volvió a aparecer a través de su bienamado Discípulo JESÚS (de Nazaret) el cual preparó su CUERPO, al igual que los dos personajes anteriormente aludidos, para que a una edad determinada y voluntariamente, CRISTO pudiera *adumbrarle*, y realizar cierta OBRA Planetaria, que en este caso fue tan sólo de tres años, desde los 30 a los 33 años.

Ahondando un poco más en este importante suceso, y sobre todo en el malentendido que existe sobre la relación del **MAESTRO JESÚS** y el **CRISTO o señor Maitreya**, vamos a dilucidar un poco más el tema:

El Discípulo **Jesús**, que ahora es el Maestro **Jesús**, nació en Palestina como un Iniciado de *tercer grado*. Las cinco iniciaciones mayores que conducen a la liberación tienen su representación simbólica en la vida de Jesús. Eso es de lo que en realidad trata el relato del Evangelio. Es una historia muy antigua, que ha sido presentada a la humanidad una y otra vez, en diferentes formas, desde mucho antes de la época de Jesús. El fue, y sigue siendo, un discípulo del Cristo, e hizo el gran sacrificio de ceder Su cuerpo para que fuera usado por el Cristo. Mediante el oculto proceso del *"Adumbramiento"* el Cristo, Maitreya, tomó posesión del cuerpo de Jesús y trabajó a través de Él desde el Bautismo en adelante. En Su siguiente encarnación, como **Apolonio de Tiana**, Jesús se hizo Maestro.

En la encarnación del Bodhisattva como Krishna, Su gran característica fue siempre el Amor; igualmente en Su aparición en Palestina, el Amor fue de nuevo el eje central de Su enseñanza, pues dijo: "***Os doy este nuevo Mandamiento,*** *que os améis los unos a los otros como yo os he amado*". Su más inmediato Discípulo, San Juan, insistió muy fuertemente sobre esta misma idea cuando dijo: "***Aquel que no ama, no conoce a Dios, pues Dios es Amor***".

En la tradición esotérica el Cristo no es el nombre de un individuo, sino el de un **cargo** en la Jerarquía Espiitual. El que desempeña ese cargo en el presente, es el Señor Maitreya, y lo ha desempeñado durante 2,600 años y se manifestó en Palestina a través de Su Discípulo Jesús. CRISTO es el Centro y el Corazón de la Jerarquía Espiritual, y representante directo de Sanat Kumara el Señor del Mundo. Él no ha abandonado nunca el mundo, mas durante 2000 años ha esperado y ha planificado este futuro que se aproxima, entrenando a Sus Discípulos y preparándose Él mismo para la tremenda tarea que Le espera. **Él ha hecho saber que, esta vez, vendrá Él mismo sin intermediarios**.

Su **reaparición física** en el mundo de hoy es INMINENTE, junto a un notable número de MAESTROS. Pero esta vez no vendrá o se manifestará a través de algún Discípulo, como lo venía haciendo hasta ahora, sino que él mismo se dará a conocer tal y cual es. De tal manera, que la Nueva Era podrá ser inaugurada llena de un glorioso acontecer. Cuando Él Reaparezca, junto a algunos de los Maestros de Sabiduría, no lo hará para juzgar a los hombres, ni para terminar el mundo, sino que lo hará esencialmente como un gran EDUCAR, como un Gran instructor en diversas áreas. Junto a Sus Maestros enseñarán a la humanidad como desenvolverse adecuadamente como hombres libres y divinos, ajustándose a las nuevas energías de acuario y dando soluciones concretas, para mejorar la estructura social y planetaria, tanto a nivel social, como político, económico, religioso, educativo, científico y filosófico. Esa es Su Gran tarea, ayudar con Su presencia y Sus enseñanzas a toda la humanidad. Pero en ningún caso Él viene a imponer, sino más bien a asesorar. Al final el hombre mismo deberá tomar su propia iniciativa y su propio destino.

El señor Gáutama - El Buda -

El actual **BUDA** es él Señor Gautama que tuvo su último nacimiento en La India hace unos dos mil quinientos años, terminando en aquella encarnación Su serie de Vidas como Bodhisattva y sucediendo al anterior Buddha Kasyapa como cabeza del Segundo Rayo en la Jerarquía Oculta.   D u - rante un período mundial aparecen siete Buddhas: en sucesión, uno para cada Raza-Raíz, y cada uno a su turno se hace cargo de la labor especial del segundo Rayo para todo el mundo, dedicándose Él mismo a aquella parte de ella que radica en los mundos superiores; mientras confía a Su Asistente y Representante, el Bodhisattva, el oficio de Instructor del Mundo para los planos inferiores.

Nuestro **Buda** actual fue el primero de nuestra Humanidad que alcanzó tan estupenda altura, pues los previos Buddhas habían sido producto de otras evoluciones. Se necesitó un esfuerzo muy especial de Su parte para prepararse para este elevado puesto, un esfuerzo tan estupendo que los budistas hablan de Él constantemente como del *Mahabhinishkrámana*, el Gran Sacrificio. Hace muchos miles de años surgió la necesidad de que uno de los Adeptos llegase a ser el Instructor del Mundo, de la Cuarta Raza-Raíz, pues había llegado el tiempo en que la Humanidad debería suministrar por sí misma tal Instructor o avanzar sin ayuda; pero se nos dice que ninguno había alcanzado por completo el nivel requerido para asumir tal tremenda responsabilidad; las primicias de nuestra humanidad, en aquel período, eran dos Hermanos que habían alcanzado igual desarrollo oculto; uno Aquel a quien hoy llamamos el Señor Gautama Buddha y el otro nuestro actual Instructor del Mundo, El Señor Maitreya, por Su Gran Amor hacia la humanidad, el señor Gautama se ofreció inmediatamente a capacitarse a Sí Mismo para verificar cualquier esfuerzo adicional que pudiera requerirse a fin de alcanzar el desarrollo suficiente; y vida tras vida practicó las **virtudes** especiales demostrando cada Vida alguna gran cualidad ya lograda.

Después de su designación como Bodhisattva, vino Él muchas veces como un Gran Instructor Espiritual y encarnó bajo diferentes nombres durante un período que se extiende por <u>cientos de miles de años</u>. Se conoce muy poco de Su labor en la Cuarta Raza-Raíz, pero vino varias veces a las Sub-Razas de la Quinta, usando cada vez un Símbolo algo diferente, pero que implicaba siempre la misma verdad fundamental.

Y así, cuando después de haber enseñado por unos cuarenta y cinco años de su Vida, proclamando "<u>*las Cuatro Nobles Verdades, el Noble Óctuple Sendero y la Triple-Gema*</u>", y reuniendo alrededor de Sí a todos los que en vidas anteriores habían sido sus Discípulos, Gautama Buddha abandonó esta tierra en el año de 543 A.C., transfiriendo su oficio de Instructor del Mundo a Su Amado Hermano el Señor Maitreya, que había avanzado al lado de Él durante muchas edades, al Gran Ser que es el Actual Instructor del Mundo, a quien se venera en toda La India bajo el nombre de Krishna y a quien la Cristiandad llama el Cristo.

El maestro Morya "M".

El Maestro Moria, es uno de los maestros más conocidos por la tradición esotérica. Es el Chohan del primer Rayo de Voluntad o Poder, y por lo tanto, lleva a cabo los planes del Manú actual. Es un Maestro ascendido (que ha recibido la sexta Iniciación). Tiene a su cargo un número importante de discípulos, tanto orientales como occidentales. Su cuerpo físico actual posee la personalidad de príncipe Rajput, y fue muy influyente en la alta política de la India en los últimos años de la dominación inglesa. En un futuro próximo ocupará el cargo de Manú de la Sexta Raza Raíz. Actúa inspirando a los estadistas. Manejando las fuerzas que producen las condiciones necesarias para la evolución racial. Tiene una gran responsabilidad dentro de la Jérica Blanca y entre ellas esta el trabajo que realizara con tres grandes grupos de Ángeles que se ocupan, entre otras cosas, de mantener las formas mentales creadas originalmente por los Espíritus Guías (Arcángeles) de las Razas.

El Maestro **Morya**, que es el lugarteniente y sucesor ya designado del señor Vaivasvata Manú, y el futuro Manú de la Sexta Raza-Raíz, fue quién, con el Maestro Kuthumi, fundó la Sociedad Teosófica mediante H. P. Blavatsky y H.S. Olcott, discípulos ambos del Maestro Morya. También fue el maestro de Helena Roerich, he inspirador de los trabajos escritos sobre IGNI YOGA. Siempre ha sido Él un Gobernante en Sus anteriores vidas y actualmente usa un cuerpo hindú y vive en el Tíbet cerca de Shigatse a corta distancia de la casa de Su hermano, el Maestro Kuthumi. Su encarnación más conocida fue cuando se manifestó como Pedro, uno de los discípulos más importantes de Cristo. Por nacimiento último Él es un Rey Rajput, usa oscura barba dividida en dos partes, pelo oscuro, casi negro cayendo sobre Sus hombros, y ojos oscuros y penetrantes, llenos de poder. Su estatura es de un metro ochenta y cinco, y se conduce como militar, hablando en frases, cortas y claras como si estuviera acostumbrado a ser instantáneamente obedecido. En la presencia del Maestro Morya, que es un representante del Primer Rayo, al nivel de la iniciación Chohan, se experimenta un sentimiento de poder y de fuerza incontrastable, pues de Él emana una dignidad energética e imperiosa que compele a la más profunda reverencia.

El maestro Kuthumi "K. H."

El Maestro K. H. (Kuthumi). Muy a menudo ha sido Sacerdote o Instructor en vidas anteriores; fue el Sacerdote Egipcio Sarthon, el Supremo Sacerdote de un Templo en Agadé, Asia Menor, unos 1530 años A. C.; y fue también el gran Filósofo Pitágoras, como 600 años A.C. El Maestro Kuthumi usa el cuerpo de un Brahamana Kashmir, y es de complexión tan clara, como la del inglés ordinario. También Él usa cabello flotante, y Sus ojos son azules, llenos de gozo y de amor. Los Maestros Morya y Kut Humi ocupan casas en los lados opuestos de una estrecha hondonada, cerca de Shigatse en el Tíbet, cuyas vertientes están cubiertas de pinos, corriendo un pequeño arroyuelo en el fondo, muy cerca allí hay una estrecha abertura que conduce a un sistema de vastos salones subterráneos que constituyen un museo oculto cuyos contenidos parecen ser una especie de ilustración de todo el proceso de la evolución; y del cual el Maestro Kuthumi es el guardián, en representación de la Gran Fraternidad Blanca.

El Maestro K.H. tiene una íntima relación con El Señor Maitreya (Cristo). La unión de un discípulo con Su Maestro es más íntima que cualquier lazo imaginable en la tierra; más íntima aún porque a un nivel superior existen lazos más profundos. La unión entre el Maestro Kuthumi y Su Maestro el Señor Maitreya es muy pronunciada, recordemos que el Maestro K.H. fue también en Palestina el discípulo Juan, llamado "El Amado" por el Cristo. El es el ayudante y el designado Sucesor del Instructor del Mundo, es decir, ocupara el cargo de "Cristo" en la siguiente Era, cuando pasa la de acuario, dentro de unos 2100 años aprox. y asumiendo el cetro de Instructor del Mundo, llegará a ser el **Bodhisattva** de la Sexta Raza-Raíz.

El Maestro Kut Humi es también muy conocido en Occidente, y tiene muchos discípulos en todas partes. Es un Iniciado de sexto grado, y está en el segundo rayo o de la Sabiduría. Actualmente, el Maestro M., el Maestro K.H. y el Maestro Jesús están interesadísimos en la obra de unificar, hasta donde quepa, el pensamiento oriental y el occidental, de modo que las grandes religiones orientales, con el último desarrollo alcanzado por la fe cristiana, en todas sus ramificaciones, puedan beneficiarse mutuamente.

El maestro Jesús

El Maestro Jesús, que es el punto focal de la energía que fluye por medio de las varias Iglesias cristianas, vivió durante algún tiempo en cierto lugar de la Tierra Santa, pero actualmente reside en las afueras de Roma. Tiene un cuerpo sirio, y viaja mucho. Actúa especialmente con las masas, más bien que con los individuos aislados, aunque haya reunido a su alrededor un numeroso grupo de discípulos. Es el Chohan del sexto rayo, el de la devoción o del idealismo abstracto, y sus discípulos se distinguen con frecuencia por el entusiasmo y Devoción que manifestaron los mártires en los tiempos cristianos.

Tiene figura un tanto marcial, que evoca la idea de disciplina y de ser un hombre de voluntad férrea y de gran dominio. Es alto y delgado, con rostro largo y fino, pelo negro, tez pálida y penetrantes ojos oscuros. Su labor es en este momento de gran responsabilidad, pues ha de resolver el problema de orientar el pensamiento del occidente para conducirlo desde su presente estado de intranquilidad a las pacíficas aguas de la certidumbre y del conocimiento, preparando el camino, en Europa y América, para el advenimiento eventual del Instructor del Mundo. Es bien conocido en la narración bíblica, donde aparece como Joshua, hijo de Nun; luego en tiempo de Esdras, como Jeshua, que pasa la tercera Iniciación; <u>y en la narración del Evangelio, se le conoce como aquel que entregó Su cuerpo para que **Cristo** lo utilizase</u>. En la siguiente encarnación como

Apolonio de Tyana, pasó la quinta Iniciación, y llegó a ser Maestro de Sabiduría. Esta es la razón por la cual a veces se confunden los historiadores, mencionando la posibilidad que Jesús muriese, no en la cruz sino en Cachemira, ya que fue Apolunio de Tyana el que murió en Cachemira no Jesús, pero claro, Jesús era Apolunio, solo que en una vida posterior. Desde entonces permaneció y actuó en la Iglesia Cristiana, alimentando el germen de la verdadera vida espiritual, entre los miembros de todas las sectas y divisiones, y neutralizando en lo posible los errores y equivocaciones de clérigos y teólogos.

Es de un modo particular, el Gran Guía, el General y el Sabio poder ejecutivo que coopera estrechamente con el Cristo actuando como Su intermediario cuando es posible. Nadie conoce tan sabiamente como Él los problemas de Occidente; y nadie conoce tan bien la necesidad del momento presente. Algunos eminentes prelados de las Iglesias anglicana y católica son inspirados por él.

El maestro Djwal Khul "D. K." El Tibetano

En anteriores encarnaciones fue el filósofo Kleineas, discípulo de Pitágoras, en Grecia. También el instructor budista Aryasanga, en el año 600 d. C. El Maestro Djwál Khul, o Maestro D.K., como se le llama con frecuencia, es otro Adepto del segundo rayo, del Amor-Sabiduría. Recibió la Quinta Iniciación del Adeptado en 1875, y ocupa el mismo cuerpo en que la recibió, mientras que la mayoría de los otros Maestros la recibieron mientras ocupaban anteriores vehículos. Su cuerpo no es joven, y es tibetano. Es Discípulo del Maestro K. H., y mora en una casita no muy lejos de la de este Maestro. Por Su voluntad en servir y hacer cuanto convenga, se le llama "*el Mensajero de los Maestros*". Es profundamente culto y sabe más sobre los **rayos** y las *Jerarquías* planetarias del sistema solar que ningún otro Maestro. Actúa con los que se dedican a la curación y coopera, desconocido e invisible, con los que buscan la verdad en los grandes laboratorios del mundo, con todos los que se proponen curar definidamente y aliviar al mundo, y con los grandes movimientos filantrópicos, tales como la Cruz Roja. Se interesa por los diversos discípulos de varios Maestros, que pueden aprovecharse de Su instrucción, y, auxilia tanto al Maestro Morya como al Maestro K. H.

A Él se deben las partes relativas a estos temas de las más grandes obras esotéricas contemporáneas, desde la "**Doctrina Secreta**" de H. P. Blavasky, hasta el "Tratado sobre Fuego Cósmico" de Alice. A. Bailey. Trabaja con Devas etéreos sanadores. También actúa como preceptor de prácticamente todos los discípulos que se hallan en etapa de aprendizaje.

El maestro Rakoczy "r". (El Conde Saint German)

Es el Maestro que se ocupa especialmente del futuro desarrollo y los asuntos raciales de Europa y del despliegue mental en América y Australia. Ocupa un cuerpo húngaro, y tiene Su morada en los Cárpatos, habiendo sido en un momento dado una figura muy conocida en la Corte húngara. Se pueden encontrar referencias suyas en antiguos libros históricos, y se ocuparon mucho de Él públicamente cuando fue el **Conde De Saint Germain.**

Anteriores encarnaciones suyas fueron la del legendario Hiram, primer puntal de la Masonería, en los tiempos de Salomón; San Albano de Verulam, en Inglaterra, en el siglo cuarto. Fue el famoso Roger Bacon, monje franciscano, en 1211. Cristian Rosenkreutz en 1375, caballero cruzado fundador de la Orden Rosacruz. Francis Bacon, hijo bastardo de la Reina Isabel de Inglaterra, autor de las obras de Shakespeare, en el 1561. El Conde de Saint-Germain. El Príncipe Iván Rakoczy, en Transilvania, en el 1700. Es hombre de corta estatura, delgado, con barba negra puntiaguda y finos cabellos negros.

No toma a su cargo tantos discípulos como los Maestros antes mencionados. Actualmente dirige a la mayoría de los discípulos del tercer rayo en Occidente, en compañía del **Maestro Hilarión**. Está en el séptimo rayo, el del ceremonial u orden mágico, y actúa mayormente por medio del ritual y ceremonial esotéricos, con vital interés por los efectos, hasta aquí no reconocidos, del ceremonial masónico, del de las diversas fraternidades y de todas las Iglesias.

Pocos son sus libros inspirados, ya que en la actualidad hay muchos que suponen han sido recientemente inspirado por Él. Sin embargo ya hace bastante tiempo que no se hace llamar El Conde de Sain German sino el Maestro Rakoczy, por lo tanto todos los libros así como supuestas canalizaciones actuales del Maestro Sain German no son más que espejismos producido por el potente poder existente en los planos astrales. Las verdaderas canalizaciones se pueden contar con los dedos, ya que no es la forma habitual en la que un maestro entra en contacto con algún discípulo. Primeramente el discípulo ha de hacer contacto con su alma, con su Ángel Solar, y desde ese plano elevado de consciencia despierta, sí que es posible el contacto con los maestros. Debemos recordar que los maestros sólo hablan con nuestras almas no con nuestras personalidades fluctuantes. Esta es una lección difícil de asimilar por los cientos de seudo-psíquicos que abundan por doquier.

Una pregunta inevitable: Si los Maestros tienen tanta Sabiduría a la vez que grandes Poderes Espirituales, ¿Por qué permiten las guerras, las humillaciones, el crimen y las desgracias del mundo?

Respuesta: Ellos tratan de ayudar al progreso de los hombres de todas las razas más bien espiritual que materialmente. Por otra parte, **Ellos Mismos son obedientes a la Ley Karma y no pueden *interponerse en el Karma de las Naciones o de los individuos*.** Ayudan a quienes están dispuestos a recibir ayuda, mediante sugestiones, advertencias o estímulos, pero no pueden tomar en Sus Manos el destino de personas o naciones. Claro que podrían terminar con todo tipo de calamidades, más es el hombre el que ha de salvar al hombre. Sí el padre hace los deberes al hijo ¿Qué le ocurrirá al hijo en el futuro? Es evidente, verdad. Ellos trabajan incansablemente detrás del escenario de la vida, en todos los planos, ayudando a la humanidad sufriente todo lo que pueden y más. Por lo tanto Su Presencia en nuestro mundo es la promesa de un hermoso futuro, y el triunfo final sobre cualquier adversidad.

Los tres departamentos de la jerarquía

Los tres Departamentos del Gobierno o Jerarquía Espiritual del Planeta, se encargan de: **Regir, Enseñar** y **Guiar** al Mundo, en todos y cada uno de los Aspectos de la vida manifestada, desarrollando cada DEPARTAMENTO un ÁREA definida de trabajo, dentro siempre, del seno de la evolución y Propósitos del Plan Divino.

El Primer Departamento: DE LA REGENCIA. LA OBRA DEL MANÚ

El MANÚ, es el nombre representativo del excelso SER que preside y organiza una Raza Raíz, y esta regido por el Primer rayo de Voluntad o Poder. La palabra Manú deriva de la sánscrita "man", que significa pensar. El Manú preside el primer grupo. Se le llamó Manú Vaivasvata y es el de la quinta raza raíz (la actual). Es el hombre ideal, el pensador, y fija el tipo de nuestra raza actual, cuyos destinos preside desde sus comienzos, hace casi cien mil años. Otros Manús aparecieron y desaparecieron, y a Vaivasvata sucederá el Maestro Moria en un porvenir relativamente cercano. Entonces pasará Él a otra obra más excelsa. El Manú o prototipo de la cuarta raza raíz actúa en estrecha cooperación con Él, y tiene su centro de influencia en China. Los períodos de funcionamiento de los diversos Manús se recubren unos a otros, aunque actualmente no subsiste en el planeta ningún representante de la tercera raza raíz. El Manú Vaivasvata mora en los Himalayas y ha reunido a su alrededor, en Shigatse, algunos de aquellos seres inmediatamente relacionados con los asuntos arios en la India, Europa y América, y aquellos que, más tarde, tendrán que ver con el advenimiento de la sexta raza raíz.

La obra del Manú se refiere en gran parte al gobierno y la política del planeta. Se le comunica la voluntad y propósito del Logos Planetario. Sabe cuál es el objeto inmediato de este ciclo de evolución, el que ha de presidir, y Su obra tiene por fin el cumplimiento de dicha voluntad. Actúa en estrecha cooperación con los devas constructores, en mayor grado que Su Hermano Cristo, puesto que su misión consiste en establecer la raza tipo.

La energía que fluye del Manú, dimana del centro capital del Logos Planetario, y se le transfiere a través del cerebro de Sanat kumara, quien enfoca en sí toda la energía planetaria. Opera el Manú por mediación dinámica, dirigida desde el interior del centro de la cabeza; produce resultados por medio de Su perfecto conocimiento de lo que ha de llevarse a cabo, por el poder de visualización de lo que ha de hacerse para llegar al fin propuesto, y por la capacidad de transmitir energía creadora y destructora a Sus auxiliares. Y todo esto se realiza por el poder de la enunciación del sonido.

Segundo Departamento: **EL DE LA ENSEÑANZA.**
LA OBRA DEL INSTRUCTOR DEL MUNDO, EL CRISTO:

También denominado **BODHISATTVA**. Tal como se usa en esta obra, el BODHISATTVA es el nombre del cargo ocupado actualmente por el Señor Maitreya, llamado Cristo en occidente. Este cargo equivale al de Instructor Del Mundo. El Bodhisattva es el jefe de todas las religiones del Mundo, y el Maestro de los Maestros y de los Devas.

Trabaja regido por las energías del Segundo Rayo el de Amor-Sabiduría. El Instructor del Mundo vigila el desarrollo emocional e intelectual de Su Raza, y arregla para cada pueblo aquellas Religiones, Artes y Ciencias, que lo capacitarán para desempeñar su papel en el sendero de realización. Considera Él como Su trabajo definido, el cuidado del bienestar religioso del Mundo y de su **educación** a lo largo de líneas evolutivas. Así como las razas se construyen con miras hacia la perfección final de la humanidad, así también las religiones son construidas para educir una por una las grandes cualidades que son requeridas en la evolución espiritual, hasta que las dos perfecciones, externa e interna, coronen la labor del poderoso Plan proyectado por El Divino Arquitecto para nuestra Humanidad.

Tercer Departamento: EL DE LOS GUÍAS
LA OBRA DEL SEÑOR DE LA CIVILIZACIÓN, EL MAHÁCHOHAN:

El tercer grupo tiene por cabeza al **Mahachohan**. Su dominio sobre el grupo persiste durante un período más largo que el de Sus dos Hermanos, y puede desempeñar Su cargo durante varias razas raíces. ***Es la suma total del aspecto inteligencia***, y trabaja con el Tercer Rayo, el de Inteligencia o Adaptabilidad. El presente Mahachohan no es el que originalmente ocupó el puesto al fundarse la Jerarquía en los días de Lemuria. Entonces lo ocupaba uno de los Kumaras o Señores de la Llama. El actual tomó posesión del cargo durante la segunda subraza de la raza raíz Atlante. La asociación kármica con Él fue una de las causas prefijadas de esta eventualidad.

Su obra se refiere al estímulo y robustecimiento de la relación entre el espíritu y la materia, la vida y la forma, el Yo y el no yo, que resulta en lo que llamamos civilización. Maneja las fuerzas de la naturaleza, y es en gran parte la fuente emanadora de la energía eléctrica, tal como la conocemos. Por ser el reflejo del tercer aspecto creador, recibe la energía del Logos Planetario desde el centro de la garganta, y en muchos aspectos hace posible la obra de Sus Hermanos cuyos planes y deseos se le someten, y por Su mediación pasan las instrucciones a gran número de agentes dévicos.

Por lo tanto tenemos: El **Manú**, al construir todos los nuevos tipos humanos, elabora los detalles de su evolución para todo el período de una Raza-Raíz; El **Bodhisattva**, como Instructor del Mundo, Ministro de Educación y de Religión, ayuda a sus miembros a desarrollar cualquiera espiritualidad posible para Ellos en tal etapa; en tanto que el **MaháChohan** dirige las mentes de los Hombres a fin de que puedan desarrollarse las diferentes formas de cultura y civilización de acuerdo con el plan cíclico. Cabeza y corazón son Ellos, así como la mano con sus cinco dedos, todos en actividad en el mundo, modelando la raza como un ser orgánico, un Hombre Celestial.

El nuevo grupo de servidores del mundo (N.G.S.N)

El llamado Nuevo Grupo de Servidores del Mundo (**N.G.S.M**), es un GRUPO SUBJETIVO, pero totalmente presente, dentro de todas las esferas humanas. No tienen todavía, estructura objetiva, ni organización definida, ni se conocen entre sí, pero forman parte, aún sin saberlo por muchos de ellos, del Aura Periférica de la Jerarquía Espiritual del planeta.

La componen HOMBRES y MUJERES de todas las partes del Mundo, perteneciendo indistintamente a cualquier: raza, color, religión, status social, ideología, etc. Teniendo todos ellos un punto en COMÚN, un objetivo claro: **Servir Al Mundo**, SER ÚTILES a sus Hermanos y ENDEREZAR AL MUNDO. Movilizado desde su interior en pro de la Justicia, de la Fraternidad, y fomentando con su ejemplo y actividad diaria las **Rectas Relaciones Humanas**. Pueden ser políticos, economistas, religiosos, científicos, deportistas, fontaneros, cocineros, amas de casa, o de cualquier condición humana. Ellos, el **N.G.S.M**, son verdaderamente la *"Sal De La Tierra", "La Levadura Del Mundo"*. Y cada uno dentro de su propia esfera de influencia, pequeña o grande, se manifiestan cálidamente, introduciendo con su Presencia y sus actos altruistas, las "PEPITAS DE ORO" de la NUEVA ERA, en los corazones y mentes de los hombres.

En los Mundos Internos se los pueden ver como LLAMAS ENCENDIDAS, que brillan e iluminan el entorno humano. Los Maestros de la Gran Fraternidad Blanca los conocen y animan energéticamente. Forman verdaderamente, un GRAN CENTRO donde el **Plan** y **Propósitos** divinos pueden REALIZARSE, formando un Potente Canal de vinculación Jerárquica, y es precisamente a través de ellos, donde las nuevas energías entrantes pueden ser canalizadas y transformadas en "**AGUA DE VIDA**", derramándose, como una bendición, por todo el mundo y a todos los Reinos.

Muchos de nosotros puede que pertenezcamos ya a ese Grupo Interno, y son muchos los que continuamente van engrosando sus filas. El único requisito básico que se exige es Querer Servir Al Mundo, y pensar en términos de Unidad e Inclusividad. Algunos de este GRUPO son ya conscientes de su afiliación, siendo Iniciados y Discípulos aceptados, otros muchos son aspirantes espirituales, y otra gran mayoría pertenecen a organizaciones no gubernamentales que trabajan en pro los derechos humanos. Este Gran Grupo será el que LEVANTE los PILARES de la NUEVA ERA, el *"ejercito de*

Cristo"y a través de ellos se podrá realizar el PLAN DE DIOS EN LA TIERRA.

La exteriorización de la jerarquía

-**La Reaparición De Cristo Y Los Maestros De Sabiduría**-

El resurgimiento de la Jerarquía

El artista y gran Ocultista contemporáneo Benjamín Creme nos recuerda poderosamente que: En este momento, cuando alborea la Era de Acuario, los Maestros se preparan para el retorno por primera vez en incontables miles de años, al mundo cotidiano, para inaugurar la nueva era de Síntesis y Fraternidad. Encabezados por Su gran líder Maitreya, el Maestro de los Maestros, el Instructor del Mundo, Aquél que conocemos en occidente como el Cristo.

Pronto los Maestros de la Jerarquía esotérica caminarán abiertamente entre nosotros y nos conducirán a la experiencia acuariana.

Se hallan ahora a la expectativa de que tomemos, de nuestra libre voluntad, los primeros pasos requeridos en dirección a la unidad, la cooperación y la fusión. Entonces emergerán Ellos con el Cristo a Su Cabeza, y Su Presencia en el mundo será un hecho establecido.

Lamentablemente, hay todavía quienes piensan que el *"fin del mundo"* se acerca. Son personas catastrofistas, y no hacen más que contaminar la atmósfera áurica del planeta con sus turbios pensamientos y apocalípticas visiones. Tengamos compasión por los que así piensan, porque nada más lejos de ello está por venir. Naturalmente que el planeta y la humanidad deberán afrontar algunos cambios, pero el verdadero holocausto ya ha pasado, no hay más que mirar hacia el pasado para comprender las terribles injusticias que se han realizado, hermanos contra hermanos. Las malas interpretaciones bíblicas hacen pensar que primero vendrá el anticristo, pero acaso ¿esa energía negativa no ha gobernado ya y gobierna todos los asuntos humanos? La respuesta es evidente. La corrupción actual afecta a muchas áreas de la vida y esta por todas partes, por lo tanto no puede venir el "anticristo" (como fuerzas esclavizadotas) porque ya está aquí y bien asentado hace varios miles de años. Ahora le toca manifestarse plenamente al Cristo. De todas formas debemos recordar que la palabra anticristo no es un Ser, sino una fuerza o energía destructora de primer rayo.

La decisión del Cristo

Hay tres festivales espirituales que se celebran cada año por la Jerarquía. Está el festival de la Pascua, durante el plenilunio de **Aries**, normalmente en abril; el festival de Wesak, del Buda, durante el plenilunio en **Tauro**, en mayo: y el festival del Cristo como Representante de la Humanidad durante el plenilunio de **Géminis** en junio. En este festival en junio de 1945, el Instructor del Mundo, Aquél que llamamos **el Cristo, anunció Su intención de retornar al mundo**, de seguro, tan pronto como fuese posible. Hay indicios positivos que este momento ya ha llegado y está a punto de acontecer.

Las gentes tienen ideas diferentes acerca de cómo ha de regresar el Cristo. Algunos Lo ven regresar en un resplandor de gloria en los últimos días del mundo, cuando éste se esté acabando (por qué Él debe venir entonces, no lo sé). Un Avatar viene al final de cada era: es un evento cíclico. La venida de un Instructor ha tenido lugar siempre que la humanidad ha alcanzado cierto nivel en su evolución, siempre que ha necesitado alguna dirección espiritual nueva, una nueva energía, el bosquejo de un nuevo camino que la conduzca a una nueva y más alta experiencia de sí misma y de su significado y propósito. Cada vez que ha habido un cambio cíclico de una era a otra, cada vez que una civilización se ha cristalizado y desintegrado, abriendo paso a una nueva manifestación, un Instructor ha aparecido, siempre del mismo lugar de origen, la Jerarquía. Los conocemos históricamente como **Hércules**, **Hermes**, **Mithra**, **Rama**, **Vyasa**, **Sankaracharya**, **Krishna**, **Buda**, así como el **Cristo**. Ha habido mayores y menores. Pero en cada período de la historia, cuando la necesidad era mayor, cuando la humanidad necesitaba estímulo, un Instructor de uno u otro nivel ha surgido para mostrarle el camino a la humanidad.

De acuerdo con esta Ley cíclica, al final de la Era de Piscis, en esta fase de transición entre las Eras de Piscis y Acuario, un Instructor ha venido. Él es el Instructor del Mundo, el Dirigente de la Jerarquía, el Maestro de todos los Maestros, «el Maestro asimismo de ángeles y de hombres», como decía san Pablo. Es Su regreso al mundo, a la cabeza de Sus Discípulos, los Maestros de la Sabiduría, lo que ahora está ocurriendo. Nada menos que eso está sucediendo ahora en nuestro planeta; y es, si podemos creerlo, un privilegio estar en encarnación en estos tiempos trascendentales de la historia humana, un tiempo que no tiene precedentes. Muchos Instructores han venido al mundo antes y eso ha sido trascendental. Pero nunca antes, desde la época Atlante, ha estado presente el Instructor del Mundo, digamos que "de una forma completa y personal" como lo estará durante toda la era de acuario, cerca de 2100 años. Con un Cuerpo auto-creado no nacido, por el poder del pensamiento, incorrupto y físico y a la vez. Esta vez no podrá ser crucificado, ni asesinado, ya que posee un cuerpo inmortal, un cuerpo de Luz. El hombre lo podrá ver una y otra vez durante sus encarnaciones y durante el periodo que dure la era de acuario, Él Junto a Sus Maestros de Sabiduría ayudarán al hombre y a todas las evoluciones planetaria a la realización del propósito Divino. Instaurando en el plano físico, poco a poco el quinto reino o Reino Espiritual.

Capítulo. XIV

"El misterio de la iniciaciones"
"Las expansiones de conciencia en el sendero del discipulado"

Para la elaboración de este capítulo hemos consultado y extraído algunos fragmentos de los siguientes Libros:

"Los Maestros y el Sendero ", C. W. Leadbeater
"El Gobierno Interno del Mundo", Annie Besant
"La Jerarquía, Los Ángeles Solares y la Humanidad",
Vicente Beltran Anglada
"Iniciación Humana y Solar", Alice A.Bailey (Maestro D. K.)
"Misión Maitreya", Benjamín Creme

El tema de las INICIACIONES siempre ha despertado un especial interés entre los estudiantes y curiosos esotéricos de todos los tiempos. No en vano es un tema profundamente MISTERIOSO y DIFÍCIL de tratar, por su inmenso alcance en todos y cada uno de sus aspectos que involucra, tanto a nivel *micro* como *macrocósmicos*. Muchos se figuran que la iniciación es un paso adelante que han de dar por sí mismos. Creen que el Iniciado es un hombre que por su propio esfuerzo ha ascendido a gran altura y ha llegado a ser una excelsa individualidad en comparación del hombre mundano. Así es en efecto; pero se comprenderá mejor la cuestión si se la considera desde un punto de vista más elevado. La importancia de la iniciación no consiste en exaltar a un individuo, sino en que este se identifica, simbólicamente hablando, con "***la Excelsa Orden de la Comunión de los Santos***", como hermosamente la llama la Iglesia cristiana, aunque muy pocos se fijan en el verdadero significado de estas palabras.

Comprenderemos mejor la profunda realidad subyacente en la iniciación, después de haber considerado la organización de la Jerarquía oculta y la obra de los Maestros como hemos hecho anteriormente. El candidato llega a ser algo superior a un hombre personal, porque se convierte en **unidad** de una formidable energía.

Muchas son las definiciones y explicaciones que pueden encontrarse en cuanto a su alcance, los pasos preparatorios, la obra que ha de hacerse entre las iniciaciones, su resultado y efectos. Ante todo, es evidente para el más superficial estudiante, que la magnitud del asunto es tal, que a fin de tratarlo adecuadamente, sería preciso describirlo desde el punto de vista de un iniciado. En caso contrario, todo cuando se diga podrá ser razonable, lógico, interesante, sugestivo, pero no definitivo.

La palabra Iniciación, deriva de dos palabras latinas; ***in*** en, ***iré*** ir; es por lo tanto, el **comienzo** o entrada en algo. Representa, en su más amplio sentido, la entrada en la vida espiritual, o en una nueva etapa de la misma vida. Es el primer paso y los pasos sucesivos en el sendero de Santidad. Literalmente, por lo tanto, el que recibe la primera iniciación da el primer paso en el reino espiritual, saliendo del reino definidamente humano, para entrar en el superhumano. Así como pasó del reino animal al humano en la individualización, así entra en la vida del espíritu, y por vez primera tiene derecho a que se le llame "hombre espiritual", en el significado técnico del término. Entra en la quinta etapa, o sea, en la final de nuestra quíntuple evolución. Habiendo tanteado el camino a través de la Cámara de la Ignorancia durante muchas edades, y habiendo pasado por el aprendizaje de la Cámara de la Instrucción, ahora entra en la Cámara de la Sabiduría, en la Universidad. Cuando haya cursado en esta Escuela, recibirá el grado de Maestro de Compasión, o Maestro de Sabiduría.

> "Una iniciación es una expansión de conciencia, un medio de abrir la mente y el corazón al reconocimiento de lo que ya existe en la realidad. Como proceso viviente, la iniciación es experimentada por todas las formas de vida, grandes y pequeñas, desde lo universal hasta lo particular. El proceso de iniciación en nuestro sistema solar está basado sobre un patrón que se duplica y refleja dentro del conjunto, y a lo largo de sus muchas partes. Las diversas y distintas formas de vida incluidas en un organismo completo, llevan a cabo una función vital que, en relación con todas las otras partes, contribuyen al omnicircundante plan de la evolución."

Vemos pues, que es en la Escuela De La Vida donde todo resulta <u>transformado</u> y <u>transmutado</u>, de un elemento inferior a otro superior, de uno simple a otro más complejo, y es en la vida del ser humano donde tiene lugar <u>La Gran transformación</u>, y el alma tras muchas edades, cargada de SABIDURÍA, emprende el vuelo hacia el ESPÍRITU, hacia la fuente, hacia el Padre, el cual fue, será y es siempre su verdadero Ser. **La Sabiduría es la ciencia del Espíritu**, así como **el conocimiento es la ciencia de la materia**. El Conocimiento es separativo y objetivo, mientras que la Sabiduría es sintética y subjetiva. El Conocimiento separa y la Sabiduría une. El Conocimiento diferencia y la Sabiduría entre-funde. Si se medita sobre estas palabras, <u>se comprenderá que la verdadera **UNIÓN** reside en la comprensión de que la vida mayor siempre incluye a la me-</u>

nor, y que cada expansión de conciencia acerca más al hombre a esa Unicidad.

Simbología cristiana de las iniciaciones

La vida del Cristo no es solamente una narración histórica sino también la historia de la adaptación del espíritu humano a través de los portales de las Iniciaciones. Aquel en quien ya nació el Cristo, el niño-Cristo, ha entrado en el quinto reino. Nacido ahora a la nueva vida del espíritu; y la expansión de conciencia que alcanza el gran mundo espiritual donde toda verdad es conocida. A causa de haber nacido en ese nuevo mundo del espíritu se le llama "**el dos-veces-nacido**"; nacido ciertamente sobre la tierra muchas veces, pero nacido siempre en la vida de la materia; nacido ahora en la vida del espíritu que será ya por siempre la suya; y así también la Primera Grande Iniciación se denomina "*el segundo nacimiento*". Por eso la Primera Iniciación se simboliza entre los Cristianos por el nacimiento del Cristo cuando la Estrella de Oriente se posa sobre el infante; la Segunda iniciación por el **Bautizo** cuando el Espíritu desciende sobre Él y reside en él para siempre; la Tercera por la **Transfiguración** sobre la montaña, cuando la deidad interna brilla a su través; la Cuarta Iniciación está indicada por el sufrimiento en el Huerto de Getsemaní, por la **Crucifixión;** y la quinta la **Resurrección** del Cristo; es la Iniciación del Maestro, del Hombre Perfeccionado que ha alcanzado la estatura de la plenitud del Cristo, el Salvador de los hombres.

Con propiedad se simboliza la Primera Iniciación en el Drama-Misterio por el nacimiento del Cristo porque en esa etapa surge dentro del hombre un gran cambio y un nuevo poder, bien expresado por la idea de "**nacimiento**". En la Segunda hay un maravilloso influjo de fuerza del Iniciador al Candidato, que se tipifica por el **Bautizo** en el Jordán, o mejor por el bautizo del cual habló Él, el del Espíritu Santo y del Fuego; pues el poder de la Tercera Persona de la Santísima Trinidad es el que se vierte en aquel momento, descendiendo en lo que, inadecuadamente, podría describirse como torrente de fuego, una flamígera oleada de viviente luz. La Tercera Iniciación se tipifica en el simbolismo Cristiano por la **Transfiguración** del Cristo. Se trasladó Él a una alejada y alta montaña y se transfiguró ante sus discípulos: *"Brilló Su Faz como el Sol y Sus vestiduras eran blancas como la nieve, de tal suerte que ninguna otra blancura podría superarlas en la tierra"*. Esta descripción sugiere el *Augoeides*, el hombre glorificado, y es una pintura descriptiva de lo que sucede en esta Iniciación, pues justamente así como la Segunda Gran Iniciación tiene que ver principalmente con el aceleramiento evolutivo del cuerpo mental inferior, así se desarrolla especialmente el cuerpo causal en esta etapa. El ego queda en más íntimo contacto con la Mónada y se transfigura así con toda verdad. Aún la personalidad es afectada por aquel maravilloso influjo.

Este es el antiguo sendero denominado el *"**Reino de los Cielos**"*, llamado también *"el camino de la Cruz"*; convirtiéndose la cruz en símbolo de vida, de la vida triunfante sobre la muerte, del Espíritu triunfante sobre la materia. No hay diferencia en este Sendero ya fuere en Oriente o en Occidente, pues tan sólo, una enseñanza oculta existe y una sola Gran Logia Blanca. Los Guardianes de los tesoros espirituales de nuestra raza solamente reconocen, cualidades, y abren la *Gran Puerta*, según la antigua costumbre, para permitir al hombre que camine por el antiguo y estrecho Sendero. Quienes buscan, encuentran; y a quienes llaman les es abierta la puerta.

Así, pues, tenemos CINCO Grandes INICIACIONES por las cuales a de pasar el discípulo antes de alcanzar la meta humana más elevada, LA MAESTRÍA. Estas **5** Iniciaciones son conocidas por los cristianos como:

1. El Nacimiento en Belén, del cual Cristo dijo a Nicodemo: "*el que no naciere de nuevo no puede ver el reino de Dios*".

2. El Bautismo en el Jordán. Éste es el bautismo a que se refería Juan, el Bautista, agregando que el Bautismo del Espíritu Santo y del fuego debía sernos administrado por Cristo.

3. La Transfiguración. Allí por primera vez se manifiesta la perfección, y se le comunica a los discípulos la divina posibilidad de tal perfección. Surge el mandato: "*Sed vosotros perfectos, como vuestro Padre que está en los cielos es perfecto*".

4. La Crucifixión. En Oriente se la designa como la Gran Renunciación, con su lección del sacrificio y su llamamiento a la muerte de la naturaleza inferior. "*Cada día muero*", decía el apóstol, porque sólo en la práctica de sobrellevar la muerte de cada día puede enfrentarse y resistirse a la Muerte final.

5. La Resurrección y Ascensión, el triunfo final que capacita al iniciado cuando enuncia y sabe el significado de las palabras: "*¿Dónde está, oh muerte, tu aguijón?, ¿Dónde, oh sepulcro, tu victoria?*".

Tales son los cinco grandes y dramáticos acontecimientos de los misterios. Tales son las iniciaciones por las que todos los hombres deberán pasar algún día. La humanidad se encuentra hoy en el sendero de probación. El camino de la purificación es hollado por las masas, y estamos en proceso de purificarnos del mal y del materialismo. Cuando se haya completado este proceso, muchos estarán preparados para recibir la primera de las Grandes Iniciaciones y pasar por el **Nuevo Nacimiento**. Los discípulos del mundo se están preparando para la segunda iniciación, el Bautismo, y para esto debe purificarse la naturaleza emocional de deseos y dedicarla a la vida del alma. Los iniciados del mundo enfrentan la iniciación de la Transfiguración o la tercera. El control de la mente y la correcta orientación hacia el alma, con la completa transmutación de la personalidad integrada, es lo que les espera.

Se dicen muchas tonterías hoy respeto a la **iniciación**, y en el mundo hay muchas personas que pretenden ser iniciados. Olvidan que ningún iniciado hace tal proclamación o habla de sí mismo. Quienes proclaman ser iniciados lo niegan al proclamarlo. A los discípulos e iniciados se les enseña a ser incluyentes en sus pensamientos y no separatistas en sus actitudes. Nunca se apartan del resto de la humanidad, afirmando su condición, poniéndose automáticamente sobre un pedestal. Tampoco los requisitos, como se establece en muchos libros esotéricos, son tan sencillos como los presentan. Por su lectura podría creerse que mientras el aspirante logra cierta tolerancia, bondad, devoción, simpatía, idealismo, paciencia, perseverancia, ha llenado los requisitos principales. Estas cosas en realidad son las esencialidades primordiales, pero a esas cualidades debe añadirse una comprensión inteligente y un desarrollo mental que lleve a una sensata e inteligente colaboración con los planes destinados a la humanidad. **Lo que se requiere es el equilibrio de la cabeza y del corazón.**

Antes de profundizar más, vamos a recapitular rápidamente cuales eran los PASOS o ETAPAS, propiamente dichas, que ha de llevar al ASPIRANTE hasta el PORTAL de la INICIACIÓN. Estas ETAPAS son CINCO, y ya se consideraron más ampliamente en un capítulo anterior titulado "EL SENDERO DEL DISCIPULADO (pasos preliminares)".

1º) **Tenemos al hombre de IDEALES**, mostrando en su vida un propósito firme y positivo de seguir ciertos PRINCIPIOS éticos y nobles. Esto es un indicio claro de evolución humana.

2º) **Tenemos al DISCÍPULO en PROBACIÓN**, en el cual, como hemos explicado, el aspirante voluntariamente trabaja afanosamente para desarrollar su Naturaleza Superior y, subyugar la inferior. Es la ETAPA en que el Maestro de su

Grupo interno lo pone a PRUEBA en su vida y observa sus reacciones y su adelanto.

3º) Tenemos al DISCÍPULO ACEPTADO, tras haber pasado satisfactoriamente todas las pruebas impuestas, el Maestro lo reconoce y lo ACEPTA. Cuando un Maestro ACEPTA a un aspirante como discípulo en prueba, lo hace con el designio de presentarlo para su INICIACIÓN en la misma vida.

4º) Tenemos al "HIJO DEL MAESTRO". Un lazo más estrecho se establece entre Maestro y discípulo en esta etapa. Las esperanzas o sueños del discípulo empiezan a reflejar la maravillosa vida de que el Maestro goza entre Sus iguales; y lentamente va convirtiéndose en célula de Su viviente organismo.

5º) Tenemos al INICIADO. La presentación del discípulo por su Maestro a la Gran Fraternidad Blanca para su INICIACIÓN coincide generalmente con la Etapa del *"Hijo del Maestro"*. En este estadio acontecen unos acontecimientos Extraordinarios, donde el discípulo adquiere mayor poder y una más amplia Visión del Plan de Dios, pudiendo trabajar para el Servicio con una mayor eficacia.

El progreso humano es lento pero constante; por consiguiente, el número de Hombres Perfectos va en aumento y la posibilidad de alcanzar Su nivel se halla al alcance de todos los que estén deseosos de llevar a cabo el estupendo esfuerzo requerido. En tiempos normales los aspirantes necesitarían muchos nacimientos antes de lograr el Adeptado, pero ahora es posible para ellos acelerar su progreso en aquel Sendero, condensar en pocas vidas la evolución que de otra manera tomaría muchos miles de años. Tal preparación requiere un gran control de sí, esfuerzos determinados año tras año, y a menudo con exiguo resultado externamente mostrado como progreso definido; puesto que ello implica el entrenamiento de los cuerpos superiores mucho más que el del físico, y el mejoramiento de lo superior no siempre se manifiesta muy visiblemente en el plano físico.

¿Qué Ocurre Cuando Un Hombre Toma En Serio El Camino De Aceleración Evolutiva? Si realmente va en serio, se pone a prueba a un discípulo en respuesta a una solicitud hecha por él a los Guardianes de la Humanidad para que le den oportunidades de un progreso más rápido que el normal para la humanidad ordinaria. Su karma individual tiene que ser reajustado al mismo tiempo, librándolo de aquellos tipos de karma que pudieren limitar su futura utilidad y dándole mayores oportunidades para un conocimiento más amplio y un servicio más efectivo. Si es continuo en su propósito inicial, y a pesar de las muchas dificultades sigue afanosamente en su empeño, captará rápidamente la atención del **MAESTRO** y Éste lo pondrá a prueba, aún a pesar de que el aspirante sea inconsciente de ello. Cuando un Maestro toma a un aspirante como discípulo a prueba, es con la esperanza de presentarlo para Iniciación en esa vida. Pero de que el Maestro haya sencillamente respondido a su aspiración, no se sigue que el discípulo tendrá éxito; Se le ha dado la oportunidad por haberla ganado él como derecho kármico; pero lo que él haga de tal oportunidad, depende exclusivamente de él mismo. Empero, lo más probable es que triunfe si toma el asunto a lo serio y trabaja intensamente en servicio del mundo.

Pregunta.- ¿Cómo se inicia, pues, a un discípulo y cómo llega a ser miembro de la *Gran Fraternidad Blanca*?

Respuesta.- Cuando después de una estrecha identificación de la conciencia del discípulo con la suya propia, el Maestro está satisfecho de el (lo que usualmente coincide con el principio o el fin de la etapa de "hijo") lo presenta Él ante la Fraternidad para la solemne ceremonia de la Primera Iniciación. La candidatura es propuesta y secundada por dos de los más altos miembros de la Fraternidad (del rango de Adeptos) siendo uno de Ellos su propio Maestro. La presentación es hecha en primera instancia al Maháchohan, quien designa entonces a uno de los Maestros para que actúe como **Hierofante-Iniciador**. Ya sea en el Salón de Iniciación o en cualquier otro lugar designado, el Candidato es entonces iniciado formalmente, durante una augusta ceremonia, por el Hierofante-Iniciador, quien, en el nombre del Único Iniciador, recibe del candidato el voto de rigor y pone en su mano la nueva clave de conocimiento que ha de usar en el nivel ya alcanzado.

Relato de una iniciación.* Por C.W. Leadbeater

Es la narración de una **Primera Iniciación** conferida a un candidato en la noche del 27 de mayo de 1915**:**

> *"...En este caso el Señor Maitreya fue el Iniciador y, por consiguiente, la ceremonia se efectuó en Su jardín. Cuando el Maestro Morya o el Maestro Kuthumi ejecutan el ritual, generalmente se lleva a cabo en el antiguo Templo-gruta cuya entrada está sobre el puente, sobre el arroyo entre Sus casas. Hubo una gran congregación de Adeptos, estando presente todos Aquellos cuyos nombres nos son familiares. El glorioso jardín estaba en todo su esplendor. Los arbustos del rododendrón eran una ascua de floración carmesí y la fragancia del aire estaba saturada del perfume de las tempranas rosas. El Señor Maitreya se sentó en Su acostumbrado sitial de mármol que circunda el gran árbol frente a Su casa; y los Maestros se agruparon a Sí Mismos en un semicírculo desde Su derecha hacia Su izquierda, en asientos que para Ellos fueron colocados en la terraza de césped sobre la cual se eleva el asiento de mármol por un par de escalones. Pero el Señor Vaivasvata Manú y el Maháchohan tomaron también asiento en el banco de mármol, uno a cada lado de los brazos del trono tallado, especialmente elevado, que mira exactamente al Sur y que se llama el Trono de Dakshinamurti..."*

Lo que acontece al discípulo es verdaderamente una "**Iniciación**", esto es, un principiar. Es el comienzo de una nueva forma de existencia en la cual la personalidad va siendo más y más firmemente un mero reflejo del ego y el ego mismo comienza a atraer los poderes de la Mónada. El alma del hombre es realmente aquella parte superior de sí que es la Mónada; pero desde el momento en que ésta hizo para sí un cuerpo causal, del alma grupo animal, al momento de la individualización, "*la chispa pende de la Llama por el más tenue hilo de Fohat*". El ego, si bien ligado así a la Mónada, no había tenido hasta el momento de la Iniciación ningún medio de comunicación con aquel aspecto más elevado de sí mismo. Pero en la Iniciación, al llamado del Hierofante, desciende la Mónada hasta el cuerpo causal para tomar el voto de rigor, para obligarse a dedicar toda su vida y toda su fuerza, de allí en adelante a promover la obra de la evolución, a olvidarse de sí en lo absoluto por el bien del mundo. <u>A hacer su vida todo amor así como Dios es Todo Amor</u>, y a guardar secreto sobre aquellas cosas que se le ordene mantener secretas. Desde aquel momento, "*el más fino hilo de Fohat*" deviene un manojo de hilos y el ego, en vez de pender meramente como una "chispa", llega a ser como el fondo de un embudo que procede de la Mónada y que trae vida y luz y fuerza al candidato.

Después de su Iniciación, el candidato es transferido al plano **Búdico** por su Maestro, o por un discípulo mayor, para que aprenda a funcionar allí en su vehículo búdico. Y aquí acontece ahora lo que antes no había acontecido. Cada noche, cuando el discípulo se aleje de su cuerpo para trabajar en el astral o en el mental, deja tras de sí en el lecho su cuerpo físico, o éste y el astral (uno u otros según fuere el caso) para ocuparlos de nuevo cuando regrese a ellos. Ahora, al dejar el plano mental superior y pasar al búdico, deja por supuesto su cuerpo causal; pero este cuerpo causal, en vez de permanecer con los cuerpos físico, astral y mental, se desvanece. Cuando el discípulo, desde su vehículo búdico mira hacia el plano mental superior no ve allí cuerpo causal alguno que lo represente. El Cristo dijo: "*Aquél que pierda su vida por Mí, la habrá encontrado*". Como el Cristo representa el principio búdico, estas palabras significan: "*Aquél que por mi causa (por el desarrollo Crístico dentro de sí) abandone su cuerpo causal en el cual ha vivido, por tanto tiempo, se encontrará a sí mismo*", "*encontrará la Vida más verdadera, más grande y más elevada*".

Se necesita cierto valor para hacerlo así. La primera vez que un hombre se halla por completo en el vehículo Búdico y encuentra que se desvaneció su cuerpo causal del cual había dependido por millares de años, se llena de espanto; y, sin embargo, así es el procedimiento. Debe él perder su vida por causa del Cristo si quiere encontrarla por toda le eternidad. Es cierto que cuando el iniciado-discípulo regresa de su cuerpo Búdico se encuentra a sí mismo otra vez en un cuerpo causal; pero no es el cuerpo causal que ha usado por millones de años desde el día de su individualización, sino un cuerpo causal copia de aquella antiquísima "casa" suya. Con su primera experiencia búdica comprende el Iniciado que él no es el ego sino algo más trascendental.

Para alcanzar el nivel de la Primera Gran Iniciación deberá un hombre dominar su cuerpo por medio de su alma; deberá arreglárselas de manera que todos sus sentimientos estén en armonía con el sentimiento superior. Cuando llegue el Segundo de los Grandes Pasos, se repite el mismo proceso en una etapa ulterior y la mente del hombre, no tan sólo sus sentimientos, ha de ponerse a tono con la mente de su Maestro. Por supuesto está todavía en nivel infinitamente inferior a ella, pues él es hombre tan sólo, y muy frágil y humano, en tanto que el Maestro se eleva sobre la humanidad como un Superhombre; con todo, los pensamientos del discípulo deberán ir a lo largo de la línea de los pensamientos de su Maestro. Así como el hombre que está comenzando a hollar el Sendero dice: "¿qué habría hecho el Maestro en estas circunstancias? Yo haré lo mismo", así el hombre que ha pasado la segunda etapa debe vigilar su pensamiento a cada instante y decirse: "¿qué habría pensado el Maestro en un caso como éste? ¿Cómo se le habría presentado a Él esta cosa?

Las iniciaciones

A continuación desarrollaremos el tema de las INICIACIONES en sí. Aunque hemos de advertir que sólo los INICIADOS saben y comprenden su verdadero significado y alcance. Trataremos aquí, pues, de dar un bosquejo básico y general que nos aportará una valiosa información sobre estos maravillosos acontecimientos. Estudiaremos cada una de las **Cinco Iniciaciones Mayores** que componen el cuadro completo de REALIZACIÓN planetaria, con la cual el ser humano está relacionado, abordando serenamente algunos aspectos más significativos de cada una en particular. Estas Cinco Iniciaciones Mayores son los siguientes:

La **PRIMERA** Iniciación..... **EL NACIMIENTO**
La **SEGUNDA** Iniciación..... **EL BAUTISMO**
La **TERCERA** Iniciación..... **LA TRANSFIGURACIÓN**
La **CUARTA** Iniciación..... **LA CRUCIFIXIÓN**
La **QUINTA** Iniciación..... **LA RESURRECCIÓN**

La Primera Iniciación Mayor
"EL NACIMIENTO"
En la primera Iniciación, el dominio del Ego sobre el cuerpo físico debe haber alcanzado un alto grado de realización. Han de vencerse «*los pecados de la carne*», como dice la fraseología cristiana. La gula, la embriaguez y el libertinaje, ya no deben dominar. El elemental físico ya no encuentra obedecidas

sus exigencias; el dominio ha de ser completo, desvanecido el atractivo. Debe haberse logrado una actitud general de la obediencia al Ego, y debe ser fuerte la buena voluntad de obedecer. El canal entre lo superior y lo inferior se ensancha, y la sumisión de la carne es prácticamente automática.

El que no todos los iniciados alcancen esta norma, puede provenir de varias causas; pero la nota que pulsen, debe estar sintonizada con la rectitud; el evidente reconocimiento de sus propias limitaciones será sincero y público, y notoria su lucha para adaptarse al modelo superior, aún cuando no hayan llegado al perfecto control.

"En la primera Iniciación, el Cristo nace en el corazón del discípulo. Entonces percibe por primera vez *en sí mismo* la afluencia del Amor divino y experimenta el maravilloso cambio que lo hace sentirse uno con todo lo que vive. Éste es el "**Segundo Nacimiento**", del que se regocijan todos los seres celestiales, porque nace en el "Reino de los Cielos", como uno de los "*pequeños*", como un "infante", nombres que se aplican a los nuevos Iniciados. Tal es el significado de las palabras de Jesús, que sugieren que un hombre debe convertirse en un niño para entrar en el Reino de los Cielos."

Puede sugerirse que en la primera Iniciación, en la que nace Cristo, **el Centro del Corazón es el único usualmente vitalizado**, a fin de conseguir un dominio más efectivo del vehículo astral, y de prestar mayores servicios a la humanidad. Después de esta Iniciación se le enseña principalmente al iniciado, lo que concierne al plano astral. Ha de estabilizar su vehículo emotivo, y aprender a operar en el plano astral con la misma soltura y familiaridad que en el plano físico. Entra en contacto con los devas astrales; aprende a dominar a los elementales del astral; Ha de actuar fácilmente en los subplanos inferiores; y se acrecienta el valor y calidad de su labor en el plano físico. Pasa en esta Iniciación, desde la Sala de la Instrucción a la de la Sabiduría. En este momento, se le da especial importancia al desarrollo astral, aunque su facultad mental progresa constantemente. En esta Iniciación, la Revelación De La Presencia le coloca al Iniciado ante el Tercer Aspecto o inferior del Alma, la Inteligencia Activa. Se enfrenta con el **Ángel Solar** que le fue confiado como custodio desde el momento de su individualización operativa en la Lemuria; y reconoce sin lugar a dudas que esa entidad, que es manifestación de la Inteligencia, es su compañero eterno a través de las Épocas, conforme a cuya imagen el Alma se modela encarnación tras encarnación.

"Un sin número de hombres darán el primer paso hacia el desarrollo de la conciencia Crística y pasarán así por la Primera Iniciación. A menudo (podría muy bien decir generalmente), esto tiene lugar sin la comprensión consciente del cerebro físico, esto quiere decir que muchos de nosotros, es posible que ya seamos iniciados de Primer Grado aún sin saberlo. Esta Primera Iniciación es, y siempre ha sido, una Iniciación masiva, aunque sea individualmente registrada y anotada." Muchas vidas pueden transcurrir entre la primera y la segunda Iniciación, generalmente de 7 a 10 vidas. Un largo período de encarnaciones transcurre antes de que completado el dominio del cuerpo astral, esté dispuesto el iniciado para el próximo paso. La analogía está interesantemente expuesta en el Nuevo Testamento, en la vida del iniciado Jesús. Pasaron muchos años entre el Nacimiento y el Bautismo; pero en tres años dio los tres pasos restantes. Una vez pasada la segunda Iniciación, el progreso es rápido, y la tercera y la cuarta seguirán probablemente en la misma vida, o en la siguiente.

Comentario Sobre La Entrada En La CORRIENTE
Narración esotérica:
Este momento, poco antes de recibir la PRIMERA INICIACIÓN, es de imponderable magnificencia en la vida espiritual del candidato, según no hace mucho tiempo manifestó el Maestro KUTHUMI al aceptar a un discípulo, diciéndole:

"Ahora que has alcanzado la inmediata meta de tus aspiraciones, te exhorto a que te fijes en los muchos mayores requisitos de la próxima etapa, para la cual has de prepararte y es «**la entrada en la corriente**», o lo que los cristianos llaman «**salvación**». Este ideal será el punto saliente en la larga línea de tus existencias terrenas, la culminación de setecientas vidas. Hace siglos te individualizaste en el reino humano. En un porvenir que, según espero, no será remoto, saldrás del reino humano por la puerta del adeptado y entrarás en el superhumano. Entre estos dos extremos no hay puesto de mayor importancia que la iniciación hacia la cual debes dirigir desde ahora tus pensamientos. No sólo serás así para siempre **salvo** sino que ingresarás en la sempiterna Fraternidad auxiliadora del mundo. Piensa en el sumo cuidado con que has de prepararte para tan prodigioso acontecimiento. Quisiera que te representaras de continuo su gloria y hermosura a fin de que vivieses en la luz de su ideal. Joven es tu cuerpo para tan formidable esfuerzo, pero se te depara una espléndida oportunidad y deseo y espero que completamente la aproveches."

Al iniciar a un ego éste entra a formar parte de la más compacta corporación del mundo y se une al dilatado océano de conciencia de la Gran Fraternidad Blanca. Durante largo tiempo no podrá el nuevo iniciado comprender cuanto esta unión entraña, y ha de penetrar mucho más adentro del santuario antes de que se dé cuenta de lo estrecho del lazo y de la magnitud de la conciencia del Rey, de la cual participan hasta cierto punto los hermanos. Todo esto es incomprensible e inexplicable en el mundo profano, pues su metafísica y sutilidad transcienden la eficacia del lenguaje; y, sin embargo, es una gloriosa realidad hasta el extremo de que quien lo empieza a vislumbrar, le parece ilusorio lo demás. Una vez realizados los oportunos esfuerzos y disciplinas, e integrados ciertos mecanismos internos, el candidato ya está preparado para recibir la PRIMERA INICIACIÓN. Y tras una Magna y formidable ceremonia en los planos sutiles, El Iniciador manifiesta al candidato que por haber entrado en la *corriente* está ya para siempre en **salvo**, aunque todavía arriesga demorar considerablemente su adelanto si cede a cualquiera de las tentaciones que le han de asediar en el sendero. La frase **«ser salvo para siempre»** se toma en el sentido de significar la certeza de pasar adelante en el actual período de evolución, y no quedar rezagados el «día del Juicio», en el promedio de la quinta ronda, cuando Cristo, que habrá entonces descendido a la materia, declare quiénes pueden y quiénes no alcanzar la meta de evolución señalada a la presente cadena planetaria, dependiendo esta decisión del adelanto evolutivo de cada individuo. No hay condenación eterna. Es sencillamente, como dice Cristo, condenación eoniana. Habrá quienes no puedan seguir adelante en el actual período de evolución, pero sí podrán en el próximo período, de la propia suerte que un alumno suspenso en un curso de estudios puede seguir adelante y aún colocarse a la cabeza de la clase al repetir el curso el año siguiente.

La Segunda Iniciación Mayor
"EL BAUTISMO "

La Primera Iniciación se ha realizado. CRISTO ha nacido en Belén (en el corazón del Iniciado). El Alma ha alcanzado su expresión externa, y ahora con este alma, el iniciado individual va hacia la grandeza.

El Iniciado que ha dado el primer gran paso debe ahora Acentuar la PURIFICACIÓN de la naturaleza inferior, esencial para el prefacio de la SEGUNDA INICIACIÓN. La segunda Iniciación constituye la *crisis* en el dominio del cuerpo astral. Así como en la primera Iniciación se manifiesta el dominio del cuerpo físico denso, así en la segunda se manifiesta análogamente el dominio del elemental astral. El sacrificio y la muerte del deseo han sido la finalidad del esfuerzo. El Ego dominó al deseo, y sólo se anhela lo bueno para la colectividad y estar en armonía con la voluntad del Ego y del Maestro. El elemental astral queda sometido, se limpia y purifica el cuerpo emocional y decae rápidamente la naturaleza inferior. En este momento, el Ego apresa con renovada energía los dos vehículos inferiores, y los somete a su voluntad. La aspiración y deseo de servir, amar y progresar llegan a ser tan intensos, que usualmente se nota rápido desarrollo. Esto nos explica que frecuentemente aunque no de un modo invariable, siguen una a otra en una sola vida la segunda y tercera iniciación. En el actual período de la historia del mundo se ha dado tal estímulo a la evolución, que las almas anhelosas, al sentir la angustiosa y perentoria necesidad de los humanos, lo sacrifican todo a fin de satisfacer esa necesidad.

Así como en la Primera iniciación, generalmente, es dinamizado el CHAKRA CARDÍACO, en la Segunda suele dinamizarse el CENTRO LARÍNGEO, lo cual supone una mayor actividad que ocasionalmente puede expresarse por medio de la palabra hablada o escrita. El candidato que ha recibido la primera iniciación está ya definitivamente en el sendero que conduce al adeptado y ha transpuesto el portal del camino que del conocimiento humano lleva al superhumano. Mirando desde abajo este sendero, causa sorpresa que el candidato no esté ya exhausto después del trabajo que le costó llegar a la primera iniciación y que no retroceda descorazonado al ver las ingentes alturas que ante sus pasos se yerguen en el siempre ascendente sendero. Mas ha bebido en la fuente de la vida y «*su fortaleza vale por la de diez, porque su corazón es puro*» y el esplendor de la humanidad ideal que descubre con siempre creciente limpidez tiene para él un inspirador atractivo que no admite comparación con ningún interés ni estímulo material.

La **SEGUNDA INICIACIÓN** da por resultado una notable desenvoltura y expansión del Cuerpo Mental

El período subsiguiente a la segunda iniciación es para el iniciado el más peligroso de todos los del sendero, aunque mientras no se alcanza la quinta iniciación, siempre hay riesgo de retroceder o de vagar durante algunas encarnaciones. Pero especialmente en dicho período se descubre si hay tal o cual flaqueza en el carácter del iniciado. Debiera ser imposible el retroceso para quien tan excelsa altura alcanza; y, sin embargo, la experiencia nos enseña que por desgracia así ha sucedido algunas veces. En casi todos los casos, el peligro está en la *soberbia*. Si el carácter del iniciado tiene la más leve mancha de soberbia está en riesgo de caída. Lo que en el mundo físico llamamos inteligencia no es más que un sencillo reflejo de la verdadera inteligencia; y no obstante hay en el mundo físico quien se engríe de su inteligencia y de su intuición. Por lo tanto, cuando un hombre adquiere siquiera la vislumbre de lo que su inteligencia será en el porvenir, le amenaza un grave riesgo, y sufrirá terriblemente si por ello se ensombrece. Tan sólo una incesante y creciente vigilancia le capacitará para traspasar con éxito feliz este período, por lo que debe esforzarse constantemente en borrar toda huella de orgullo, egoísmo y prejuicio.

Antes de la próxima Iniciación, la Tercera, se debe sumergir el punto de vista personal en las necesidades del conjunto de la humanidad, lo que implica el dominio de la mente concreta. Tras la Segunda Iniciación, el Iniciado aprende el control de su vehículo Mental, se capacita para manejar esta materia, y aprende la construcción de pensamientos creadores.

La Tercera Iniciación Mayor
"LA TRANSFIGURACIÓN"

La Tercera Iniciación está representada en el simbolismo cristiano por la **Transfiguración** de **Cristo** en el monte Tabor ante sus discípulos. Se transfiguró de modo que «*su rostro brillaba como el sol y sus vestidos eran blancos como la luz, tan* *sumamente blancos como la nieve, hasta el punto de que ningún batanero de la tierra fuera capaz de darles mayor blancura*». Esta descripción sugiere el concepto del **Augoeides**, el hombre glorioso, y pinta exactamente lo que sucede en la tercera iniciación, porque así como la segunda concierne principalmente a la desenvoltura del cuerpo mental, la tercera se relaciona con el del causal. El ego se pone en más íntimo contacto con la mónada y en verdad así se transfigura. Aún la misma personalidad recibe la influencia de esta maravillosa efusión.

En la Tercera Iniciación, toda la personalidad se sumerge completamente en la suprema Luz. Después de esta Iniciación la Mónada, el Espíritu guía definidamente al Ego, al Alma, infiltrando crecientemente Su vida divina en el predispuesto y purificado canal. Después de la segunda Iniciación asciende de nivel la enseñanza. El iniciado aprende a dominar el vehículo mental; aduce la capacidad de operar con la materia mental y aprende las leyes de construcción del pensamiento creador. Actúa libremente en los cuatro subplanos inferiores del plano mental; y antes de la tercera Iniciación debe dominar consciente o inconscientemente los cuatro subplanos inferiores, de los tres mundos. Profundiza su conocimiento del microcosmos y domina teórica y prácticamente en gran medida las leyes de su propia naturaleza.

De nuevo se señala una visión del porvenir. El iniciado está dispuesto en todo momento a reconocer a los demás miembros de la Gran Logia Blanca, estimular sus facultades psíquicas y la vitalización de **los centros de la cabeza**. Hasta pasada esta iniciación no es necesario, ni aconsejable, desarrollar las facultades sintéticas de clariaudiencia y clarividencia, ni trabajar en el ascenso de la energía **Kudalini**. La finalidad de todo desarrollo es el despertamiento de la intuición espiritual; y una vez lograda, cuando el cuerpo físico es puro, el cuerpo astral estable y firme, y está dominado el cuerpo mental, entonces el iniciado puede manejar y usar sabiamente las facultades psíquicas en auxilio de la raza, y, además, es ya capaz de crear y vitalizar claras y bien definidas formas de pensamiento, pulsando en ellas el espíritu de servicio sin sujeción al deseo ni a la mente inferior. Estas formas de pensamiento no serán (como las creadas por la generalidad de los hombres) formas sin cohesión, relación ni unión, sino que alcanzarán un alto grado sintético. Ardua e incesante ha de ser la obra, antes de que esto pueda hacerse, pero una vez estabilizada y purificada la naturaleza de deseos, es más fácil el dominio del cuerpo mental.

Pero cuando el iniciado realiza mayor progreso y ha traspuesto dos iniciaciones ocurre un cambio. El Señor del Mundo, el Anciano de los Días, el inefable Regente confiere la tercera Iniciación. ¿Por qué es esto posible? Porque el cuerpo físico, plenamente consagrado, ya puede soportar con seguridad las vibraciones de los otros dos cuerpos, cuando vuelvan a su refugio a causa de la presencia del Rey; porque el astral purificado y el mental dominado ya pueden presentarse con seguridad ante el Rey. Cuando ya purificados y dominados pueden mantenerse a pie firme, y por vez primera vibran **conscientemente** ante el rayo de la mónada, entonces se permite y logra la capacidad de ver y oír; Y la facultad de leer y de comprender los anales puede emplearse con seguridad, puesto que al mayor conocimiento acompaña mayor poder. El corazón es ya suficientemente puro y amoroso y el intelecto lo bastante estable para resistir la tensión *de conocer*.

Algunos Apuntes:

- Desde un punto de vista Jerárquico la Tercera Iniciación, es considerada como la PRIMERA verdaderamente importante. Ya que es la que vincula estrechamente al hombre, hasta ahora inferior, con su aspecto más elevado o "YO DIVINO", el ESPÍRITU del hombre.

- A nota de introducción CÓSMICA, consideremos que nuestro Esquema Planetario está unido internamente a otros Esquemas y Sistemas Planetarios, siendo el Sistema De Sirio un punto vinculante en el Sendero que eligen algunos Maestros de nuestra humanidad para seguir evolucionando y sirviendo. Es precisamente en este Esquema De Sirio, donde nuestra Tercera gran Iniciación es su PRIMERA.

- También recordaremos, que es en la TERCERA INICIACIÓN es donde tiene lugar de una forma natural la Ascensión De La Energía **Kundalínica**, o Fuego Serpentino situada en la base de la espina dorsal. Hasta entonces su prematuro despertar puede, y de hecho ocasiona a menudo, muchos trastornos en el ser humano. Cuando los instintos están dominados, las emociones subyugadas y el vehículo mental integrado con el ALMA, es cuando el Canal Central está preparado, y el Fuego Ígneo puede circular por él, quemando los velos y potenciando los chakras del hombre de una forma natural y rítmica.

- El encargado de conferir las dos primeras iniciaciones es el Cristo, el Señor Maitreya. Él es el **Hierofante** el cual a través de la aplicación del *Cetro de Poder confiere* las dos primeras Iniciaciones. Por esa razón existe en la simbología cristiana el dogma que *"…sólo a través del Cristo se puede llegar al Padre"*. Sin embargo, ya en las sucesivas iniciaciones Mayores, desde la Tercera en adelante el Iniciador o Hierofante es el propio Señor del Mundo, Sanat Kumara el que utiliza el Cetro Iniciador.

La Cuarta Iniciación Mayor

"LA RENUNCIACIÓN y LA CRUCIFIXIÓN"

En la terminología budista se llama *Arhat* que ha recibido la cuarta iniciación, y significa el capaz, el benemérito, el venerable, el perfecto. Los hinduistas le llaman el *paramahamsa*, el que está más allá del *hamsa*. Los libros orientales encomian muchísimo al iniciado de la cuarta porque conocen que se halla en altísimo nivel. En la simbología cristiana la cuarta iniciación está representada por las angustias sufridas en el huerto de Getsemaní, la crucifixión. La cuarta iniciación difiere de las demás en su extraño doble aspecto de **sufrimiento** y **victoria**. La Crucifixión con todos los sufrimientos que la precedieron sirvió para simbolizar el aspecto aflictivo, mientras que el aspecto gozoso está representado por la Resurrección y el triunfo sobre la muerte. En esta etapa siempre hay sufrimiento físico, astral y mental, ludibrio de las gentes, hostilidad del mundo y aparente fracaso, pero también hay siempre en los planos superiores, el esplendente triunfo desconocido para el mundo exterior. La especial índole del sufrimiento que aflige al candidato en esta cuarta iniciación elimina cuantos residuos kármicos puedan interponerse todavía en su camino, y la paciencia y alegría con que lo soporte contribuirán valiosamente a fortalecerle el carácter y ayudarle a determinar su grado de utilidad en la obra que le aguarda. El antiguo proverbio que dice "***no hay corona sin cruz***" puede interpretarse en el sentido de que sin el descenso del hombre a la materia, sin atarse a ella como a una cruz, sería imposible para él resucitar y recibir la corona de gloria.

Desde esta cuarta etapa es consciente el arhat en el plano búdico aunque actúe en el físico, y al dejar este último durante el sueño o el éxtasis, se transfiere su conciencia a la inefable gloria del plano nirvánico.

Entre la Tercera y Cuarta Iniciaciones, existe ***El Golfo del Silencio***; durante el cual el iniciado se siente sólo, suspendido en el vacío, sin nada en la tierra en qué confiar, sin nada en el cielo a qué aclamar, y aún con la visión de lo supremo enturbiada y apocada, según se simboliza por la Agonía en el Huerto. Siguiendo adelante, a través de las etapas de la Pasión, se ve a sí mismo traicionado, negado, rechazado, sostenido sobre la cruz de la agonía para que todos los hombres se burlen de él y lo desprecien; escucha la censura de sus enemigos: "Salvó a otros y Él mismo no pudo salvarse", prorrumpe en aquel grito desgarrador del corazón: "Dios mío, Dios mío, ¿por qué me has abandonado?" <u>Sé encuentra a sí mismo en aquella completa soledad para siempre, y al perder al Dios fuera de Él, lo encuentra finalmente dentro de sí</u>. Entonces se cumple la Cuarta Iniciación (la crucifixión y la resurrección del Cristo) Ya es quien ha llegado a ser el Cristo crucificado y, por consiguiente, el auxiliador del mundo. Para él, la soledad terminó por completo porque ha encontrado la Vida Una y la conoce para siempre. Llegó a ser, de acuerdo con la fraseología Hindú, el *"Pararnahansa",* "aquel que está más allá del Yo y Él", donde ya no existe ni aún la distinción entre '"Yo" y "Él", sino donde únicamente existe el "**Uno**"; y, de acuerdo con la nomenclatura Budista, el "**Arhat**", el Venerable, el Perfecto, el Digno, sin ninguna otra encarnación obligatoria para él. En lo sucesivo su conciencia del plano Búdico subsiste mientras permanece aún en el cuerpo físico y cuando abandona ese cuerpo durante el sueño o trance, pasa instantáneamente a la inenarrable gloria del plano Nirvánico.

La Iniciación de la Crucifixión tiene un rasgo instructivo sobresaliente, conservado para nosotros en el nombre dado frecuentemente a la cuarta iniciación: ***La Gran Renunciación***. Una enorme experiencia es concedida al iniciado en este momento; comprende (porque ve y sabe) que el *antakarana* ha sido exitosamente completado y que allí hay una línea directa de energía desde la Tríada espiritual hasta su mente y cerebro, vía el antakarana. Esto pone en el primer plano de su conciencia, el reconocimiento repentino y asombroso de que el alma misma, el cuerpo egóico en su propio nivel, y lo que durante edades ha sido la supuesta fuente de su existencia, su guía y mentor, ya no es necesario; como personalidad fusionada con el alma tiene ahora relación directa con la **Mónada el Espíritu**.

La evolución misma es un proceso de abandono, de renunciación. El símbolo de todo este proceso es la Crucifixión, la Gran Renunciación. Ésta, la cuarta iniciación, probablemente sea la más culminante de las cinco que conducen a la Maestría. No necesariamente la más difícil, sino la más culminante. Se dice que la más difícil es la segunda, como cualquiera que se acerque a ella sabrá de sobra, por tenérselas que ver con el cuerpo astral, y con todos sus poderosos mecanismos de respuesta. Es muy difícil controlar todo eso, y recibir, por tanto, la segunda iniciación. Pero la culminante, la que realmente alcanza la divinidad a la que aspiramos, es la cuarta iniciación.

> En la cuarta iniciación, el alma misma, el Ángel solar que ha sido el divino intermediario entre la Mónada, y su reflejo en el plano físico, la personalidad, ya no se necesita más, y entonces el Ángel Solar emprende el vuela al Sol, a su hogar, dejando al hombre en perfecta comunicación con Su Verdadero Ser.

La Quinta Iniciación Mayor
"LA REVELACIÓN Y LA RESURRECCIÓN"

Después de la cuarta Iniciación, ya no queda mucho por hacer. El dominio del sexto subplano prosigue rápidamente, y se coordina la materia de los subplanos superiores del búdico. Se admite al iniciado en más estrecho trato con la Logia y su contacto con los devas es más completo. Va agotando rápidamente los recursos de la Sala de la Sabiduría, y dominando los más intrincados planes y esquemas. Se convierte en adepto en cuanto se refiere al color y al sonido; puede operar con la ley en los tres mundos, y entrar en contacto con su mónada con mayor libertad que la de la mayoría de la especie humana para entrar en contacto con el Ego. Tiene también a su cargo mucho trabajo; enseña a discípulos, ayuda en muchos planes y reúne bajo su dirección a quienes han de auxiliarle en tiempos venideros. Esto se refiere tan sólo a los que se quedan en este mundo para ayudar a la humanidad.

El iniciado pasa entonces por la Quinta Iniciación simbolizada por la **Resurrección** del Cristo y llaga a ser el *Jivamnukta,* la *"vida liberada"* del Hindú; el *asekha*, el que ya nada tiene que aprender, según el Budismo. Habiendo cumplido el ciclo de humanidad y llenado el ideal del Divino Humano, es ahora el **Hombre Perfecto**, **Maestro de la vida y de la muerte**, libre de todas las ligaduras que puedan atarle, y con todos los poderes conferidos a él en los cielos y en la tierra. Ha nacido por la última vez y ha alcanzado la salvación final. Ha llegado a ser *"un pilar en el templo de mi Dios el cual jamás saldrá de allí"*, y ha logrado ya *"la estatura de la plenitud del Cristo"*.

Habiendo cumplido su peregrinación, el Adepto ve, ahora ante sí, según ya se dijo, siete caminos, siete senderos de gloria y de poder, que lo conducirán hacia los grandes reinos de la vida superfísica, todos los cuales, excepto uno, lo libran para siempre de la carga de la carne humana, y se extienden muy lejos de nuestra tierra. A medida que él contempla estos siete senderos, dentro de la exquisita música que lo rodea, surge un sonido de angustia y de dolor, escucha Él el grito del mundo en su miseria, en su obscuridad, en su agotamiento espiritual, en su degradación moral, el grito de la humanidad esclavizada, y mira la incierta búsqueda del ignorante, del desamparado y del ciego. Entonces, movido a compasión y por su antigua simpatía hacia la humanidad de la cual Él es ya una flor, se vuelve hacia atrás, hacia el mundo que ha dejado, y en lugar de desechar el peso de la carne lo toma de nuevo, para soportarla aún, a fin de poder ayudar a la humanidad. Hollando el Sendero de Santidad, Él ha alcanzado la perfección, ha vencido a la muerte y conquistado la inmortalidad. Ha logrado la Libertad y vive ahora en lo Eterno. Pero, siendo perfecto, permanece Él para ayudar a quienes somos aún imperfectos; habiendo Él realizado la Eternidad, se queda entre las sombras del tiempo hasta que nosotros también la realicemos.

Y si él decide, observando y meditando sobre esos siete caminos que se presentan ante él, recorrer el que transcurre en nuestra vida y evolución planetaria, se convierte en lo que nosotros llamamos Maestro De Sabiduría, un lazo entre Dios y el Hombre; un Espíritu liberado, deseoso de soportar aún el fardo de la carne, a fin de no perder el contacto con la humanidad que ama, y de ponerse a sí mismo al servicio de ella por el acto supremo de renunciación, permaneciendo en la esclavitud hasta que estén libres, y yendo al Nirvana cuando todos puedan ir mano a mano con él. Él y otros como él, elevándose en grado, más allá del grado de sabiduría y poder superhumanos, forman la Oculta Jerarquía que consta de los Guardianes del mundo, Quienes permanecen con nosotros para dirigir, enseñar, guiar y definitivamente ayudar a la humanidad a lo largo del difícil camino de la evolución humana.

Se dice que cuando uno de nuestra Humanidad alcanza la Perfección. Toda la Naturaleza se estremece de gozosa reverencia y se siente conquistada. La estrella de plata titila la nueva a las flores nocturnas, el arroyuelo la murmura a los guijarros, las obscuras olas del Océano la bramarán a las batidas rocas, las perfumadas brisas la cantan a los valles, los soberbios pinos susurran misteriosamente: "**un Maestro ha surgido, un Maestro del día**". Un Maestro puede trabajar a través de un cuerpo físico o no, como lo juzgue conveniente. Funciona, ahora en un cuerpo de luz que posee, su propio tipo de sustancia. Sin embargo, el Maestro puede construir un cuerpo que le permitirá acercarse a Sus discípulos que entran y también a los que han recibido las iniciaciones superiores; cuando es necesario construirá normalmente Su cuerpo a semejanza de la forma humana, haciéndolo instantáneamente y por un acto de la voluntad. La mayoría de los Maestros que trabajan definidamente con la humanidad, conservan el antiguo cuerpo en que recibieron la quinta iniciación, o sino construyen, con sustancia física, el "**mayavirupa**" o cuerpo de maya. Este cuerpo aparecerá en la forma que tuvo originalmente al recibir la iniciación. Cuando hemos alcanzado el estado Crístico, ¿se han regenerado todas las células de nuestro cuerpo? Durante la última fase del proceso evolutivo -el Sendero de Iniciación- tiene lugar una transformación en la estructura celular de los sucesivos cuerpos del iniciado. Se absorbe cada vez más materia de naturaleza subatómico (es decir de luz) que gradualmente reemplaza a la materia de sustancia atómica. En la quinta iniciación -la Resurrección- el proceso se ha completado, y el Maestro realizado en Dios ha logrado Su meta sobre este planeta: Él y Su cuerpo son perfectos e "*incorruptibles*", como se denomina en la Biblia cristiana.

Efectos de la Iniciación sobre el Iniciado

Si bien todas las Iniciaciones Mayores tienen lugar en el Plano Mental, esto no implica que las repercusiones de las considerables descargas de energía sobre el Iniciado se limiten a ese Plano, sino que tienen una amplia y estudiada repercusión en sus vehículos, a todos los niveles, por ejemplo:

En la ceremonia de la Iniciación todos los Chakras están activos, y los cuatro inferiores comienzan a transferir la energía a los tres superiores. Esta energía es la denominada **Kundalini**, que ordinariamente permanece acumulada en el Chakra Muladhara, de la base de la columna vertebral. En esta ocasión es despertada y dirigida a uno de los Chakras superiores, que varía según la naturaleza del Iniciado y el grado de la Iniciación. El Chakra acrecienta entonces su actividad, la rapidez de sus giros, y la energía emanada. Consiguientemente se activan algunas espirillas de los átomos permanentes de los cuerpos inferiores. A partir de la Tercera Iniciación son los átomos permanentes de la Tríada los activados. Igualmente se triplica el canal de energía del Alma que afluye a la Personalidad y a los cuerpos inferiores.

Una vez el Iniciado ha recibido la aplicación del **Cetro**, se convierte en miembro de la Logia, y los Maestros se retiran junto con los componentes del Triángulo Focal y los Padrinos, cada uno a sus puestos correspondientes, en tanto que los Iniciados del mismo grado que el recién admitido le rodean y ayudan en las fases finales de la ceremonia. Los que poseen un grado inferior se retiran al fondo del Aula de Iniciación en Shambala, y se encuentran aislados mediante un muro vibratorio del resto de los acontecimientos. Entonces se consagran a una profunda meditación y a la entonación de ciertas fórmulas. *Dentro del muro se recibe el Juramento del Iniciado y se le confían las Palabras de Poder y uno de los Siete Secretos Cósmicos, según el Grado de la Iniciación*. El Juramento es realizado por el Iniciado, repitiendo frase por frase la fórmula que le indica el Iniciador. Al final de algunas de ellas los Iniciados del mismo grado entonan unas palabras en *Senzar* que significan "**Así sea**".

Cada frase del Juramento corresponde a uno de los tres Aspectos del Logos, y le facultan para la recepción de determinados tipos de energía que proceden de cada uno de los tres primeros Rayos, enfocados por los Jefes de los Departamentos de la Jerarquía. Esa energía repercute en el recién Iniciado y en todos los que participan del mismo Grado.

"<u>Relato De Una Iniciación.</u>"
Por Vicente Beltrán Anglada.

"...EL Maestro nos hace presenciar la Iniciación de un compañero de grupo..." "... Aunque aparentemente me hallaba solo en aquel "lugar" donde iba a tener efecto la Iniciación de nuestro hermano de grupo, sabía con profunda certeza que eran muchos los iniciados y discípulos de los distintos Ashramas que estaban "allí" y que asistían como yo a aquella ceremonia iniciática, contribuyendo más o menos directamente al desarrollo de la misma. Nada me era posible ver en aquella primera fase de contacto, excepto una gran cantidad de puntos luminosos de distintos colores, simétricamente distribuidos y tejiendo y destejiendo figuras geométricas en medio de aquellas ráfagas de luz que como olas de vida universal iban llenando la inmensidad de aquel *"recinto sagrado"*.

Pero al dirigir la atención hacia el lugar que intuitivamente sabía que debía ocupar el **Hierofante**, pude apreciar claramente que se trataba de Cristo. Por algún tiempo, durante el período preliminar de aquella ceremonia pude contemplar su radiante silueta destacándose nítidamente dentro de un fondo de luz insolada. Más tarde, todo desapareció de mi vista, todo pareció esfumarse para mi limitada visión, debido quizás al hecho de que mi percepción interna no me permitía "penetrar" todavía ciertos aspectos de aquel ritual sagrado. Me sentía profundamente penetrado, sin embargo, del augusto secreto que en aquellos momentos se estaba revelando y podía ver claramente a mi hermano de grupo, el candidato a la iniciación y trataba de compartir en la medida de mis fuerzas la responsabilidad infinita de aquellos momentos inolvidables. De vez en cuando, una ráfaga de percepción me permitía abarcar el conjunto formado por el Cristo, los dos maestros que apadrinaban al candidato y a éste en el centro del Triángulo formado, por los Tres.

La Luz se había adueñado de todo el "lugar", o "recinto", pero del fondo intensamente iluminado continuaba destacándose la Luz de Cristo, que resplandecía de manera tal que la propia Luz del lugar quedaba como oscurecida. Pude ver en ciertos momentos recortándose muy definidamente de todo aquel océano de Luz, no su Faz resplandeciente, sino la inmaculada estrella de cinco puntas, el símbolo sagrado de Cristo, que representa la perfección del Hombre, la unión de los aspectos divinos de Voluntad e Inteligencia dentro de un Centro de Amor infinito, la fusión de los dos Sonidos creadores, o Mantras sagrados el doble **OM** y el triple **AUM** dentro del eterno marco de la evolución planetaria. Y sentí mi corazón profundamente sobrecogido por la inmensidad de aquel Misterio de Unión inenarrable.

La estrella de Cristo irradiaba una Luz que dejaba oscura la propia luz, magnificente sin embargo de aquel lugar sagrado donde se estaba realizando aquella trascendente ceremonia. Pude comprender entonces directamente y sin intermediarios, el significado exacto de aquellas frases esotéricas: "**Dentro de la Luz verás la LUZ**" y "**Cristo, la LUZ del mundo**", perdidas antaño en el laberinto de las ecuaciones mentales. Y mi corazón resplandeció de gozo.

Hubo un momento cumbre durante el desarrollo de aquella experiencia iniciática en que la propia luz de Cristo palideció cuando una Luz todavía mayor "invadió" o se posesionó del lugar, llenando de un dinamismo indescriptible cada una de las partículas de luz que se estaban liberando a través del ritual mágico. Esta invasión de la potencia ígneo-eléctrica de **Shambala** tuvo lugar inmediatamente, del corazón de la estrella del Cristo se elevó hacia el Altísimo la sustancia del Verbo solar en aquellas sacramentales palabras: "**Padre, Hago Esto En Tu Nombre**". La respuesta inmediata fue la aparición de un Círculo más luminoso que toda posible LUZ, puesto que irradiaba directamente del propio SANAT KUMARA, el Señor del Mundo.

La estrella del **Cristo** de un brillo intensamente azulado en aquellos momentos, resplandecía indescriptiblemente dentro de un círculo de luz dorada, cuya intensidad, belleza y dinamismo están más allá de toda descripción. Hubo otro momento, mientras la ceremonia se acercaba a su culminación, en que el dotado círculo desapareció de mi vista para adoptar la forma de una estrella de nueve puntas que irradiaba sobre la estrella del Cristo la extraordinaria potencia del fuego de Shambala. Comprendí entonces el alcance universal de aquella afirmación esotérica, presente en el ánimo de todo verdadero discípulo; motivo de tantas y tan profundas reflexiones: ..... A los Pies del Único Iniciador y viendo brillar Su Estrella... La estrella de **Sanat Kumara**, símbolo de Sus nueve perfecciones -tal como místicamente se menciona- derramando sobre la estrella del Cristo el terrible poder del Fuego Eléctrico, era la infalible e irrefutable prueba de que el candidato a la iniciación, nuestro hermano de grupo, había sido admitido dentro de los Misterios sagrados de la Gran Logia Blanca del Planeta.

Esta transmisión de Fuerza se realizaba lógicamente por medio de los Cetros de Poder, una prolongación del "Dedo del Señor", -tal como podemos leer en los libros sagrados del Antiguo comentario- y entrañaban para el Iniciado el Poder de la Eterna Resolución. Los Maestros que apadrinaban a nuestro hermano constituían, como en el caso de la electricidad corriente, los dos polos, positivo y negativo de la misma, en el centro de los cuales le era posible al recién iniciado mantener en equilibrio estable sus vehículos sutiles y recibir sin peligro la fuerza liberadora, aunque extremadamente peligrosa del Fuego eléctrico de la Deidad planetaria. Mientras tanto, un grupo especial de Devas protegían el cuerpo físico de nuestro hermano de grupo, sumido en profundo sueño, en el lugar previamente elegido por el maestro"...

Ser un iniciado exige todo el poder de cada uno de los aspectos de nuestra naturaleza. No es una tarea fácil. Afrontar las pruebas inevitables que enfrentaremos al hollar el sendero que Cristo recorrió, requiere un excepcional valor. Para colaborar sabia y sensatamente con el Plan de Dios y fusionar nuestra voluntad con la Voluntad divinal debemos poner en actividad no sólo el más profundo amor de nuestro corazón, sino también las más agudas decisiones de la mente. **La iniciación debe contemplarse como un gran experimento**. La iniciación es, por lo tanto, una realidad y no una hermosa visión fácilmente lograda, como pareciera establecerlo tantos libros esotéricos y ocultistas. La iniciación no es un proceso que alcanza un individuo cuando ingresa en ciertas organizaciones y que sólo puede comprenderse ingresando en tales grupos. La iniciación no tiene nada que ver con sociedades, escuelas esotéricas u organizaciones. Todo lo que pueden hacer es enseñar al aspirante ciertas, bien conocidas y fundamentales, "*reglas del camino*", y dejarlo que comprenda o no, según se lo permitan su ansia y desarrollo, y que atraviese el portal, si su equipo y su destino se lo permiten.

Los iniciados del mundo se encuentran en toda nación, iglesia y grupo, donde haya hombres de buena voluntad activos y donde se preste un servicio mundial. Los grupos esotéricos modernos no son los custodios de las enseñanzas de la iniciación ni es su prerrogativa preparar al individuo para este desarrollo. La mejor enseñanza sólo puede preparar a los hombres para la etapa del proceso evolutivo denominado *Discipulado*. El camino al lugar de la iniciación y al Centro donde se encuentra **Cristo**, es el camino del alma, el camino solitario de la propia desenvoltura, desapercibimiento y disciplina. Es el camino de la iluminación mental y de la percepción intuitiva. Esto fue bien explicado hace muchos años y decía:

"Sin embargo, la verdad es que el hombre inteligente hace del mundo su propia cámara de iniciación, y de la vida misma el umbral de los misterios. Si un hombre puede manejarse a sí mismo con perfección, puede manejar todo lo demás. Posee la fuerza. El modo exacto de emplearla es una mera cuestión de detalle. Debemos hacer uso de cada oportunidad que se nos presenta, y cuando nada ocurre tratemos de proporcionarnos nuestra propia oportunidad".

La iniciación es por lo tanto una serie graduada
y positiva de expansiones de conciencia, una
creciente y constante percepción de la divinidad
y todas sus implicancias.

Capítulo. XV

"Las leyes universales"

*Gran parte de las siguientes enseñanzas han sido extraídas del libro "**El Kybalión**" de Tres Iniciados*

La existencia así como la vida y la creación no podrían tener cabida sin un **orden**. El equilibrio es necesario y para eso es imprescindible una intencionalidad. A pesar de nuestra positiva evolución científica, y sus logros en el campo de la investigación de la materia y la energía, cabe afirmar que todavía está en su infancia con respecto al acercamiento a la verdadera **CAUSA** de la Existencia. Mucho se sabe sobre el **ASPECTO FORMA** de las cosas, sobre el revestimiento material de la vida, pero todavía muy poco sobre su **ASPECTO VIDA** o **CONCIENCIA de la misma**.

En un Universo como el nuestro, donde tienen cabida muchos planos, DIMENSIONES o estados subliminales de la materia, la pregunta de cuántas y cuáles son sus **Leyes Reguladoras** que nos afectan de una u otra forma, directa o indirectamente, interna o externamente, no tiene una respuesta segura en estos momentos de la evolución humana. Si embargo, y a pesar de nuestra ignorancia, ahí están, condicionando nuestras vidas y moviéndonos en la marea de la existencia, en el océano de la vida sin poder dirigir seguramente nuestro rumbo. Para bien o para mal aunque aparentemente parezca duro **la ignorancia tiene un precio, muchas veces doloroso.** Sin embargo, siempre hay una salida, y los MAESTROS e INSTRUCTORES DIVINOS nos las han mostrado, y aún continúan enseñándola, <u>**ahí están sus huellas, sus enseñanzas y obras**</u>.

<u>Nacemos sin un manual de instrucciones</u> y aprendemos las lecciones casi siempre a través del dolor y del sufrimiento, y aún así en muchos casos, nos cuesta aprenderlas. Si preguntamos a un Maestro de Sabiduría cómo ser feliz, posiblemente nos contestaría diciéndonos que nos Descentralizáramos de nosotros mismos y ayudáramos al mundo. Quizá, alguien diría que es una respuesta sin sentido o poco creíble. Sin embargo, la respuesta es simplemente la puesta en práctica de una LEY DIVINA que todos los Maestros e Iniciados de todos los tiempos han practicado con un 100% de efectividad. Las Leyes siempre actúan a un 100%, de no ser así no serían leyes. Y al igual que un conductor de vehículos ha de aprender las leyes y señales de la circulación vial, con el fin de viajar seguro y llegar sano y salvo a su destino, así también el ASPIRANTE ha de aprender las <u>Leyes De La Vida</u>, para acelerar su evolución y realizar el PLAN DIVINO que es su meta o destino cósmico.

Aquí expondremos algunas de estas Leyes, posiblemente las más importantes para el aspirante y también para el discípulo. Estas Leyes son de vital importancia, siendo necesario su estudio para recorrer el **SENDERO** con seguridad y éxito. Estas **LEYES** que expondremos a continuación son reconocidas por la mayoría de las escuelas esotéricas del mundo, formando un Legado parte del Patrimonio de nuestros "Hermanos Mayores", que sabiamente habían resguardado, excepto para aquellos que con seguridad pudieran hacer buen uso de ellas. Hoy en día están al alcance de todos, pero sólo aquellos que sienten el impulso de sus Almas hambrientas de sabiduría, son capaces de sacarles su verdadero provecho.

- Las LEYES pertenecen al "**TODO**".
- Todas las cosas pertenecen al "**TODO**".
- Y el "**TODO**" está en todas y cada una de las cosas.
- Al "**TODO**" se le llama *DIOS*, y nada se escapa a sus LEYES DIVINAS, porque nada puede existir fuera de ÉL.

Antes de proseguir con nuestros estudios, quisiéramos enunciarles **TRES AFORISMOS** (aunque en verdad sólo son uno), que despejan cualquier duda sobre <u>*LA OBRA OCULTA*</u>:

"DONDE QUIERA QUE ESTÉN LAS HUELLAS DEL MAESTRO, ALLÍ LOS OÍDOS DEL QUE ESTÁ PRESTO PARA RECIBIR SUS ENSEÑANZAS SE ABREN DE PAR EN PAR"

"CUANDO EL OÍDO ES CAPAZ DE OÍR, ENTONCES VIENEN LOS LABIOS QUE HAN DE LLENARLOS DE SABIDURÍA"

"LOS LABIOS DE LA SABIDURÍA PERMANECEN CERRADOS, EXCEPTO PARA EL OÍDO CAPAZ DE COMPRENDER"

Los siete principios herméticos

Ningún conocimiento oculto ha sido tan celosamente guardado como los fragmentos de las enseñanzas **herméticas**, las que han llegado hasta nosotros a través de las centurias transcurridas desde los tiempos del Gran Fundador "HERMES TRISMEGISTO", "*el elegido de los dioses*", quien vivió en el antiguo Egipto, cuando la raza actual estaba en su infancia. Contemporáneo de Abraham, y, si la leyenda no miente, instructor de aquel venerable sabio, **_Hermes fue y es el Gran Sol Central del Ocultismo_**, cuyos rayos han iluminado todos los conocimientos que han sido impartidos desde entonces. Todas las bases fundamentales de las enseñanzas esotéricas que en cualquier tiempo han sido impartidas a la raza son originarias, en esencia, de las formuladas por Hermes. Aún las más antiguas doctrinas de la India han tenido su fuente en las enseñanzas herméticas.

> "Los Principios De La Verdad Son Siete; El Que Comprende Esto Perfectamente, Posee "La Clave Mágica Ante La Cual Todas Las Puertas Del Templo Se Abrirán De Par En Par".
> *El Kybalión.*

Los siete Principios sobre los que se basa la Filosofía Hermética son los siguientes:

I.   El principio del **MENTALISMO**.
II.   El principio de **CORRESPONDENCIA**.
III. El principio de **VIBRACIÓN**.
IV.   El principio de **POLARIDAD**.
V   El principio de **RITMO**.
VI.   El principio de **CAUSA** y **EFECTO**.
VII. El principio de **GENERACIÓN**.

Veamos a continuación cada *Principio* por separado:

I. EL PRINCIPIO DEL MENTALISMO
"El TODO es Mente; El universo es mental".

Este principio encierra la verdad de que "**TODO ES MENTE**". Explica que el **TODO** que es la realidad sustancial que se oculta detrás de todas las manifestaciones y apariencias que conocemos bajo los nombres de "universo material" "fenómenos de la vida", "materia", "energía" etc., y en una palabra, todo cuanto es sensible a nuestros sentidos materiales, es **espíritu,** quien en sí mismo es incognoscible e indefinible, pero que puede ser considerado como una mente infinita, universal y viviente. Explica también que **todo el mundo fenomenal o universo es una creación mental del TODO** *en cuya mente vivimos, nos movemos y tenemos nuestro ser*. Este principio al establecer la naturaleza mental del universo, explica fácilmente los varios fenómenos mentales y psíquicos que tanto han preocupado la atención del público, y que sin tal explicación no son comprensibles y desafían toda hipótesis científica. La comprensión de este principio hermético de **mentalismo** habilita al individuo a realizar y conocer la ley que rige el universo mental, aplicándola a su bienestar y desarrollo. El estudiante de la Filosofía Hermética puede emplear conscientemente las grandes leyes mentales, en vez de usarlas por casualidad o ser usado por ellas. Con la clave maestra en su poder, el discípulo puede abrir las puertas del Templo del conocimiento mental y psíquico y entrar en el mismo, libre e inteligentemente. Este principio explica la verdadera naturaleza de la energía, de la fuerza y de la materia, y el cómo y el por qué todas éstas están subordinadas al dominio de la mente. Uno de los antiguos Maestros escribió hace largo tiempo:

> "El que comprenda la verdad de que el universo es mental, está muy avanzado en el sendero del adeptado".

II. EL PRINCIPIO DE CORRESPONDENCIA
"Como Arriba Es Abajo; Como Abajo Es Arriba"
Este principio encierra la verdad de que hay siempre una cierta correspondencia entre las leyes y los fenómenos de los varios estados del ser y de la vida, y el antiquísimo axioma

hermético se refiere precisamente a esto, y afirma: **_"Como arriba es abajo; como abajo es arriba"_**, y la comprensión de este principio da una clave para resolver muchos de los más oscuros problemas y paradojas de los misteriosos secretos de la Naturaleza. Hay muchos planos que no conocemos, pero cuando aplicamos esa ley de correspondencia a ellos, mucho de lo que de otra manera nos sería incomprensible se hace claro a nuestra conciencia. Este principio es de aplicación universal en los diversos planos; mental, material o espiritual del Cosmos: es una ley universal. Los antiguos hermetistas consideraban este principio como uno de los más importantes auxiliares de la mente, por cuyo intermedio se puede descorrer el velo que oculta lo desconocido a nuestra vista. Su aplicación puede desgarrar un tanto el *"Velo de Isis"*, de tal manera que nos permita ver, aunque sólo sea, algunos de los rasgos de la Diosa. De igual manera que el conocer los principios de la geometría habilita al hombre para medir el diámetro, órbita y movimiento de las más lejanas estrellas, mientras permanece sentado en su observatorio, así también el conocimiento del principio de correspondencia habilita al hombre a razonar inteligentemente de lo conocido a lo desconocido, del Microcosmos al Macrocosmos.

III. EL PRINCIPIO DE VIBRACIÓN
"Nada es inmóvil; todo se mueve; todo vibra".

Este principio encierra la verdad de que **todo está en movimiento**, de que nada permanece inmóvil. Cosas ambas que confirma por su parte la ciencia moderna, y cada nuevo descubrimiento lo verifica y comprueba. Y, a pesar de todo, este principio hermético fue enunciado ya hace cientos años por los Maestros del antiguo Egipto. Este principio explica las diferencias entre las diversas manifestaciones de la materia, de la fuerza, de la mente y aún del mismo espíritu, las que no son sino el resultado de los varios estados vibratorios. Desde el **TODO**, que es puro Espíritu, hasta la más grosera forma de materia, todo está en vibración: cuanto más alta es ésta, tanto más elevada es su posición en la escala. La vibración del espíritu es de una intensidad infinita; tanto, que prácticamente puede considerarse como si estuviera en reposo, de igual manera que una rueda que gira rapidísimamente parece que está sin movimiento. Y en el otro extremo de la escala hay formas de materia densísima, cuya vibración es tan débil que parece también estar en reposo. Entre ambos polos hay millones de millones de grados de intensidad vibratoria.

Desde el corpúsculo y el electrón, desde el átomo y la molécula hasta el astro y los universos, todo está en vibración. Y esto es igualmente cierto en lo que respecta a los estados o planos de la energía o fuerza (la que no es más que un determinado estado vibratorio, y a los planos mentales y espirituales. Una perfecta comprensión de este principio habilita al estudiante a controlar sus propias vibraciones mentales, así como las de los demás. Los Maestros también emplean este **principio** para conquistar los fenómenos naturales.

> "El que comprenda el principio VIBRATORIO
> ha alcanzado el cetro del poder".

IV. EL PRINCIPIO DE POLARIDAD

"Todo es doble; todo tiene dos polos; todo su par de opuestos; los semejantes y los antagónicos son lo mismo; Los opuestos son idénticos en naturaleza, pero diferentes en grado; los extremos se tocan; todas las verdades son semiverdades; todas las paradojas pueden reconciliarse"

Este principio encierra la verdad de **que todo es dual**; **todo tiene dos polos**; todo su par de opuestos. Explica y dilucida las antiguas paradojas que han dejado perplejos a tantísimos investigadores, y que literalmente decían: *"La tesis y la antítesis son "idénticas" en naturaleza, difiriendo sólo en* *grado*"; "*los opuestos son idénticos en realidad, diferenciándose en su graduación*". "*Los pares de opuestos pueden conciliarse, los extremos se tocan*"; "*todo es y no es al mismo tiempo*"; "*toda verdad no es sino media verdad*"; "*toda verdad es medio falsa*", etc. Este principio explica que en cada cosa hay DOS POLOS, dos aspectos, y que los "**opuestos**" no son, en realidad, sino los dos extremos de la misma cosa, consistiendo la diferencia, simplemente, en diversos grados entre ambos.

El calor y el frío, aunque opuestos, son realmente la misma cosa, consistiendo la diferencia, simplemente, en diversos grados de aquélla. Mirad un termómetro y tratad de averiguar dónde empieza el calor y dónde termina el frío. No hay nada que sea calor absoluto en realidad, indicando simplemente ambos términos, frío y calor, diversos grados de la misma cosa, y que ésta se manifiesta en esos opuestos no es más que los polos de eso que se llama calor, o sea, la manifestación del principio de polaridad que nos ocupa. El mismo *principio* se manifiesta en la "**luz**" y la "**oscuridad**", las que, en resumen, no son sino la misma cosa, siendo ocasionada la diferencia por la diversidad de grado entre los dos polos del fenómeno, ¿Dónde termina la obscuridad y dónde empieza la luz? ¿Cuál es, la diferencia entre grande y pequeño? ¿Cuál entre duro y blando? ¿Cuál entre blanco y negro? ¿Cuál entre alto y bajo? ¿Cuál entre positivo y negativo? El principio de polaridad explica esta paradoja.

El mismo *principio* opera de idéntica manera en el plano mental. Tomemos, por ejemplo, el amor y el odio, dos estados mentales completamente distintos aparentemente, y notaremos que hay muchos grados entre ambos; tantos, que las palabras que nosotros usamos para designarlos, "agradable" y "desagradable", se esfuman una en la otra, hasta tal punto que muchas veces somos incapaces de afirmar si una cosa nos causa placer o disgusto. Todas no son más que gradaciones de una misma cosa, como lo comprenderéis claramente por poco que meditéis sobre ello. Y aún más que esto, es posible cambiar o transmutar las vibraciones de odio por vibraciones de amor, en la propia mente y en la mente de los demás, lo que es considerado como lo más importante por los ocultistas. Muchos de los que leéis estas páginas habréis tenido experiencias en vosotros mismos y en los demás de la rápida e involuntaria transición del amor en odio y recíprocamente. Y ahora comprenderéis la posibilidad de efectuar esto por medio del poder de la voluntad, de acuerdo con las fórmulas herméticas. <u>El "**Bien**" y el "**Mal**" no son sino los polos de una misma y sola cosa, y el discípulo comprende y conoce perfectamente el arte de transmutar el mal en el bien, aplicando inteligentemente el principio de polaridad</u>. En una palabra, el "**arte de polarizar**" se convierte en una fase de la *alquimia mental*, conocida y practicada por los antiguos y modernos Maestros ocultistas.

> "La perfecta comprensión de este principio capacita para cambiar la propia polaridad, así como la de los demás, si uno se toma el tiempo y estudia lo necesario para dominar este arte"

V. EL PRINCIPIO DEL RITMO

"Todo fluye y refluye; todo tiene sus períodos de avance y retroceso; todo asciende y desciende; todo se mueve como un péndulo; la medida de su movimiento a la derecha, es la misma que la de su movimiento hacia la izquierda; el ritmo es la compensación".

Este principio encierra la verdad de que todo se manifiesta en un determinado movimiento de **ida** y **vuelta**; un **flujo** y **reflujo**, una oscilación de péndulo entre los dos polos que existen de acuerdo con el principio de polaridad. Hay siempre una acción y una reacción, un avance y un retroceso, una ascensión y un descenso. Y esta ley rige para todo: soles, mundos, animales, mente, energía, materia. Esta Ley lo mismo se manifiesta en la creación como en la destrucción de los mundos, en el progreso como en la decadencia de las naciones, en la vida, en las cosas todas, y, finalmente, en los estados mentales del hombre, y es con referencia a esto último que creen los hermetistas que este principio es el más importante. Los hermetistas han descubierto este principio, encontrándolo de aplicación universal, y han descubierto, asimismo, ciertos métodos para escapar a sus efectos, mediante el empleo de las fórmulas y métodos apropiados. Emplean para ello la ley mental de *neutralización*. No pueden anular el principio o impedir que opere, pero han aprendido a eludir sus efectos hasta un cierto grado, grado que depende del dominio que se tenga de dicho ***principio*. Saben cómo usarlo, en vez de ser usados por él**. En este y en otros parecidos métodos consiste la ciencia Esotérica.

> El Maestro se polariza a sí mismo en el punto donde desea quedarse, y entonces neutraliza la oscilación rítmica pendular que tendería a arrastrarlo hacia el otro polo.

Todos los que han adquirido cierto grado de dominio sobre sí mismos ejecutan esto hasta cierto punto, consciente o inconscientemente, pero el Maestro lo efectúa conscientemente. Y por el solo poder de su voluntad alcanza un grado tal de estabilidad y firmeza mental casi imposible de concebir por esa inmensa muchedumbre que va y viene en un continuado movimiento ondulatorio impulsada por ese principio de ritmo. Este, así como el de la polaridad, han sido cuidadosamente estudiados por los ocultistas, y los métodos de **contrabalancearlos**, **neutralizarlos** y **emplearlos**, forman una de las partes más importantes de la "Alquimia Mental" hermética.

VI. EL PRINCIPIO DE CAUSA Y EFECTO

"Toda causa tiene su efecto; todo efecto tiene su causa; todo sucede de acuerdo con la Ley; la suerte no es más que

el nombre que se le da a una ley no conocida; hay muchos planos de causalidad, pero nada escapa a la Ley".

Este *principio* encierra la verdad de que todo efecto tiene su causa, y toda causa su efecto. Afirma que nada ocurre casualmente y que todo sucede conforme a la Ley. La suerte es una palabra varia, y si bien existen muchos planos de causas y efectos, dominando los superiores a los inferiores, aún así ninguno escapa totalmente a la Ley. Los ocultistas conocen los medios y los métodos por los cuales se puede ascender más allá del plano ordinario de causas y efectos, hasta cierto grado, y alcanzando mentalmente el plano superior se convierten en causas en vez de efectos. Las gentes se dejan llevar, arrastradas por el medio ambiente que las envuelve o por los deseos y voluntades de los demás, si éstos son superiores a las de ellas. La herencia, las sugestiones y otras múltiples causas externas las empujan como autómatas en el gran escenario de la vida. Pero los Maestros, habiendo alcanzado el plano superior, dominan sus modalidades, sus caracteres, sus cualidades y poderes, así como el medio ambiente que los rodea, convirtiéndose de esta manera en dirigentes, en vez de ser los dirigidos. Ayudan a las masas y a los individuos a divertirse en el juego de la vida, en vez de ser ellos los jugadores o los autómatas movidos por ajenas voluntades. Utilizan el *principio*, en vez de ser sus instrumentos.

Los Maestros obedecen a la CAUSACIÓN de los planos superiores en la que se encuentran, pero prestan su colaboración para regular y regir en su propio plano. En lo dicho está condensado un valiosísimo conocimiento espiritual práctico: que el que sea capaz de leer entre líneas lo descubra, es nuestro deseo. Ya en un capítulo anterior sobre el KARMA hemos ahondado bastante sobre este principio o Ley.

VII. EL PRINCIPIO DE GENERACIÓN

"La generación existe por doquier; todo tiene sus principios masculino y femenino; la generación se manifiesta en todos los planos"

Este ***principio*** encierra la verdad de que la generación se manifiesta en todo, estando siempre en acción los principios masculino y femenino. Esto es verdad, no solamente en el plano físico, sino también en el mental y en el espiritual. En el mundo físico este principio se manifiesta como "***sexo***", y en los planos superiores toma formas más elevadas, pero el **principio** que subsiste siempre el mismo. Ninguna creación física, mental o espiritual, es posible sin este principio. La comprensión del mismo ilumina muchos de los problemas que tanto han confundido la mente de los hombres. Este ***principio*** creador obra siempre en el sentido de "generar", "regenerar y "crear".

Cada ser contiene en sí mismo los dos elementos de este principio. Si deseáis conocer la filosofía de la creación, generación y regeneración mental y espiritual, debéis estudiar este principio hermético, pues él contiene la solución de muchos de los misterios de la vida. Os advertimos que este ***principio*** nada tiene que ver con las perniciosas y degradantes teorías, enseñanzas y prácticas, que se anuncian con llamativos títulos, las que no son más que una prostitución del gran principio natural de generación. Tales teorías y prácticas no son más que la resurrección de las antiguas doctrinas fálicas, que sólo pueden <u>producir la ruina de la mente, del alma y del cuerpo</u>, y la Filosofía hermética siempre ha alzado su verbo de protesta contra esas licencias y perversiones de los principios naturales. Si lo que deseáis son tales enseñanzas, debéis irlas a buscar a otra parte: el verdadero ocultismo nada contiene sobre ellas. Para el puro todas las cosas son puras; para el ruin todas son ruines.

Leyes del Orden del Universo

Puede decirse que todas las normas, códigos, leyes políticas, pensamientos y creencias religiosas, de cualquier grupo de hombres, naciones e instituciones internacionales que sean, están dentro del Principio Único. Éste acepta e integra a todos. Incluso los fallos y errores, con relación al Orden Universal, los asume, dándoles la luz adecuada para su integración correcta en Él. Esta integración, que, como llave se ha dicho, contiene todo, está resumida en las siguientes leyes:

1ª. Todo comienzo tiene un fin.
2ª. Toda cara contiene un dorso.
3ª. Nada hay idéntico.
4ª. A mayor anverso, mayor reverso.
5ª. Todo antagonismo es complementario.
6ª. Todo cambia.
7ª. Todo proviene del Uno-Infinito.

Estas leyes Universales es evidente que para nuestras modernas mentalidades occidentales han de parecernos banales e intrascendentes en su esquematismo. Mas si sabemos despojarnos de nuestros condicionamientos formalistas y continuamos acercándonos a esta extraña comprensión, acabaremos por entrar en el reino de lo Real. Por lo pronto adelantemos diciendo que los siete apartados anteriores son dinámicos. Que pertenecen a la Lógica Universal, por lo que superan a la lógica formal, que es estática. Pueden aplicarse a toda situación, nivel y a todas las cosas y seres existentes en el mundo de la relatividad. Y, además, unifican todos los antagonismos. La lógica formal, como producto del pensamiento que se erige en absoluto, es rígida, ya que es sólo un simple instante de la vida del Universo. Mientras que la lógica Universal es una imagen viva de toda la vida y de toda cosa. La lógica formal destruye la continuidad. El principio de identidad, el de *no-contradicción*, son sólo una imagen estática, acabada y encerrada en el mundo fijo y determinado de la apariencia construida por nuestros sentidos físicos o nuestros instrumentos. Nada es estable o constante en el mundo de lo relativo. Quienes no vean lo anterior, buscarán constantes que siempre serán ilusorias. Así, todo lo que ellos piensan ser constante no es más que un «snap» o fogonazo instantáneo, ilusorio, no vivo, infinitesimal del Universo Infinito y Eterno. Los ojos analíticos son ciegos al Universo Infinito.

COMENTARIOS PRÁCTICOS SOBRE LOS PRINCIPOS Y LEYES UNIVERSALES TRANSMUTACION MENTAL

"La mente, así como todos los metales y demás elementos, pueden ser transmutados, de estado en estado, de grado en grado, de condición en condición, de polo a polo, de vibración en vibración. La verdadera transmutación ocultista es una práctica, un método, un arte mental".

El primero de los siete principios herméticos es el de mentalismo, que afirma que "el TODO es mente, que el universo es mental". Lo que significa que la única realidad que se oculta tras todo cuanto existe es mente; y el universo en sí mismo es una creación mental, esto es, existe en la mente del **Todo**.

Si el universo es de naturaleza mental; entonces la transmutación mental debe ser el arte de cambiar o transformar las condiciones del universo. Trátese de la materia, de la energía o de la mente. Así que esa transmutación no es otra cosa que la *magia*, de la que tanto han hablado los escritores antiguos en sus obras místicas, pero acerca de la cual daban tan pocas instrucciones prácticas. Si todo es mental, entonces la posesión del medio que permita transmutar las condiciones mentales debe hacer del Maestro dirigente y controlador de las condiciones materiales, así como de las operaciones llamadas mentales.

Es muy cierto que nadie, excepto los *alquimistas mentalistas* más avanzados, han alcanzado el grado de poder necesario para dominar las condiciones físicas más densas, tales como los elementos de la naturaleza, la producción y cesación de las tempestades, la producción y cesación de terremotos u otros fenómenos físicos de cualquier clase, pero que tales hombres existieron y que existen es una cosa que no duda ningún ocultista, sea de la escuela que sea. Tengamos presente, y esto es cátedra ocultista que: **Todo es energía, y que la energía sigue al pensamiento**. *Esta es la clave Maestra* que jamás debemos olvidar.

Si estamos deprimidos pensemos en algo alegre. Si tenemos miedo pensemos que somos Hércules. Si ya no tenemos fuerzas para seguir en el camino pensemos y recordemos que somos Dios. Así, pues a través del poder del pensamiento vencemos cualquier obstáculo e impedimento natural. "*El Hombre se convierte en lo que piensa*". Aprendamos el Arte De La Trasmutación Mental y volveremos a ser lo que en un principio fuimos, Los Reyes De La Creación.

La Ley de Correspondencia y Analogía

EL organismo humano representa un microcosmos construido exactamente a imagen del universo, el macrocosmos. Lo cual significa que entre el hombre y el universo existen analogías. Toda la ciencia esotérica está basada en la ley de analogía. El hombre es infinitamente pequeño y el cosmos infinitamente grande, pero entre lo infinitamente pequeño y lo infinitamente grande hay analogías: cada órgano de nuestro cuerpo es afín con alguna región del cosmos. Evidentemente no debemos imaginar que el cosmos posee órganos como los nuestros, pero en esencia nuestros órganos y los «órganos» del cosmos tienen algo idéntico, y por la ley de afinidad, podemos tocar en el espacio las fuerzas, los centros y los mundos que corresponden a ciertos elementos que hay en nosotros. Así el conocimiento de esas correlaciones nos presenta perspectivas sorprendentes.

Entre el hombre y el universo, entre el microcosmos y el macrocosmos, existe una correspondencia absoluta, pero por su manera de vivir el hombre ha destruido esta relación ideal, perfecta, con el macrocosmos, con Dios. Ahora toda la cuestión radica en poder restablecerla. Del mismo modo, cada espíritu que baja a encarnarse en la tierra, posee órganos e instrumentos correspondientes a todas las virtudes y cualidades que hay arriba, en el Cielo, y por eso todo es posible para él; progresivamente, si conoce y respeta las leyes, puede alcanzar los más grandes logros. ¿Cuáles son estas leyes? Supongamos que tenemos dos diapasones absolutamente idénticos: si hacéis vibrar uno, observaréis que el otro también vibra sin que ni siquiera lo hayamos tocado. <u>Decimos que hay resonancia</u>. Todo el mundo conoce este fenómeno, pero no intentamos profundizar, ni comprendemos que lo mismo ocurre exactamente entre el ser y el cosmos. Si el hombre consigue afinar su estado físico y psíquico con las vibraciones del universo podrá alcanzar los poderes celestes e intercambiar energías con ellos, recibiendo así ayuda y consuelo; es una manera de comunicarse.

"Nada reposa; todo se mueve; todo vibra"

EL tercer Gran Principio Hermético -el Principio de la Vibración- encierra la verdad de que el movimiento se manifiesta en todo el Universo. Nada está en reposo, todo se mueve, vibra y circula. La ciencia moderna ha comprobado que todo lo que llamamos materia y energía no es más que <u>***modos de movimiento vibratorio***</u>", y algunos de los más avanzados hombres de ciencia se están encaminando rápidamente hacia el punto de vista que los ocultistas tienen sobre los fenómenos de le mente: <u>simples modos de **vibración o movimiento**</u>. Veamos ahora lo que la ciencia tiene que decir sobre las vibraciones en la materia y en la energía. Los hombres de ciencia proponen como ilustración para ver los efectos del aumento de vibración una rueda girando con gran rapidez. Supongamos primeramente que la rueda gira lentamente. Entonces diríamos que es un "objeto". Si el objeto gira lentamente lo podremos ver fácilmente, pero no sentimos el menor sonido. Aumentándose gradualmente la velocidad en pocos momentos se hace ésta tan rápida que comienza a oírse una nota muy baja y grave. Conforme sigue aumentando la velocidad la nota se va elevando en la escala musical, y así se van distinguiendo unas tras otras las diversas notas conforme aumenta la velocidad de rotación. Finalmente, cuando el movimiento ha llegado a cierto límite se llega a la última nota perceptible por el oído humano, y si la velocidad aumenta aún, sigue el mayor silencio. Nada se oye ya, pues la intensidad del movimiento es tan alta que el oído humano no puede registrar sus vibraciones. Entonces comienzan a percibirse poco a poco sucesivos grados de color. Después de un tiempo el ojo comienza a percibir un oscuro color rojo. Este rojo va haciéndose cada vez más brillante. Si la velocidad sigue aumentando el rojo se convertirá en anaranjado, el anaranjado en amarillo. Después seguirán sucesivamente matices verdes, azules y añil, y finalmente aparecerá el matiz violeta. La velocidad se acrecienta más aún: entonces desaparece todo color, porque el ojo humano ya no puede registrarlos. Pero ciertas radiaciones humanas emanan del objeto en revolución: los rayos que se usan en la fotografía y otras radiaciones sutiles de la luz. Después comienzan a manifestarse los rayos conocidos bajo el nombre de X, y más tarde empiezan a emanarse electricidad y magnetismo. Cuando el objeto ha alcanzado un alto grado de vibración, sus moléculas se desintegran, resolviéndose en sus elementos originales o átomos. Después de los átomos, según el principio de vibración, se separarían en innumerables corpúsculos o electrones, de los que están compuestos. Y, finalmente, hasta los corpúsculos desaparecerían y podría decirse que el objeto estaría compuesto por substancia etérea. La ciencia no se atreve a llevar la ilustración más allá, pero los herméticos dicen que si las vibraciones continuaran aumentando el objeto pasaría sucesivamente por estados de manifestación superiores, llegando al plano mental y después al espiritual, hasta ser por último reabsorbido en el TODO que es el Espíritu Absoluto.

Pero la doctrina hermética va mucho más allá que la ciencia moderna, y afirma que toda manifestación de pensamiento, emoción, razón, voluntad, deseo o cualquier otro estado mental, va acompañada por vibraciones, parte de las cuales se emanan al exterior y tienden a afectar las mentes de los demás por "*inducción*". Esta es la causa de la telepatía, de la influencia mental y de otros efectos del poder de una mente sobre otra, la que ya va siendo del dominio público, debido a la gran cantidad de obras de ocultismo que están publicando discípulos e instructores sobre estas materias. *<u>Cada pensamiento, emoción o estado mental tiene su correspondiente intensidad y modalidad vibratoria</u>*. Y, mediante un esfuerzo de la voluntad de la persona o de otras, esos estados mentales pueden ser reproducidos, así como una nota musical puede ser reproducida haciendo vibrar las cuerdas de un instrumento con la velocidad requerida, o como se puede reproducir un color cualquiera. Conociendo el Principio de Vibración, aplicado a los fenómenos mentales, uno puede polarizar su mente en el grado que quiera, obteniendo así un perfecto dominio y contralor sobre sus estados mentales. De la misma manera, podrá afectar las mentes de los demás, produciendo en ellos los requeridos estados mentales. En una palabra, podrá producir en el Plano Mental lo que la ciencia produce en el físico, o sea, las vibraciones a voluntad. Este poder, por supuesto, puede adquirirse únicamente mediante las instrucciones, ejercicios y prácticas apropiadas, siendo la ciencia que las enseña, la de la "*transmutación mental*".

<u>**La Polaridad, líneas de polarización.**</u>

"**Todo es dual; todo tiene polos; todo su par de opuestos: los semejantes y desemejantes son los mismos; los opuestos son Idénticos en naturaleza, difiriendo sólo en grado; los extremos se tocan; todas las verdades son semiverdades; todas las paradojas pueden reconciliarse**".

<u>Este hecho es el que permite al Discípulo **transmutar** un estado mental en otro, siguiendo las líneas de polarización.</u>

Las cosas de diferente clase no pueden transmutarse unas en otras, pero sí las de igual clase. Así pues, el Amor no podrá convertirse en Este u Oeste, o Rojo o Violeta, pero puede tornarse en Odio, e igualmente el Odio puede tornarse en Amor cambiando su polaridad. El valor puede transmutarse en miedo y viceversa. Las cosas duras pueden tornarse blandas, las calientes en frías, y así sucesivamente, efectuándose siempre la transmutación entre cosas de la misma clase, pero de grado diferente. Tratándose de un hombre cobarde, si se elevan sus vibraciones mentales a lo largo de la línea Miedo-Valor, se llenará de valentía y desprecio por el peligro. E igualmente el perezoso puede hacerse activo y enérgico, polarizándose simplemente a lo largo de las líneas de la deseada cualidad. Además del cambio de los polos de los propios estados mentales mediante la aplicación del arte de la polarización, el fenómeno de la influencia mental, en sus múltiples fases, demuestra que el principio puede extenderse hasta abarcar los fenómenos de la influencia de una mente sobre otra.

El Ritmo.

> "Todo fluye y refluye, todo asciende y desciende; la oscilación pendular use manifiesta en todas las cosas; la medida del movimiento hacia la derecha es la misma que el de la oscilación a la izquierda; el Ritmo es la compensación".

El Quinto Gran Principio Hermético -el Principio del Ritmo- encierra la verdad de que en todo se manifiesta una oscilación medida, movimiento de **ida** y **vuelta**, un **flujo** y **reflujo**, un movimiento semejante al del péndulo, una marea con su sube y baja, manifestándose siempre entre los dos polos, los planos físico, mental y espiritual. El principio del Ritmo está estrechamente relacionado con el principio de polaridad, descrito en el capítulo anterior. El ritmo se manifiesta entre los dos polos establecidos por el principio de polaridad. Esto no significa, sin embargo, que la oscilación rítmica vaya hasta los extremos de cada polo, pues esto sucede rarísimas veces. En realidad, es muy difícil establecer los opuestos polares extremos en la mayoría de los casos. *Pero la oscilación es siempre "hacia" un polo primero, y después "hacia" el otro*.

Moles, mundos, hombres, animales, vegetales minerales, energías, fuerzas, mente y materia, y hasta el mismo espíritu manifiestan este principio. El principio se manifiesta en la creación y destrucción de los mundos, en la elevación y caída de las naciones, en la historia de la vida de todas las cosas, y finalmente, en los estados- mentales del hombre. La noche sigue al día y el día a la noche. **No hay tal reposo absoluto o cesación de movimiento. Todo movimiento participa del Ritmo**. Este principio es de aplicación universal. Puede ser aplicado a cualquier cuestión o fenómeno de las muchas fases de la vida. Puede aplicarse a todas las fases de la humana actividad. Siempre existe la oscilación rítmica de un polo a otro. Los Maestros de Sabiduría descubrieron que en tanto que el principio del Ritmo era invariable, y evidente en todos los fenómenos mentales, había dos planos de manifestación en lo que a los fenómenos mentales concernía. Descubrieron que había dos planos generales de conciencia, el Inferior y el Superior, y este descubrimiento les permitió elevarse al plano superior, escapando a la oscilación del péndulo rítmico que se manifestaban en el plano inferior. En otras palabras, la oscilación del péndulo se produce en el plano inconsciente y la conciencia no queda, por consiguiente, afectada. A esta ley la llamaron la **Ley de la Neutralización**. Su operación consiste en elevar al Ego sobre las vibraciones del plano inconsciente de la actividad mental, de manera que la oscilación negativa del péndulo no se manifieste en la conciencia y no quede uno afectado por ella. *Es lo mismo que levantarse por encima de una cosa y dejar que pase ésta por debajo de uno*. El instructor o discípulo ocultista se polariza a sí mismo en el polo requerido, y por un procedimiento semejante a *"rehusar"* el participar en la oscilación retrógrada, o si se prefiere, *"negando"* su influencia sobre él, se mantiene firmemente en su posición polarizada, y permite al péndulo mental oscilar hacia atrás en el plano inconsciente. Todo hombre, que en mayor o menor grado, ha adquirido cierto dominio de sí mismo, realiza esto más o menos conscientemente, impidiendo que sus modalidades o estados mentales negativos lo afecten, mediante la aplicación de la ley de la neutralización. El maestro, sin embargo, lleva esto hasta un grado muchísimo mayor de eficacia y preeficiencia, y mediante su voluntad, llega a un grado de equilibrio e inflexibilidad mental casi imposible de concebir por aquellos que se dejan llevar y traer por el péndulo mental de sus sentimientos y modalidades.

Existen, además, otras particularidades en la operación de este Principio del Ritmo, cuando dice: ***"La medida de la oscilación hacia la derecha, es la misma que la de la oscilación a la izquierda: el Ritmo es la compensación"***. La ley de compensación es la que hace que la oscilación en una dirección determine otra oscilación en sentido contrario, y así se equilibran mutuamente.

Pero el hermético la lleva aún más allá. Y afirma que los estados mentales están sujetos a la misma ley. El hombre capaz de gozar agudamente es también capaz de sufrir en igual grado. El que sólo es capaz de escaso dolor, tampoco puede gozar más que escaso placer. El cerdo sufre mentalmente muy poco; pero en cambio, tampoco puede gozar gran cosa: está compensado. Pero, además, el hermético sostiene que el maestro o el discípulo avanzado es capaz, en grado superlativo, de rehuir la oscilación hacia el dolor, realizando el proceso de neutralización a que aludiéramos anteriormente. Ascendiendo al plano superior del ALMA, se evitan muchas de las experiencias que llegan a los que habitan en planos inferiores.

AXIOMAS HERMETICOS

"La posesión del Conocimiento, si no va acompañada por una manifestación y expresión en la práctica y en la obra, es lo mismo que el enterrar metales preciosos: una cosa vana e inútil. El Conocimiento, lo mismo que la Fortuna, deben emplearse. La ley del uso es universal, y el que viola sufre por haberse puesto en conflicto con las fuerzas naturales".

El Kybalión

Damos a continuación algunos de los más importantes **axiomas herméticos**, tomados del "Kybalión", con algunos comentarios agregados. Que cada uno los haga suyos y los practique y emplee, porque nunca serán realmente una posesión propia hasta que se los haya llevado a la práctica.

"Para cambiar vuestra característica o estado "mental", cambiad vuestra vibración".

Uno puede cambiar sus vibraciones mentales, mediante un esfuerzo de la voluntad, fijando la atención deliberadamente sobre el estado deseado. La voluntad es la que dirige a la atención, y ésta es la, que cambia la vibración. Cultívese el arte de estar atento, por medio de la voluntad, y se habrá resuelto el problema de dominar las propias modalidades y estados de la mente.

"Para destruir un grado de vibración no deseable, póngase en operación el principio de polaridad y concéntrese la atención en el polo opuesto al que se desea suprimir. Lo no deseable se mata cambiando su polaridad".

Esta es una de las más importantes fórmulas herméticas y está basada sobre verdaderos principios científicos. Los modernos psicólogos conocen ese principio y lo aplican para disolver los hábitos no deseables, aconsejando a sus discípulos la concentración sobre la opuesta cualidad. Si uno tiene miedo, es inútil que pierda su tiempo tratando de matar el miedo, sino que debe cultivar el valor, y entonces el miedo desaparecerá. Algunos autores han expresado esta idea, ilustrándola con el ejemplo de una habitación oscura. No hay que perder el tiempo tratando de arrojar afuera a la oscuridad sino que es muchísimo mejor abrir las ventanas, y dejar "entrar la luz", y la oscuridad desaparecerá por sí sola. Para matar una cualidad negativa es necesario concentrarse sobre el polo positivo de esa misma cualidad, y las vibraciones cambiarán gradualmente de negativas en positivas, hasta que finalmente se polarizará en el polo positivo, en vez de estarlo en el negativo.

> "La mente, así como los metales y los elementos "pueden transmutarse" de grado en grado, "de condición en condición, de polo a polo, de vibración en vibración".

Dominar la polaridad significa dominar los principios de la transmutación o alquimia mental; porque salvo que se adquiera el arte de cambiar la propia polaridad, no se podrá afectar el ambiente que nos rodea. Si comprendemos ese principio podemos cambiar nuestra propia polaridad, así como la de los demás, siempre que dediquemos a ello el tiempo necesario, el cuidado, el estudio y práctica necesaria para dominar ese arte. El principio es verdad, pero los resultados que se obtienen dependen de la persistente paciencia y práctica del estudiante.

> "El Ritmo puede neutralizarse mediante el Arte de la Polarización".

Los ocultistas enseñan que la ley de la **neutralización** nos capacita, en gran medida, a sobreponernos a la operación del Ritmo en la conciencia. Como ya hemos explicado, existe un plano de conciencia superior, así como uno inferior, y el maestro, elevándose mentalmente al plano superior, hace que la oscilación del péndulo mental se manifieste en el plano inferior, mientras él permanece en el otro, librando, así a su conciencia de la oscilación contraria. Esta se efectúa polarizándose en el Yo Superior, elevando así las vibraciones mentales del Ego sobre el plano de conciencia ordinario. Es lo mismo que levantarse por encima de una cosa y permitir que ésta pase por debajo. El hermético avanzado se polariza en el polo positivo de su ser, el **Yo Soy**, más bien que en el polo de su personalidad, y rehusando y negando la operación del Ritmo, se eleva sobre su plano de conciencia, permaneciendo firme en su afirmación de ser, y la oscilación pasa en el plano inferior, sin cambiar para nada su propia polaridad. Esto lo realizan todos los individuos que han alcanzado cualquier grado de dominio propio, comprendan o no la ley. El maestro, por supuesto, alcanza un mayor grado de perfeccionamiento porque comprende perfectamente la ley que está dominando con la ayuda de una ley superior y mediante su voluntad adquiere un grado de equilibrio y firmeza casi imposible de concebir por los que se dejan llevar de un lado a otro por las oscilaciones de la emotividad.

Recuérdese siempre, sin embargo, que el principio del Ritmo no puede ser destruido, porque es indestructible. Sólo es posible sobreponerse a una ley equilibrándola con otra, manteniéndose así el equilibrio. Las leyes del equilibrio operan tanto en el plano mental como en el físico, y la comprensión de esas leyes le permite a uno sobreponerse a ellas, **contrabalanceándolas**.

> "Nada escapa al principio de causa y efecto, pero hay muchos planos de Causación y uno puede emplear las leyes del plano superior para dominar a las del inferior".

Comprendiendo la práctica de la polarización, el hermético se eleva al plano superior de causación, equilibrando así las leyes de los planos inferiores. Elevándose sobre el plano de las causas ordinarias se convierte uno, hasta cierto punto, en una causa en vez de ser un simple efecto. Pudiendo dominar los sentimientos y modalidades propias, y neutralizando el ritmo, se puede rehuir gran parte las operaciones de la ley de causa y efecto en el plano ordinario. Las masas se dejan arrastrar, obedeciendo al ambiente que las rodea, a las voluntades y deseos de algunos hombres más fuertes que ellas, a los efectos de las tendencias heredadas o a las sugestiones u otras causas exteriores, no siendo más que simples fichas en el tablero de ajedrez de la vida. Elevándose sobre esas causas, el hermético avanzado busca un plano de acción mental superior, y dominando sus propias cualidades, se crean un nuevo carácter, cualidades y poderes, mediante los cuales se sobreponen a su ambiente ordinario, haciéndose así directores en vez de dirigidos. Por supuesto, aún los seres más elevados están sujetos a este principio según se manifiesta en los planos superiores, pero en los inferiores son señores y no esclavos.

Según dice el Kybalión:

"El sabio sirve en lo superior, pero rige en lo inferior". "Obedece a las leyes que están por encima de él, pero en su propio plano y en las que están por debajo de él rige y ordena. Sin embargo, al hacerlo forma parte del principio en vez de oponerse al mismo". "El sabio se sumerge en la Ley, y comprendiendo sus movimientos, opera en ella en vez de ser su ciego esclavo. Semejantemente al buen "nadador", va de aquí para allá, según su propia voluntad, en vez de dejarse arrastrar como el madero que flota en la corriente. Sin embargo, el "nadador" y el madero, el sabio y el ignorante, están todos sujetos a la ley. Aquel que esto comprenda va en el buen camino que conduce al Adeptado".

Para concluir, recordaremos nuevamente el axioma hermético que dice que "La verdadera transmutación hermética es un arte mental". En dicho axioma el hermético indica que el ambiente externo se influencia mediante el poder de la mente. El Universo, que es totalmente mental, puede ser solamente dominado mediante la mentalidad. Si éste es mental, en su naturaleza Intrínseca, fácilmente se deduce que la transmutación mental debe modificar y transformar las condiciones y los fenómenos del Universo, y que la mente debe ser el mayor poder que pueda afectar sus fenómenos. Si se comprende esta verdad, todos los llamados milagros y maravillas dejarán de tener punto alguno oscuro, porque la explicación es por demás clara y sencilla.

"El TODO es mente: el Universo es "mental".

Capítulo. XVI

El sagrado camino de los yogas

"Los Caminos hacia la Unión"

Para la elaboración de este capítulo hemos consultado y extraído algunos fragmentos de los siguientes Libros:

"Hatha Yoga", Antonio Blay
"Los Misterios del Yoga", Vicente Beltran Anglada
"La Luz del Alma", Alice A.Bailey

Introducción

El gran escritor e investigador orientalista Antonio Blay Fontcuberta comenta al respecto del Yoga en Occidente: *Hoy día parece ser que está de moda el Yoga. Ha entrado en Occidente una verdadera avalancha de publicaciones de toda índole sobre este tema: libros, artículos en revistas, programas en la televisión, etc. Todo ello ha dado popularidad al Yoga, aunque sería difícil juzgar si para bien o para mal del Yoga mismo.*

El Yoga, como tantas otras cosas, ha sufrido las consecuencias del tipo de información periodística que hoy domina en

Occidente, de cara al sensacionalismo y al objetivo fácil que, sin conocer a fondo las cosas, las tergiversa fácilmente. Nada tiene de extraño cuando lo que interesa ante todo es halagar los deseos y gustos de la gente. Entonces conviene adaptar el Yoga a la mentalidad del público, en lugar de presentarlo tal como es, cosa que supondría obligar al lector a adaptarse él mentalmente al Yoga si quiere comprenderlo. De modo que lo que suele ofrecerse como Yoga lo es todo menos verdadero Yoga. El mismo fenómeno está ocurriendo ahora con las disciplinas del budismo **Zen**, muy en boga sobre todo en Estados Unidos y que está empezando a divulgarse ya también en Europa. Son valores del mundo oriental que han caído en manos de las revistas y de la información periodística y se editan muchos engendros extravagantes con el pretexto de la divulgación. Aunque no negamos, por otro lado, que existan publicaciones de verdadero mérito sobre estas materias.

¿Que es el yoga?

El Yoga es un conjunto de técnicas muy elaboradas que conducen a un claro, intenso y permanente conocimiento de sí mismo, el cual implica a su vez un estado interior de paz, serenidad, fortaleza y comprensión intuitiva de las verdades esenciales de la vida. Es éste un estado real y definitivo que por no ser producto de ningún artificio intelectual sino de un auténtico desarrollo en amplitud y profundidad de nuestra mente, resiste toda prueba de tiempo, de oscilaciones de salud y de cualquier vaivén de las circunstancias tanto familiares como profesionales y sociales.

El Yoga en su verdadero sentido podremos entenderlo sólo en la medida en que lo practiquemos, pues si, por un lado, es un conjunto de técnicas, estas técnicas están ordenadas a manejar estados interiores, y ha de pasarse de un estado a otro, como por fases sucesivas. Sin esta experiencia, aunque no sea más que parcial, no es posible tener una noción concreta, real de lo que es el Yoga.

El que se adhiere al Yoga buscando en él una tabla segura, algo sólido en que apoyarse y que le compense de su inseguridad psicológica, se ha equivocado de camino. El Yoga no es una técnica para neuróticos, o una superstición, o un asidero en que refugiarse, como se hace con frecuencia con otras materias o doctrinas. **_El Yoga es para que la persona normalmente desarrollada y ya con cierta madurez_**, pueda conseguir un desarrollo de sus facultades superiores y llegar a la evidencia de la realidad espiritual que constituye su yo central y a través de esta realización armonizarse y abrirse a la conciencia de lo Absoluto. Y con esto acabamos de expresar la finalidad última de todas las formas de Yoga. Siendo esto así, es evidente que si no hay una inquietud de tipo mental superior -de comprender el porqué de las cosas- o de ver por intuición lo que es el ser de un modo perfecto -de sentir la plenitud inherente a todo cuanto existe, de llegar a tener un amor perfecto a Dios-, si no existe esta necesidad interior de perfección, el Yoga no dirá apenas nada a quien se ponga a practicarlo.

Los Yogas son caminos que guían al hombre hasta conducirle al estado de *realización*. Este estado es la meta suprema a que puede aspirar el hombre, como tal. Pues ser un hombre *realizado* es sentirse pleno y libre interiormente, consciente y dueño de todos sus recursos personales, abierto sin temores ni complejos a la vida en todas sus manifestaciones y consiguiendo por lo tanto el máximo rendimiento con el mínimo esfuerzo en cualquiera de sus actos, que brotan con la espontaneidad y sencillez natural del canto de un pájaro o de la erupción de un volcán. Nada de extraño, pues todo esto sólo son efectos necesarios de haber entrado en contacto inmediato con la *realidad* profunda de sí mismo. El descubrimiento de esta realidad profunda es lo que se llama *realización*.

Los Yogas son muchos, porque muchos son los aspectos del ser humano. Cada aspecto es una estación de salida que se dirige al centro, a la ***realidad profunda***. Así el **Hatha-Yoga**, el más conocido de los Yogas, empieza trabajando con los miembros, órganos y funciones físicas del cuerpo; el **Raja-Yoga** parte de la mente; el **Bakthi-Yoga**, de la devoción; el **Karma-Yoga**, de la actividad ordinaria, de nuestras acciones de cada día, etc. Pero todos los Yogas tienen el mismo objetivo: **LA REALIZACIÓN**.

Los tres yogas más importantes

Tres son los principales Yogas, las demás forman parte de uno de estos grupos:
1. **Raja Yoga** .... la yoga de la mente o de la voluntad.
2. **Bhakti Yoga** .... la yoga del Corazón o del devoto.
3. **Karma Yoga** .... la yoga de la acción.

El Raja Yoga se destaca por sí misma, y de todas las yogas es la *soberana*; Es el resumen de las demás, la culminación y lo que completa la tarea de desenvolvimiento del reino humano. Es la ciencia de la mente y la voluntad plena de propósito, y somete la envoltura superior del hombre en los tres mundos, al Regidor interno. Esta ciencia coordina al triple hombre inferior, obligándolo a adoptar la posición de que sólo es el vehículo para el alma o Dios interno. Incluye los demás yogas, y se beneficia de sus realizaciones. Sintetiza el trabajo de la evolución y corona al hombre como **rey**.

El Bhaktí *Yoga* es el yoga del corazón; Consiste en someter todos los sentimientos, deseos y emociones, al bienamado, visto y conocido en el corazón. Es la sublimación de todos los amores inferiores y el sometimiento de todos los anhelos y deseos, por el único anhelo de conocer el Dios del amor y el amor de Dios.

Bhakti Yoga fue la "soberana" ciencia de la última raza raíz, la atlante, así como Raja Yoga es la gran ciencia de nuestra civilización aria. Bhakti Yoga hacía de cada exponente un **arhat** o lo conducía a la *cuarta iniciación*; Raja Yoga los convierte en **adeptos** y los lleva al portal de la *quinta iniciación*. Ambas conducen a la liberación, porque los arhats se liberan del ciclo de renacimiento, pero el Raja Yoga les otorga la libertad para prestar un total servicio y trabajar como Magos Blancos. Bhakti Yoga es el yoga del corazón y del cuerpo astral.

El Karma Yoga tiene una relación específica con la actividad del plano físico y con la transformación de los impulsos internos en manifestación objetiva. En su forma más antigua y simple, fue la yoga de la tercera raza raíz, lemuriana, y sus dos expresiones más conocidas son:

a. hatha yoga (el yoga de las posturas físicas) *y*
b. laya yoga (el yoga de los Centros).

Una tiene que ver específicamente con el cuerpo físico, su actuación consciente (no subconsciente ni automática), y las diversas prácticas que dan al hombre dominio sobre los diferentes órganos y el entero mecanismo del cuerpo físico. La otra tiene que ver con el cuerpo **etérico**, con los *centros* de fuerza o *chakras* de ese cuerpo, con la distribución de corrientes de fuerza y con el despertar del **fuego serpentino**.

Si dividimos el torso humano en tres secciones, podemos establecer que:

1. Karma Yoga dio por resultado el despertar de los cuatro centros, situados abajo del diafragma.

2. Bhakti Yoga dio por resultado su transmutación y trasferencia a los dos centros ubicados arriba del diafragma, el cardíaco y el laríngeo, en el torso.

3. Raja Yoga sintetiza todas las fuerzas del cuerpo en la cabeza, y desde allí las distribuye y controla.

Raja Yoga, de la cual **Patanjali** se ocupa principalmente, incluye los efectos de las otras. Sólo es posible su práctica después de haber sido aplicadas las demás, aunque no precisamente en esta vida. La evolución ha permitido que todos los hijos de los hombres (preparados para ser chelas o discípulos) pasen a través de las distintas razas, y en la raza lemuria (o en la cadena precedente o ciclo mayor) todos fueron yoguis de Hatha y Laya Yoga. Esto dio por resultado el desarrollo y control del doble cuerpo físico: el denso y el etérico.

Al pasar por la raza atlante se desarrolló el cuerpo astral o de deseos. La flor de esa raza fueron los verdaderos hijos y devotos de Bhakti Yoga. Ahora, en la raza actual, el más elevado de los tres cuerpos debe ser llevado a su pleno desarrollo, y Raja Yoga está destinado a hacerlo, siendo ésta la finalidad del trabajo de Patanjali. La raza aria contribuirá a la economía general con este más pleno desenvolvimiento, y todos los miembros de la familia humana (a excepción de un porcentaje que vino demasiado tarde para alcanzar el pleno florecimiento del alma) se manifestarán como hijos de Dios, con poderes divinos desarrollados y utilizados conscientemente en el plano y cuerpo físicos.

<u>Según Patanjali tres cosas efectuarán esto, conjuntamente con la práctica de ciertos métodos y reglas, y son:</u>

1. Ardiente aspiración, la dominación del hombre físico, de manera que cada átomo de su cuerpo arda en esfuerzo y fervor.

2. Lectura espiritual, se refiere a la capacidad del cuerpo mental para ver detrás del símbolo, o hacer contacto con lo subjetivo detrás del objeto.

3. Devoción a Ishvara, se relaciona con el cuerpo astral o emocional, la entrega del corazón en amor a Dios -Dios en su propio corazón, Dios en el corazón de su hermano y Dios visto en todas las formas-.

Aspiración ardiente es la sublimación del Karma Yoga. Devoción a Ishvara es la sublimación del Bhakti Yoga, mientras que la lectura espiritual es el primer paso hacia el Raja Yoga.

Breve introduccion a diferentes clases de yogas

Hemos definido anteriormente el Yoga como la ciencia de la unión, de la integración humana. En este sentido, todas las clases de Yoga tienen este mismo objetivo. Lo que determina y califica las diferentes técnicas, no es su objetivo, sino sus medios, los instrumentos y mecanismos que emplean de modo predominante para llegar a él.

Las principales clases o sistemas de Yoga son las siguientes:

1. HATHA-YOGA Utiliza el dominio externo e interno del cuerpo como punto de partida y como medio para llegar a la integración.

2. KARMA-YOGA Emplea la actividad externa, la vida activa, con renuncia progresiva al objeto de la acción.

3. BHAKTI-YOGA Es el del amor y devoción a Dios y servicio al prójimo.

4. RAJA-YOGA Utiliza el dominio interno de los mecanismos de la actividad mental.

5. GÑANA-YOGA Emplea el discernimiento y conocimiento abstracto.

6. MANTRA-YOGA Utiliza el dominio del sonido, externo e interno, y la aplicación del ritmo a determinadas combinaciones de sonidos.

7. TANTRA-YOGA Emplea el manejo de las energías psíquicas y fisiológicas.

El texto más famoso es, sin duda alguna, el de los Yoga Sutras de Patanjali, del cual existen muchísimas traducciones y no menos comentarios, (aunque nos inclinamos preferentemente por las traducciones esotéricas realizadas en el libro "***La Luz***

***del Alma*"** de Alice A. Bailey). El gran favor de Que goza se debe a que, a pesar de ser un tratado básico de Raja-Yoga, constituye una especie de síntesis, de recapitulación de varios sistemas, integrándolos en una unidad orgánica.

HATA YOGA

La palabra **Hatha** está formada de las dos voces sánscritas *Ha*, que significa Sol, y *Tha*, que significa Luna. Por lo tanto, «Hatha» es la conjunción de ambos luminares. Por Sol se entiende el principio positivo, activo, masculino de la Creación y, por consiguiente, también del hombre. Y por Luna, el principio negativo, pasivo, femenino. «Hatha» es así la unión consciente de los principios que constituyen la dualidad básica del hombre: **espíritu-materia**.

Desde un punto de vista experimental, podemos intentar definir el **Hatha-Yoga**, diciendo que es: "La técnica de integración o unificación natural del hombre mediante:

La progresiva purificación del cuerpo, el desarrollo de sus potencialidades, perfección de su funcionamiento, y creciente integración de la mente con él".

De tal modo que, mediante la regulación voluntaria del ritmo y del tono fisiológico, se determinan automáticamente ciertos estados de conciencia deseados, y, viceversa, dado un estado mental determinado, el cuerpo responde con una adaptación perfecta e inmediata, tanto en su funcionamiento interno como externo.

MANTRAM - YOGA

El significado esotérico de Mántram Yoga podría traducirse concretamente como *"el poder de la voluntad y del sonido actuando sobre los agentes dévicos"*. Un Mántram, de la clase que sea, es siempre un Sonido, que produce una vibración y esta afecta de forma real al plano correspondiente, liberando ciertas fuerzas y repercutiendo, por lo tanto, a la conciencia, y a los diferentes cuerpos, ya sean del hombre o de la naturaleza planetaria. (Sobre este tema ya hemos dedicado un capítulo anterior completo).

GNANA-YOGA

En el ***Gñana-Yoga***, o Yoga del conocimiento, el elemento fundamental de trabajo son las ideas. Es condición previa para el yogui que sigue esta enseñanza, el haber logrado un completo dominio de su vida instintiva y pasional. De modo que este Yoga requiere casi siempre el haber seguido, hasta determinado grado de aprovechamiento, otro de los Yogas que trabaja con niveles más elementales hasta haber logrado dicho dominio. Siguiendo una de las clasificaciones tradicionales de este Yoga, el conocimiento puede ser de dos clases: el *savishaya* y el *avishaya*, según que se refiera a las cosas o a Dios. **En la primera**, se pasa de la percepción externa del objeto a la percepción de la imagen del objeto, y de ahí a la percepción del concepto, hasta que se logra intuir el aspecto real y ver el aspecto relativo del fenómeno de conciencia implicado en todo el proceso. **En la segunda** fase de conocimiento, se pasa de la abstracción del mundo sensible, *asansakti*, mediante la práctica sistemática de la concentración y meditación, *dharana* y *dhyana*, hasta la identificación pura, sin pensamiento y sin objeto, *nirvikalpa*. - A pesar de la excesiva brevedad de este bosquejo, no es difícil apreciar como todo el proceso consiste en una progresiva percepción (**mediante la atención**) de niveles cada vez más interiores de la mente, desde los cuales se consigue la desidentificación de los más superficiales, hasta llegar a la percepción, de un nivel último o de conocimiento indiferenciado, idéntico a la atención central en su total realización.

El Jñana Yoga es el camino que busca la realización a través del conocimiento de la verdad. Pero hemos de ir con cuidado, pues la palabra conocimiento puede inducir a error. Aquí en Occidente, estamos acostumbrados a pensar, a documentarnos, a buscar conocimientos de las cosas. El camino del conocimiento busca conocer la verdad, pero no cualquier verdad, sino precisamente aquella que, una vez conocida permite conocer todas las demás cosas.

MAHA-YOGA

"La investigación directa de la realidad del Yo"

El **Maha-Yoga** es una modalidad del *Jñana Yoga* o Yoga del discernimiento, de la sabiduría ya mencionado. Aparece como una técnica que enseñó **Ramana Maharshi**, una de las grandes figuras de la India. Ramana Maharshi ha seguido la tradición de los maestros del Yoga.

Las Enseñanzas de **Ramana Maharshi**

"Ramana Maharshi nació en el Sur de la India, el 29 de diciembre de 1879, en un pueblo denominado Tiruchusi. Parece ser que de pequeño era un chico normal, iba a la escuela, no destacaba de un modo especial en los estudios, le gustaba jugar con los demás; en fin, era un chico corriente. Su padre murió siendo él todavía un niño, y pasó a vivir lo mismo que su madre con un tío suyo. Siempre tenía una idea dominante, sentía una atracción extraña hacia algo que consideraba muy sagrado y era un nombre que le resonaba en su interior: «***Arunachalá***». Él creía que se trataba de una divinidad, o de un personaje, de algún ser viviente, hasta que más adelante descubrió que era el nombre de un lugar, de una colina.

La vida de Ramana Maharshi, a quien de pequeño le habían puesto el nombre de Benkataraman, se transformó alrededor de los 16 ó 17 años, edad crítica para todos, y que señala un momento crucial importante para muchas personas que el día de mañana destacan en un campo u otro. Es una crisis que se extiende a todos los aspectos y que coincide con la fase de desarrollo puberal. El púber experimenta una necesidad grande de afirmación personal. Es también frecuente a esta edad que surja un intenso miedo a la muerte. Pues bien, Ramana Maharshi sufrió una crisis, por darle un nombre, un cambio del ritmo de su vida. De repente se le planteó el problema de «**quién era él**» y «**qué era la muerte**». Y estas preguntas cobraron tanta fuerza en él que las dramatizó y quiso vivirlas. Para ello se extendió en el suelo y dijo**:** «*voy a ver ahora qué soy yo. Yo soy el cuerpo. Pero el cuerpo muere. Entonces, ¿qué queda?*». Procuró sentirse todo él muerto, retirar todas las energías vitales de su organismo, aislarse de todo lo que él consideraba su vida orgánica. Parece ser que entonces le vino una fuerza interior que le produjo esta evidencia, este descubrimiento de que él no era el cuerpo sino que él estaba estrechamente unido con lo que es la fuente de toda vida. Trascendió en unos minutos esto que normalmente nos cuesta tanto trascender a todos nosotros ".

¿Quién soy yo en realidad?

Enseñaba una cosa muy sencilla: «*de lo único que debemos preocuparnos es de buscar nuestra realidad, nuestra verdad. Cuando digo «yo» ¿qué es lo que quiero decir? ¿qué es realmente este «yo»?. Si hay una realidad la hemos de buscar en esto que nosotros vivimos como lo más real, mi «yo»; busquemos esa realidad y una vez la vivamos, una vez descubramos qué es realmente este yo, entonces descubriremos las demás cosas*». Pero el primer conocimiento básico que hemos de obtener es el conocer realmente qué es el «*yo*».

TANTRA-YOGA

El **Tantra-Yoga** ofrece una concepción del hombre y del universo sobre la que se apoyan las técnicas que usan todos los demás Yogas. Constituye, pues, desde este punto de vista, lo que en Occidente llamaríamos fundamento *psico-fisiológico* de los Yogas.

El **Tantra** es un camino abierto y andado por miles de Yoguis que han hecho de sí mismos verdaderos laboratorios vivientes de pacientísima experimentación a través de cientos y aún miles de años, dejando cada uno a sus sucesores los planos de la senda recorrida. Con su trabajo interior, alcanzaron en grado excepcional un conocimiento y un dominio de sí mismos que forma toda una sabiduría acerca del psíquismo humano y de los mecanismos de su funcionamiento y desarrollo. Ellos llegan a vivir de modo permanente la total posesión de sí mismos, de su *realidad profunda* y de todas sus facultades, en especial de las mentales y espirituales, abiertos por completo hacia Dios, hacia sus semejantes y hacia el mundo que les rodeaba, en comunicación plena con los demás y con la naturaleza.

Se magnifica el aspecto femenino, es decir, de la *manifestación* de Dios como madre, matriz o materia - palabras todas ellas del mismo origen etimológico y de idéntico significado fundamental, el Tantra considera al hombre **como una combinación de energías**. Y, en este sentido, los tántricos intentan dirigirse de nuevo al origen, a la Madre o **Shakti**, que contiene y engendra a todos los seres, y también al hombre. Así que el Tantra-Yoga consiste, en sustancia, en la utilización de la energía para conseguir la *realización* o retorno a la *esencia espiritual* o *realidad primordial* de donde descendió la manifestación hasta sus formas inferiores, en las que ahora vivimos sumergidos y a las que nos encontramos como atados.

El tantra es un método muy apreciado por la Logia Negra, ya que mal empleado puede despertar fácilmente capacidades y poderes psíquicos inferiores. Sobre todo el llamado "tantrismo sexual" es una de dichas formulas de "la senda de la izquierda", que tratan de despertar la energía Kundalini sobre todas las cosas. El discípulo espiritual debe cuidarse de dichas técnicas inferiores, aunque parezcan muy atractivas…

KARMA-YOGA

El **Karma-Yoga** es el Yoga de la acción, o sea, cómo llegar a la autorrealización, a la liberación interior mediante la acción, mediante la acción hecha con el espíritu del Yoga. Para nosotros, occidentales, esto tiene, pues, mucha importancia. Si bien todos los Yogas son importantes, éste, por encuadrarse naturalmente en nuestro modo de vivir, lo es aún mucho más. Leemos en los libros que el Karma-Yoga consiste esencialmente en aprender a actuar, a hacer las cosas, prescindiendo de los resultados, **renunciando a los frutos de la acción**, de modo que e*l YO no* quede cogido por el *deseo de la posesión* o del disfrute de los resultados de cada acción. Cuando se nos da esta definición así, de modo tan escueto, nos quedamos más bien sorprendidos y perplejos, porque en efecto a nosotros nos parece que en la vida diaria si actuamos es precisamente para conseguir los frutos de la acción y que si hemos de renunciar a estos frutos de la acción, toda nuestra actividad deja de tener su razón de ser. Es evidente, pues, que si hemos de encontrar algo realmente positivo en el Karma-Yoga, habremos de profundizar un poco más para ver qué se oculta tras esta simple formulación. El *Karma-yoga,* o Yoga de la acción, es el de la vida dedicada a la actividad exterior, pero con renuncia total a los resultados de la acción. Las diversas fases de este Yoga podemos resumirlas como sigue:

> "En el nombre normal, la acción es siempre egocéntrica, en todo momento busca una utilidad personal. Al principio, es en un sentido más elemental o material (sensualidad, placer, comodidad, riqueza, etc.) después, es también egocéntrico, pero en un sentido más psicológico (egoísmo, vanidad, orgullo, autoridad, poder), e incluso en un sentido espiritual (perfeccionismo, orgullo espiritual). Las primeras etapas consistirán en irse desprendiendo de los móviles groseros, lo cual se hará inevitablemente a cambio de los superiores. En realidad, esta renuncia es una permuta *a posteriori,* porque la

finalidad inicial es la inferior, y es sólo después de la acción que se renuncia a su beneficio, que se sacrifica la ganancia con la otra finalidad".

Más adelante, esta renuncia puede hacerse ya en el mismo momento de la acción, y llega a abarcar toda clase de provecho personal, se convierte en una renuncia universal. Por fin, el grado más elevado consistirá en vivir la acción como puro impulso espiritual, aparte de todo apego a cualquier clase de resultados de la acción. Es el cumplimiento estricto y espontáneo de la voluntad de Dios, tal como la intuye el yogui. Para que el Yoga sea eficiente, es preciso que tanto la acción como la renuncia lleguen a hacerse con todo el ímpetu de la persona y desde lo más profundo de la mente y de la voluntad. Generalmente, este Yoga se asocia con la práctica de uno u otro de los demás Yogas, en especial con el Bhakti, Gñana o Raja. En el transcurso de este Yoga puede verse cómo la atención se va desplazando de los niveles instintivo-afectivos más inferiores a los más superiores, y, dentro de los superiores, de los superficiales a los más profundos, basta que debido a la total abnegación y renuncia (**desidentificación del *yo***), el yogui puede percibir y apoyarse exclusivamente en el puro impulso a la acción, de origen espiritual.

BAKTI-YOGA

La realización espiritual mediante el desarrollo superior de la afectividad.

El **Bhakti-Yoga** es una técnica de liberación basada en el pleno desarrollo de nuestro amor a Dios. No es necesario extendernos mucho hablando de esta forma del Yoga, aunque sea muy importante, porque en realidad la conocemos ya en Occidente. El que quiera estudiar Bhakti-Yoga sin recurrir para nada a Oriente, no tiene que hacer mas que acercarse a la vida de nuestros grandes **místicos** y encontrará en ellos un ejemplo viviente de lo que es el Bhakti-Yoga. La India no nos proporciona en este terreno un cauce nuevo, pues, al fin y al cabo, la trayectoria del alma hacia Dios es y ha de ser siempre en todas partes la misma: una apertura total hacia el Ser Supremo. Si nos ofrece nombres nuevos, clasificaciones, manifestaciones externas, distintas de las occidentales, porque la experiencia devocional se produce en Oriente de acuerdo con una formación cultural y una tradición por entero diferente de las nuestras; pero la experiencia religiosa en sí misma considerada, con independencia de estas accidentalidades, es en el fondo la misma.

En el Ashram de Gretz, el swami Siddheswarananda que era un enamorado de San Juan de la Cruz, se maravillaba de que hubiera tantos occidentales que iban a buscar enseñanzas en el Yoga y a conocer la vida de Ramanakrishna o de cualquier otro personaje importante de la mística hindú y no conocieran la vida ni las obras de un San Juan de la Cruz o de una Santa Teresa de Jesús. ¿Cómo es posible? -se preguntaba-, ¿por qué vienen a buscar con nombre sánscrito lo que tienen insuperablemente escrito en su propio lenguaje?...

Objeto Del Amor
Para el Bhakti la única realidad es Dios. Todo lo demás es ilusión; la realidad que vemos en las cosas es falsa, porque las cosas cambian, son inconsistentes. Por lo tanto de un modo natural, Dios ha de ser amado por encima de todas las cosas, más aún, el único digno de ser amado es Dios. En la India los verdaderos Bhakti-yoguis viven con todo verismo este hecho de que sólo hay amor a Dios y que en Dios se ama a las demás personas, a los animales y a la naturaleza. Toda forma de amor deriva del amor a Dios, y tiene su expresión en esta fuerza del amor a Dios, fuente única de todo amor. Por Dios se ama a la mujer y a los hijos y a los parientes, y a todos los demás. No obstante puede uno no darse cuenta, y entonces, si se adhiere o identifica con la forma concreta del objeto o persona a la que se ama, detiene el proceso del amor. Nunca es el objeto, la forma ni

el nombre de las cosas lo que hemos de amar, sino el amor mismo, porque el amor es lo único real por ser expresión directa y constante de la única realidad: Dios. El amor es el protagonista, no la persona ni el objeto. Se puede alimentar el amor a las personas, pero siendo consciente de ese amor, no de la persona, sino del amor mismo que se la tiene. Amar por el mismo hecho de amar, no por las cualidades buenas o malas que podamos ver en los demás. Así todo ser es siempre amable y merece amor, aunque se trate por ejemplo de una persona malvada.

Los bhaktis tienen muchos procedimientos para llegar a amar así. Consideran que la manifestación concreta, la criatura, es un disfraz de Dios, que se presenta bajo la apariencia de padre, madre, amigo, enemigo o de un animal, un tigre incluso: Dios se expresa y vive a través de las cosas. Hay que estar con el ojo avizor y saber ver al protagonista del juego, Dios, no Dios de un modo lejano y remoto, sino Dios viviente, Dios encarnado, expresándose de un modo preciso, consciente, deliberado de aquella forma. Lo mismo que en el juego de los niños, uno adopta el papel de bueno y otro el de bandolero, y todos siguen la convención, sabiendo cada cual lo que es en realidad, así hemos de aprender a ver al verdadero protagonista que hay detrás de cada disfraz: ver en nuestros hijos a Dios disfrazado de hijos, en nuestra esposa a Dios disfrazado de esposa, en todos los seres, Dios disfrazado de una forma determinada: la presencia activa, viviente y concreta de Dios a través de todas las formas concretas.

RAJA-YOGA

La palabra Raja quiere decir señor y se llama así a este Yoga porque se le considera camino fundamental para llegar a la liberación. Se juzga, en efecto, que los yogas, aún siendo todos ellos correctos y eficaces para conducir al objetivo, en mayor o menor grado han de pasar todos por esta etapa siempre Indispensable del Raja-Yoga o el dominio de la mente.

¿Qué pretende el Raja-Yoga?

«**El Yoga consiste en la supresión de los movimientos de la substancia pensante**». En esta frase encontramos toda la esencia de lo que se propone el Raja-Yoga. El Raja-Yoga busca producir el cese de estos movimientos de la sustancia mental o *chita* para que en el momento en que no hay formas, es decir de quietud, se pueda reflejar en nuestra mente la realidad de nuestro ser superior, de nuestra mente espiritual o *mahat*. Cuando esto ocurre el hombre toma conciencia en su mente concreta, de la realidad espiritual. Mientras haya agitación en nuestra mente concreta nosotros saltamos de una forma a otra, de una idea a otra, de una imagen a otra, y nos pasamos la vida coleccionando unas ideas, ordenándolas y rechazando otras. Aunque esto pueda ser útil y aún necesario en orden a la vida concreta, nos impide tomar conciencia de la realidad que hay detrás de esas formas, de la verdadera realidad que anima toda forma, de la realidad espiritual. Para llegar a esta evidencia interior es absolutamente necesario que consigamos que las agitaciones, las ondulaciones o formas mentales cesen; sólo entonces podremos percibir lo que hay detrás de la mente o encima de ella.

El *Raja-Yoga*, o Yoga real, utiliza la percepción de los mecanismos de la actividad mental como medio de realización. Las fases más específicas del Raja-Yoga son *Prathyahara, dharana, dhyana y samadhi*. En el *prathyahara*, o aislamiento de la mente, se aprende a mantener la atención completamente despierta aparte de todo estímulo de origen sensorial. Para conseguirlo, se aconseja «observar» (**estar atento**) las imágenes que se van formando de modo automático en la mente del que quiere imponer silencio en ella. Cuando esta observación o mirada mental puede mantenerse de modo activo, tranquilo e inmóvil, todas las imaginaciones cesan de aparecer por sí mismas. Entonces se puede empezar el DHARANA o concentración. En el DHARANA la atención se dirige, de modo total y preciso, Ekagra, a un punto físico externo o interno, sensación, sentimiento o idea. Cuando esta atención puede mantenerse inmóvil y activa, y sin forzar ningún mecanismo mental, durante unos instantes, está logrado el DHYANA.

La meditación, o DHYANA, no es sino la concentración anterior prolongada. No consiste en pensar, sino en mirar, **en estar atento**. Esta atención prolongada en una misma dirección tiene un extraordinario efecto de penetración subjetiva. - Cuando la meditación, o DHYANA, puede prolongarse el tiempo suficiente, se trasforma automáticamente en el **SAMADHI**, o estado de total *Identificación Superior*. Según que esta identificación se realice con uno u otro nivel de la personalidad tiene diverso valor y efectividad.

Aquí, más que en ningún otro YOGA, se ve claro el papel fundamental que juega la **atención** para pasar a los diversos grados de conciencia que se van alcanzando. - Hasta ahora, la mente ha sido deificada o prostituida para alcanzar fines materiales. Mediante la ciencia de **Raja Yoga**, la mente será conocida como el instrumento del alma y el medio por el cual el cerebro del aspirante se iluminará y adquirirá el conocimiento de los asuntos concernientes al reino del alma. - De acuerdo a la ley de evolución, **la quinta raza raíz debe ocuparse íntimamente de la mente**, por ser el quinto principio, y su correspondiente quinta subraza debe hacerlo más estrechamente que ninguna otra.

Los estudiantes harían bien en tener presente las siguientes analogías:

1. La quinta raza-raíz .... aria (actual).
2. La quinta subraza .... anglosajona.
3. El quinto principio .... mente o manas.
4. El quinto plano .... el mental.
5. El quinto rayo .... conocimiento concreto.

Raja Yoga o Ciencia de Unión, da las reglas y los métodos para:

1. Establecer contacto consciente con el alma, el segundo aspecto, el Cristo interno.
2. Adquirir conocimiento del yo, y mantener su control sobre el no-yo.
3. Sentir el poder del ego o alma, en la vida cotidiana, y manifestar sus poderes.
4. Subyugar la naturaleza síquica inferior y expresar las facultades síquicas superiores.
5. Establecer contacto armónico entre el cerebro y el alma y recibir sus mensajes.
6. Intensificar la "luz en la cabeza", de modo que el hombre se convierta en una Llama viviente.
7. Descubrir el sendero y convertirse en ese sendero.

Todos los que practican el Raja Yoga deben ser primordialmente devotos. Únicamente el amor intenso del alma y todo lo que implica ese conocimiento del alma, puede conducir al aspirante firmemente a su meta. El objetivo en vista, unión con el alma y, por lo tanto, con la Superalma y con todas las almas, debe valorarse con justeza; debe juzgarse correctamente la razón para lograrlo, y desearse (o amar) ardientemente los resultados a obtener, antes de que el aspirante decida hacer el arduo esfuerzo que le proporcionará el control de las modificaciones de la mente y, en consecuencia, de toda su naturaleza inferior. Cuando esta valoración sea suficientemente exacta y el aspirante pueda persistir *sin interrupción* en el trabajo de controlar y subyugar, llegará el momento en que sabrá, acrecentada y conscientemente, el significado de restringir las modificaciones.

Señor BUDHA había descrito con palabras muy sencillas que iban directas al corazón de los hombres, la ética natural del Yoga:

> "La Verdad se halla por doquier, en el aire, en el mar, en el silencioso retiro de los bosques o en el tumultuoso fragor de las grandes poblaciones. Para descubrirla deberéis contemplarlo todo con suave atención y sencillez, más allá del placer de los sentidos y de las figuraciones mentales que sólo os traerán confusión y sufrimiento".

ASPECTOS MÁS PROFUNDOS SOBRE LOS TRES PRINCIPALES YOGAS

HATA-YOGA
El objetivo arquetípico del Hatha Yoga
Vemos, así, que todo el Misterio de Hatha Yoga está relacionado con la creación de una estructura etérico-física que responda a los **Arquetipos** de **Belleza** y al equilibrio de las funciones orgánicas, así como a la sensibilización constante de cada uno de los elementos celulares constitutivos de esta estructura de acuerdo con el ritmo solar o universal, lo cual presupone el establecimiento de un sistema de contactos cada vez más estrechos y definidos entre el cerebro y la mente, entre la mente discernitiva y la vida afectiva a través del cuerpo etérico, que se convierte así en el vínculo de relación natural entre la existencia en el plano físico y los demás planos del Sistema Solar en donde el ser humano posee ya cuerpos definidos, como el astral y el mental y otros que están todavía en proceso de construcción, como son el búdico, el átmico, el monádico, etc.

Hatha Yoga, tal como se expresa y utiliza en nuestros días a través del deporte, la higiene natural, la sana dietética o vida naturista y los diferentes sistemas de respiración y control de los asanas, o posturas del cuerpo, tienen por objeto pulir y refinar el Cáliz objetivo y sensibilizar constantemente el cuerpo etérico para que pueda acoger sin fricciones (que son causa de enfermedades) la creciente sensibilidad espiritual del Pensador, del Artífice, que con el testimonio de su Gracia santificante debe recorrer el mundo ofreciendo perpetuamente "su cuerpo y su sangre", en el sentido más esotérico y místico, para que cada uno de los peregrinos de la tierra puedan colmar su hambre y sed de justicia social y humana. La conocida frase mística "*por sus frutos serán reconocidos*", se refiere a esa etapa del Yoga en que la vida de Dios es perfectamente reconocible a través del cuerpo físico, como en el caso de los grandes Avatares, Hermes, Budha, Cristo, etc., que demostraron objetiva y palpablemente la pureza de Sus esplendentes Vidas a través de unos Vehículos Cálices indescriptiblemente inmaculados y radiantes.

Tal logro de tales estados, como revelación de ciertos Arquetipos cuya identidad haya que buscarla más allá de las fronteras de nuestro Universo, ya que pertenecen a un diseño de origen cósmico, es el objetivo del Yoga y su conquista, aún en lo más inmediato, en lo meramente físico, exigirá una actividad mayor que proyectándose más allá del cuerpo conocido a través de sus centros, o **chacras** superiores los del cerebro y del corazón, permitirá establecer contacto con la Realidad más elevada, ese Dios en nosotros que constantemente nos está solicitando. El surgimiento de los demás Yogas que el ritmo constante e invariable de la evolución promueve, es el resultado de la presión interna de la Mónada espiritual que desde arriba ("chacra coronario") y desde dentro ("chacra cardiaco"), trata de establecer una directa y positiva unión con la Vida divina en todos Sus planos de Expresión Psicológica. De ahí que todos los Yogas son solidarios con el principio físico de supervivencia y autoreconocimiento. La Gloria de Dios debe revelarse ostensiblemente tal como lo demostró Cristo por medio del Maestro Jesús. En estas últimas palabras se halla implícito el Misterio cristiano que ha de ser revelado a través del Hatha Yoga.

BAKTI-YOGA

Conocido también bajo la denominación del **Yoga de la Devoción** o "Camino Místico", constituye el segundo de los grandes Misterios del Cristianismo, el del Bautismo en el Jordán, siendo el elemento agua, símbolo de purificación, el que se halla estrechamente vinculado con el desarrollo de este tipo de Yoga, el cual, a su vez, es la representación de un estado de sensibilidad en creciente evolución dentro de la conciencia de la humanidad. La consideración esotérica del Bakti Yoga nos revela ciertos aspectos muy definidos que nos ayudarán a clarificar concretamente nuestro estudio, partiendo de la base de que:

a) Nuestro Universo es el Cuerpo físico de una Entidad Psicológica del Segundo Rayo cuya expresión natural es el Amor.

b) El Amor es una Cualidad de Vida que, en los seres humanos, se expresa por medio de la sensibilidad, de las emociones y de los sentimientos.

c) Tales emociones y sentimientos y la sensibilidad que a través de ellos trata de manifestarse son asimismo las cualidades características del Plano emocional, siendo este Plano, en su totalidad, el Cuerpo emocional de la Propia Divinidad, en donde el Alma o Yo superior, plenamente sensible a la vida espiritual o Monádica, trata de expresar el sentimiento de Unidad que es inherente a esta Vida.

d) Los deseos, las emociones y los sentimientos (tres aspectos de sensibilidad emocional) se gestan, desarrollan y llegan a una plena consumación, o augusto cumplimiento de Unidad, a través del cuerpo emocional que en el ser humano constituye el más poderoso vínculo de unión con la Divinidad creadora y con el aspecto Amor del Ángel Solar (el Alma en su propio plano, el causal).

Teniendo en cuenta estas cuatro ideas que, como verán, son consustanciales, puede ser bosquejada ya, por analogía, la finalidad del Bakti Yoga en relación con el desarrollo y crecimiento del Árbol Psicológico de la Vida humana. El **Bakti Yoga** puede ser considerado definidamente como un ensayo del Creador para manifestar Amor a través de los seres humanos, reconociendo al propio tiempo que el Amor es la base fundamental o creadora de este *Universo "en donde vivimos, nos movemos y tenemos el ser"*, para llegar finalmente a la conclusión de que el cuerpo emocional, como contenedor de un Misterio de la Divinidad, es el más potentemente polarizado con el principio básico de este Universo durante el proceso de evolución de la humanidad, por su identificación natural con el espíritu de Amor que dio Vida al contenido universal. Desde el punto de vista esotérico es el Sendero de mínima resistencia en lo que se refiere al desarrollo psicológico del ser humano. El vehículo emocional sobre el cual se estructura todo el edificio del Yoga de la devoción mística, contiene en sí el espíritu de unidad y su línea de atractibilidad natural o Sendero interno conduce al plano búdico, allí en donde el sentimiento de amor, de paz y de unidad impregnan los éteres sutiles e indescriptibles que lo constituyen. Podríamos decir que el éter, en este plano, es puro y radiante y no viene contaminado por ninguno de aquellos elementos nocivos y separativos inherentes al deseo de lo material que constituye la raíz del karma humano.

Como sabemos por el estudio esotérico del Yoga el cuerpo físico se subdivide en dos aspectos bien definidos, el denso y el etérico; el cuerpo mental, en una correcta analogía, puede ser reconocido también en la línea de su progresión natural bajo aspectos objetivos o concretos y subjetivos o abstractos. Solamente el cuerpo emocional, como receptáculo o vehículo del aspecto Amor de la Divinidad, tiene un carácter definidamente unitario y actúa constantemente como un sólido bloque, como un todo unido en sus incesantes intentos por reconstruir idéntica cualidad de amor dentro de su corazón que la de Aquel que le dio la Vida. Hacemos tales afirmaciones teniendo en cuenta no sólo las cualidades expresivas de **sensibilidad** que son inherentes al cuerpo emocional, sino también a su importancia como estímulo constante de la propia vida humana, cuya culminación como Raza ha de hallar en el cuerpo emocional el máximo incentivo. La aspiración constante "hacia adentro" siguiendo el camino del corazón constituye la norma y disciplina del Bakti Yoga. Se busca intuitivamente el Amor a través de la devoción constante a un Ideal, tanto más puro cuanto menos contaminado por el deseo material de cosas y por el apego a las personas.

Su línea natural de devoción a lo superior ha de hallar en el sentimiento de buena voluntad, en la bondad exquisita del corazón y en el sincero esfuerzo de adaptación a todas las cosas, a todos los seres y a todas las situaciones, el máximo y más definido cumplimiento, es decir, el reconocimiento místico "*de ser una parte constituyente de todo lo creado*". Tal reconocimiento, el gozo que determina y la aspiración hacia todo factor positivo de vinculación constituyen las líneas de aproximación al sentimiento de unidad y fraternidad, que son las cualidades que proyecta incesantemente el Arquetipo emocional que, en dicho plano, es una expresión del Amor de Dios hacia todo lo creado.

La línea de actividad del Bakti Yoga

Como podrán observar, si dejan que la intuición penetre en ustedes, Bakti Yoga no es un Yoga de grandes esfuerzos ni de fuertes disciplinas, aunque así se los reconozca en los tratados que se refieren al mismo. Paradójicamente, la única disciplina y el único esfuerzo consisten en dejarse guiar "libres de esfuerzos y de disciplinas" hacia el Ser interior que, desde siempre y a través del Silencio místico, está clamando en el desierto de tantas y tan diversas incomprensiones. Se trata de seguir en su más depurada fidelidad el sentido de las palabras **crísticas**, sobre las cuales se afirma la clave hermética de la analogía**: "Sólo por el Amor será salvado y redimido el hombre**", las cuales justifican la importancia del cuerpo emocional, cuya sutilización constante a través de la gama infinita de deseos y sensaciones, lleva precisamente a la culminación del Amor y de la sensibilidad, o sea, al **sentimiento de unidad** tal como se expresa en los niveles búdicos del sistema solar.

Todo Yoga, al hacerse consciente en el individuo, tiende a ejercitarse por el esfuerzo y por la disciplina. Lo hemos observado al analizar la dramática lucha del hombre primitivo al tratar de adaptarse a situaciones extremas e indescriptiblemente hostiles de la Naturaleza, en su intento de crear un Cuerpo físico adecuado a las necesidades expresivas de la Mónada espiritual. Veremos recrudecerse este proceso más adelante, cuando los esfuerzos del Pensador, hurgando en los destinos cíclicos del tiempo, se orienten definidamente hacia la búsqueda de la Verdad y hacia la plena expansión de la mente, revelación del quinto gran principio cósmico de la naturaleza divina, tratando de responder adecuadamente a la eterna y lacerante pregunta "*¿quién soy?, ¿de dónde procedo?, ¿a dónde voy?*". Sin embargo, y por la ley de su propia y natural esencia de unidad, el único esfuerzo que le es permitido al cuerpo emocional, de acuerdo con las más acrisoladas virtudes del Yoga, es "*dejarse conducir sin esfuerzo*" por aquel suave estímulo que procede de las entrañas de sí mismo y que debe culminar en aquel místico Edén, cuyo recuerdo intuitivo eternamente presente es *Sancta Sanctorun* del corazón.

RAJA-YOGA

El proceso de vinculación del planeta Tierra con el Corazón Místico del Sol, por medio de **Sanat Kumara** *y de la Jerarquía Blanca recién establecida, la introducción del germen de la mente en el cerebro de los hombres-animales a través de los Ángeles Solares y el contacto de la Tierra con aquella especie particular de Fuego creador que se manifestaba como "electricidad" y que procedía directamente del Quinto Gran Principio Cósmico, o Plano Mental de nuestro Sistema Solar, constituyó para la Tierra como un todo y muy particularmente para la humanidad, el tercero de los Grandes Misterios de la Evolución humana, el* **Raja Yoga**.

Se iniciaba así la era de la Transfiguración planetaria y todo el proceso a seguir desde entonces, desde el momento mismo en que una luz de raro fulgor halla penetrado en el cerebro del hombre primitivo dotándole de la facultad de autoconciencia, hasta llegar a nuestros días en que está llegando a su plena expansión y florescencia la Quinta subraza de la Raza aria, y se están modelando ya los tipos humanos que constituirán la sexta subraza de la misma, no ha sido ni es sino una expresión evolutiva del Raja Yoga, cuya culminación como exponente de la actividad del quinto principio cósmico de la Mente de Dios, se realizará dentro de algunos miles de años, cuando aparezca sobre la Tierra la séptima subraza de nuestra quinta Raza. Los remanentes de las otras Razas precedentes, conocidas como la Lemur y la Atlante, que en el drama específico de la evolución han ido sufriendo constantes y definidos retoques por parte de sus correspondientes Manús hasta llegar a sus últimas subrazas, mantienen implícita todavía la actividad del Yoga específico merced al cual pudieron manifestarse a través de las edades y están siguiendo un plan arquetípico y sincrónico de acuerdo con el modelo solar que ha de ser proyectado en un futuro no demasiado lejano y ha de reflejar, tal como diríamos en lenguaje profundamente místico, la Gloria del Hijo de Dios, o del Hijo de la Mente, tal como se define también ocultamente al **Ángel Solar**.

Podemos decir pues, sin riesgo a equivocarnos, que hay en la actualidad plenamente actuantes y en ejercicio a la búsqueda de una plena integración de funciones, tres Yogas principales: Hatha Yoga, Bakti Yoga y Raja Yoga. Sus analogías ocultas y sus funciones arquetípicas, claramente definidas en el tiempo, son las siguientes:

Yoga	Cuerpo	Elemento	Cualidad
Hatha Yoga	Físico (denso y etérico)	Tierra	Belleza
Bakí Yoga	Emocional	Agua	Bondad
Raja Yoga	Mental Superior	Fuego	Verdad

El cuerpo místico de la expresión universal

No es necesario profundizar mucho para darnos cuenta de que estos tres Yogas y sus características funciones, plenamente integradas, no son sino el aspecto externo o Tabernáculo místico que ha de acoger al **Verbo** de **Revelación**, es decir, que las tres cualidades antes descritas de ***Verdad***, ***Bondad*** y ***Belleza***, obedeciendo cada cual a la Ley de un Arquetipo definido, o diseño superior, proyectado por su correspondiente Arcángel, Señor de un Plano de la Naturaleza, constituyen sólo el **Cáliz** que ha de llenar con su esplendente Vida el Ángel Solar, una vez haya liberado éste, merced al esfuerzo sostenido de muchas vidas de abnegación, servicio y sacrificio, toda la energía solar contenida en el cuerpo causal y logrado redimir la sustancia material constitutiva de los vehículos físico, emocional y mental, merced a los cuales el pensador espiritual está ejercitando las nobles virtudes del Yoga.

El vehículo mental que, tal como hemos visto anteriormente, es una creación del Ángel Solar ejercitando Raja Yoga a través de un germen de mente procedente del quinto Plano del Sistema Solar, en donde se halla el átomo permanente mental del Dios de nuestro Universo, posee dos características muy claramente definidas, como saben todos los sinceros practicantes del Raja Yoga. La una es de tipo concreto y está relacionada con las energías etérico-físicas conectadas con el aspecto intelectual de la mente y con aquella parte específica del cerebro en donde se halla alojada la glándula **pituitaria**. La otra, de tipo totalmente abstracto, maneja energías de calidad profundamente espiritual y mística y está relacionada con la vida del Ángel Solar. Su campo de manifestación o de irradiación es aquel misterioso punto en el cerebro que llamamos la glándula **pineal**. Entre ambos puntos o centros focales de la energía mental se desarrolla toda la actividad del Raja Yoga, siendo éste la cumplimentación incesante del Propósito del Señor Raja o Arcángel del Plano mental de nuestro Universo y la interpretación real por parte del ser humano de todos los hechos históricos de la vida y la progresiva conversión de los mismos en motivos sustanciales de experiencia. El desarrollo del principio natural de observación, el proceso analítico de la inteligencia, el poder de controlar las emociones y el desarrollo del proceso de conexión de la personalidad psicológica humana con su más elevado y trascendente Ser, mediante la unificación del centro **Ajna** (del entrecejo) con el centro **Sahasrara** (en la cumbre de la cabeza), merced al tendido de aquel misterioso hilo de comunicación denominado técnicamente "**Antakarana**", constituyen las líneas naturales de expansión del cuerpo mental por medio del Raja Yoga. Podríamos decir también, yendo esotéricamente al fondo de la cuestión, que Raja Yoga es el proceso alquímico mediante el cual el ser humano utiliza creativamente el fuego creador que arde en el quinto subplano del plano mental de nuestro Universo, para quemar las escorias que el tiempo, la atracción por lo material y el deseo de ser y de existir en los tres mundos de la evolución psicológica de la humanidad, depositó en los ocultos repliegues de cada uno de los cuerpos de expresión psicológica y regenerar o redimir, así, aquella sustancia sin principio, contenida en el éter, cuya manifestación constituye el fenómeno de la vida hasta donde nos es posible concebirla y a la que corrientemente definimos con el nombre de "electricidad", el aspecto esotérico del Prana vital.

Como verán ustedes Raja Yoga puede ser contemplado desde un ángulo distinto al habitual y desde el centro de una dimensión superior a la corriente. Recogiendo los datos de la historia, esta historia real de los hechos grabados eternamente en el éter, en el *Akasa*, podemos llegar a la conclusión de que **Raja Yoga** es más antiguo incluso que el propio mundo ya que empezó a revelarse en el mismo instante en que Dios, el Logos Solar, habiendo decidido incorporar su Vida al Sistema planetario, inició el proceso mental y estructural de todo cuanto debería constituir aquel Cuerpo universal que precisaba como soporte, fuente y motivo de futuras e indescriptibles creaciones.

Las razas y los yogas

LA TERCERA RAZA "LEMUR"

Cada Raza humana tiene asignada la misión kármica de desarrollar un Arquetipo de perfección por medio de un vehículo de conciencia determinado. Por ejemplo, la Raza Lemur tenia la misión de desarrollar un Arquetipo de Belleza a través del cuerpo físico. Dicha Raza es la mejor preparada -hablando desde el ángulo de la conciencia física- para expresar la forma mística de la Creación. Ningún cuerpo como el de las individualidades pertenecientes a la Raza Lemur, será capaz de adaptarse tan flexible y perfectamente a las condiciones ambientales. La Raza Negra actual pertenece a las últimas subrazas de la Raza Lemur.

En la primera raza, puramente física, denominada lemuriana, la yoga impuesta en esa época a la infantil humanidad fue **Hatha Yoga**, la yoga del cuerpo físico, que enseña el empleo y la manipulación consciente de los diversos órganos, músculos y partes de la estructura física. El problema de los adeptos de esa época fue enseñar a los seres humanos (que eran poco más que animales) el propósito, significado y empleo de sus diversos órganos, para poder controlarlos conscientemente y comprender el significado simbólico de la figura humana. Por lo tanto, en esos primitivos días, los seres humanos llegaban al portal de la iniciación gracias a la práctica de Hatha Yoga. En aquel entonces, la *tercera iniciación*, cuyo resultado era la *transfiguración* de la personalidad, era la más elevada que el hombre podía alcanzar.

LA CUARTA RAZA "ATLANTE"

La época atlante, el progreso de los hijos de los hombres se lograba mediante la imposición de dos yogas. Primero, la conocida con el nombre de **Laya Yoga**, la Yoga de los centros, que produjo la estabilización del cuerpo etérico y de los centros en el hombre, y el desarrollo de la naturaleza astral y síquica. Más tarde el **Bhakti Yoga**, resultado del desarrollo del cuerpo emocional o astral, fue incorporado al Laya Yoga, sentándose las bases de ese misticismo y devoción, que ha sido el incentivo fundamental de nuestra particular raza raíz aria. El objetivo, en esa época, era la *cuarta iniciación*. El tema de estas grandes iniciaciones está tratado con mayor extensión en conferencias anteriores.

LA QUINTA RAZA "La actual"

En la actual raza aria, la subyugación del cuerpo mental y el control de la mente se logran por la práctica de **Raja Yoga**, y la meta para la humanidad en evolución, es la ***quinta iniciación***, la del **adepto "Maestro de Sabiduría"**. <u>Toda yoga ha ocupado su lugar y ha servido un propósito útil, y resultará evidente que cualquier retorno a las prácticas de Hatha Yoga, o esas que se ocupan específicamente del desarrollo de los centros, por medio de los distintos tipos de prácticas de meditación y ejercicios respiratorios, constituyen, desde cierto aspecto, un retroceso</u>. Hallaremos que mediante las prácticas de Raja Yoga y asumiendo una posición que ejerza un control directriz (que descubrirá quien centre su conciencia en el alma), los otros tipos de yoga resultan innecesarios, por cuanto los resultados de la yoga superior incluyen automáticamente a las inferiores, aunque no a sus prácticas.

Cuando las prácticas de yoga sean estudiadas, se evidenciará que recién ahora ha llegado el día de la oportunidad. Oriente nos ha preservado las reglas desde tiempo inmemorial. Uno que otro oriental (y unos pocos adeptos occidentales) se han valido de estas reglas y se han sometido a la disciplina de esta exigente ciencia. Así se ha conservado, para la raza, la continuidad de la doctrina secreta, la ***Sabiduría Eterna***, y también se ha reunido el personal de la Jerarquía de nuestro planeta. En la época de Buda, gracias al estímulo que Éste produjo, tuvo lugar una gran reunión de ***Arhats***, los cuales alcanzaron la liberación por el esfuerzo autoiniciado. Dicho período marcó, en nuestra época aria, la culminación para Oriente. Desde entonces la oleada de vida espiritual ha afluido constantemente hacia Occidente, y podemos esperar la correspondiente culminación que llegará a su cenit entre los años **1965** y **2025**. Para tal fin los adeptos de Oriente y Occidente trabajan conjuntamente, pues acatan siempre la Ley. Este venidero impulso, como en los tiempos de Buda, es de segundo rayo, el cual no tiene relación con ningún impulso de primer rayo, como el que trajo a H. P. Blavatsky. Los impulsos de primer rayo surgen en el primer cuarto de cada siglo y alcanzan su culminación, en el plano físico, en el último cuarto. El interés demostrado ahora por el Raja Yoga, interés que se irá demostrando cada vez más, y el estudio de esta ciencia y de las reglas que proporciona para el desenvolvimiento del hombre, indican la tendencia general de este creciente impulso de segundo rayo. *Así llegará el día de la oportunidad.*

Capítulo. XVII

El misterio de los siete rayos

Una Visión General

Para la elaboración de este capítulo hemos consultado y extraído algunos fragmentos de los siguientes Libros:

"*Conversaciones Esotéricas*", *Vicente Beltran Anglada*
"*Misión Maitreya*", *Benjamín Creme*
Tratado sobre los 7 Rayos Tomo I. "Psicología Esotérica",
Alice A.Bailey (Maestro D. K.)

La moderna ciencia exotérica ha comprobado el antiguo y fundamental axioma esotérico: "Nada hay en la totalidad del universo manifiesto sino energías, en alguna relación, cada una vibrando en una frecuencia particular". La ciencia esotérica postula **siete** de dichas corrientes de energías o **rayos**, cuya interacción, a cada frecuencia concebible crea los sistemas solares, galaxias y universos. El movimiento de estos siete rayos de energía, en ciclos espirales, atrae a todo Ser dentro y fuera de la manifestación y lo colorea y satura con sus propias cualidades y atributos individuales. Esto es tan cierto para un grano de arena como para un hombre o un sistema solar. Cada uno es la expresión de una Vida.

En lo que a nuestro propio sistema solar concierne, estas siete energías son la expresión de siete grandes Vidas personificadas por siete estrellas en la constelación de la Osa Mayor. Uno de estos rayos el **2º**, está enfocado en nuestro sistema. **Los otros seis rayos son por lo tanto sub-rayos de este rayo básico**. La manipulación de estas subdivisiones por nuestro Logos Solar crea cada variación de vida dentro de Su sistema. Tan complejo es el tema de los rayos, tan penetrante y de tanto alcance es su influencia, que sólo será posible en este capítulo tocar ligeramente la superficie de su acción y mostrar algo de su relevancia con nuestras vidas y relaciones. El objetivo será poner de manifiesto el valor de conocer las cualidades de los rayos que nos gobiernan a nosotros y a nuestras naciones y de esta manera estimular al lector a entrar en un estudio más profundo de estas fuerzas que, en cada plano, condicionan nuestra naturaleza y nos hacen lo que somos. <u>Lo esencial es saber que hay una **séptuple división** en todas las cosas del universo manifestado tanto de vida como de materia</u>. Toda vida existente en nuestra cadena planetaria pertenece y pasa por uno u otro de los siete Rayos, cada uno de los cuales tienen siete subdivisiones. En el universo hay cuarenta y nueve Rayos que en grupos de siete constituyen los Siete Grandes Rayos Cósmicos procedentes de los Siete Grandes Logos. Sin embargo, en nuestra cadena planetaria y acaso en todo nuestro sistema solar sólo actúa uno de los siete Grandes Rayos Cósmicos, cuyas subdivisiones son nuestros Siete Rayos. No se ha de suponer que nuestro sistema solar sea la única manifestación de dicho Logos, pues cada uno de los Siete Grandes Logos puede presidir millones de sistemas. La simbología cristiana alude a estos Siete Grandes Seres en el Apocalipsis de San Juan, que dice: *"Y siete lámparas de fuego estaban ante el trono, las cuales son los siete Espíritus de Dios"*. Son los Místicos Siete, los grandes Logos planetarios, centros de vida en el Logos. Son los verdaderos Jefes de los Rayos en todo el sistema solar y no únicamente en nuestro planeta. De uno u otro de estos Siete Logos planetarios o Jefes de los Rayos han emanado todos los seres humanos. Todo cuanto existe resulta de la acción de fuerzas naturales ajustadas a las leyes cósmicas; pero no olvidemos que tras cada fuerza está siempre su administrador, la inteligente Entidad que la rige y dirige.

Vamos a iniciar el estudio del interesante y profundo tema de **"LOS SIETE RAYOS"**, intentando descubrir conjuntamente su *procedencia*, su *significado* y su augusta *finalidad* en relación con el proceso de evolución de nuestro Universo.

SIETE son las cualidades distintivas de la Divinidad, psicológicamente descritas como: **Voluntad dinámica**, **Amor atrayente**, **Inteligencia creadora**, **Armonía y Belleza**, **Investigación Científica**, **Devoción a un Ideal** (el propio Universo) y **Magia** de **Orden** y **Cumplimiento**. SIETE son, por tanto, las Entidades psicológicas o Señores de Rayo, llamados también Logos Planetarios o, utilizando la conocida frase bíblica, Los Siete Espíritus Ante El Trono De Dios, siendo lógicamente SIETE los Cuerpos de expresión física o *"planetas sagrados"* que utilizan dichos LOGOS. Tales planetas son: Vulcano, Júpiter, Saturno, Mercurio, Venus, Urano y Neptuno.

La estructura espiritual y física de nuestro Universo se fundamenta en las dos grandes corrientes de vida septenaria que fluyen por medio de las Constelaciones de la **Osa Mayor** y de las **Pleyades**. La organización de tales corrientes de vida y energía determina la creación de los Siete Planos del Sistema Solar, de los cuales emanan las energías que determinan los Siete Esquemas terrestres, las Siete Cadenas planetarias, las Siete Rondas de cada Cadena, los Siete planetas de cada Ronda, los Siete Reinos de la Naturaleza, las Siete Razas humanas, cada cual con sus siete correspondientes subrazas, las Siete modificaciones del Éter, los Siete colores del espectro solar, las Siete Notas fundamentales del Sonido y, en lo que a la humanidad respecta, los Siete tipos psicológicos, los siete grandes centros etéricos de distribución de la energía, denominados técnicamente CHAKRAS, cada cual con su correspondiente glándula endocrina, etc. Como ustedes verán, y tal como la analogía nos lo demuestra, el **Macrocosmos** y el **Microcosmos** se complementan en este denominador común que en los estudios esotéricos es denominado LOS SIETE RAYOS. A partir de este momento podemos observar al hombre como un **Septenario** que refleja en su vida todo cuanto ocurre en los vastos océanos de lo Cósmico, ya que, según dicen todas las grandes religiones del mundo *"el hombre es hecho a imagen y semejanza de la Divinidad"*.

ESQUEMÁTICAMENTE PODEMOS DECIR:

1) Dios, el Espíritu Supremo es UNO.

2) Pero dentro de esa esencial UNIDAD existen o se manifiestan Tres matices o tipos de energía.

3) Las TRES energías o divisiones dentro del UNO se ramifica a su vez en SIETE GRUPOS de energías peculiares.

4) Los SIETE GRUPOS a su vez producen los **49** tipos de FUERZAS que se manifiestan a través de todas las formas, en los tres mundos y en los cuatro Reinos de la Naturaleza.

5) Por lo tanto tenemos, el UNO que se manifiesta en Tres. El Tres que se divide en Siete Cabezas de Grupo, haciendo un total de 49 Ramificaciones De Energías.

Enumeración de Los Siete Rayos

Hay tres rayos primarios, o rayos de **aspecto** y cuatro rayos secundarios o de **atributo**. Tienen muchos nombres que describen sus muchas cualidades y acciones, pero son, por lo general, enumerados como sigue:

Rayos de Aspecto:

1º rayo de Poder, Voluntad o Propósito
2º rayo de Amor-Sabiduría
3º rayo de Inteligencia Activa y Creativa.

Rayos de Atributo:
4º rayo de Armonía a través del Conflicto, o Belleza, o Arte.
5º rayo de Ciencia Concreta o Conocimiento.
6º rayo de Idealismo Abstracto o Devoción.
7º rayo de Orden Ceremonial, Magia, Ritual, Organización.

1. <u>El Señor de Poder o Voluntad</u>. Esta Vida resuelve amar, y utiliza el poder como expresión de la divina benevolencia. Para su cuerpo de manifestación utiliza ese planeta del cual el Sol es el sustituto esotérico.

2. <u>El Señor de Amor-Sabiduría</u> personifica el amor puro; los esotéricos consideran que está tan cerca del corazón del Logos solar, como lo estaba el amado discípulo cerca del Corazón del Cristo de Galilea. Esta Vida infunde en todas las formas la cualidad del amor, conjuntamente con la manifestación más materialista del deseo; constituye el principio atractivo de la naturaleza y el custodio de la Ley de Atracción, que es la demostración de la vida del Ser puro. *<u>Este Señor de Amor es el más poderoso de los siete rayos</u>*, porque pertenece al mismo rayo cósmico de la Deidad solar. Se expresa a Sí mismo principalmente a través del planeta Júpiter, el cual constituye Su cuerpo de manifestación.

3. <u>El Señor de Inteligencia Activa</u>. Su trabajo está íntimamente ligado con la materia y actúa en colaboración con el Señor del segundo rayo. Es el impulso motivador en el trabajo inicial de la creación. El planeta Saturno constituye Su cuerpo de expresión en el sistema solar, y por intermedio

de la materia (que en forma benéfica obstruye y obstaculiza) proporciona a la humanidad un amplio campo de experimento y experiencia.

4. El Señor de Armonía, Belleza, y Arte. La principal función de este Ser consiste en crear Belleza (como expresión de la verdad) mediante la libre interacción de la vida y la forma, basando el canon de la belleza en el plan inicial tal Como existe en la mente del Logos solar. No se ha revelado cuál es el cuerpo de manifestación de esta Vida, pero la actividad que de él emana produce una combinación de sonidos y colores y un lenguaje musical que expresan -en forma de ideal- lo que es la idea originadora. Este cuarto Señor de expresión creadora reasumirá Su actividad en la Tierra (de aquí a seiscientos años), aunque ya se sienten las primeras débiles expresiones de Su influencia, y en el próximo siglo se verá el renacimiento del arte creador en todas sus ramificaciones.

5. El Señor de Conocimiento Concreto y Ciencia. Esta gran Vida está en íntimo contacto con la mente de la Deidad creadora, así como el Señor de segundo rayo lo está con el corazón de esa misma Deidad. Su influencia, es grande actualmente, aunque no tan poderosa como lo será más adelante. La ciencia es la desenvoltura psicológico en el hombre, debido a la influencia que ejerce este rayo, y recién ahora comienza a realizar su verdadero trabajo. Su influencia aumenta en poder, de la misma manera que disminuye la influencia del sexto Señor.

6. El Señor de Devoción e Idealismo. *Esta Deidad Solar constituye la expresión peculiar y característica de la cualidad del Logos solar.* No olviden que en el gran esquema del "universo universal" (no sólo nuestro universo), la cualidad de nuestro Logos solar es tan diferente y distinta como la de cualquiera de los hijos de los hombres. Esta fuerza de rayo, junto con el segundo rayo, constituye una verdadera y vital expresión de la naturaleza divina. Las cualidades de dicho Señor son: la centrada militancia sobre un ideal, la centrada devoción al impulso de la vida y la sinceridad divina, las cuales plasman sus impresiones sobre todo lo que existe dentro de Su cuerpo de manifestación. Los esotéricos avanzados discuten sobre si Marte es o no, el planeta a través del cual él se manifiesta. Debe recordarse que sólo unos pocos planetas constituyen los cuerpos de expresión de los Señores de los rayos. Hay diez "planetas de expresión" (usando el término empleado por los antiguos Rishis), y sólo siete Vidas de rayo se consideran que son los Constructores del sistema. El gran misterio que finalmente será revelado en las iniciaciones superiores, es la relación que existe entre un rayo y un planeta. Por lo tanto, no esperen una información más completa por ahora. La influencia de este sexto Señor ya está pasando.

7. El Señor de Orden Ceremonial o Magia. *Está ahora entrando en el poder*, y en forma lenta y segura hace sentir Su presencia. Su influencia es muy poderosa en el plano físico, porque existe una íntima interrelación numérica entre el Señor del séptimo rayo, por ejemplo, y el séptimo plano, el físico, así como la séptima raza raíz estará en completo acuerdo y expresará perfectamente la ley y el orden. Este rayo de orden y su advenimiento es parcialmente responsable de la actual tendencia en los asuntos mundiales de implantar gobiernos dictatoriales e imponer el control de un grupo central de gobierno.

Será de valor el siguiente enunciado sobre la **actividad** o **inactividad** de los rayos en la actualidad, y quisiera que tengan en cuenta que se refiere únicamente a nuestra Tierra y sus evoluciones.

Primer Rayo. No está en manifestación.
Segundo Rayo. En manifestación desde 1575 d.C.
Tercer Rayo. En manifestación desde 1425 d.C.

Cuarto Rayo. Vendrá lentamente a la manifestación después del año 2025 d.C.5
Quinto Rayo. En manifestación desde 1775 d.C.
Sexto Rayo. Está saliendo rápidamente de la manifestación desde el año 1625 d.C.
Séptimo Rayo. En manifestación desde 1675 d. C.

Vemos que hay cuatro rayos en manifestación actualmente: *segundo, tercero, quinto y séptimo*. Surge aquí la pregunta: ¿Cómo puede ser que existan personas que pertenezcan a todos los rayos al mismo tiempo? La razón radica, como fácilmente puede verse, en que el cuarto rayo Comienza a acercarse y el sexto se retira, lo cual permite que seis de esos rayos lleven a la manifestación a sus egos. Sin embargo, ahora hay muy pocos egos del cuarto rayo en la Tierra, y un sin número de egos del sexto rayo, y pasarán más o menos doscientos años antes de que todos los egos del sexto rayo desencarnen.

Respecto a Almas de primer rayo, no existen tipos puros en el planeta. A quienes se los denomina de primer rayo pertenecen al primer subrayo del segundo rayo que se halla en encarnación. Un ego puro de primer rayo en encarnación actualmente sería un desastre. No hay suficiente inteligencia ni amor en el mundo como para equilibrar la voluntad dinámica de un ego que pertenezca al rayo del destructor. La voluntad de la Deidad coloreó la corriente de unidades de energías que llamamos Rayo de Voluntad o Poder, el primer rayo, y el impacto de esa corriente sobre la materia del espacio aseguró que el oculto propósito de la Deidad sería, oportuna e inevitablemente revelado. Éste es un rayo de intensidad tan dinámica que se lo denomina Rayo del Destructor. Aún no está en plena actividad, y lo estará sólo cuando pueda revelarse sin peligro el propósito. Son muy pocas las unidades de energía de este rayo que existen en el reino humano. Como dije anteriormente, todavía no ha encarnado un verdadero tipo de primer rayo. Su principal potencia se encuentra en el reino mineral y la clave del misterio del primer rayo se halla en el radio.

El segundo rayo se encuentra peculiarmente activo en el reino vegetal; produce entre otras cosas la atracción magnética de las flores. El misterio del segundo rayo está oculto en el significado del perfume de las flores. Perfume y radio se relacionan, y son expresiones que emanan de los efectos producidos por los rayos al actuar sobre las diversas agrupaciones de sustancias materiales.

El tercer rayo se relaciona especialmente a su vez con el reino animal, y produce la tendencia a la actividad inteligente que se observa en los animales domésticos más evolucionados. A la analogía que existe entre la radioactividad y el perfume que emana de los reinos mineral y vegetal, la denominamos devoción, característica de la interacción atractiva entre los animales domésticos y el hombre. Quienes sienten devoción por las personalidades podrían trasmutar más rápidamente esa devoción en su analogía más elevada –*amor a los principios*- si se dieran cuenta que sólo exhalan emanaciones animales.

Los tres rayos de Voluntad, de Amor y de Inteligencia producen apariencia, aportan cualidad y, mediante el principio vida, el aspecto subyacente en la unidad, aseguran la continuidad del progreso hasta el momento en que la voluntad de Dios se evidencia como poder, atrayendo hacia sí lo deseado, aplicando con sabiduría la experiencia de una gradual y creciente satisfacción, y utilizando inteligentemente lo adquirido en la experiencia para producir formas más sensibles y hermosas que expresen más plenamente la cualidad de la vida.

Estos tres rayos son la suma total de todas las formas o apariencias, los dadores de todas las cualidades y es aspecto Vida que emerge detrás de la manifestación tangible. Corresponden, en la familia humana a los tres aspectos: **Personalidad, Alma** y **Mónada**.

El cuarto rayo es esencialmente el refinador, el que produce la perfección en la forma y el principal manipulador de las energías de Dios; lo hace de tal modo que el Templo del Señor es verdaderamente conocido en su exacta naturaleza como aquello que alberga la Luz. Así el Shekinah brillará dentro del lugar secreto del Templo en su plena gloria. Es el trabajo de los siete Constructores. Este rayo se expresa primordialmente en el primero de los planos amorfos contando desde abajo hacia arriba, y su verdadero propósito no puede emerger hasta que el alma haya despertado y la conciencia registrado adecuadamente lo conocido. Los planos o las esferas de expresión son influenciados en la manifestación por orden numérico.

El quinto rayo actúa activamente en el plano de mayor importancia para la humanidad, siendo para el hombre el plano del alma y de la mente superior e inferior. Personifica el principio del conocimiento, y debido a su actividad y a su íntima relación con el tercer Rayo de Inteligencia Activa, podría considerárselo especialmente en estos momentos como el rayo que tiene mayor relación vital con el hombre. Es el rayo que produce la individualización -como cuando estaba activo en la época lemuriana- lo cual significa textualmente el cambio de la vida evolutiva de Dios en una nueva esfera de percepción. Al principio, esta particular transferencia a formas más elevadas de percepción, tiende a la separatividad. El quinto rayo ha producido lo que llamamos ciencia. En la ciencia encontramos una condición extremadamente rara. La ciencia es separatista en su modo de encarar los diferentes aspectos de la divina manifestación que denominamos el mundo de fenómenos naturales, pero de hecho no es separatista porque existe poco antagonismo entre las ciencias y poca competencia entre los científicos. Los trabajadores del campo científico se diferencian profundamente en esto de los del campo religioso. La razón reside en el hecho de que el verdadero científico, por ser una personalidad coordinada que trabaja en niveles mentales, actúa muy cerca del alma. Una personalidad desarrollada esclarece las diferenciaciones de la mente inferior predominante, pero la proximidad del alma (si se puede emplear una expresión tan simbólica) niega una actitud separatista. El hombre religioso es prominentemente astral o emocional, y actúa en forma muy separatista, especialmente en la era pisciana, que va desapareciendo. Al decir hombre religioso me refiero al místico y a aquel que *presiente* la visión beatífica, y no a los discípulos ni a los llamados iniciados, porque éstos agregan a la visión mística una captación mental entrenada.

El sexto rayo de devoción personifica el principio de reconocimiento. Con esto quiero significar la capacidad de ver la ideal realidad que reside detrás de la forma; implica que se debe aplicar en forma concentrada el deseo y la inteligencia, a fin de expresar la idea presentada. Es responsable de la mayor parte de las formulaciones de Ideas que han hecho avanzar al hombre y de gran parte del énfasis puesto sobre la apariencia que ha velado y ocultado esos ideales. En este rayo -a medida que entra y sale cíclicamente de la manifestación- se lleva a cabo principalmente la tarea de diferenciar la apariencia y la cualidad, lo cual tiene su campo de actividad en el plano astral. Por lo tanto es evidente la complejidad de este tema y la agudeza del sentimiento implicado.

El séptimo Rayo de Orden Ceremonial o Magia, personifica una curiosa cualidad, característica sobresaliente de la Vida especial que anima este rayo. La cualidad o principio, constituye el factor coordinador que unifica la cualidad interna con la forma, o la apariencia tangible externa. Este trabajo se desarrolla principalmente en los niveles etéricos e incluye energía física. ***Tal es verdadero trabajo mágico***. Quisiera indicar que cuando el cuarto y el séptimo rayos vengan juntos a la encarnación, tendremos un periodo muy peculiar de revelación y portador de luz. Se ha dicho que en ese periodo "*el Templo del Señor adquirirá más gloria y los*

Constructores se regocijarán". Espiritualmente comprendido, éste será el momento culminante del trabajo masónico. La Palabra Perdida será recuperada y expresada para que todos la escuchen, y el Maestro se levantará y caminará entre Sus constructores en la plena luz de la gloria que brilla desde Oriente. La espiritualización de las formas puede considerarse como el trabajo principal del séptimo rayo, y este principio de fusión, coordinación y unión, está activo en los niveles etéricos cada vez que un alma encarna y nace un niño en la Tierra

Diez proposiciones fundamentales

Uno: Existe una Vida que se expresa a Sí Misma, primero, mediante siete cualidades o aspectos básicos y, segundo, por medio de una infinita diversidad de formas.

Dos: Estas siete cualidades radiantes son los siete Rayos, las siete Vidas, que dan Su vida a las formas, y al mundo de las formas le dan su significado, sus leyes y su anhelo de evolucionar.

Tres: ***Vida, cualidad*** y ***apariencia***, o espíritu, alma y cuerpo, constituyen todo lo que existe. Son la existencia misma, con su capacidad de crecer, actuar y manifestar la belleza y estar en completo acuerdo con el Plan, el cual está arraigado en la conciencia de las siete Vidas de rayo.

Cuatro: Estas siete Vidas, cuya naturaleza es conciencia y cuya expresión es sensibilidad y cualidad específica, producen cíclicamente el mundo manifestado; trabajan juntos en la más estrecha unión y armonía; son los custodios del Plan y colaboran inteligentemente con él. Son los siete constructores, Quienes erigen el radiante Templo del Señor, guiados por la mente del Gran Arquitecto del Universo.

Cinco: Cada vida de rayo se expresa predominantemente a Sí misma por medio de los siete planetas sagrados, pero la vida de los siete rayos fluye a través de cada planeta, incluso la

Tierra, réplica del esquema general, y cada uno está de acuerdo con la intención y propósito del todo.

Seis: La humanidad, de la cual se ocupa este tratado, es una expresión de la vida de Dios, y todo ser humano proviene de una de las siete fuerzas de rayo. La naturaleza del alma es cualificada o está determinada por la Vida de rayo que la exhaló, y la naturaleza de la forma es coloreada por la Vida de rayo que establece la cualidad de la vida racial y de la forma en los reinos de la naturaleza.

Siete: La Mónada es la Vida vivida al unísono con las siete Vidas de rayo. Una Mónada, siete rayos e infinidad de formas, estructuran los mundos manifestados.

Ocho: Las Leyes que rigen el surgimiento de la cualidad o el alma, por intermedio de las formas, son sencillamente el propósito mental y la orientación de vida de los Señores de rayo; Su propósito es inmutable, Su visión es perfecta y Su justicia es suprema.

Nueve: El modo o método para el desarrollo de la humanidad es la propia expresión o auto comprensión. Cuando esto se logra, el yo que se expresa es el verdadero Yo o Vida de rayo, y la comprensión obtenida revela a Dios como la cualidad del mundo manifestado y la Vida que anima la apariencia y la cualidad. Las siete Vidas de rayo, o los siete tipos de almas, se observan como expresión de la Vida una, y la diversidad se pierde en la visión del Uno.

Diez: El método empleado para obtener esta comprensión es la experiencia, comenzando con la individualización y terminando con la iniciación, produciendo así la perfecta fusión y expresión de vida, cualidad y apariencia.

LOS RAYOS Y EL HOMBRE

Conocerse a sí mismo es indispensable. Son muchas las formas de hacerlo. Pero la CIENCIA que mayor éxito tendrá, será cuando se empiece a estudiar la verdadera Ciencia De La

Psicología Esotérica, y eso implicará directamente a la <u>Ciencia De Los Rayos,</u> que será como la culminación del estudio del hombre en sus aspectos más profundos. Los RAYOS son las influencias que directamente moldean en la Estructura y Composición del hombre, y lo hacen ser lo que es, y lo sitúan realmente donde está.

<u>Estos Rayos influyen sobre</u>:
<u>El Rayo De La Mónada o Espíritu.</u>
<u>El Rayo Del Ego o Alma.</u>
<u>El Rayo Y El Subrayo De La Personalidad.</u>
<u>El Rayo Y El Subrayo Del Cuerpo Mental.</u>
<u>El Rayo Y El Subrayo Del Cuerpo Astral.</u>
<u>El Rayo Y El Subrayo Del Cuerpo Físico-Etérico.</u>

El Rayo del ESPÍRITU o Mónada sólo puede ser uno de los tres principales o de ASPECTO, es decir, uno de los tres primeros. Mientras que el ALMA, así como la personalidad y los diferentes cuerpos pueden ser de cualquiera de los SIETE RAYOS, ya sean de ASPECTO o de ATRIBUTO. Por lo general el Discípulo puede ser informado sobre sus RAYOS en su totalidad, a excepción del RAYO de la MÓNADA, ya que el conocimiento de éste, aparte de no ser importante en cuanto a los primeros pasos en el Sendero, es un SECRETO que se revelará al INICIADO en las iniciaciones Superiores.

Cíclicamente, según el Plan del Logos, los rayos entran en manifestación produciendo mediante su influencia la sucesión de civilizaciones y culturas que marcan y miden la evolución de las razas.

Cada ser humano se encuentra en una u otra de estas siete energías y todos somos gobernados básicamente **por fuerzas de cinco rayos**:

- *<u>El rayo del alma,</u>* que permanece el mismo por innumerables eones;

- *El rayo de la personalidad*, que varía de vida en vida hasta que todas las cualidades son desarrolladas;
- *El rayo que gobierna el cuerpo mental;*
- *Aquel rayo que gobierna el equipo emocional-astral;*
- *Y el rayo del cuerpo Físico, incluyendo el cerebro.*

Todos estos rayos varían cíclicamente. Cada uno de los rayos trabaja fundamentalmente a través de un centro (o **chakra**) y juntos determinan la estructura y el aspecto físico, la naturaleza astral-emocional, la cualidad de la unidad mental. Nos predisponen a ciertas aptitudes de la mente y a determinadas fortalezas y debilidades (las virtudes y vicios de los rayos). Ellos nos dan nuestro particular color y tono general de la personalidad en el plano físico. Durante la mayor parte de nuestra experiencia evolutiva en esta tierra los rayos de la personalidad gobiernan nuestra expresión, pero cuando ya hemos cubierto dos tercios del sendero, el rayo del alma comienza a dominar y a expresarse. "Hombre, conócete a ti mismo", decían los antiguos Griegos. "**Hombre, conoce tus rayos**", dice el esotérico. Un conocimiento de los rayos propios provee a uno de una visión interna de las *fortalezas* y *limitaciones* propias, de la línea de mínima resistencia en esta vida y también de una comprensión de los puentes y las barreras entre uno y los demás, levantadas por la estructura de nuestro rayo particular. Cuando hablamos de un hombre y su manifestación en tiempo y espacio debemos considerar esencialmente dos cosas, las cuales determinan justo en el punto en que se encuentra en la escala de la evolución, *1º. Sus Rayos* y *2º. El punto de nivel iniciativo alcanzado*. Este puede ser de un grado de evolución de -0.7-, -0.9- casi la primera, o de -1.5-, o si tiene la segunda iniciación, de -2.0-, etc.

Aquellos de rayos similares tienden a ver las cosas desde el mismo punto de vista, a tener el mismo enfoque de la vida, mientras que aquellos de rayos desiguales encuentran dificultad para llegar a una comprensión de las actitudes de los demás y lo que significan. Será evidente como este factor condiciona la calidad de la vida matrimonial. Afecta, también, al buen resultado o fracaso de las reuniones de los líderes de las naciones, especialmente cuando se comprende que cada nación está gobernada por dos rayos: el rayo superior del alma que expresa los más altos ideales de la nación (por lo general hasta ahora no manifestados); y el rayo inferior de la personalidad, que rige los deseos egoístas nacionales de la gente.

Un conocimiento de la estructura del rayo de algunos de los grandes individuos que han creado nuestra cultura y civilización nos permite ver cómo sus rayos les hicieron ser lo que fueron, condicionaron sus acciones y cualidades y labraron sus destinos. La ciencia de la psicología está en su infancia; trata de comprender los funcionamientos de la psique humana y en psicoterapia trabaja para mitigar los síntomas del estrés y trastorno. Sin embargo, hasta que no se alcance una comprensión del hombre como un alma en encarnación, gobernado por las influencias de determinado rayo, mucho permanecerá oscuro. <u>Es el alma la que determina los rayos (y por lo tanto las influencias y Factores limitadores) de la personalidad y sus vehículos. La nueva psicología actualmente esotérica, partirá de esa premisa.</u>

ANÁLISIS DE LOS RAYOS Y SU EXPRESIÓN

Primer Rayo De Voluntad O Poder.

A este rayo se lo denomina correctamente el del Poder, pero si fuera sólo poder sin sabiduría ni amor, sería una fuerza destructiva y desintegradora. Sin embargo, cuando las tres características están unidas se convierte en un rayo creador y regidor. Quienes pertenecen a este rayo poseen mucha fuerza de voluntad, sea para el bien o para el mal, para el bien cuando la voluntad es dirigida con sabiduría y el amor la ha convertido en altruismo. El hombre que pertenece al primer rayo siempre "*estará al frente*" en su campo de actividad. Puede ser el ladrón o el juez que lo condena, pero en cualquier caso se hallará a la cabeza de su profesión. Es el dirigente nato en cualquier carrera pública, alguien en quien se puede confiar y depender, defiende al débil y reprime la opresión, no teme a las consecuencias y es totalmente indiferente a los comentarios. Por otra parte un primer rayo que no ha sido modificado puede producir un hombre de naturaleza cruel, implacable e inflexible.

El hombre que pertenece al primer rayo es con frecuencia muy sentimental y afectuoso, pero no lo expresa fácilmente; le agradan los fuertes contrastes y las grandes masas de color, pero raras veces será un artista; le deleitan los grandes efectos orquestales y los coros estrepitosos; si contrariamente su rayo está modificado por el cuarto, sexto o séptimo, será un gran compositor. Algunos individuos que pertenecen a este rayo son sordos a las tonalidades y otros padecen de daltonismo, y no distinguen los colores diáfanos. Un hombre de este rayo distinguirá los colores rojo y amarillo, y confundirá irremediablemente el azul, el verde y el violeta.

El trabajo literario del hombre de primer rayo será enérgico y mordaz, no le preocupará su estilo ni la prolijidad. Ejemplos de este tipo podrían ser Lutero, Carlyle y Walt Whitman. Se dice que el mejor método que puede emplear el hombre de primer rayo para curar enfermedades, será extraer salud y fuerza de la gran fuente de vida universal por la fuerza de su voluntad, y la derramaría sobre el enfermo. Por supuesto esto presupone un previo conocimiento de los métodos ocultos. El método característico de este rayo para emprender la gran Búsqueda se hará mediante la fuerza de la voluntad. Un hombre de esta naturaleza podría, por así decirse, arrebatar el reino de los cielos "*por la violencia*". Hemos observado que el dirigente nato pertenece a este tipo de rayo, total o parcialmente. Produce el jefe supremo, como

Napoleón o Kitchener. Napoleón pertenecía al primero y cuarto rayos y Kitchener al primero y séptimo rayos, otorgándole el séptimo su notable poder de organización.

El Segundo Rayo De Amor-Sabiduría

A este rayo se lo denomina el de la sabiduría, debido a su característico deseo de adquirir conocimiento puro y alcanzar la verdad absoluta -es frío y egoísta si no ama, y es inactivo si no posee poder. Si posee amor y poder, entonces tenemos el rayo de los **Buddhas** y de los grandes instructores de la humanidad- aquellos que habiendo alcanzado la sabiduría, para emplearla en bien de los demás, se entregan por entero a difundirla. El estudiante que pertenece a este rayo está siempre insatisfecho de sus realizaciones más elevadas; no importa cuán amplio sea su conocimiento, su mente permanece siempre fija en lo desconocido, en el más allá y en las cumbres aún no escaladas.

El hombre de segundo rayo tendrá tacto y previsión; será un excelente embajador, un destacado maestro o director de escuela; como hombre mundano tendrá una inteligencia clara y sabia para tratar los asuntos que se le presentan y tendrá capacidad para inculcar a otros el verdadero punto de vista de las cosas y hacerlas ver como él las ve; será un buen hombre de negocios si su rayo está modificado por el cuarto, quinto y séptimo rayos. El militar que pertenece a este rayo proyectará campañas inteligentes y preverá las posibilidades; será intuitivo respecto al mejor camino a seguir y nunca pondrá imprudentemente en peligro la vida de sus hombres. No será rápido en la acción ni muy enérgico. El artista que pertenece a este rayo tratará siempre de enseñar por medio de su arte, y sus cuadros tendrán un significado. Su trabajo literario será siempre instructivo. El método para curar enfermedades del hombre de segundo rayo, será conocer a fondo el temperamento del paciente y también la naturaleza de la enfermedad, a fin de aplicar su fuerza de voluntad en forma eficaz.

El método característico para acercarse al Sendero consistirá en un concienzudo estudio de las enseñanzas, hasta que sean parte de la conciencia del hombre, y no un mero conocimiento intelectual, sino una regla espiritual de la vida, atrayendo así la intuición y la verdadera sabiduría. - Un tipo indeseable de segundo rayo que se aboca a adquirir únicamente conocimiento para sí mismo, es totalmente indiferente a las necesidades humanas. La previsión de un hombre así degenerará en suspicacia, su calma en frialdad e inflexibilidad.

El Tercer Rayo De La Mente Superior o Adaptabilidad

Éste es el rayo del pensador abstracto, del filósofo y del metafísico, del hombre que se deleita en las matemáticas superiores pero, si no está modificado por un rayo práctico, no se preocupará por tener al día su contabilidad. Tendrá una imaginación muy desarrollada; por el poder de su imaginación captará la esencia de una verdad; su idealismo será con frecuencia muy marcado, es soñador y teórico; debido a sus amplios puntos de vista y gran cautela ve con la misma claridad todas las facetas de un asunto, lo cual a veces detiene su acción. Será un buen hombre de negocios; como militar resolverá teóricamente los problemas de táctica en su despacho, pero rara vez se destacará en el campo de batalla. Como artista, su técnica no será refinada, pero sus temas serán fecundos en ideas y despertarán interés. Amará la música, pero si no está influido por el cuarto rayo no será compositor. Poseerá ideas fecundas en todos los sectores de la vida, pero es demasiado impráctico para llevarlas a cabo.

El individuo que pertenece a este rayo es excesivamente despreocupado, desaseado, ocioso e impuntual; no le importan las apariencias pero si tiene el quinto como rayo secundario, el sujeto cambiará totalmente. Los rayos tercero y quinto producen el historiador perfecto y equilibrado, que capta ampliamente su tema y verifica con paciente exactitud todos los detalles. Además, los rayos tercero y quinto unidos, producen los grandes matemáticos que se remontan a los niveles del pensamiento y a los cálculos abstractos y pueden llevar los resultados obtenidos a la aplicación científica. El estilo literario del hombre de tercer rayo es con demasiada frecuencia complicado e indefinido, pero esto cambia si está influenciado por el primero, cuarto, quinto o séptimo rayos. Bajo el quinto rayo será un maestro de la pluma.

El método para curar enfermedades del hombre de tercer rayo consiste en emplear las drogas extraídas de minerales o de yerbas que pertenecen al mismo rayo del paciente a quien desea aliviar. - El método de emprender la gran Búsqueda que corresponde a este tipo de rayo es reflexionando profundamente sobre líneas filosóficas o metafísicas, hasta llegar a comprender el grandioso más Allá y la gran importancia que tiene hollar el Sendero que lo conduce allí.

El Cuarto Rayo De Armonía A Través Del Conflicto

A este rayo se lo denomina "*el rayo de la lucha*" porque en él las cualidades **rajas** (actividad) y **tamas** (inercia) están en forma extraña, tan equilibradas, que la lucha entre ambas quebranta la naturaleza del hombre de cuarto rayo; cuando el resultado es satisfactorio se lo denomina el "*Nacimiento de Horus*" o del Cristo, originado por la agonía del dolor y el constante sufrimiento. *Tamas* o inercia, produce apego a las comodidades y a los placeres, detesta causar dolor y llega hasta la cobardía moral, la indolencia, y a dejar las cosas como están, a descansar y a no pensar en el mañana. *Rajas* o actividad, es fogosa, impaciente e impulsa siempre a la acción. Estas fuerzas opuestas de la naturaleza convierten la vida del hombre de cuarto rayo en una perpetua lucha y desasosiego; las fricciones y las experiencias así adquiridas traen una rápida evolución, pero el hombre puede fácilmente convertirse en un héroe o en una nulidad. Es el rayo del valiente capitán de caballería, indiferente a sus propios riesgos y a los de sus seguidores., El hombre que pertenece a este rayo hará qué renazca la esperanza perdida, porque en los momentos de gran excitación es dominado totalmente por **rajas** o actividad; es el rayo del arriesgado especulador y del tahúr, lleno de entusiasmo y proyectos, fácilmente agobiado por el fracaso o el dolor, pero recuperándose rápidamente de sus reveses e infortunios.

– Las composiciones musicales de cuarto rayo están plenas de melodía, porque el hombre que pertenece a este rayo ama la melodía. Como escritor o poeta, su trabajo será con frecuencia brillante y abundarán las pintorescas descripciones pictóricas, pero serán inexactas, exageradas y frecuentemente pesimistas. Por lo general se expresa bien y tiene sentido del humor, pero, según su disposición de ánimo, pasará de una conversación brillante a un silencio melancólico. Es una persona deliciosa y difícil de convivir con ella.

El mejor método para curar, del hombre que pertenece al cuarto rayo, es el masaje y el magnetismo, utilizados con conocimiento. El método de acercamiento al Sendero será por autocontrol, adquiriendo así el equilibrio entre las fuerzas antagónicas de la naturaleza. El camino inferior y extremadamente peligroso, es el del Hatha Yoga.

El Quinto Rayo De La Mente Inferior

Es el rayo de la ciencia y de la investigación; El hombre que pertenece a este rayo poseerá un intelecto agudo, gran exactitud en los detalles y hará incansables esfuerzos para llegar al origen de los detalles más pequeños y comprobar todas las teorías. Por lo general será excesivamente veraz, explicará en forma lúcida los hechos, aunque a veces sea pedante y cansador debido a su obstinación en repetir menudencias triviales e innecesarias. Será ordenado, puntual y eficiente; no le agradará recibir favores ni halagos. Es el rayo del químico eminente, del electricista práctico, del ingeniero sobresaliente, del gran cirujano. El estadista que pertenece al quinto rayo tendrá puntos de vista estrechos, pero será excelente director de algún departamento técnico especial, aunque persona desagradable para sus subordinados. El militar se adaptará más fácilmente a la artillería y a la ingeniería. Es raro encontrar al artista en este rayo, a no ser que lo influyan, como rayos secundarios, el cuarto y el séptimo. Aún así, el colorido será apagado y las esculturas carecerán de vida; la música, si es compositor, no será atractiva, aunque técnicamente correcta en su forma. El estilo en el escritor y orador será la claridad misma, pero carecerá de vehemencia y esencia; frecuentemente se extenderá demasiado debido al deseo de decir todo lo que puede sobre el tema que trata. Como cirujano será perfecto y sus mejores curaciones serán hechas por medio de la cirugía y la electricidad.

El método de acercamiento al Sendero para los que pertenecen al quinto rayo es mediante la investigación científica llevada al máximo, y la aceptación de las deducciones extraídas.

El Sexto Rayo De Devoción

A este rayo se lo denomina el rayo de la devoción. El hombre que pertenece a este rayo tiene instintos e impulsos religiosos y un intenso sentimiento personal y no considera nada equitativamente. Todo a sus ojos es perfecto o intolerable; sus amigos son ángeles, sus enemigos el reverso. Sus puntos de vista, en ambos casos, no se basan en los méritos intrínsecos de cada uno, sino en el modo con que la persona lo atrae, o por la simpatía o antipatía que demuestra hacia sus ídolos favoritos, sean estos concretos o abstractos, porque es muy devoto a una persona o a una causa. - Siempre debe tener un "Dios personal", una encarnación de la Deidad para adorar. El mejor individuo de este tipo de rayos es el santo, el peor el intolerante y el fanático, el mártir y el inquisidor típico. <u>Todas las guerras religiosas o cruzadas, han sido originadas debido al fanatismo de sexto rayo.</u>

El hombre es frecuentemente de naturaleza benévola, pero puede enfurecerse y ser irascible. Ofrendará su vida por el objeto de su devoción o veneración, pero no levantará un dedo para ayudar a aquellos por quienes no siente simpatía. Como soldado odia la guerra, pero muchas veces en el fragor de la batalla luchará como un poseído. Nunca será un gran estadista ni hombre de negocios, pero puede ser un gran predicador u orador. Será el poeta de las emociones (tal como Tennyson) y el autor de libros religiosos, en poesía o en prosa. Siente devoción por la belleza, el color y todas las cosas agradables, pero no tendrá gran capacidad productiva, a no ser que se halle influido por uno de los rayos de las artes prácticas, el cuarto o el séptimo. Su música será melodiosa y frecuentemente compondrá oratorias o música sacra.

El método de curación para el hombre de este rayo será por la fe y la oración. El acercamiento al Sendero será a través de las plegarias y la meditación a fin de lograr la unión con Dios.

El Séptimo Rayo De Orden Ceremonial O Magia

Este rayo del ceremonial, por el cual el hombre se deleita de *"todas las cosas realizadas en forma decente y ordenada"* y de acuerdo a reglas y precedentes. Del gran sacerdote y el chambelán de la corte, del militar que es genio nato para la organización; del administrador general, que vestirá y alimentará a sus tropas de la mejor manera posible; de la perfecta enfermera que cuida los menores detalles, aunque a veces se inclina demasiado a no considerar la idiosincrasia de los pacientes, y trata de obligarlos a que se ajusten a una rutina. Es el rayo de la forma, del perfecto escultor que ve y produce la belleza ideal, del diseñador de hermosas formas y de los moldes de cualquier tipo; pero un hombre así no tendría éxito como pintor, a no ser que ejerza influencia el cuarto rayo. La combinación del cuarto con el séptimo rayo podría dar el tipo más elevado de artista, la forma y el color serían sublime. El trabajo literario del hombre que pertenece al séptimo rayo será notable por su estilo súper refinado, y como escritor se preocupará más por la forma que por el tema de su trabajo, pero poseerá fluidez para escribir y hablar. El hombre de séptimo rayo será frecuentemente sectario; se deleitará con los ceremoniales y las fiestas de guardar, las grandes procesiones y espectáculos, los desfiles navales y militares, el estudio del árbol genealógico y las reglas de precedencia.

El individuo indeseable que pertenece al séptimo rayo es supersticioso; un hombre de esta naturaleza se preocupará por las premoniciones, los sueños, las prácticas ocultistas y los fenómenos espiritistas. El individuo deseable de este rayo tiene la absoluta intención de hacer lo correcto, pronunciar la palabra correcta en el momento oportuno, de allí su gran éxito social.

Los métodos de curación para el hombre de séptimo rayo serán aplicar con extrema exactitud el tratamiento ortodoxo para curar la enfermedad. La práctica de la Yoga no le ocasiona males físicos. - Se acercará al Sendero cumpliendo las reglas de la práctica y el ritual, y puede fácilmente evocar y controlar las fuerzas elementales.

De lo expuesto podrá deducirse que las características de cualquier rayo tienen una analogía más estrecha con uno de los rayos que con los demás. Esto es verídico. El único que se encuentra solo y no tiene relación con los demás es el **cuarto rayo**, lo cual nos recuerda la posición singular que el número cuatro ocupa en el proceso evolutivo. Tenemos la cuarta raza raíz, la cuarta-cadena planetaria, el cuarto planeta de la cadena, el cuarto manvantara planetario, etc. Existe una estrecha relación entre el tercero y el quinto rayos. Al buscar el conocimiento, el sendero a seguir es, por ejemplo, el estudio laborioso y minucioso de los detalles, tanto en filosofía, matemáticas superiores, como en las ciencias prácticas. La analogía entre el segundo y el sexto rayos se demuestra en la captación intuitiva del conocimiento sintetizado y en el vínculo común de lealtad y fidelidad. Destreza, inmutabilidad y perseverancia, son las características que corresponden al primero y al séptimo rayos.

Relaciones Entre los Rayos de las Naciones

Es de gran interés para nosotros conocer algo referente a las energías y fuerzas que originan la actual situación internacional y presentan los complejos problemas enfrentados por las Naciones Unidas.

Cada nación, como cada individuo está gobernada por dos rayos:

Un rayo del alma, que es sentido y expresado por los iniciados y discípulos de la nación; y un rayo de la personalidad que es la influencia y expresión dominante de la mayoría. Actualmente, la mayor parte de las naciones actúan en su propio interés separatista en vez de en el interés de la comunidad mundial en conjunto y están expresando por lo tanto su rayo de la personalidad. Cada cierto tiempo, sin embargo, por medio de la actividad de los iniciados y discípulos del país, el rayo del alma puede expresarse y la verdadera cualidad de la nación se puede ver. Ver la historia desde una comprensión de los rayos que gobiernan a las naciones y razas es verla con una nueva luz. Llega a ser evidente por qué ciertas naciones son aliadas mientras que otras tienen poco en común y son tradicionalmente hostiles la una con la otra. Llega a ser fascinantemente claro por qué las ideas singulares, los movimientos y las religiones florecen en un período y decaen en otro; por qué algunos países surgen durante un tiempo y llegan a ser influencias dominantes en el mundo mientras que otros están descansando, por así decirlo, esperando su tiempo de despertar mediante los estímulos de un rayo que está entrando. Veamos, pues, los rayos de algunas naciones:

Los Rayos de las Naciones

País	Alma	Personalidad	País	Alma	Personalidad
Afganistán	6	4	Irlanda	6	6
Albania	2	7	Islandia	3	4
Alemania	4	1	Italia	6	4
Argentina	1	6	Japón	6	4
Australia	2	7	Corea	6	4
Austria	4	5	Grecia	1	3
Bangladesh	7	6	Malasia	3	3
Bélgica	5	7	Mongolia	3	6
Holanda	5	7	Nepal	6	3
Brasil	4	2	Noruega	2	4
Bután	6	2	Pakistán	6	4
Bulgaria	6	7	Polonia	6	6 (4)
Gran Bretaña	2	1	Portugal	6	7
Canadá	2	1	Rumania	6	7
Checoslovaquia	4	6	Rusia	7	6
China	1	3	Sri Lanka	6	4
Dinamarca	3	2	Suecia	3	2
EE.UU.	2	6	Suiza	2	3
Egipto	1	7	Tailandia	7	6
España	6	7	Tíbet	7	4
India	1	4	Turquía	3	6
Finlandia	3	2	Vietnam	4	6
Francia	5	3	Yugoslavia	6	7

Los Rayos y los Planetas

Cada uno de los planetas tiene su deidad u **Hombre Celestial** que le da el alma. Los Siete hombres Celestiales son los "***Siete Espíritus ante el Trono***", los Logos de los siete planetas sagrados, que focalizan las energías de los siete rayos.

Los planetas sagrados son aquellos en los que el Señor de la Vida del planeta (Logos planetario) ha recibido la iniciación cósmica que corresponde a la tercera iniciación en el hombre, la Transfiguración. Los Hombres Celestiales que dan alma a los planetas no sagrados no han alcanzado todavía esa etapa de la evolución y Su cuerpo de expresión, el planeta, expresa y transmite la cualidad del rayo particular con menos pureza de la que lo hacen los planetas sagrados.

Estos planetas son:

Planetas Sagrados: Planetas no Sagrados:

Planeta	Rayo	Planeta	Rayo
Vulcano	1er rayo	Marte	6º rayo
Mercurio	4º rayo	La Tierra	3er rayo
Venus	5º rayo	Plutón	1er rayo
Júpiter	2º rayo	La Luna (tapando un planeta oculto)	4º rayo
Saturno	3er rayo	El Sol (tapando un planeta oculto)	2º rayo
Neptuno	6º rayo		
Urano	7º rayo		

En orden de evolución, los planetas sagrados son: 1) Urano; 2) Mercurio; 3) Vulcano; 4) Venus; 5) Júpiter y Neptuno, 6) Saturno. Los planetas no sagrados en orden de evolución son: 1) Marte; 2) Tierra; 3) Plutón y un planeta oculto; 4) un planeta oculto.

Cada uno de los siete rayos (cada uno de los cuales es la expresión de una Vida Solar) se expresa a través de tres constelaciones del zodíaco o por medio lo de un triángulo de energías. Es esta relación la que forma la base de la Ciencia de los Triángulos y de la astrología misma. Relaciona nuestro planeta con el sistema solar y el sistema solar con la gran totalidad. Los rayos utilizan los planetas como agentes de transmisión.

Capítulo. XVIII

"Prácticas y ejercicios espirituales"

Vamos ahora a exponer algunas excelentes prácticas ocultistas que nos ayudaran en sumo grado, a desenvolvernos exitosamente en nuestro Camino Espiritual. *"Recordemos antes que nada, que más importante que cualquier práctica, fórmula, ejercicio, o cualquier disciplina, es la natural predisposición interior en cada momento hacia la vida, mediante la invocación continua del poder del alma en el eterno aquí y ahora. No hay método más elevado ni efectivo que éste."*

"Nuestra primera y principal meta en el sendero espiritual, ha de ser**: "el contacto con nuestra alma**", ya que Ella es nuestro verdadero y primer maestro interno. Esto se logrará tras un largo período de entrenamiento, donde la limpieza, la transmutación y el correcto alineamiento de los tres cuerpos de la personalidad con el alma sean conseguidos". "La voz del alma a de ser escuchada, silenciando las miles de voces interiores. El Alma es el verdadero MAGO".

"Vigila tus pensamientos ¡oh peregrino del sagrado camino! Debes recordar que antes de poder hacer contacto con tu alma, has de haber logrado cierto control, y haber subyugado tu naturaleza emocional. Cuando has logrado esto, ¡oh discípulo!, sólo entonces, tu divina alma podrá utilizar tu mente como instrumento adecuado de contacto, tanto del mundo interno como externo. Entonces el éxito espiritual está asegurado... Controla y coordina tu mecanismo mental".

"Vive atento, y desde el alma, el "YO SUPERIOR" permanece sentado en el trono de mando, ese trono es el asiento del Alma en el centro Ajna, entre las cejas. Y desde allí siempre polarizado ¡respira la luz del quinto reino! Vive la vida intensamente desde ese centro superior y redime al hombre".

TRES son las prácticas esenciales que deberán formar parte del trabajo espiritual: LA **MEDITACIÓN**, **EL ESTUDIO** y **EL SERVICIO**.

PRÁCTICA: "ATENCIÓN SERENA"

Ésta es la primera y más importante práctica que debemos realizar, y no es un ejercicio que requiera tiempo, sino actitud. Así que procure estudiarla con detenimiento.

Es necesario comprender que lo más importante en la vida del discípulo es la Actitud Continua con que afronta cualquier o todas las circunstancias, tanto internas como externas de la vida. Permanecer en la Cabeza, en el centro Ajna es la clave. La práctica, si se puede llamar así, consiste en permanecer constantemente ***ATENTO***. La ATENCIÓN a la que nos referimos, sólo puede ser manifiesta en la medida en que logramos cierto alineamiento con nuestra alma. No es un ejercicio donde debemos ejercer cierta presión, o fuerza para lograrla, nada más lejos de ello, sino todo lo contrario, no debe haber ningún esfuerzo, ya que el esfuerzo en sí mismo dificulta la atención serena y expectante con la que el alma presta atención a todas y cada una de las cosas, dentro y fuera del hombre.

Permanezcamos SERENOS, EXPECTANTES y ATENTOS hacia todo, y en todo momento. No hay práctica más elevada que ésta. Como enseñaba **Krishna**: "*Vivamos el aquí y ahora intensamente*", sólo en el **Aquí** y **Ahora** puede manifestar el SER. El Ser no pertenece al tiempo, sólo pertenece al ¡**Ahora**! Si conseguimos cada día, permanecer más tiempo en nuestras vidas diarias, con la misma actitud interior, de atención que alcanzamos durante la meditación, nuestra vida espiritual y material será un éxito. Incluso deberíamos decir que no hay servicio más elevado que permanecer en este Divino Estado, ya que permanecemos transmitiendo e irradiando por doquier, allá donde estemos, una gran energía espiritual.

EJERCICIO PREVIO INDISPENSABLE ANTES DE MEDITAR
"EL ALINEAMIENTO"

- El ejercicio de ALINEAMIENTO es fundamental, previamente a lo que se podría llamar MEDITACIÓN, o incluso, a cualquier práctica, ejercicio o ritual espiritual. También es un requisito básico a tener presente, en cuanto a la actitud que diariamente ha de caracterizar al DISCÍPULO. Instante a instante la Triple Personalidad ha de estar ALINEADA con el propósito del YO SUPERIOR.

- El ALINEAMIENTO afecta, como es de esperar, a los TRES CUERPOS inferiores del hombre, o lo que podríamos llamar y llamamos LA PERSONALIDAD. Con el ALINEAMIENTO afectamos al cuerpo físico-etérico, al cuerpo emocional y al mental inferior o concreto. Cuando estos están correctamente ALINEADOS y VIBRANDO en su nota superior que son capaces de entonar, el hombre interno o Alma puede entonces usarlos y exteriorizar a través de ellos su Magnífica Presencia.

- Cuando uno alcanza un correcto ALINEAMIENTO, el **Cuerpo Físico** se relaja profundamente y se vitaliza al mismo tiempo. En esta actitud relajada, el cuerpo físico se carga positivamente de la vitalidad que emana el Cuerpo Etérico;

la respiración se vuelve suave, uniforme, lenta, rítmica y profunda.

El **Cuerpo Astral o Emocional** se mantiene como un estanque quieto y cristalino, siendo un perfecto reflector del AMOR DIVINO. En esa maravillosa estancia se pueden percibir un intenso Perfume Espiritual, donde las emociones mundanas dejan paso a la verdadera fragancia CRÍSTICA.

En el **Cuerpo Mental**, el ALINEAMIENTO produce una Profunda Paz, una Intensa LucideZ. La calma se produce sin esfuerzo y los pensamientos son subyugados y orientados positivamente por los cauces convenientes a los propósitos de nuestra Alma.

En esta formidable actitud la Triple Personalidad es ALINEADA, entonces empieza a fraguarse de una forma natural, el **Contacto** tan anhelado por el Discípulo con el SER INTERNO, el Maestro Interior.

Ejercicio De Alineamiento Rápido o Abreviado:

Para realizar este ejercicio, en todo momento nos ubicamos como Conciencias **en el centro Ajna (entre las Cejas)**, y desde ese punto elevado de percepción y control realizamos conscientemente el ALINEAMIENTO. Hemos llamado a este ejercicio **Alineamiento Rápido**, por ser como *"Una Puesta A Punto"*, y que no durará más de 15 minutos. Este ALINEAMIENTO que vamos a desarrollar a continuación es el que deberemos practicar antes de cualquier práctica espiritual u ocultista.

1º) RELAJACIÓN FÍSICA:

A- Relajamos conscientemente todo el cuerpo físico, especialmente los hombros y el abdomen. Para ello recorremos mentalmente todas las partes del mismo, relajándolas cada vez más y más, destensando todos los músculos y tensiones que contraen. Empezaremos desde la punta de los pies subiendo hasta la cima de la cabeza.

B- Para ser más eficaz en nuestra relajación, Respiraremos Conscientemente, y en cada exhalación relajamos más profundamente el cuerpo. La respiración ha de volverse suave, lenta, rítmica y profunda. En la medida que esto se lleva a cabo, intentemos percibir el hormigueo que produce el cuerpo etérico por todo el cuerpo.

2º) ALINEAMIENTO EMOCIONAL:

Una vez relajado el cuerpo físico, nos centramos en el cuerpo EMOCIONAL, para ello dirigimos nuestra atención a la zona del plexo solar y corazón. Entonces observamos tranquilamente nuestro actual estado emocional y lo sosegamos. Para alcanzar un verdadero y elevado tono vibratorio de este cuerpo, recurrimos a la cualidad del **Amor Impersonal**. Para ello realizaremos rápidamente unas visualizaciones de expansión amorosa. Esto se realiza de la siguiente manera:

a)	Visualizamos mentalmente enfrente de nosotros a un ser querido, y dejamos que desde el centro de nuestro corazón emane AMOR hacia él, luego al lado añadimos a otro, después a otro, y a otro. De esta manera la intensidad de AMOR aumenta y se hace más extensa en radio.
b)	Después visualizamos al mundo entero, y dejamos que ese AMOR DIVINO alcance y rodee a todo el planeta y a todos los seres que en él habitan, sin distinción o exclusión de alguna. Visualizamos como nos convertimos en un formidable canal de Amor Divino. Podemos visualizar esa energía mágica de dios con un color rosado intenso que satura todo y a todo envuelve, redimiendo todo lo que toca.
c)	Luego imaginamos y pensamos, qué es lo que ocurriría si el CRISTO mismo estuviera emanando su inmenso AMOR a través de nuestro corazón. Y dejamos que ese sentimiento tan profundo fluya, anclando el verdadero AMOR entre los hombres

3º) SERENIDAD MENTAL:

a)	Una vez alcanzada una relajación física adecuada y un sosiego emocional elevado, sólo nos queda serenar la mente. Para ello prestamos atención a nuestros pensamientos, simplemente observándolos, sin forzar nada. Nos ayudamos con la respiración tranquila, para calmar nuestra mente. Visualicemos la PAZ, y la LUZ del Alma. Utilicemos la visualización creativa, y construyamos mentalmente un espacio en la montaña, sin ruidos, sin gentíos, en la naturaleza pura, y situémonos allí. Cuando sintamos esa PAZ, olvidémonos de aquel paisaje maravilloso y quedémonos sólo con la sensación profunda de Luz, Paz y Serenidad.
b)	Podemos también, preguntarnos: qué ocurriría si El **BUDHA** estuviera emanando a través de nuestra mente su INMENSA LUZ y su profunda SERENIDAD hacia todos los reinos de la Tierra y del espacio infinito...

4º) IDENTIFICACIÓN CON EL ALMA:

a)	Una vez alineados los cuerpos de la personalidad, nos elevamos a un punto más allá de la mente ordinaria y hacemos contacto con el Alma, con la Luz del Alma. Nos identificamos con Su presencia, completamente impersonal, y respiramos desde ese espacio. Allí permanecemos tremendamente conscientes de todo, pero a la vez por encima de todo. Participando de la Unicidad Universal.

En esto consiste el **Alineamiento**. Y cuanto más se práctica más fácil es llegar a estados superiores. Obsérvese, que cuando Alineamos el Cuerpo Emocional, el C. Físico se relaja aún más de una forma natural e espontánea. Lo mismo sucede cuando sosegamos el C. Mental, las emociones, y todavía más aun el C. Físico, son más Alineados. *"Un cuerpo superior influye directamente, para bien o para mal, a todos los cuerpos, que están por debajo de él"*

PRACTICA: "La MEDITACIÓN del discípulo"
Los efectos de esta meditación son numerosísimos, aunque podríamos destacar aquí, la Profunda Transformación que produce, el contacto íntimo con el Alma o Ángel Solar mediante la construcción del Anthakarana, y la

especial influencia dinámica y magnética que ejerce en el restablecimiento De Un Nuevo Orden Interno.

DURACIÓN: Aproximadamente de 35 minutos.

LA MEDITACIÓN
"EL TRABAJO MÁGICO DEL ALMA"

-Situación como observador en el centro Ajna.
-Trabajar como **sí** (con convicción).
-Suave atención en la respiración, relajándonos.
-**Alineamiento** de la triple personalidad.

    Cuerpo Físico-Etérico........ Relajación, distensión.
    Cuerpo emocional............. Sosiego, amor incluyente.
    Cuerpo Mental................. Serenidad, luz y paz plenas.

- Entonación del **Om** 4 veces vocalmente, a saber:
1º **OM** --- Como Alma.
2º **OM** --- Como Mente Enfocada.
3º **OM** --- Como Estabilidad Astral.
4º **OM** --- Como Vibración Alta Físico-Etérico.

- Visualización y Creación del ***Antahkarana***. Canal de Luz que une el cerebro a través de la mente con el Alma, situada a unos 15 Centímetros por encima de la Cabeza.
- Siguiendo enfocados en el canal de luz, recitamos mentalmente como Almas.

La Afirmación Del Discípulo
    Soy Un Punto De Luz Dentro De Una Luz
    Mayor; Soy Un Hilo De Energía Amorosa
    Dentro De La Corriente De Amor Divino; Soy
    Una Chispa De Fuego De Sacrificio Enfocado
    Dentro De La Ardiente Voluntad De Dios; Y
    Así Permanezco. Soy un Camino por medio

del cual los hombres pueden realizarse; Soy una fuente de fuerza que les permite mantenerse; Soy un Rayo de luz alumbrando su Camino; y así permanezco. Y Permaneciendo Así, Me Vuelvo, y Voy Por El Camino, Los Camino De Los Hombres, y Conozco Los Caminos De Dios, y Así Permanezco.

- Entonamos vocalmente tres veces el **Om**, reforzando ese vínculo.
- Centrarse ahora en el corazón, visualizándolo como una flor de loto de 12 pétalos cerrados de color dorado. Entonar mentalmente tres veces el **Om**, y en cada entonación abrimos 4 pétalos. Luego una vez abierto el chakra, visualizamos dentro de él un remolino de energía de color azul eléctrico. En el centro de ese remolino de energía, visualizamos un diamante con todos los colores del arco iris centelleando, representa al **maestro en el corazón**, con todas las *cualidades espirituales*.
- Centrados en el maestro interior entonamos 3 veces el Mantra: **Om Mani Padme Hum**, vocalmente y suavemente.
- Nos elevamos al entrecejo (centro Ajna), y meditamos allí, reflexionando, sobre el **pensamiento simiente** del mes. Durante 7 minutos, tanto individual como mundialmente (ver los pensamientos adjuntos al final).
- Ahora como almas, entonamos vocalmente **La Gran Invocación**.

Desde El Punto De Luz En La Mente De Dios Que Afluya Luz En Las Mentes De Los Hombres Que La Luz Descienda A La Tierra Desde El Punto De Amor En El Corazón De Dios Que Afluya Amor A Los Corazones De Los Hombres Que Cristo Retorne A La Tierra Desde El Centro Donde La Voluntad De Dios Es Conocida Que El Propósito Guíe A Las Pequeñas Voluntades De Los Hombres El Propósito Que Los

Maestros Conocen Y Sirven Desde El Centro Que Llamamos La Raza De Los Hombres Que Se Realice El Plan De Amor Y De Luz Y Selle La Puerta Donde Se Halla El Mal Que La Luz, El Amor, Y El Poder, Restablezcan El Plan En La Tierra.

- Entonamos el **Om** 3 veces vocalmente, impulsando aún más la energía espiritual por todo el mundo.
- Situados en lo más alto y hacia dentro, permanecemos en profundo silencio. **Atentos y serenamente expectantes hacia todo lo que ocurre dentro y fuera de nosotros,** sin identificarnos con nada, tan sólo con el alma, respirando la presencia del ángel solar durante unos **15** minutos. La respiración superior se hace respirando a través del centro Ajna (entre las cejas) como si fuese un pulmón espiritual. Podemos, si queremos de vez en cuando, entonar mentalmente el mantra OM, para reafirmar nuestra innata divinidad.
- Antes de terminar y en última instancia, tomamos plena consciencia que estamos meditando y que permanecemos en la habitación, visualizamos una estela de luz la cual simboliza el día, es decir, estamos creando nuestro plan y futuro espiritual. Visualizamos en él como durante todo el día vamos a estar atentos y manifestando los poderes del alma. De esa manera existirá una continuación de la meditación durante todo el día.
- Terminamos entonando el mantra:
LOKA SAMASTA SUKINO BABANTU --- 3 veces
OM SSANTI SANTI SANTIÍ --- 1 vez
- Nada más terminar, permanecer atento y continuar ese estado especial alcanzado durante todo el día.

Sobre Los Pensamientos Simiente Del Mes:
Habrán DOCE pensamientos simientes, uno para cada mes, y todos meditaremos sobre el mismo cada mes. La meditación del pensamiento simiente no durará más de 7 a 10 minutos.

Recordar que se ha de meditar en su significado, ya sea en la frase completa o en una de las palabras de la misma, tanto a nivel personal como su impronta a nivel mundial.

1º mes.
> *Que El Alma Controle La Forma Externa, La Vida Y Todos Los Acontecimientos. Que El Amor Permanezca, Que Todos Los Hombres Amen.*

2º mes.
> *Estabilidad, Serenidad, Fortaleza Y Servicio.*

3º mes.
> *Que Las Acciones Del Alma Sean Los Móviles De Mi Vida Diaria. Yo Soy Esa Alma Y A Ella Me Dedico. Esa Alma Es Una Con Todos Mis Semejantes Y Yo Soy Uno Con Ellos. La Nota Clave De La Acción Del Alma Es Sacrificio.*

4º mes.
> *Consagrarse Al Servicio Del Alma Es, En Último Análisis, Servir A La Humanidad Y A La Jerarquía. Tal Es La Secuencia.*

5º mes.
> *Olvidándome De Mí Mismo, Obtengo Lo Necesario Para Ayudar A Mis Semejantes.*

6º mes.
> *La Voluntad Del Alma Se Convierte En Mi Voluntad. No Conozco Otra. Esta Voluntad Es Amor, Paz, Poder Y Fortaleza Para Vivir.*

> *Ella Me Sostiene. Me Conduce A La Cruz Y A La Resurrección. Sólo Así Puedo Elevarme Y Elevar Conmigo A Mis Semejantes.*

7º mes.
> *Me Mantengo Dentro De La Luz, Y A Medida Que La Luz Brilla A Través De Mi Forma, Irradio Esa Luz.*

8 mes.
> *El Sentido De Responsabilidad Arde En Llamas Centelleantes En Toda Alma Que Ha Buscado Y Hallado Alineamiento.*

9º mes.
> *Demando De Mi Alma Que Yo, El Espíritu En La Forma, Actúe Como Canal De Compasión E Instrumento De Amor, Hasta Que Me Reconozca Como El Amor Mismo. Yo Soy Ese Amor. "Y Yo, Si Fuera Elevado De La Tierra, A Todos Atraeré A Mí Mismo"*

10º mes.
> *"Me Esfuerzo Por Comprender. Tu Voluntad, No La Mía, Sea Hecha."*

11º mes.
> *"Me Esfuerzo Por Comprender. Que La Sabiduría Ocupe El Lugar Del Conocimiento En Mi Vida."*

12º mes.
> *"Me Esfuerzo Por Colaborar. Que El Maestro De Mi Vida, El Alma, Y También Aquel A Quien Trato De Servir, Lleven La Luz A Otros Por Mi Intermedio."*

SUGERENCIAS PRÁCTICAS PARA LA MEDITACIÓN

Es conveniente que vuelva a estudiar el capítulo sobre la meditación. Hay afortunadamente toda una gran variedad de Disposiciones previas que pueden aportar a la MEDITACIÓN un acercamiento mayor y más rápido. Realice estas disposiciones alegremente y hasta donde pueda, utilice siempre como guía **su sentido común**, pero si no puede realizar alguno de estos requisitos, NO SE PREOCUPE, la verdadera meditación no depende de ellos. *Algo que un discípulo debe saber es que no debe esperar condiciones externas propicias o consideradas convenientes para meditar o realizar cualquier otro trabajo espiritual. El discípulo actúa a pesar de las circunstancia. No hay problema o situación donde no pueda triunfar el Alma. El verdadero discípulo hace las cosas a pesar de las circunstancias.*

H. Saraydarian en su libro "La Ciencia de la Meditación" nos expone cuidadosamente algunas sugerencias realmente importantes a la hora de buscar condiciones precisas para meditar. Veamos:

1) LA POSICIÓN: Medite siempre con la COLUMNA VERTEBRAL ERECTA, con la cabeza y el cuello manteniendo una línea recta. Esto deberá hacerse sin esfuerzo. No medite en forma tensa y forzada. Relájese y procure que la cabeza y el mentón no estén rígidos ni echados hacia atrás. En su meditación individual evite el escape de energía; para poder conservarla debe cruzar los pies o sentarse con las piernas cruzadas y las manos puestas sobre el regazo la derecha sobre la izquierda o en las rodillas con los dedos índice y pulgar tocándose, cerrando así cualquier escape de energía.

2) LA HORA: La meditación podrá efectuarse a cualquier hora del día. Pero la mejor hora para la meditación es por la mañana temprano, preferentemente en el crepúsculo, entre el amanecer y la salida del sol. Hay muchos beneficios para la meditación por la mañana temprano como por ejemplo: Su mente está menos cargada y relativamente libre del peso de los problemas diarios; Usted empieza su día después de cargarse con energías espirituales, y así enfrenta su vida diaria con luz, amor y poder mayores, y se consagra a una vida de servicio; El prana, o la energía solar, es más pura y fuerte por la mañana temprano, y nuestros cuerpos etéricos pueden asimilarlo más fácilmente a esa hora.

3) **LA DURACIÓN:** Esto depende en gran medida del estado de integración espiritual del aspirante y, también del tipo de MEDITACIÓN que se practica, pero como norma general, para las Meditaciones Ocultistas, al principio, no es conveniente que se excedan de 35 minutos. Debemos saber que no es la duración lo más importante sino la SINTONÍA, con su Alma. A veces una Meditación de 15 minutos es mejor que la de una hora de meditación. La Meditación deberá ser regular (todos los días) porque los efectos de la meditación son ACUMULATIVOS, y los días que usted deja de hacer su meditación pierde montones de energía.

4) **LAS RELACIONES SEXUALES:** Nunca emprenda la meditación a menos que hayan pasado de seis a ocho horas después de un orgasmo sexual. Esto es extremadamente Importante. Obrar de otro modo podría dañar sus células cerebrales, romper su cuerpo etérico, causar debilidad ocular, dañar la audición, producir desórdenes nerviosos, trastornos nerviosos, etcétera. Esto es debido, principalmente a que los órganos sexuales están conectados con el centro de la garganta en el cuerpo etérico, con el esquema de los órganos generativos en los cuerpos emocional y mental, con los pétalos del conocimiento del Loto Egóico, y con el átomo mental permanente. Durante el contacto sexual, usted saca energía de estos centros, y si en la hora de la meditación no tiene energía bastante, usted impone pesada presión a estos centros y sus

órganos correspondientes. Aquí tiene la clave de la sublimación del sexo y por qué se pone énfasis sobre la abstención ocasional.

5) **LA EDAD:** La edad más prudente y la que se aconseja para realizar la meditación es a partir de los 18 años y no antes (excepto en almas evolucionadas). Los niños y jovencitos **no han de ser forzados** a hacer ninguna meditación formulada. Si muestran gran interés y aspiración pueden empezar la Meditación se les puede enseñar el ALINEAMIENTO, y la reflexión sobre pensamientos simientes como las siguientes virtudes: paciencia, gratitud, empeño, magnanimidad, persistencia, silencio, sentido de responsabilidad, autodisciplina…, Cualquier meditación impuesta puede tener efectos desastrosos sobre los cerebros y las vidas de los niños, conduciéndolos a un psiquismo bajo o a desórdenes mentales y físicos. Esto es debido a que su esquema chákrico y su cerebro aún no están completamente estructurados.

6) **CUANDO DETENER LA MEDITACIÓN:** Hay algunos signos principales que indican que usted deberá detener su meditación durante un período. Estos son los siguientes: si se siente cansado y no puede descansar o dormir normalmente. Si nota cualquier sobreestimulación, en especial en su centro sacro. Si está nervioso. Si empieza a olvidar cosas. Si está "interiormente" forzado a hacer cosas y pronunciar palabras que usted no quiere hacer ni pronunciar. Si empieza a ser descuidado e irresponsable. Si tiene dolores de cabeza, debido a su meditación. Si empieza a pensar siguiendo líneas negativas y se vuelve crítico y ataca agresivamente a otras personas. Si ve cualquier anormalidad en su conducta, sea cauteloso. La meditación es un proceso de florecimiento interior, con su natural belleza y fragancia. No hay peligro en la meditación correcta. Nunca olvidemos que EL SENTIDO COMÚN es el mayor maestro, utilicémoslo en todo.

7) CÓMO TERMINAR LA MEDITACIÓN: Antes de abrir sus ojos, sienta su cuerpo. Respire con mayor profundidad, muévase un poco. Sienta el lugar donde está sentado. Tómese su tiempo. Vuelva lentamente, y haga unas respiraciones profundas. Traiga lentamente su consciencia a la superficie y luego abra lentamente sus ojos. Pero no se levante inmediatamente. Permanezca sentado durante un rato en silencio. ***OBSERVE ESTO***: Inmediatamente después de terminar su meditación permanezca muy atento, y no deje que los pensamientos y sentimientos mundanos vuelvan automáticamente, como suele suceder, sino que esté "serenamente atento y expectante" y, llévese consigo, para todo el día, ese estado superior que alcanzó en su meditación.

PRÁCTICA: "LA RECAPITULACIÓN"

El auto-Conocimiento, el auto-Descubrimiento, la Auto-exploración, es completamente necesaria para nuestra propia **REALIZACIÓN**. Y es por ello que en todas las Escuelas Esotéricas del pasado y del presente hagan un especial hincapié en ese "AUTO-CONÓCETE". Este requisito, hoy en día, sigue siendo uno de los PILARES básicos para la Auto-Realización íntima del SER.

Se espera que el discípulo procure cada noche, antes de retirarse a descansar, recapitular todos los incidentes, sucesos, pensamientos, emociones, palabras y actos del día, debiendo hacerse en orden de tiempo invertido, comenzando con los acontecimientos inmediatos y retrocediendo hasta el momento de levantarse. Existen cuatro razones principales para que la Recapitulación Vespertina llegue a ser parte integrante de nuestro trabajo:

a. El **autoexamen** es iluminador para el estudiante. Una de las primeras recomendaciones que se hacen a los que estudian ocultismo es: "Conócete A Ti Mismo". Un estricto análisis de los hechos durante el día ayuda a llegar a este conocimiento.

b. Ocultista es aquel que trabaja conscientemente con la ley de causa y efecto, ya sea en conexión consigo mismo o con los planos de la evolución. Un Maestro Aplica La Ley En Los Tres Mundos.

EJERCICIO:

1. Adopte una postura cómoda y relajada, no se recomienda una posición en la que se esté echado o tumbado sobre la cama, ya que en esta posición tendemos, rápidamente a divagar y dormirnos.
2. *Alinee la personalidad* y contacte con su alma. Sitúese como conciencia en lo alto de la cabeza y desde ese punto elevado y desapegado realice todo el proceso recapitulativo. Recuerde que es usted el que va a ser el JUEZ de sus actos, por lo tanto actúe con justicia y sin apasionamiento.
3. Empiece la recapitulación por los sucesos más próximos, es decir, desde hace un minuto, y retroceda poco a poco hasta el momento en que se levantó por la mañana. Sea exigente en sus recuerdos y deténgase en aquellos episodios cotidianos, en que percibas que ha ocurrido algo "PERTURBADOR", ya sea a niveles físicos, verbales, emocionales o mentales. Deténgase en ese suceso brevemente, No Se Detenga Mucho Sobre Los Accidentes, Observe La Causa, El Efecto Y Su Actitud Mental.
4. Una vez haya encontrado la "*Causa Perturbadora*", mentalmente ILUMINE con AMOR el accidente, **Rectifique** el suceso. Rectifique el suceso tal y como lo habría hecho si en esa circunstancia hubiese estado Alineado, como si tu Maestro Interior hubiese estado en ese momento presente. Todo ello ha de hacerse rápidamente, no le de muchas vueltas, y siga recapitulando.

La duración debe ser de unos 15 minutos aproximadamente. Se recomienda cuidadosa vigilancia para evitar caer en un mórbido auto-análisis y en la introspección egoísta. Esto es malsano. Una vez hecha la recapitulación no debe pensarse más en ella. Si se han cometido errores, rectifíquense, y propóngase no volver a caer otra vez en la misma acción. Pero no debe cavilarse mucho sobre ellos. El tiempo es valioso, y debe utilizarse para crear el futuro y no para lamentar el pasado. Si le resulta imposible hacer esta recapitulación por la noche, puede realizarla a cualquier hora, abarcando las últimas veinticuatro horas. Esta práctica tiene que ser regular.

2do. EJERCICIO RECAPITULATIVO

Este ejercicio complementario es como el anterior, de hecho los primeros pasos son iguales, pero cambia en tiempo y en duración del ejercicio. Consiste en recapitular sucesos pasados en el tiempo, desde el momento de nuestra niñez hasta hoy. A lo largo de la vida hemos ido acumulando muchos "**nudos psíquicos**" siendo la causante de muchos problemas actuales, miedos, fobias, complejos etc. Existe mucha energía en nuestro interior que esta embotada y hay que liberar.

- **Alinease**, y entre por unos instantes en Silencio Mental, y después trate de recordar cualquier suceso pasado que le parezca "*perturbador*" o que le haya irritado o dolido en cualquier aspecto de su personalidad. Observe la **Causa** e **Ilumine** el suceso, y **rectifíquelo**, cambie el "cliché". No importa el orden de recuerdos como ocurría en el ejercicio anterior. La duración puede variar, pero al principio conviene no extenderse más de 20 minutos. Este ejercicio puede hacerse cuando se quiera, quizás dos veces por mes. Se sorprenderá de los resultados inmediatamente...

EFECTOS Y COMENTARIOS: Por mucho que pensemos que ya nos conocemos en profundidad, no es real, es una ilusión, siempre hay aspectos, rasgos y nudos psíquicos que todavía no hemos curado. Quizás haya alguien que haya recapitulado durante muchos años y piense que ya no hay mucho más que pueda recordar sobre su vida, pero la verdad es que la recapitulación de nuestras vidas no se acaban nunca, por lo menos no en esta única vida..., no importa lo bien que la hagamos.

La razón por la que la gente común y corriente carece de control y dirección en sus vidas y en el mundo de los sueños, es porque nunca han recapitulado, y sus vidas están llenas hasta el tope de emociones densas y pesadas, de frustraciones y miedos no comprendidos. Gracias a la RECAPITULACIÓN (*expiación de la conciencia según los cristianos*) los ocultistas están relativamente libres de pesadas ataduras emocionales, y si algo les detiene, en ese momento se supone que todavía hay algo en ellos no totalmente claro. Es un ejercicio imprescindible, a medida que recapitulamos la "***pesadez***" de nuestras vidas va desapareciendo, y nos volvemos más y más etéreos. Este ejercicio ejercita grandemente la MEMORIA, y <u>es un pilar básico, no negociable, para el despertar de la conciencia superior, en este y en todos los planos</u>.

Se puede considerar a la recapitulación como el factor esencial para la **redefinición** y la **redistribución** de la energía necesaria para la evolución. La recapitulación **Libera Energía** aprisionada dentro de nosotros, y no es posible evolucionar sin esa energía. La recapitulación comienza cuando la mente iluminada por el alma "ARREGLA" las impresiones. Arreglar quiere decir RECONSTRUIR el acontecimiento. Para los Maestros la recapitulación es un asunto mucho más profundo y complejo que un psicoanálisis intelectual. En la práctica de la recapitulación tratamos directamente con un gran caudal de energía "***embotellada***" que poco a poco vamos liberando. Es uno de los trabajos espirituales más importantes y eficaces que existen para acrecentar nuestra energía espiritual, y deshacer todos los "nudos psíquicos" que nos impiden avanzar. Cuando uno recapitula conscientemente antes de acostarse le ganamos dos horas al sueño y descansamos con mayor profundidad. Así también a la hora de la muerte física el alma recapitula la vida en el mismo orden, de tal suerte que si empezamos a realizarlo ya jugamos con ventaja, evolucionando más rápidamente, este es su poder.

PRÁCTICA: LA ORACIÓN DE LA NUEVA ERA

**YO SOY EL CREADOR DEL UNIVERSO.
YO SOY EL PADRE Y LA MADRE DEL UNIVERSO.
TODO VINO DE MÍ.
TODO REGRESARÁ A MÍ.
MENTE, ESPÍRITU Y CUERPO SON MIS TEMPLOS,
PARA QUE EL SER REALICE EN ELLOS MI SUPREMO SER Y DEVENIR.**

La Oración de la Nueva Era, dada por Maitreya, el Instructor del Mundo, es un gran Mantra o afirmación con un poderoso efecto de invocación. Será una herramienta muy útil en nuestro reconocimiento de que el hombre y Dios son UNO, de que no hay separación. El "Yo" es el Principio Divino detrás de toda creación. El Ser emana del Principio divino y es idéntico a él. La forma más efectiva de utilizar este mantra es decir o pensar el texto con la voluntad enfocada, mientras se mantiene la atención en el Centro Ajna entre las cejas. Cuando la mente comprende el significado de los conceptos, y se ejerce la voluntad simultáneamente, estos conceptos serán activados y el mantra funcionará. Si se dice sinceramente una o dos veces por día, crecerá en usted una comprensión de su verdadero Ser.

PRÁCTICA: "LA RECORDACIÓN DEL MEDIO DÍA"

La primordial función del *Nuevo Grupo de Servidores del Mundo* consiste en materializar las ideas que hasta ahora fueron sólo teorías. Deben sacar la teoría de la esfera del sentimentalismo, del idealismo y de la aspiración mística y presentarla al público como un factor concreto demostrado y destacar la expresión de la buena voluntad y el cumplimiento de la ley del amor y no acentuar la afiliación en alguna organización, con sus títulos y doctrinas. Los hombres de *buena voluntad* en todo el mundo, se unen todos los días, **a las cinco de la tarde**, con este gran grupo de servidores, recitando silenciosamente el mantra siguiente:

> Que el Poder de la Vida Una afluya a través de todos los grupos de verdaderos servidores. Que el Amor del Alma Una caracterice la vida de todos los que tratan de ayudar a los Grandes Seres. Que cumpla mi parte en el Trabajo Uno, mediante el olvido de mí mismo, la inofensividad y la correcta palabra.

PRÁCTICA: "EL SUEÑO SOLAR"

La preparación para el sueño es tan importante como la preparación para empezar un nuevo día, mediante la meditación. Cuando nos acostamos para descansar (prefiero utilizar la expresión "*descansar*", y no "*dormir*") estamos, realmente, preparándonos para realizar un misterioso viaje, un viaje a los mundos sutiles del universo. Y naturalmente, para este evento es muy importante hacerlo lo mejor posible, ya que de esa actividad dependerá lo beneficioso o no que pueda ser para nuestro el descanso, y para el aprovechamiento de nuestro trabajo espiritual.

Hay algunos puntos que si se tienen debidamente en cuenta, pueden ayudarnos a mejorar, tanto nuestro descanso, como nuestra estancia en esos mundos internos. El sueño no es más que el confuso recuerdo de algo vivido y no comprendido. ¿Qué hacemos durante las 8 horas en que nuestro cuerpo permanece acostado?, ¿dónde está nuestra conciencia, dónde nuestra Alma?, ¿qué estamos haciendo y con quién estamos?... Pasamos un tercio de nuestra vida en otros mundos, en otras regiones, sin saber que hacer ni para que sirve. Y es nuestra oportunidad y nuestro deber como almas evolutivas, el de prepararnos y el de **Despertar Conciencia** en todos y cada uno de esos lugares y estados. El Maestro "*nunca duerme*". Cuando nos dormimos perdemos la continuidad de la conciencia, y en gran parte ese problema es debido a la falta de **INTEGRACIÓN** entre los diversos mecanismos internos del hombre. Cosa que deberemos ir subsanando mediante el trabajo consciente en el campo espiritual. De la calidad vibratoria con la que nos dormimos, dependerá directamente el plano y subplano al que iremos, con el consiguiente efecto. De ahí lo importante también de la recapitulación nocturna. En los planos internos podemos aprender mucho, continuar nuestro trabajo espiritual, ayudar a otros seres, y realizar otras empresas elevadas.

ALGUNAS SUGERENCIAS:

- Haga la recapitulación antes de acostarse, ello le ayudará a descongestionar la psiquis, y a recuperar para su provecho casi las dos primeras horas del sueño. Estas dos primeras horas las utiliza el subconsciente para reorganizar y recapitular inconscientemente los eventos y circunstancias del día.

- Antes de acostarse haga siempre un buen alineamiento (en caso que haya realizado la recapitulación no hará falta), y ancle su conciencia en la parte más elevada de la cabeza, y desde allí déjese introducir suavemente en los mundos internos...

- Sus últimos pensamientos son de vital importancia, por lo cual sumérjase en el descanso con pensamientos elevados. "Descanse" con la idea que es usted un Maestro, y el subconsciente, poco a poco, irá modelando esa imagen en la que se convertirá algún día... (recuerden que la energía sigue al pensamiento).

- Antes de dormir pida humildemente a su Ángel Solar, a los Maestros, que le ayuden, que le despierten la conciencia. Puede, si quiere, pedir estas tres cosas: ***Protección***, ***Guía*** y ***Servicio***. Cuando nos referimos al Servicio, es que usted puede pedir que le permitan colaborar, ayudar en lo que haga falta. De esta manera estará siendo útil, también, en los mundos internos.

Conclusión

Mucho se ha dicho y mucho más aún queda velado, mucha Luz se ha proyectado sobre los Misterios de la Vida y la Muerte, del Origen y del Destino del hombre, de la Causa y propósitos Universales. Hemos estudiado desde el origen del Universo hasta el florecimiento de la innata Divinidad latente y presente dentro de cada ser humano. Pero aunque todo el saber del mundo pudiera ser descrito en unos manuscritos, <u>de nada serviría si no se hacen presentes mediante la experiencia en nuestras vidas</u>. Podemos conocer todas las propiedades nutritivas de una manzana, pero si no nos la comemos y la digerimos de nada nos servirá. De igual manera el hombre se afana por conquistar la Sabiduría, pero no sigue los cauces adecuados. A la **Verdad** no se la puede poseer, es como el aire en nuestras manos, ya que Ella, siendo más grande que nosotros, es la que a su debido tiempo y a su debida madurez es la que posee al Hombre.

El CAMINO ESPIRITUAL, es el sendero que nos conduce a Casa, a nuestro verdadero hogar Cósmico, haciéndonos participe de la gran Obra del Padre Celestial, el cual es en esencia, una parte de nuestro verdadero Ser. Es el Camino que ha sido recorrido por muchos seres, lo están recorriendo actualmente otros muchos, y será el Camino que tarde o temprano recorra toda la humanidad. Es imposible escapar a ese Gran Imán Cósmico, que nos absorbe hacia lo alto y nos abraza hacia Su Seno de Amor Infinito...

Este tratado es un desafío para el hombre inquieto. Puede ser que el contenido de este libro sea erróneo, más puede ser que no, y haya grandes verdades, ¿pero eso que importa? Para el auténtico investigador los datos no son lo realmente relevante, sino la experiencia, el encuentro directo con esa realidad superior, ¡eso sí que importa!, eso sí que es lo verdaderamente esencial. ¿Te atreves a investigar, a experimentar? <u>Para aquel que ame la verdad y este dispuesto a pagar el precio, las Puertas del Misterio se le abrirán de par en par</u> y el velo de Isis se desvanecerá, como se desvanece la oscuridad al amanecer...

¡Ese es el verdadero Desafío...

Om shanti

Libros recomendados por el Autor

Los Libros "Muy Avanzados" son prácticamente todos los libros de Alice A. Bailey que fueron transmitidos por el Maestro D.K (El Tibetano). Algunos son:

- Tratado Sobre Magia Blanca.
- La Luz Del Alma (los aforismos de yoga de Patanjali).
- Iniciación Humana Y Solar.
- Cartas Sobre Meditación Ocultistas.
- El Discipulado En La Nueva Era, Tomo: I y II.
- Tratado Sobre Los Siete Rayos, Tomos: I , II y V.
- Tratado Sobre Fuego Cósmico (Síntesis de la Doctrina Secreta).

Libros "Avanzados en general" (no están colocados por orden de importancia):

- La Reaparición De Cristo Y Los Maestros De Sabiduría. Benjamín Creme.
- Los Maestros Y El Sendero. C. W. Leadbeater.
- La Jerarquía, Los Ángeles Solares Y La Humanidad. Vicente Beltrán Anglada.
- Los Misterios Del Yoga. Vicente Beltrán Anglada.
- La Ciencia de la Yoga. I. K. Taimni
- A Los Pies Del Maestro. Krisnamurti.

- La Misión De Maitreya, Tomos: I, II y III. Benjamín Creme.
- Hércules, el hombre y el símbolo. Dr. Sri K. Parvathi Kumar.
- El Cuerpo Astral. Arthur Powell.
- El Kybalión. Tres Iniciados.
- La Ciencia De La Meditación. H. Saraydarsan.
- La Ciencia De Las Emociones. Bhagavan Das.
- Meditación Gayatri. K. Parvathi Kumar.
- Tratado Sobre Ciencia Oculta. Rudolf Steiner.
- Teosofía Explicada. P. Pavri.
- Fundamentos De Teosofia. C. Jinarajadasa.
- Concepto Rosacruz Del Cosmos. Max Heindel.
- Los Chakras. C. W. Leadbeater.
- Las Facultades Superiores Y Su Cultivo. Manly Palmer Hall.
- El Plano Astral Y El Plano Mental. C. W. Leadbeater.
- El Sendero Del Discipulado. Annie Bessant.
- Conocimiento De Si Mismo. I.K. Taimni.
- Ocultismo práctico. H.P. Blavatsky.
- El Doble Etérico. Arthur Powell.

También los Libros del Señor Omrram Mikhaël Aïvanhov son muy recomendados para los que empiezan.

Bibliografía

Autores y Obras Consultados

Alice A.Bailey	Del Intelecto a la Intuición
Alice A.Bailey	La Luz del Alma
Alice A.Bailey (Maestro D. K.)	Cartas sobre Meditación Ocultista
Alice A.Bailey (Maestro D. K.)	Iniciación Humana y Solar
Alice A.Bailey (Maestro D. K.)	Tratado sobre los 7 Rayos. Tomo I. Psicología Esotérica
Alice A.Bailey (Maestro D. K.)	Tratado sobre Magia Blanca
Vicente Beltran Anglada	Los Misterios del Yoga
Vicente Beltran Anglada	La Jerarquía, Los Ángeles Solares y la Humanidad.
Benjamín Creme	La Reaparición Cristo y los Maestros de Sabiduría
Benjamín Creme	Misión Maitreya, Tomo I, II y III
C. Jinarajadasa.	Fundamentos de Teosofía.
C. W. Leadbeater	El Hombre Visible e Invisible.
C. W. Leadbeater	Los Maestros y el Sendero
C. W. Leadbeater	Los Chakras.
C. W. Leadbeater	El Plano Astral.
Annie Besant	El Hombre y Sus Cuerpos,.
Annie Besant	El Gobierno Interno del Mundo
H.P Blavatsky	La Doctrina Secreta
H.P Blavatsky	La Voz delx Silencio
Omraam Mikhaël Aïvanhov	¿Qué es un Maestro Espiritual?

Omraam Mikhaël Aïvanhov	La Vida Psíquica: Elementos y Estructuras
Omraam Mikhaël Aïvanhov	Centros y Cuerpos Sutiles
Omraam Mikhaël Aïvanhov	El Hombre a la Conquista de su Destino
Yogi Ramacharaka	La Vida después de la Muerte
Sri. K. Parvathi Kumar	Los Mantras
Sri. K. Parvathi Kumar	Mithila
Sri. K. Parvathi Kumar	La Meditación Gayatri
P. Pavri	Teosofía Explicada
H. Saraydarian	La Ciencia de la Meditación
Max Heindel	Concepto Rosacruz del Cosmos
Antonio Blay	Hatha Yoga
Víctor M. Gómez Rodríguez	Psicología Revolucionaria
Tres Iniciados	El Kybalion

Editorial LibrosEnRed

LibrosEnRed es la Editorial Digital más completa en idioma español. Desde junio de 2000 trabajamos en la edición y venta de libros digitales e impresos bajo demanda.

Nuestra misión es facilitar a todos los autores la **edición** de sus obras y ofrecer a los lectores acceso rápido y económico a libros de todo tipo.

Editamos novelas, cuentos, poesías, tesis, investigaciones, manuales, monografías y toda variedad de contenidos. Brindamos la posibilidad de **comercializar** las obras desde Internet para millones de potenciales lectores. De este modo, intentamos fortalecer la difusión de los autores que escriben en español.

Ingrese a **www.librosenred.com** y conozca nuestro catálogo, compuesto por cientos de títulos clásicos y de autores contemporáneos.

www.ingramcontent.com/pod-product-compliance
Lightning Source LLC
Chambersburg PA
CBHW020911020526
44114CB00039B/133